ELOGIOS SOBRE *EL PROTOCOLO WAHLS*

«En *El Protocolo Wahls*, la doctora Wahls nos presenta pruebas tangibles y sólidas de que la dieta es, en verdad, la más potente de las medicinas. Este libro se basa de principio a fin en las investigaciones más recientes y avanzadas, y es un rayo de esperanza, sobre todo dentro del entorno siempre cambiante de las recomendaciones farmacéuticas para el tratamiento de la esclerosis múltiple».

Doctor David Perlmutter, autor de *Cerebro de pan*,
número uno en ventas en la lista del *New York Times*

«¡Un gran avance! Una vez que has entendido lo que debes comer para tu salud, la doctora Wahls te presenta una guía detallada para seguir adelante paso a paso. Este libro cambiará la vida a muchas personas».

Robb Wolf, autor del bestseller *La dieta paleo*

«No puedo dejar de recomendar el libro *El Protocolo Wahls* a todos los lectores, padezcan enfermedades autoinmunes o no. La doctora Wahls presenta un protocolo de vida y de alimentación claro, profundo y basado en investigaciones cuidadosas, que te ayudará a tomar las riendas de tu salud y de tu vida. Un libro imprescindible».

J. J. Virgin, nutricionista titulada, autora del bestseller *The Virgin Diet*

«Son muchos los que consideran a la doctora Terry Wahls como una heroína, por su descubrimiento de que una dieta ancestral y alimenticia puede curar la esclerosis múltiple. En *El Protocolo Wahls*, Terry expone un plan sencillo para alcanzar la buena salud por medio de los buenos alimentos. *El Protocolo Wahls* no es solo un libro dirigido a los que padecen esclerosis múltiple; es una crónica apasionante que confirma el aforismo de Hipócrates: "Que tu comida sea tu medicina". Pruébalo: ¡funciona!»

Doctor Paul Jaminet, autor de *Perfect Health Diet* y director
de la revista científica *Journal of Evolution and Health*

«Hace mucho tiempo que recomiendo a todos los que padecen esclerosis múltiple y que se interesen por la salud y la curación que consulten por Internet el trabajo de la doctora Wahls. Pero ahora ha cambiado la situación. El libro *El Protocolo Wahls* será el primer recurso al que podrán acudir los que sufren EM o cualquier otro trastorno autoinmune al que quieran plantar cara. La doctora Wahls, basándose en sus amplias investigaciones y pruebas prácticas, expone un planteamiento claro y progresivo de los cambios dietéticos y de estilo de vida que podrán llevar a cualquiera por el camino de la salud. Ya padezcas EM o no, *El Protocolo Wahls* será una mina de indicaciones nutricionales fáciles de seguir y basadas en alimentos corrientes, con las que te sentirás tan bien que te extrañará no haber comido así toda tu vida».

Diane Sanfilippo, licenciada en ciencias,
autora del bestseller *Practical Paleo*

«*El Protocolo Wahls* sorprende constantemente al lector, que va advirtiendo cómo pueden servirle los descubrimientos de la doctora Wahls para su propio viaje hacia la salud. Su lectura no solo te apasionará, sino que te enseñará a estar más sano. Muy recomendable».

Doctor Tom O'Bryan, creador de «The Gluten Summit»
(La cumbre del gluten)

«La nueva obra de Terry Wahls es uno de los libros más importantes que se han escrito jamás sobre temas de salud. No es una exageración; es un hecho real. Si los médicos se tomaran en serio esta información increíble y la aplicaran en su labor, la crisis mundial de salud se resolvería, el negocio del cáncer se hundiría y el incremento de los trastornos autoinmunes cambiaría de sentido. En estas páginas se contiene una verdadera reforma sanitaria. No me canso de recomendar este libro. ¡Bravo, doctora Wahls!».

Leanne Ely, asesora nutricional titulada,
autora del bestseller *Saving Dinner*

«Terry Wahls ha llevado a cabo una labor maravillosa, poniendo de relieve la importancia esencial de los micronutrientes (las vitaminas, los minerales y las grasas esenciales) para prevenir las enfermedades y para revertir su curso. Su historia personal es increíble y da esperanza a millones de personas que sufren sin necesidad. *El Protocolo Wahls* es una lectura imprescindible para todos los que deseen encontrar un alivio natural a sus trastornos autoinmunes».

Mira Calton, nutricionista clínica, y doctor Jayson Calton,
autores de *Rich Food, Poor Food*

«El mejor tratamiento para la esclerosis múltiple, la autoinmunidad y las enfermedades crónicas consiste en enseñar a la gente el modo de comer y de vivir para gozar de una salud óptima. En *El Protocolo Wahls* se combinan los últimos avances científicos y los factores trascendentales de la nutrición, el ejercicio y el modo de vida sano, para llegar más allá de los tratamientos convencionales y empoderar al lector presentándole soluciones reales».

Ann Boroch, asesora nutricional titulada,
autora de *Healing Multiple Sclerosis*

«La doctora Wahls nos apasiona con su caso personal de victoria sobre la esclerosis múltiple, al tiempo que nos instruye sobre la importancia para la salud de nuestras células de una alimentación densa en nutrientes. La doctora comparte sus experiencias, sus conocimientos y su compasión en su libro, *El Protocolo Wahls*, que te apasionará y te animará a tomar el control de tu propia salud. El libro, organizado en tres niveles, propone un plan concreto, con una dieta realista y cambios de forma de vida, que te ayudarán a seguir el camino que conduce a la recuperación».

Doctora Sarah Ballantyne, autora de *The Paleo Approach*

«*El Protocolo Wahls* es una lectura esencial para toda persona que padezca una enfermedad crónica y quiera recuperar la salud. En el libro se exponen detalladamente todas las terapias que siguió la propia doctora Wahls para recobrar la salud, y que se resumen en los apéndices. Este libro, por su inmensa riqueza de información científica, de explicaciones claras y de consejos prácticos, es un recurso precioso y un texto de referencia insustituible».

Doctor Ashton Embry, presidente de Direct-MS

«Solo la doctora Terry Wahls podría haber escrito un libro de la importancia de *El Protocolo Wahls*. Su descubrimiento de un camino que la condujo a sanar de una esclerosis múltiple incapacitadora y que no había respondido al planteamiento médico habitual no solo es el relato de un gran triunfo personal, sino un manifiesto de esperanza para otros muchos afectados de enfermedades crónicas y que no han mejorado con los medicamentos. Este libro presenta un programa que puede aplicar cualquier persona que busque soluciones a sus desafíos de salud».

Doctor Jeffrey Bland, fundador y presidente
del Personalized Lifestyle Medicine Institute

El Protocolo Wahls

Cómo superé mi esclerosis múltiple progresiva gracias a los **principios paleo** y la **medicina funcional**

Dra. Terry Wahls
con Eve Adamson

Título original: *The Wahls Protocol*

Traducción: Alejandro Pareja Rodríguez

© 2014, Dra. Terry Wahls LLC
Publicado por acuerdo con Avery, un sello de Penguin Publishing Group, que es una división de Penguin Random House LLC

De la presente edición en castellano:
© Gaia Ediciones, 2016
 Alquimia, 6 - 28933 Móstoles (Madrid) - España
 Tels.: 91 614 53 46 - 91 614 58 49
 www.alfaomega.es - E-mail: alfaomega@alfaomega.es

Primera edición: septiembre de 2017

Depósito legal: M. 15.652-2017
I.S.B.N.: 978-84-8445-675-9

Impreso en España por:
Artes Gráficas COFÁS, S.A. - Móstoles (Madrid)

Cualquier forma de reproducción, distribución, comunicación pública o transformación de esta obra solo puede ser realizada con la autorización de sus titulares, salvo excepción prevista por la ley. Diríjase a CEDRO (Centro Español de Derechos Reprográficos, www.cedro.org) si necesita fotocopiar o escanear algún fragmento de esta obra.

*A Jackie, que me ha apoyado en los desafíos
y en las alegrías de esta vida*

Al lector

En este libro se cita con sus nombres y lugares de residencia reales a muchos Guerreros Wahls que han aportado generosamente sus relatos; pero hay algunos que han preferido guardar el anonimato. Por ello, hemos modificado algunos datos personales para proteger la intimidad de los que lo han solicitado.

Los datos nutricionales de las recetas y de los menús se han calculado a partir de los datos del Nutrition Data System for Research (NDSR) Database Version 2012 © Regents of the University of Minnesota, en www.ncc.umn.edu/products/ndsr.html. Los datos totales indicados corresponden al total de los ingredientes sin contar los que se sugieren como opcionales. En los casos en que se presentan varias opciones de ingredientes, los datos nutricionales corresponden a la primera opción que se indica. Aunque la precisión de estos datos se ha comprobado cuidadosamente, el contenido en nutrientes variará en función de las variaciones de los alimentos naturales o procesados, así como de las desviaciones respecto de la receta indicada o sus ingredientes, cantidades y métodos de preparación. Todos los valores nutricionales deberán entenderse como aproximaciones. Las conclusiones sobre el valor nutritivo de las dietas se basan en los modelos de menú que se presentan y en las recomendaciones nutricionales vigentes en la actualidad para las mujeres de mi grupo de edad (de 51 a 70 años), que necesitan más calcio que las mujeres premenopáusicas o que los hombres de menos de 71 años. Téngase en cuenta que, salvo este detalle, las recomendaciones nutricionales para los diversos grupos de edad son relativamente similares entre sí. Consulta siempre con tu asesor médico tus necesidades personales de dieta y nutrición, y procura que adapten y personalicen estos conceptos para tus circunstancias personales.

Advertencia

La medicina y la nutrición son ciencias que avanzan constantemente. Las recomendaciones nutricionales, los tratamientos y la medicación se deben ir ajustando a medida que las últimas investigaciones y observaciones clínicas van ampliando nuestros conocimientos. Las autoras han acudido a fuentes que se consideran fiables, procurando obtener información completa y que concuerda en lo general con los principios aceptados al publicarse este libro. No obstante, en vista de las posibilidades de error humano y de cambios en las ciencias médicas, ni las autoras, ni la editorial, ni ninguna otra persona ni entidad relacionada con la preparación o publicación de esta obra garantizan que la información que se contiene en ella sea exacta ni completa en todos los sentidos; ni se pueden considerar responsables de los posibles errores u omisiones de dicha información, ni de los resultados de la aplicación de esta. Se recomienda a los lectores que contrasten esta información consultando también otras fuentes.

Las autoridades sanitarias estadounidenses no han evaluado ninguna de las afirmaciones que hago en mis páginas web, en mis conferencias ni en mis libros. Todas ellas tienen fines educativos, y no pretenden diagnosticar, tratar, curar ni prevenir ninguna enfermedad. Este libro se basa en lo que he aprendido a partir de centenares de estudios científicos básicos, de estudios sobre modelos animales y de pruebas clínicas con seres humanos, así como de mi propia experiencia en mi ejercicio de la medicina general y de la traumatología cerebral, en los experimentos que he realizado sobre mí misma de diez años a esta parte y en mis pruebas clínicas.

Advertencia sobre marcas registradas

Los nombres Wahls Protocol®, dieta Wahls® dieta Wahls Paleo® y dieta Wahls Paleo Plus® están registrados y son propiedad de la doctora Terry Wahls, LLC.

Índice

Introducción 17

PRIMERA PARTE
ANTES DE EMPEZAR

CAPÍTULO 1. La ciencia de la vida, la enfermedad y tú 43
CAPÍTULO 2. La autoinmunidad: medicina convencional
y medicina funcional 81
CAPÍTULO 3. Empezando a centrarte 113

SEGUNDA PARTE
COMER PENSANDO EN LA SALUD DE TUS CÉLULAS

CAPÍTULO 4. La dieta Wahls: nociones generales 135
CAPÍTULO 5. Dominar la dieta Wahls 167
CAPÍTULO 6. La dieta Wahls Paleo 227
CAPÍTULO 7. La dieta Wahls Paleo Plus 283

Tercera Parte
MÁS ALLÁ DE LA COMIDA

Capítulo 8. Reducir la carga tóxica 325
Capítulo 9. Ejercicio y electricidad 345
Capítulo 10. ¿Qué pasa con los fármacos,
    los suplementos y la medicina alternativa? 387

Capítulo 11. Gestión del estrés 437
Capítulo 12. La recuperación 461
Epílogo. El final de mi historia, el principio de la tuya 491
Listado de sinónimos 496
Las recetas de Wahls 497

Apéndices

Apéndice A. Listas completas de alimentos
    del Protocolo Wahls 537
Apéndice B. Tablas de comparación de nutrientes 561
Apéndice C. Recursos 565

Agradecimientos 575

Notas 579

Índice temático 593

Introducción

Yo corría maratones y escalaba montañas en Nepal. He participado muchas veces, incluso estando embarazada, en el maratón de esquí de fondo American Birkebeiner, de 54 kilómetros. Obtuve un cinturón negro en taekwondo y gané una medalla de bronce en lucha *full contact* femenina, modalidad *free sparring*, en los Juegos Panamericanos de 1978, celebrados en Washington D. C. Me sentía invencible.

Pero, entonces, contraje esclerosis múltiple. Después de haber sentido síntomas molestos a lo largo de varias décadas, me hicieron un diagnóstico definitivo en el año 2000. A esas alturas, ya tenía bastante arraigada la enfermedad en el sistema nervioso central. Fui decayendo rápidamente. A los dos años del diagnóstico ya no podía jugar al fútbol con mis chicos en el jardín. En otoño del 2003 me agotaba al ir de una sala del hospital a otra para visitar a los pacientes, y en verano de 2004 tenía tan debilitados los músculos de la espalda y del vientre que me vi obligada a ir en silla de ruedas reclinable. A los tres años del primer diagnóstico, mi enfermedad había pasado de ser una esclerosis múltiple remitente-recurrente a una esclerosis múltiple progresiva secundaria. En esta fase, la incapacidad va progresando poco a poco a pesar de las terapias más agresivas. En 2007 me pasaba casi todo el día tendida en un sillón de gravedad cero. Tenía cincuenta y dos años.

Cada paciente de esclerosis múltiple tiene su propia historia, su larga serie de señales y de síntomas extraños que, al fin, con los años, se acaban entendiendo. La mayoría de las enfermedades neurológicas y autoinmunes se caracterizan por esto mismo: por que sus síntomas se van acumulando despacio, poco a poco, a lo largo de varias décadas. Así me pasó a mí. Y, como yo era médica, tenía que buscar respuestas: un diagnóstico y un tratamiento que me curase. Y como paciente, tenía que salvarme la vida.

Como la mayoría de los médicos, yo siempre me había centrado en hacer a mis pacientes un diagnóstico rápido, para tratarlos después a base de medicamentos y de intervenciones quirúrgicas. Pero esto solo fue hasta que yo misma me convertí en paciente. Me di cuenta de que la medicina convencional me estaba fallando. Me iba a pasar postrada en la cama el resto de mi vida. Desde los albores de nuestra profesión, los médicos hemos hecho experimentos en nuestras propias personas, ya fuera para poner a prueba algún principio científico o porque los tratamientos convencionales tenían un alcance limitado. Siguiendo esta tradición, y al encontrarme ante una enfermedad crónica y progresiva para la que no había tratamientos, empecé a hacer experimentos conmigo misma. Y los resultados que obtuve fueron asombrosos y muy superiores a lo que yo hubiera podido esperar. No solo frené el avance de mi enfermedad, sino que conseguí recuperar la salud y la movilidad de manera espectacular. Lo que aprendí entonces me cambió para siempre la manera de ver los mundos enfrentados de la salud y de la enfermedad.

Thomas Edison dijo hace más de un siglo: «Los médicos del futuro no administrarán medicamentos; más bien harán que sus propios pacientes se interesen por el cuidado del cuerpo humano, por hacer una alimentación adecuada y por las causas de las enfermedades y su prevención». Esto pasó a ser mi nuevo rumbo, mi pasión y mi misión. Entendí la salud y la enfermedad de un modo completamente distinto. Me convertí en una persona nueva, tanto física como emocionalmente, tanto en mi esfera personal como en la profesional. Y asumí con pasión el compromiso de ayudar a otros a que también ellos se convirtieran en personas nuevas.

El diagnóstico

Puede que fuera el estrés y la presión a la que estaba sometida como estudiante de medicina lo que desencadenó mis primeros síntomas en 1980, años antes de que yo tuviera la menor idea de sus causas. Terminé por darles el nombre de «aguijonazos». Eran unas punzadas intensas de dolor facial, que solo duraban un momento y me llegaban aleatoriamente, a veces en oleadas. Los episodios se acumulaban a lo largo de una o dos semanas, y después iban desapareciendo gradualmente durante varias semanas más. Los sufría con más frecuencia en mis turnos más duros en el hospital, a veces de treinta y seis horas seguidas y pocas posibilidades de dormir. Con el transcurso de los años fueron empeorando, hasta llegar a sentir como si me clavaran en la cara un aguijón eléctrico para ganado de diez mil voltios.

Por entonces, consideraba que los episodios de dolor facial no eran más que una molestia. Los consideraba un problema aislado, sin explicación; creía que eran uno de esos misterios médicos que tampoco hace falta resolver. Ni siquiera pensé mucho en ello cuando fui médica. Estaba demasiado ocupada con mis pacientes como para dedicar mucho tiempo a diagnosticarme a mí misma. Desde luego que no llegué a pensar nunca que se tratara de un problema de autoinmunidad.

Aunque aquel fue mi primer síntoma, lo más probable es que el avance inexorable de la esclerosis múltiple por mi sistema nervioso central no empezara en ese momento. Diez años antes, puede que veinte, mi cerebro y mi médula espinal habían estado sufriendo el «fuego amigo» de mi propio sistema inmunitario, que atacaba la mielina que servía de aislante de mis nervios. Yo, al principio, no lo notaba. Pasé años sin notarlo. Pero estaba sucediendo.

Con el paso de los años, fui madre. Tuve primero a mi hijo, Zach, y después a mi hija, Zebby. Las exigencias de ejercer una profesión a jornada completa a la vez que criaba a mis hijos me tenían distraída; pero el reloj de mi esclerosis múltiple seguía avanzando. Yo no oía su tictac, a pesar de que se me disparaban las alarmas de la visión borrosa y de los «aguijonazos». Estaba convencida de que tenía por delante cuarenta años o más de vida como mujer activa, aventurera y dinámica. Me veía haciendo escalada con mis hijos, aun cuando yo fuera una abuelita de cabellos blancos. No se me ocurrió nunca que aquellos síntomas míos inexplicados pudieran tener que ver con una cosa tan esencial como mi movilidad, ni tan indispensable como mi capacidad de pensar.

Una noche, en una cena con amigos, hablando con una neuróloga, le comenté por casualidad que veía el color azul de manera algo distinta con cada ojo. Los azules me parecían un poco más vivos al verlos por el ojo derecho. Aquello llamó la atención a la neuróloga. Me dijo:

—Tendrás esclerosis múltiple algún día.

Era la primera vez que alguien me decía algo semejante. Y sucedió que mi padre falleció a la mañana siguiente, por lo que el comentario de la neuróloga quedó olvidado entre el torbellino de dolor. Pero, años más tarde, recordé aquellas palabras proféticas.

Un día, Jackie, mi esposa, me comentó que le parecía que yo andaba de una manera rara, pero yo no la creí. Ni siquiera lo notaba yo misma, hasta que ella se empeñó en que fuésemos a darnos un paseo de cinco kilómetros a pie para comprarnos un helado en la lechería local. A la vuelta, yo arrastraba el pie izquierdo como si fuera un saco de tierra. No era capaz de levantarlo del suelo del todo. Estaba agotada, asqueada y asustada. Pedí hora a mi médico de cabecera.

Muchas personas pasan por experiencias como estas hasta que les hacen un diagnóstico definitivo de esclerosis múltiple. Los síntomas se van acumulando poco a poco a lo largo de los años, y el diagnóstico puede retrasarse más años todavía aun cuando ya se han manifestado de manera evidente los problemas físicos.

A lo largo de las semanas siguientes me sometí a sucesivas pruebas y análisis, temiendo siempre los resultados de cada uno. Algunas pruebas eran a base de luces y zumbidos. En otras me aplicaban electricidad, y resultaban dolorosas. Me hicieron varios análisis de sangre. Yo decía poco y temía mucho. Todo salía negativo; pero estaba claro que me pasaba algo malo.

Llegamos por fin a la última prueba, una punción lumbar. Si en el líquido cefalorraquídeo había presencia de bandas oligoclonales (proteínas que son indicadoras de una cantidad excesiva de anticuerpos), el diagnóstico sería de esclerosis múltiple. Pero si también esta prueba salía negativa, lo más probable sería que lo que yo padecía fuera lo que llaman una «degeneración idiopática de la médula espinal» («idiopática» significa que las causas son desconocidas). Entre la larga lista de posibles diagnósticos, aquel parecía el mejor. Yo tenía esperanzas.

Cuando me levanté a la mañana siguiente, sabía que los resultados aparecerían en mi historial. Podría consultarlos yo misma, sin salir de casa. Me senté al ordenador y accedí a mi historial clínico. Busqué la sección de laboratorio. *Positivo*. Me puse de pie. Empecé a pasearme por la casa. Dos horas más tarde, volví a acceder al sistema y a consultar el resultado. Lo hice cinco veces, con la esperanza de que lo cambiaran por algún motivo. No lo cambiaron.

Ya era oficial. Tenía esclerosis múltiple.

Mi deterioro

En el verano del año 2000 me trasladé con Jackie y con mis hijos desde Marshfield, en el estado de Winsconsin, a Iowa, donde había aceptado un cargo como profesora adjunta en la Universidad de Iowa y jefa de asistencia primaria en el hospital para militares veteranos. Me habían diagnosticado esclerosis múltiple hacía poco. Estaba tomando Copaxone, que me había recetado mi médico de cabecera para la enfermedad, y seguía estrictamente el tratamiento que me indicaban mis médicos. Yo me había formado como médica, y me habían enseñado a creer que los médicos sabemos mejor que nadie lo que hay que hacer. Además, ¿qué sabía yo de la esclerosis múltiple? No era mi especialidad. En vista de que me estaban atendiendo los mejores especialistas, y estaba recibiendo los mejores tratamientos disponibles, consideraba que ya estaba haciendo todo lo que estaba en mi mano.

Estaba dispuesta a no consentir que mi diagnóstico tuviera repercusiones sobre mi nuevo trabajo. Ejercía un puesto directivo con muchos desafíos, lo cual me encantaba. Me gustaba enseñar, y los chicos estaban a gusto en su nuevo hogar. Me parecía que me iba bastante bien, y mis médicos opinaban lo mismo. Hasta llegué a figurarme que no iba a llegar a ponerme mucho peor. Mi sueño era no tener que llegar a explicar siquiera a mis hijos que tenía esclerosis múltiple.

Entonces, se me debilitaron la mano y el brazo derechos. Los médicos me administraron esteroides para reprimirme las células inmunitarias y fui recobrando la fuerza poco a poco; pero aquello resultó ser el comienzo de un deterioro lento y progresivo. Yo me daba cuenta, y Jackie y los chicos también. En años posteriores me han confesado lo incómodos que se sentían conmigo por mi falta de movilidad progresiva. A veces preferían que yo no asistiera a sus actividades, y entonces me sentía culpable por querer estar. Era una causa de tensión para toda la familia, y me sentía responsable. Todo era por culpa mía. Mi deber era cuidar de ellos, pero estaba perdiendo la capacidad de controlar mi propio cuerpo. Solo habían transcurrido dos años desde el primer diagnóstico.

Pero pasó algo que me cambió la vida. En 2002, mi neuróloga de la Clínica Cleveland observó que yo estaba empeorando, y me recomendó que consultara el sitio web benéfico de Ashton Embry dedicado a la esclerosis múltiple, llamado Direct-MS y con la dirección www.direct-ms.org. El doctor Embry es doctor en Geología y su hijo tiene EM.

El hijo del doctor Embry mejoró espectacularmente a base de cambiar de alimentación, y el doctor Embry se ha dedicado desde entonces a difundir activamente el mensaje de la relación entre esclerosis múltiple y alimentación. Era la primera vez que yo oía hablar de ello; o, al menos, era la primera vez que prestaba atención a esta idea. Aunque aquello me sonaba un poco a «medicina alternativa» (y yo, como médica convencional que era, no tenía gran confianza en las prácticas que me parecían esotéricas), era mi propia neuróloga quien me lo recomendaba, y yo la tomé en serio. Me animé a probar aquello.

El sitio web del doctor Embry estaba colmado de textos de referencia científicos, y yo me puse a leerlos uno a uno. Los artículos procedían de publicaciones serias con revisión por pares, y sus autores eran científicos que ejercían en centros médicos muy respetados. Aquello no era «ciencia blanda» ni «esotérica». Eran investigaciones legítimas. Y, por otra parte, eran complicadas desde el punto de vista científico. Muchas pertenecían a campos ajenos a mi propia experiencia, o se basaban en conceptos que yo no había visto en mis estudios de medicina. Me costaba trabajo asimilar todo aquello, y la confusión mental que me producía la EM tampoco me facilitaba el trabajo. Había mucha información nueva. ¿Cómo era posible que yo no conociera nada de aquello? Después de mucha lectura intensiva, llegué a la conclusión de que el doctor Embry no era un charlatán y de que era posible que hubiera algo de cierto en todo aquello. ¿Y si la dieta tuviese realmente efectos notables sobre la esclerosis múltiple? Después de haber puesto mi salud en manos de los médicos y de ver cómo avanzaba su deterioro, esa nueva idea me apasionó. Yo podía controlar lo que comía. Aquello parecía demasiado bueno y demasiado fácil para ser verdad. Tendría que estudiarlo mejor.

En el sitio web del doctor Embry fue donde conocí por primera vez la labor del doctor Loren Cordain. El doctor Cordain relacionaba los cambios de la alimentación humana con el desarrollo de las enfermedades crónicas en la sociedad occidental. Había publicado varios artículos y, recientemente, había escrito también un libro dirigido al público general, que se titulaba *La paleodieta: pierda peso y gane salud con la dieta ancestral que la naturaleza diseñó para usted*, y que era mucho más fácil de leer que los artículos científicos[1]. Empecé a asimilar la información con mayor rapidez: el mimetismo molecular, el intestino permeable, las lectinas, la modulación inmunitaria... (Hablaré de todas estas cosas más adelante, en este libro). Empecé a entender adónde querían ir a parar el doctor Embry y el doctor Cordain con sus teorías. Empecé a considerar que la influencia de lo que comemos sobre el funcionamiento de nuestro cuerpo no es pequeña, sino muy importante.

Me interesó especialmente la idea de que el exceso de hidratos de carbono y de azúcares de nuestra dieta alimenticia moderna conduce a un exceso de insulina y produce inflamaciones. Los indicios que apuntaban a que la dieta humana primitiva podría aliviarme la esclerosis múltiple resultaban convincentes; pero el cambio a una alimentación como aquella sería muy grande para mí. Yo había sido vegetariana desde que estudiaba en la universidad, y las judías y el arroz me encantaban. También me gustaba mucho hacer pan. ¿Sería capaz de eliminar de mi dieta los cereales, los lácteos y las legumbres, que eran por entonces mis alimentos básicos?

Pero lo que más me importaba era frenar el curso de mi enfermedad. Quería poder andar, trabajar y jugar con mis hijos. Y decidí probarlo. Volvió a aparecer la carne en mi plato, y renuncié a los alimentos que tanto me gustaban y que ahora me estaban vedados. Al principio, el olor de la carne me resultaba nauseabundo. Empecé poco a poco, tomando sopa con un poquito de carne. Me fue resultando más fácil con el tiempo.

Hice este cambio llena de esperanza. Sin embargo, a pesar de haberme pasado a la dieta paleo, mi deterioro prosiguió. No era capaz de jugar al fútbol con mis hijos en el jardín sin caerme. Ya no podía hacer marchas largas con los Scouts. Después, me fue costando cada vez más incluso dar paseos cortos con Jackie. La fatiga era un problema cada vez mayor. Me sentía decepcionada, hasta desesperada a ratos, y se me saltaban las lágrimas en los momentos menos oportunos. Pero estaba decidida. En el sitio web de Embry, algunos pacientes decían que habían tardado cinco años en recuperarse. Comprendí que no podía esperar un milagro de la noche a la mañana, y seguí adelante con los cambios. Aunque los progresos fueran lentos, no dejaban de ser algo que yo podía hacer por mi cuenta y que me producía una sensación de empoderamiento.

Mientras tanto, me organicé para no tener que andar. El médico me dijo que era hora de que me comprase un scooter eléctrico; pero después, en vista de mi fatiga creciente, cambió de opinión y me recomendó una silla de ruedas reclinable. También me recomendó que probara a tomar mitoxantrona, que es un tipo de quimioterapia. Viendo que no me servía, me pasé a un inmunosupresor nuevo y potente que se llamaba Tysabri; pero antes de llegar a ponerme la tercera inyección, retiraron del mercado el Tysabri porque los pacientes se estaban muriendo, al activárseles un virus latente del cerebro. Después de aquello, el médico me recomendó que tomara CellCept, un medicamento para trasplantados, que me reprimiría las células inmunitarias. Después, solía tener úlceras en la boca. Tenía la piel grisácea. Me despertaba cansada todos los días, y por las noches, al acostarme, la desesperación me devoraba. Jackie, Zach y Zebby me daban la vida. Jackie me abrazaba y me decía que lo superaríamos todo juntas. Solíamos hablar de nuestros chicos y de cómo asimilaban nuestras maneras de afrontar lo que estaba pasando. Yo no quería que se me notaran ni desánimo ni la fatiga, por ellos.

Aunque me había resistido a usar la silla de ruedas reclinable, la verdad es que, cuando la tuve, me resultó liberadora. Me permitía salir al aire libre y pasearme (sobre ruedas) con mi familia por el parque o por el barrio. Me facilitaba la vida. Pero me debilitaba los músculos de la espalda; y cuanto más se me atrofiaban estos músculos, más tiempo pasaba yo en la cama. Aunque no solía hablar de ello, pensaba que acabaría por quedarme postrada en la cama. Estar sentada ante mi escritorio para trabajar me agotaba. Encontré entonces un sillón de gravedad cero, diseñado como los que se emplean en los vuelos espaciales de la NASA. Cuando estaba tendida del todo en él, tenía las rodillas más altas que la nariz, y la gravedad me sostenía en el sillón. Tenía uno en mi consulta y otro en mi casa. Me ayudaban mucho a controlar la fatiga; pero yo no quería vivir de aquella manera. No podía aceptar que mi futuro fuera así.

Recuperando mi vida

El hecho de empezar a usar aquella silla de ruedas me sirvió de desencadenante en cierto modo. Me di cuenta de que no era probable que la medicina convencional llegara a poner freno a lo que me estaba pasando. Seguía albergando la esperanza de que la dieta paleo me serviría para algo; pero hasta entonces no había observado grandes cambios. Decidí ponerme a leer de nuevo literatura médica. Quería descubrir si había algo más, alguna otra vía, algo que se les hubiera pasado por alto a los médicos. Había llegado a aceptar que no podría recuperarme; pero quizá pudiera retrasar las cosas. Me había cansado de dejar mis decisiones en manos de los médicos sin ver resultados. Tenía que ponerme a pensar de manera más activa. Me comprometí a investigar, a estudiar y a agotar todas las vías, por si existía en alguna parte una solución para mí, algo que me sirviera para retrasar un poco más el fin inevitable de una vida de inválida.

Al principio comencé a documentarme sobre los últimos ensayos clínicos de nuevos fármacos; pero caí en la cuenta de que no podría acceder por el momento a ninguno de aquellos fármacos. Así no iba a conseguir más que unos conocimientos teóricos. De modo que me puse a buscar ideas alternativas. Yo sabía bien cómo funcionaba la ciencia; sabía que de los estudios realizados hoy con ratones y ratas salían los tratamientos del mañana, pero que suelen transcurrir años, décadas incluso, hasta que se llega a las pruebas clínicas con personas, tanto más hasta que se acepta el uso normalizado del nuevo fármaco. Me puse a buscar entre los estudios más recientes de la ciencia más avanzada; quería enterarme bien de qué estaban pensando las mentes más brillantes y de cómo veían estas el futuro de enfermedades como la mía.

Cada noche dedicaba unos minutos a buscar en www.pubmed.gov los últimos trabajos científicos sobre el modelo animal con ratones de la esclerosis múltiple. Yo sabía que la EM afecta al cerebro reduciendo su tamaño con el tiempo; en vista de ello, empecé a leer también lo que se publicaba sobre los modelos animales de otros trastornos en los que se produce atrofia del cerebro. Me documenté sobre la enfermedad de Parkinson, de Alzheimer, la esclerosis lateral amiotrófica (ELA) y la enfermedad de Huntington. Descubrí que en estas cuatro enfermedades las mitocondrias (pequeños componentes de las células que gestionan la fuente de energía de la célula) dejan de funcionar bien, lo que conduce a una muerte temprana de las células cerebrales, con la consiguiente atrofia cerebral. Investigando más, encontré artículos en los que se afirmaba que se había conseguido proteger los cerebros de los ratones y sus mitocondrias a base de vitaminas[2] y de suplementos como la coenzima Q, la carnitina y la creatina[3].

Como no tenía nada que perder, decidí pasar a la acción. Traduje las dosis para ratones a las correspondientes para un ser humano y fui a consultar a mi médica de cabecera. Esta repasó la lista y llegó a la conclusión de que aquellos suplementos no parecían entrañar riegos. Fue contrastándolos uno a uno con las medicaciones que ya tomaba, para detectar cualquier posible contraindicación. No vio ninguna. A mí me ilusionaba emprender mi nueva rutina experimental a base de vitaminas y suplementos. Empecé a tomarlos, pero me desilusioné al no ver resultados. Al cabo de un par de meses, los dejé... y, a los pocos días, no era capaz de levantarme de la cama. Cuando volví a tomar los suplementos, pude levantarme de nuevo. ¡Resulta que me estaban sirviendo!

Aquello fue un rayo de esperanza. Me pareció evidente que aquellos suplementos estaban aportando a mi cuerpo algo de lo que carecía; algo que le hacía falta.

Descubro la e-stim

A continuación, descubrí la electroterapia. Me surgió esta idea leyendo el informe de un trabajo de investigación en el que se habían aplicado estímulos eléctricos musculares a personas paralizadas por una lesión aguda de la médula espinal. Los investigadores habían aplicado esta terapia, llamada estimulación eléctrica o «e-stim», con el propósito de mantener la salud ósea y la calidad de vida de los pacientes. Cuando leí aquel informe, me puse a pensar si la estimulación eléctrica podría retrasar el avance de mi invalidez. Hablé con un fisioterapeuta que aplicaba esta terapia, y me advirtió de que era dolorosa y agotadora para los deportistas que se sometían a ella. Él no sabía si me serviría para algo, pero estaba dispuesto a administrarme una sesión de prueba.

En mi primera sesión, el fisioterapeuta me hizo acostarme boca abajo y me aplicó los electrodos a los músculos paraespinales izquierdos de la espalda. Yo levanté de la mesa la pierna izquierda y la mantuve así mientras él me aplicaba la corriente eléctrica. Sentía como si me corrieran hormigas por la piel. Él subía la corriente y las hormigas corrían cada vez más. La sensación era cada vez más de descarga eléctrica, hasta que se volvió dolorosa. Tras un minuto de descanso, el terapeuta me preguntó si podía volver a aplicarme la corriente. Este es el procedimiento habitual, pues el cerebro libera endorfinas y factores de crecimiento nervioso, gracias a los cuales la e-stim resulta más llevadera. Así, al cabo de varios minutos los pacientes suelen tolerar dosis más altas de electricidad. Hecho esto, trabajamos los cuádriceps de mi pierna izquierda, que tenía especialmente débiles. Al terminar, había llevado a cabo treinta minutos del «ejercicio» más riguroso que había podido realizar desde hacía años. Emprendí un plan regular de terapia por e-stim.

Descubro la medicina funcional

Cada noche, cuando todos dormían, yo buscaba en Internet más información que pudiera servirme. Una noche di con la página web del Instituto de Medicina Funcional (Institute for Functional Medicine), que me interesó en seguida. El objetivo del Instituto era proporcionar a los médicos clínicos, como yo, una manera mejor de cuidar a los pacientes con enfermedades crónicas complejas, estudiando modos en que la interacción de la genética, la dieta, el equilibrio hormonal, la exposición a las toxinas, las infecciones y los factores psicológicos contribuye al desarrollo de las enfermedades o a la mejora de la salud y de la vitalidad.

Aquello era precisamente lo que yo había estado buscando desde que me senté en la silla de ruedas. El Instituto ofrecía libros de texto, conferencias y cursos de reciclaje para médicos y para otros profesionales de la sanidad. Uno de los cursos me llamó la atención desde el primer momento. Se titulaba *Neuroprotección. Un planteamiento de medicina funcional para los síndromes neurológicos comunes y no comunes*. Lo encargué, y me puse a estudiar noche tras noche. Aunque me resultaba difícil al principio, el curso de medicina funcional me enseñó que podía mejorar el estado de mis mitocondrias y de mis neuronas cerebrales. Me aportó una manera completamente nueva de concebir la salud del cerebro y su relación con la salud integral de todo el cuerpo. Aunque aquello no era lo que me habían enseñado, a mí me parecía correcto. Todo era lógico y con buena base científica, por lo que yo no solo lo aceptaba como médica, sino que veía cómo encajaba en el contexto de mi experiencia como paciente de EM.

Entendí también que era probable que tuviera una o varias vulnerabilidades genéticas que hubieran aumentado las probabilidades de desarrollar esclerosis múltiple. Llegué a entender mucho mejor la importancia que tenían para el cerebro el intestino permeable, las alergias alimentarias, las toxinas, las mitocondrias que no proporcionan energía suficiente a la célula, los problemas de los neurotransmisores y las consecuencias de tener enzimas no eficientes para el metabolismo de las vitaminas del grupo B y del azufre. A la luz de lo que ya sabía, disponía de una lista mucho más larga de vitaminas, minerales, aminoácidos, antioxidantes y ácidos grasos esenciales que sabía que eran beneficiosos para las mitocondrias y para las neuronas cerebrales. Había entendido por fin por qué tenía el cerebro incendiado, sometido a los ataques de mis células inmunitarias; y también tenía algunas ideas sobre lo que podía hacer para mitigar aquel fuego de la inflamación. Estaba transformando mi manera de ver el mundo. Me puse inmediatamente a planificar y a llevar a la práctica unos cambios de mi estilo de vida de mucho mayor alcance que todo lo que había hecho hasta entonces. Ya se habían sembrado las semillas del Protocolo Wahls, aunque este todavía no tenía nombre.

Pero ¿cómo lo haría? Disponía de una lista larga de nutrientes, pero ¿podría tomarme pastillas a puñados, todos los días? Y, aunque lo hiciera, ¿daría resultado? La dieta paleo o paleodieta daba a entender que la fuente mejor de nutrientes era la comida; pero muchos conceptos de la medicina funcional se basaban en el uso de suplementos. Es evidente que nuestros antepasados del Paleolítico no tomaban suplementos. La dieta paleo me había enseñado a suprimir determinados alimentos, pero no me quedaba claro el modo de obtener los suplementos concretos que yo ya sabía que necesitaba. La medicina funcional me ayudaba a determinar los nutrientes que necesitaba, con las listas de vitaminas y suplementos que debía tomar; pero no me mostraba el modo de obtenerlos.

Según mi razonamiento, si me fuera posible obtener de los alimentos que comía los mismos nutrientes que estaba tomando en píldoras, entonces los nutrientes podrían ser más eficaces que las variantes sintéticas que se encontraban en las píldoras. Además, así también podría consumir muchos compuestos más (puede que fueran miles) que todavía no tenían nombre siquiera y que contribuyeran en conjunto, de forma sinérgica, a la eficacia de una vitamina o de un suplemento determinado, dado que estaban presentes junto con los nutrientes en el alimento original. (La mayoría de las vitaminas que se encuentran en la naturaleza son, en realidad, una familia de compuestos relacionados entre sí, todos ellos activos biológicamente en nuestras células). Comprendí que tenía que trazarme un plan de alimentación que estuviera pensado especialmente para maximizar la función mitocondrial y cerebral; un plan de alimentación que fuera más allá de cualquier cosa que hubiera probado hasta entonces. Debería integrar en él los principios Paleo, los conceptos de la medicina funcional y los resultados de mis propias investigaciones. Quizá consiguiera así poner en marcha en mi cuerpo esos cambios que yo quería desesperadamente ver y sentir. Contemplando la nueva lista de nutrientes que me hacían falta para mejorar la salud de mi cerebro, según las indicaciones de la medicina funcional, me puse a pensar cuáles serían los alimentos que contenían aquellos nutrientes. No tenía idea. Enseñé la lista a amigos míos que eran nutricionistas titulados, pero tampoco ellos sabían en qué alimentos podía encontrar aquellos componentes. Después, fui a la biblioteca de ciencias de la salud. Como tampoco allí pude encontrar respuestas, me puse a investigar de nuevo en Internet. A fuerza de trabajo, conseguí redactar una larga lista de nuevos alimentos que podía añadir a mi dieta y que parecía que concordaban desde el punto de vista nutricional. Y empecé a incluir estos alimentos en todas mis comidas.

Entonces fue cuando empezaron a cambiar en serio las cosas en mi cerebro y en mi cuerpo.

Genero la prueba

Por entonces, me disponía a empezar a ejercer en un nuevo puesto, como médica de atención primaria en la unidad de politraumatizados, donde trataría a militares veteranos que habían sufrido lesiones en la cabeza. No estaba segura de si podría llevar a cabo aquel trabajo, y tanto Jackie como yo llegamos a pensar que el hospital me había trasladado a aquel puesto para obligarme a reconocer que ya no era capaz de trabajar. Sin embargo, los sorprendí a todos, y yo misma fui la primera sorprendida. Al cabo de solo tres meses de seguir la nueva dieta, de ir aumentando gradualmente mis ejercicios de e-stim y de practicar a diario la meditación y un automasaje sencillo, ya era capaz de caminar de una sala de consulta a otra con la única ayuda de un bastón. A los seis meses ya podía andar por todo el hospital sin bastón. Pero no solo me había cambiado el cuerpo. Yo estaba viendo y conociendo el mundo de una manera muy distinta. Mi antiguo yo, el de la médica internista convencional, había caído fulminado como san Pablo en el camino de Damasco. Mi antiguo yo, el que se había basado en los medicamentos y en las intervenciones para tratar a mis pacientes, el que se había ido debilitando progresivamente por la enfermedad, había sido sustituido por otro que entendía, a nivel intelectual y físico, que la enfermedad comienza a nivel celular, cuando las células carecen de los componentes que necesitan para llevar a cabo como es debido la química de la vida, y que el camino que conduce a la salud óptima empieza por quitarnos las cosas que nos dañan las células y que las confunden, a la vez que aportamos al cuerpo el entorno adecuado para vivir. Había entendido por fin lo que debía hacer para proporcionar a mis células todos los componentes básicos de la vida que ellas necesitaban para curarse. Ahora ya lo estaba haciendo, y me estaba dando resultado.

A partir de aquello, empecé a practicar la medicina de una manera completamente distinta. Me puse a enseñar a los residentes y a los pacientes de nuestras clínicas de atención primaria el modo de cuidarse a sí mismos, un modo óptimo que yo acababa de descubrir, empleando la dieta y los estilos de vida sanos para tratar la diabetes, la hipertensión arterial, el colesterol alto, las alteraciones del estado de ánimo, los trastornos de estrés postraumático y los traumatismos cerebrales, en vez de recurrir únicamente a los fármacos. Los médicos residentes aprendieron que la dieta y el ajuste del estilo de vida son tratamientos potentes que suelen resultar tan eficaces como los fármacos, o más. Los pacientes con traumatismos cerebrales también estaban muy dispuestos a aprender lo que podían hacer para que se les curaran antes sus lesiones. Yo observaba que a los que iban mejorando su dieta y su estilo de vida se les reducían los síntomas y la necesidad de medicarse.

Pero, aunque estaba ayudando a muchas personas, las pruebas circunstanciales no me bastaban. Daba por supuesto que la medicina oficial no creería en mi protocolo, ni mucho menos lo adoptaría, a falta de pruebas clínicas. Me sentí obligada a llevar a cabo mi trabajo con el mismo rigor que había exigido a las fuentes cuando me había estado documentando sobre lo que podía hacer para curarme. Tenía que realizar ensayos concretos para determinar si aquello podía servir para otras personas. Me decidí a emprender el proceso largo, complicado y costoso de llevar a cabo unas pruebas clínicas para demostrar que mi nuevo protocolo no solo me daba resultado a mí, sino que se lo daría a cualquier otra persona que padeciera la misma dolencia. Para ello tendría que diseñar una prueba clínica, redactar una solicitud de ayuda a la investigación, conseguir esta ayuda (en un mundo en que solo se conceden un 2 por ciento de las solicitudes) y lograr que mi propuesta de estudio fuera aprobada por la Comisión Evaluadora Institucional (el comité que administra las investigaciones en la universidad y en el hospital de veteranos). En menos de un año y medio conseguí lo que parecía imposible, y el 6 de octubre de 2010 ingresó en el estudio nuestro primer paciente.

En otoño de 2011, un grupo que organizaba una charla TEDx me pidió que les presentara una propuesta para hablar en ella. Para los que no conozcan los TEDx, aclararé que son una rama del TED, iniciales de «Tecnología, Espectáculo, Diseño». Los TED son una serie de conferencias sobre temas diversos, sin ánimo de lucro, que se graban y se ofrecen libremente en Internet. Los TEDx son una cosa parecida. Las conferencias se organizan a nivel local, pero también se publican después en Internet sin coste, y los conferenciantes no cobran nada. Los TED y los TEDx tienen millones de espectadores, y muchas de las conferencias se han vuelto virales. A mí me darían dieciocho minutos para que contara mi historia y explicara cómo había diseñado una dieta pensada expresamente para mis mitocondrias y mi cerebro. Accedí.

En mi charla TEDx expliqué los detalles concretos de mi plan de nutrición intensiva y animé a los espectadores a que se convirtieran en embajadores de sus propias mitocondrias y a que comieran pensando en la salud. A finales de noviembre del mismo año, se publicó en YouTube la charla, con el título «Minding Your Mitochondria» (Cuídate las mitocondrias). La charla suscitó el interés entre los partidarios de la dieta paleo, los pacientes de esclerosis múltiple y los seguidores de la medicina funcional, y al cabo de un año ya había tenido más de un millón de espectadores. Yo había llegado a más vidas de las que pueden llegar la mayoría de los médicos o científicos en toda su carrera. Tenía la impresión de que estaba contribuyendo a mejorar el mundo, y esto me entusiasmaba. Pero quería hacer más todavía.

Veía mi misión con mayor claridad que nunca. Tenía que seguir adelante con mi investigación, para poder convencer a mis colegas médicos y, con el tiempo, llegar a cambiar los principios básicos de los tratamientos. Tenía que seguir instruyendo al público general, porque creo que el público general no tardará en dejar atrás la medicina oficial a la hora de entender las posibilidades de los alimentos como medio para recuperar la salud y para conservarla.

El paso siguiente sería escribir este libro.

Mientras tanto, he ampliado el laboratorio, hemos puesto en marcha nuevos estudios y nuestros resultados preliminares siguen siendo interesantísimos. Hemos publicado nuestro primer artículo científico, titulado «Una intervención multimodal para pacientes con esclerosis múltiple secundaria progresiva: viabilidad y efectos sobre la fatiga»[4], en el que mostramos que otros pueden implementar nuestro protocolo de manera segura y que este puede conducir a una reducción de la fatiga que resulta significativa, clínica y estadísticamente. Estamos preparando otros artículos en los que describimos los efectos sobre el estado de ánimo, el pensamiento, la capacidad para caminar, el estado nutricional y las observaciones por resonancia magnética. También estamos preparando otras pruebas que nos permitirán seguir afinando, mejorando y difundiendo la información sobre las posibilidades ilimitadas de este estilo de vida.

Yo sigo teniendo esclerosis múltiple, pero he recuperado mi vida.

Tu historia

Nos costará muchos años y varios millones de dólares llevar a cabo todas las pruebas clínicas necesarias para demostrar que el Protocolo Wahls es eficaz para tratar la esclerosis múltiple y otras enfermedades crónicas. Yo me afano en redactar y presentar solicitudes de ayudas a la investigación para poder llevar adelante estos estudios. Mientras tanto, te invito a que leas mi libro, a que reflexiones sobre mi historia y a que comentes el protocolo con tu familia y con tu médico. Porque lo más importante que quiero darte a entender es esto: que tu médico no puede curar tu enfermedad autoinmune. La medicación no te servirá más que para aliviarte los síntomas, a veces con unos efectos secundarios que te dejarán peor que estabas. Pero la historia no acaba aquí. Tienes dentro de ti la capacidad de curarte.

Lo único que tienes que hacer es dar a tu cuerpo lo que necesitas y quitarle lo que lo está envenenando. Puedes recuperar la salud a base de lo que haces; no de las pastillas que te tomas, sino de *cómo vives*. Cuando comas y cuando vivas en consonancia con las necesidades de tus células, entonces tu cuerpo podrá dedicarse por fin a curarse, y será entonces cuando se produzcan en ti cambios espectaculares.

He experimentado conmigo misma durante años con el fin de determinar con exactitud lo que necesita el cuerpo para combatir las enfermedades autoinmunes. El fruto de estos experimentos es el Protocolo Wahls, una intervención sistemática y agresiva para frenar la espiral descendente del organismo. Es una reparación de tu bioquímica averiada, no realizada por tu médico ni por tu farmacéutico, sino por ti mismo, que haces cambios que están a tu alcance. Es una restauración de la capacidad sanadora de tu cuerpo a base de modificar lo que comes y lo que haces a diario. No es preciso que te sientes a esperar a que se publiquen todas las pruebas clínicas y a que las acepte la medicina oficial. No es preciso que esperes a que tu médico convencional te pueda extender una «receta» en la que te exponga con detalle lo que debes comer (aunque sí creo que esto llegará a ser lo normal, pues es la única vía racional). Puedes contar con esta información *ahora mismo*. Los alimentos son la base fundamental de la salud. Nuestras opciones alimentarias pueden enfermarnos o pueden darnos salud y vitalidad.

Cuando adoptes el Protocolo Wahls, es probable que empieces a notar que tienes las ideas más claras, que mejora tu estado de ánimo y que vas recuperando la energía. Si estás por encima del peso ideal, observarás que se te normaliza el peso sin pasar hambre. En mi consulta, los pacientes que adoptan plenamente la dieta siempre me dicen que han empezado a observar estas cosas cuando vuelven a los tres meses. A partir de entonces, a lo largo de los tres años siguientes, suelo ver que mis pacientes van «rejuveneciendo»: en sus visitas sucesivas parecen cada vez más jóvenes, a medida que se les van revitalizando las células y sus cuerpos recuperan la salud.

Si yo he podido levantarme de una silla de ruedas reclinable cambiando mi manera de vivir, piensa cómo se sentirían tus seres queridos, tu comunidad, tu país y el mundo entero si todos empezaran a comer y a vivir de la manera ideal para alimentar sus células. Podríamos devolver al mundo la salud y la vitalidad, y podríamos reducir espectacularmente los costes sanitarios, ahorrarnos miles de millones de dólares. ¿Qué eliges? ¿Cómo vas a optar por vivir *tú* el resto de tu vida? ¿Incapacitado? ¿O con vitalidad? Tú decides.

Primera parte
ANTES DE EMPEZAR

Capítulo 1
LA CIENCIA DE LA VIDA, LA ENFERMEDAD Y TÚ

Cuando has oído al médico decir las palabras *esclerosis múltiple*, te pones a pensar si tu vida volverá a ser como antes. Quizá no tengas bien claro lo que significan, pero ya has visto ciertas cosas. Has visto a personas en silla de ruedas, que parece que han perdido la memoria, a las que hasta les cuesta trabajo valerse de sus manos. O puede que ya hayas llegado tú mismo a ese punto, que estés perdiendo la movilidad o que la hayas perdido ya. Quizá pienses que estás yendo cuesta abajo y que ya no existe manera alguna de volver a subir, teniendo en cuenta tu estado actual.

O puede ser que tengas una enfermedad autoinmune de otra clase, como la artritis reumatoide o el lupus. Quizá estés cargando, además, con la obesidad, o con alergias graves, intolerancias alimentarias o la enfermedad celiaca, la diabetes o una enfermedad de corazón. Puede que también padezcas depresión, o ansiedad, o un trastorno de déficit de atención. Lo único que sabes, en suma, es que te parece que has dejado atrás para siempre tus tiempos de sentirte bien, de sentir que eres tú mismo. El cuerpo ya no te funciona como es debido, y el cerebro tampoco.

Es probable que hayas consultado a un médico, y es posible que ya te hayan diagnosticado algo. Los médicos tratan los síntomas, pero no son capaces de curar enfermedades crónicas como la esclerosis múltiple, la depresión, la hipertensión arterial o la diabetes; ni siquiera la obesidad. Puede que te receten una lista de fármacos, que servirán para aliviarte los síntomas; pero es posible que esto no sirva más que para agravarte el problema a largo plazo, por los efectos secundarios de la medicación y por el mayor agotamiento de nutrientes que puede acompañar a su uso prolongado. Los fármacos que se recetan para las enfermedades autoinmunes *no curan la enfermedad*. Solo aspiran a hacer que te sientas un poco mejor, y lo pueden conseguir; tal vez retrasen la marcha de la enfermedad, y esto también lo pueden conseguir... o no.

Quizá estés perdiendo la esperanza. Yo quiero devolvértela.

Este libro trata de la esperanza. Mi mensaje general no podría ser más sencillo: *no tienes por qué ser una víctima*. La enfermedad o el trastorno que tienes ya está en marcha, pero puedes hacer muchas cosas eficaces para desacelerar el avance de los síntomas, detenerlos o incluso invertirlos. La medicación no te puede quitar de encima la enfermedad autoinmune; pero *tu cuerpo se puede curar a sí mismo* si tú le facilitas las herramientas necesarias.

La enfermedad no es un mero mecanismo de causa y efecto. Es una combinación compleja de fuerzas genéticas y ambientales. Por suerte para todos nosotros, el aspecto ambiental tiene mucho mayor peso que el genético; y puedes empezar hoy mismo a modificar tu entorno de alguna manera. El estilo de vida que elijas puede llegar a repasar tu bioquímica y devolverte la vitalidad. Es una gran noticia, una grandísima noticia para cualquier persona que tenga una enfermedad autoinmune, u otra enfermedad crónica. *Tú mismo* puedes dar la vuelta a tu vida. Ni tu médico, ni tu farmacéutico, ni ese frasco de pastillas. *Tú*. Tienes ese poder en tus manos.

Cuando una enfermedad crónica se debe a una *carencia*, los medicamentos no resolverán el problema. Como entenderás, sin duda, la esclerosis múltiple no es una carencia del último fármaco modificador de la esclerosis múltiple, como el Copaxone, del mismo modo que la fatiga no es una carencia de sustancias que ayudan a estar despiertos, como el Provigil o incluso la cafeína, ni tampoco la depresión es una carencia de antidepresivos como la fluoxetina. No, estos problemas no son carencias de medicamentos, sino que se desencadenan por carencias *de tus células* que conducen a roturas e interrupciones de los procesos bioquímicos y de la transmisión de señales entre las células. Cuando concebimos de esta manera las enfermedades crónicas, resulta evidente que debemos empezar por tratar las carencias celulares a raíz de las cuales se producen las enfermedades, en vez de limitarnos a tratar los síntomas, que es lo que hacen la mayoría de los tratamientos farmacológicos convencionales.

No obstante, si no has entendido lo que necesita en concreto tu organismo para funcionar y para curarse, no podrás tomar decisiones bien fundadas acerca de lo que debes hacer para su buen funcionamiento. Puede que optes por seguir sugerencias de otras personas sobre tu alimentación, unos consejos que pueden ir dirigidos a ayudarte a perder peso o a cobrar fuerza. O incluso pueden basarse en consideraciones políticas, ecológicas, espirituales o éticas. Si no has entendido lo que necesita verdaderamente tu organismo, no sabrás qué consejos seguir y cuáles descartar. No sabrás qué alimentos debes elegir. No sabrás cuál es la dieta adecuada para tu trastorno. No sabrás alimentar a tus propias células para conseguir una salud óptima.

Te reto a que dejes de creerte todo lo que lees y todo lo que te cuentan, y a que aprendas, más bien, algo de biología y de bioquímica por tu cuenta para poder tomar tus propias decisiones. Contamos con muchos estudios científicos que nos pueden orientar en el estudio de la nutrición a nivel celular. Todavía no lo sabemos todo, ni mucho menos, acerca de la nutrición; pero sí sabemos mucho acerca de cómo podemos facilitar muchas de las reparaciones bioquímicas que nos hacen falta. La ciencia ha demostrado ya que cuando damos a nuestras células una buena provisión de lo que necesitan, estas viven mejor e incluso se curan. Si las privamos de los nutrientes esenciales, se deterioran. Puede que no se mueran, al menos por el momento, pero no tardan en llevar a cabo peor sus funciones, y es precisamente entonces cuando empiezan los problemas.

Yo, como médica y científica que soy, además de paciente, me baso en la ciencia para tomar las decisiones que tomo sobre mi propia salud y sobre la de los demás. Jamás pediría a nadie que me creyera sin más, por un acto de fe. Quiero que entiendas *por qué* diseñé el Protocolo Wahls tal como es. Si no entiendes los motivos por los que debes hacer los cambios de dieta y de estilo de vida que te propongo, quizá no estés dispuesto a seguirlos. Los resultados de practicar el Protocolo Wahls hablan por sí mismos, claro está; pero un paciente bien informado y dinámico es un paciente empoderado. Y yo quiero empoderarte. Por eso, antes de que empecemos, antes de que te dé el primer consejo sobre lo que debes o no debes comer, beber o hacer, vamos a ver lo que está pasando en tu organismo.

¿De dónde surge la salud?

Tú estás compuesto de células. Las células son las unidades que componen un organismo vivo. Hay organismos que tienen una sola célula, como las amebas. Otros, como el cuerpo humano, están compuestos de billones de células. Las células tienen diversos tamaños y formas, y ejercen funciones distintas; pero, en esencia, son los elementos básicos con los que están construidos nuestros cuerpos.

> **HABLAN LOS GUERREROS DE WAHLS**
>
> «Tuve mi primer episodio asociado a la esclerosis múltiple a los 33 años, con insensibilidad facial y vértigo; y a lo largo de los siete años siguientes sentía cada vez más fatiga e intolerancia al calor. Me pusieron Copaxone durante cinco años; pero tuve que dejarlo cuando ya no me quedaba sitio en la piel para las inyecciones. A lo largo de los ocho años siguientes sufrí un deterioro de la energía, un aumento enorme de la intolerancia al calor y un agravamiento de la neblina mental y de la fatiga, hasta el punto de que solo era capaz de trabajar dos días por semana.
>
> Descubrí la dieta Wahls por pura casualidad, por haber encontrado en Internet la conferencia de TEDx. Emprendí la dieta en julio de 2012, y al cabo de dos semanas llamé a mi hijo y le dije que me sentía como si me hubiera hecho unas gafas nuevas: lo veía todo más claro y más enfocado que desde hacía años. ¡La claridad mental y la fatiga me habían mejorado tanto que tenía que pellizcarme para asegurarme de que no estaba soñando! La verdad es que todavía estoy impresionada por volver a tener energía y no tener que echarme una siesta a diario. Duermo mejor, y cuando me echo una siesta, es de diez minutos, y me despierto con tanta energía como por la mañana. ¡Se entiende que todo esto me parezca un milagro!».
>
> Jan W., Steamboat Springs, Colorado

Pero las células no funcionan en cualquier serie de circunstancias. Para poder hacer el trabajo de mantenerte vivo y sano, necesitan unos nutrientes determinados. Si las células no cuentan con estos nutrientes, empiezan a funcionar mal y pueden llegar a morir. ¿De dónde salen estos nutrientes? Única y exclusivamente de los alimentos que comes. Si no estás proporcionando a tus células los nutrientes y el entorno adecuado, no funcionarán todo lo bien que podrían; y un mal funcionamiento a nivel celular puede llegar a afectar a cualquier aspecto de tu salud. Es posible que tu genética determine *qué* es concretamente lo que empieza a marchar mal; pero el caso es que cuando las células no reciben lo que necesitan, el cuerpo no funciona bien; y entonces habrá *algo* (y suelen ser muchos «algos») que marchará mal en alguna parte.

La gente suele preguntarse si la salud es, sobre todo, una cuestión de genética. ¿Tus células funcionan bien o mal dependiendo de tu ADN? Si todo dependiera de tus genes, entonces no tendría mayor importancia lo que comes ni tu manera de vivir. Pero sabemos que no es así.

Los que vivimos en el estado de Iowa vemos muchos campos de maíz y oímos hablar mucho del maíz. Por eso, en honor a mis raíces en el Medio Oeste de los Estados Unidos, voy a tomar el maíz como ejemplo de la importancia que tiene el combustible para las mitocondrias y, por extensión, para las células, los órganos y todo el cuerpo, en el que se incluye el cerebro. Todas las semillas de un paquete tienen el mismo ADN; pero si plantas un puñado de semillas en el rico terreno negro de Iowa y arrojas otro puñado a un montón de residuos tóxicos cubierto de una capa delgada de polvo, las plantas que nacerán de las semillas serán muy distintas. Las semillas plantadas en el rico terreno de Iowa darán plantas altas, verdes y resistentes, con mazorcas de maíz sanas. Las que se plantaron en el montón de residuos, si es que llegan a brotar, darán plantas delgadas, pálidas y probablemente incapaces de producir nada de maíz, o muy poco, porque no contaron con los nutrientes suficientes para alimentarse. De un mismo ADN se obtienen resultados absolutamente distintos.

Tus células, y tú mismo, sois como ese maíz. Si tus células no reciben los nutrientes que necesitan para funcionar como es debido, y si no están protegidas de las toxinas nocivas, te marchitarás. Tus mitocondrias no producirán la energía suficiente (hablaremos más de las mitocondrias en seguida), o no producirán energía de manera eficiente, y así se puede desencadenar una serie de reacciones bioquímicas disfuncionales de las que puede surgir, con el tiempo, el proceso de una enfermedad crónica. (En el capítulo 8, «Reducir la carga tóxica», hablaré algo más de cómo alteran las toxinas la química de tu organismo).

No me entiendas mal: la genética sí que ejerce un papel. Nuestras células se basan en las enzimas para organizar la química de la vida, y el modo en que elaboramos esas enzimas está determinado por nuestros genes, es decir, por nuestro ADN. Sabemos que hay, como mínimo, centenares de genes que pueden aumentar, un poco cada uno, las probabilidades de que la persona desarrolle esclerosis múltiple. Estos genes pueden afectar a diversos factores relevantes: que una enzima no funcione bien del todo, que un proceso obstaculice el control de las inflamaciones, que las toxinas se estén controlando o no, o que los nutrientes se asimilen plenamente o no; también influyen en la eficiencia de las hormonas, o incluso en la eficiencia de la producción de neurotransmisores.

Pero existen muy pocas enfermedades que se deban únicamente a una sola mutación del ADN. La gran mayoría están causadas por el juego mutuo de muchos genes (hasta cincuenta, o incluso cien), que alteran la eficiencia de nuestras enzimas en

> **LAS PALABRAS DE WAHLS**
>
> La epigenética es la ciencia que estudia el modo en que el entorno determina qué genes están «activos» y cuáles permanecen «inactivos». En la actualidad se están invirtiendo centenares de millones de dólares en investigaciones sobre epigenética, pues se considera que esta ciencia puede llegar a explicarnos por qué desarrollamos enfermedades crónicas como el cáncer y las propias del envejecimiento. Este campo de estudios promete darnos mucha más información; pero ¿por qué vas a esperar a que los científicos desarrollen medicamentos nuevos y caros basados en la epigenética, cuando puedes aprender a optimizar ahora mismo el entorno para tus genes por medio del Protocolo Wahls?

función de las circunstancias de nuestro entorno, entre las que pueden contarse las carencias nutricionales o la exposición a agentes tóxicos. El entorno determina en gran medida qué genes están en silencio, o «desactivados», y cuáles están «activados». Por ejemplo, es posible que tengas una propensión a contraer cáncer; pero si tienes el organismo bien nutrido y no está expuesto a un exceso de toxinas, será mucho menos probable que lo contraigas, a pesar de esa propensión genética. O bien, si contraes cáncer, en efecto, es posible que tus leucocitos sean lo bastante fuertes como para matar a las células cancerosas en cuanto estas se forman, y tú ni siquiera llegarás a tener síntomas, ni te diagnosticarán un cáncer. O, si te lo diagnostican, tendrás muchas más probabilidades de vencerlo. Tomando las opciones ideales en cuanto a estilo de vida, podrás mantener los genes más dañinos en estado de «desactivación», y los más favorables para la salud «activados».

En suma, tu ADN jugará un papel muy secundario a la hora de determinar si vas a desarrollar una enfermedad determinada, como la esclerosis múltiple, y eso a pesar de tus antecedentes familiares. Es la epigenética la que determina cuáles son los genes que se activan, y esto determina, a su vez, el riesgo que corres. Los científicos consideran que el entorno determina entre un 70 y un 95 por ciento del riesgo de desarrollar trastornos autoinmunes, obesidad, enfermedades cardíacas y problemas de salud mental[1]. Llamamos «entorno» a lo que comes, lo que bebes, lo que respiras, al agua en que te bañas, a cómo te mueves y hasta a tu manera de pensar y de tratar con la gente. Lo que importa de verdad es la interacción de tus genes con la suma acumulada de tus decisiones. Esto será lo que determine si tienes buena salud o si desarrollas una enfermedad crónica. La clave está en saber alterar las probabilidades para que te resulte más viable conseguir la salud óptima, en función de los genes con los que naciste, a base de hacer que tu entorno interno (tu entorno celular) sea el más favorable posible.

Todavía estamos descubriendo el modo en que los factores del estilo de vida, tales como infecciones anteriores, la dieta, la contaminación medioambiental, la cantidad y tipo de ejercicio, el estrés, los niveles de vitamina D, el equilibrio hormonal, e incluso la actitud y las posturas vitales, pueden activar los genes dañinos, viciar nuestras factorías bioquímicas y conducirnos a cambios nocivos en la asimilación de nutrientes, en la producción de hormonas, en el funcionamiento de los neurotransmisores, etc. Pero sí sabemos que una propensión genética puede quedar en nada si el organismo se mantiene sano y bien nutrido. No obstante, para activar el interruptor genético puede bastar con una disfunción celular, provocada por una falta de los nutrientes adecuados y/o por la presencia de toxinas, incluidas las que genera el propio organismo en épocas de estrés excesivo.

> **LAS PALABRAS DE WAHLS**
>
> El término científico que designa una mutación en una secuencia de ADN es *poliformismo de nucleótido simple*, y estas mutaciones se suelen llamar SNP o *snip*, por las iniciales inglesas del término. Sabemos que las personas que tienen *snips* concretos que afectan a la producción de enzimas para la gestión de las vitaminas del grupo B o del azufre tienen mayores probabilidades de padecer enfermedades cardíacas y cerebrales, alteraciones del estado de ánimo y trastornos autoinmunitarios. Pero suele ser posible obviar los problemas de enzimas por medio de un régimen de alimentación concreto, una vez que sabemos cuáles son las enzimas afectadas y qué vitaminas y formas concretas de estas, y qué alimentos pueden ayudar a la persona a superar ese *snip* determinado. Si en tu familia se repiten los casos de una enfermedad o trastorno, es señal de que tus familiares y tú podéis tener un *snip* concreto. Un médico especialista en medicina funcional puede formular algunas predicciones sobre los *snips* basándose en el historial familiar y en las pruebas genéticas, y puede diseñar un plan de acción personalizado. (Véase más información en el capítulo 12, «La recuperación»).

Dicho de otro modo, tus genes no son tu destino. Tu manera de vivir la decides tú mismo, y así ejerces un gran control sobre si los genes se activarán o no. Aunque ya padezcas una enfermedad crónica como la EM, no es demasiado tarde para intervenir. Si corriges ahora mismo tu estilo de vida, no solo podrás detener los avances de la enfermedad; en muchos casos, incluso podrás invertirlos. Las opciones más sanas pueden desactivar esos genes dañinos y activar los más favorables para la salud.

Combustible para tus células

Volvemos así a la célula. El combustible celular sale de los alimentos que comes. Esta es una de las ideas más importantes que quiero que saques en limpio de este libro: *lo que emplean tus células como combustible de la química de la vida procede directamente de lo que comes.* Los alimentos que consumes determinan por completo si tu cuerpo funciona bien o mal, las probabilidades de que se activen o no tus propensiones genéticas, y si desarrollas o no una enfermedad crónica, así como la medida en que serás capaz de recuperarte de las incapacidades que te haya provocado una enfermedad crónica.

Si echas azúcar en el depósito de gasolina de un coche, este no funcionará bien. Si quieres montar un juguete de los que se venden desmontados y te faltan la mitad de las piezas, el juguete no funcionará. Esto es bien sabido desde siempre; pero, por algún motivo, la gente no suele aplicárselo a las células. Como mucho, tienen una vaga idea de que «eres lo que comes», o de que determinados alimentos son «buenos» o «malos» para la salud; pero la realidad es mucho más concreta. Nuestra dieta alimenticia guarda una correlación directa con la capacidad de funcionamiento de las células.

Lo repito: la nutrición de las células lo es todo. Es la base misma de la salud. Todo depende de la célula en último extremo, pues cuando las células funcionan mal, los órganos terminan por funcionar mal. Cuando los órganos funcionan mal, *tú* terminas por funcionar mal. La enfermedad que padeces hoy comenzó en tus células; y, si bien tu propensión a esa enfermedad puede tener un componente genético, el hecho de que esos genes se activen o queden desactivados depende absolutamente de lo que estás dando a tus células y de lo que no les estás dando. Nunca es demasiado tarde para dar la vuelta a tu disfunción celular;

> **HABLAN LOS GUERREROS DE WAHLS**
>
> «El diagnóstico de esclerosis múltiple fue una verdadera llamada de alerta para mí; pero la doctora Wahls ha creado una guía maravillosa para enseñarnos la importancia de la nutrición. ¡Mi mejoría ha sido espectacular! No solo ha aumentado mucho mi vigor físico, hasta un punto indescriptible, sino que he mejorado drásticamente en equilibrio y claridad mental; siento menos fatiga y dolor neuropático; etc. Es verdaderamente maravilloso. Dejé de usar bastón en abril de 2011. Sigo teniendo problemas de esclerosis múltiple. Todavía pierdo el equilibrio y me caigo, a veces. Todavía tengo neuritis óptica, a veces. Todavía me fatigo; pero ¡todo ha mejorado en un diez mil por ciento! La doctora Wahls nos ha demostrado cuánto afectan los alimentos a nuestros cuerpos físicos, a nuestras enfermedades y a nuestra actitud y claridad mental. La dieta Wahls demuestra lo cierto que es el viejo dicho de que "eres lo que comes"».
>
> Pam J., Pecatonica, Illinois (EE. UU.)

pero, si no sabes el modo de llevarlo a cabo, basándote en lo que necesitan verdaderamente las células, no harás más que conjeturas sobre cómo has de actuar.

Seguramente habrás oído decir muchas veces que tienes que dar a tu cuerpo lo que necesita. Pero a mí me parece más oportuno que te preguntes si estás dando *a tus mitocondrias* lo que necesitan. Todo empieza por aquí, por la salud celular. Si quieres estar sano, fuerte y con la cabeza funcionándote bien, tienes que tener sanas las células; y tus células no estarán sanas si no tienen sanas las mitocondrias. Esto es empezar por la raíz misma, por el primer origen de la disfunción de tu cuerpo. Así es como das la vuelta a tu salud.

No es frecuente que se hable de las mitocondrias en los libros que tratan de dietética. Son un tema más propio de un tratado de medicina. *Mitocondria* no es un nombre sencillo ni pegadizo. Las mitocondrias no son glamurosas ni sugerentes. Son las obreras manuales de la célula. Pero tienen *una importancia increíble* para tu vida y para tu salud. Sin las mitocondrias, la célula sería como el chasis de un automóvil. Tendría aspecto de célula, quizá, pero no serviría de nada sin motor. No te podría poner en marcha, ni tampoco expulsaría los desechos por el tubo de escape. Y las mitocondrias, como cualquier otro motor, necesitan combustible. Y no un combustible cualquiera: precisan combustible de alta calidad.

Para que veas cómo funciona esto, quiero que comprendas lo que es exactamente una célula; y, más concretamente, cómo funciona la célula con la energía que le aportan los orgánulos que contiene, llamados mitocondrias.

Quizá recuerdes haber dibujado el esquema de una célula en la escuela; pero tal vez no recuerdes lo que dibujaste. En general, la célula consta de un núcleo, que contiene el ADN, con las instrucciones genéticas para el organismo. El núcleo es el corazón de la célula, donde reside toda la información. Pero en ese espacio celular también flotan otros elementos, entre ellos los motores que dan energía a la célula. Estos motores se llaman *mitocondrias*.

La mayoría de las células de tu cuerpo contienen mitocondrias. Algunas contienen muchas más que otras. Cuanta más energía necesita una célula concreta, más mitocondrias tiene que tener para que le produzcan esa energía. Por ejemplo, las células del cerebro, de la retina, del corazón y del hígado contienen muchas más mitocondrias que la mayoría de las demás cé-

> ## LA EVOLUCIÓN DE LAS MITOCONDRIAS
>
> Hace unos 1500 millones de años, cuando en la Tierra no había más formas de vida que las bacterias, las bacterias pequeñas invadían a las mayores; pero estas bacterias menores, en vez de hacer daño a sus huéspedes, los beneficiaban, pues generaban energía de manera más eficiente para el huésped.
>
> Estas pequeñas bacterias «invasoras» tuvieron el efecto de abrir la puerta de la especialización, gracias a la cual las bacterias mayores pudieron evolucionar hasta transformarse en organismos mayores todavía, pluricelulares, que acabaron por convertirse en animales. Las bacterias menores evolucionaron también, y se convirtieron en mitocondrias. Es interesante que, al parecer, se produjo un proceso similar con las plantas. Las cianobacterias englobaron a las bacterias menores que eran capaces de realizar la fotosíntesis y evolucionaron hasta convertirse en plantas con cloroplastos, que son los orgánulos en los que se produce la fotosíntesis. Estos cloroplastos, potentes, cargados de nutrientes y generadores de energía, son uno de los motivos por los que las verduras verdes de hoja y frescas son un alimento tan sano para nosotros.

lulas del organismo, porque las tareas de pensar, ver, bombear sangre y procesar las toxinas requieren mucha energía.

Las células necesitan combustible para llevar a cabo muchas funciones: construir, mantener y reparar los tejidos y eliminar los residuos tóxicos. Las toxinas pueden proceder de los medicamentos, de los pesticidas y herbicidas y de la contaminación ambiental, además de los residuos del funcionamiento básico de la célula (todo motor emite residuos). Un exceso de toxicidad puede abrumar a las células y a los órganos; pero, por fortuna, para eso tienes

LA CIENCIA DE LA VIDA, LA ENFERMEDAD Y TÚ   57

LAS MITOCONDRIAS EN LA VIDA Y EN LA MUERTE DE LAS CÉLULAS

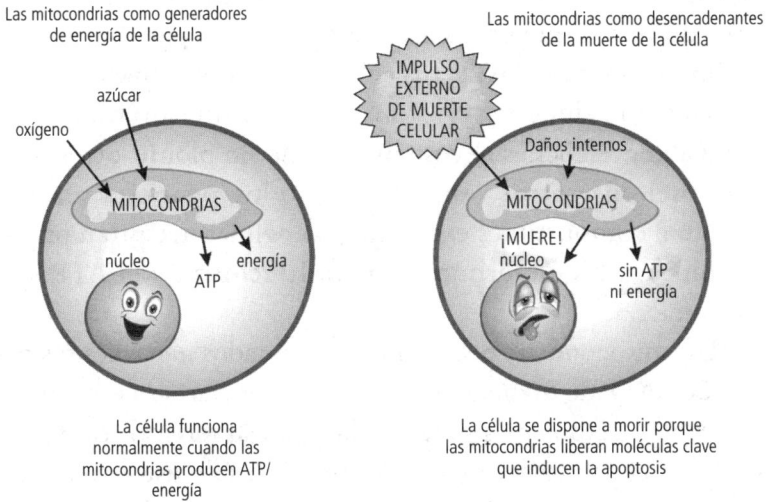

a las mitocondrias, versátiles y trabajadoras, que aportan energía a las células que se encargan de procesar las toxinas liposolubles y convertirlas en residuos liposolubles que pueden eliminar el hígado y los riñones, órganos que también trabajan firme.

Las mitocondrias también se encargan de organizar la muerte celular. Todas las células terminan por morirse, y es esencial para la salud que la muerte celular se produzca a su debido tiempo. Cuando la mitocondria da la señal, la célula se abre para inundarse de calcio, que la mata en una especie de «suicidio» o de muerte celular preprogramada. (Este proceso recibe el nombre técnico de *apoptosis*). Las células que no se mueren cuando les llega su hora siguen creciendo a costa de todas las demás y se convierten en tumores cancerosos.

También deberías saber un poco acerca del ATP. Las mitocondrias producen un compuesto llamado adenosín trifosfato, llamado ATP por sus iniciales inglesas, que almacena la energía en los enlaces entre sus moléculas. El ATP ayuda al organismo a crear proteínas y anticuerpos. Es el combustible de los procesos químicos que emplean nuestras células para hacer todas sus funciones. Sin el ATP, tus células no serían capaces de funcionar como deben y podrían morir prematuramente. Así como algunos coches necesitan gasolina sin plomo, otros necesitan fuel oil y otros vehículos como los aviones a reacción necesitan combustibles especiales, las células necesitan un tipo de combustible determinado para funcionar, y el ATP se lo proporciona.

Las mitocondrias necesitan determinados ingredientes para producir ATP de manera eficiente. Los esenciales son la glucosa, los cuerpos cetónicos a partir de las grasas (veremos esto más a fondo en el capítulo 7) y el oxígeno. Con solo estos tres ingredientes, las mitocondrias pueden ir tirando y produciendo algo de ATP; pero para hacer bien el trabajo y producir un máximo de moléculas de ATP, las mitocondrias necesitan tiamina (vitamina B_1), riboflavina (vitamina B_2), niacinamida (vitamina B_3), ácido pantoténico (vitamina B_5), minerales (sobre todo azufre, zinc, magnesio, hierro y manganeso) y antioxidantes. Para conseguir una eficiencia máxima, las mitocondrias también necesitan abundante l-carnitina, ácido alfa-lipoico, creatina y ubiquinona (también llamada coenzima Q, coenzima Q_{10}, CoQ o CoQ_{10})[2]. Las mitocondrias también deben estar protegidas de toxinas tales como el plomo, el mercurio y el arsénico.

Si no recibes todos estos nutrientes, o si estás expuesto a demasiadas toxinas, producirás ATP de manera menos eficiente, lo que te conduce a su vez a dos problemas:

1. Tus células producirán menos energía, con lo que pueden no ser capaces de realizar todas sus funciones.

2. Tus células generarán más residuos de los necesarios, en forma de radicales libres.

Si las mitocondrias carecen de las fuentes adecuadas de nutrientes para alimentar la producción de ATP (que, a su vez, produce la energía que alimenta los procesos celulares necesarios para mantener la vida), pueden pasar hambre. Entonces, la célula no puede realizar su función con eficiencia. Además, si las mitocondrias están sometidas a un esfuerzo excesivo, empiezan a desintegrarse. Cuando la célula tiene menos mitocondrias, las que quedan están sujetas a una carga mayor para producir la energía necesaria. Esta sobrecarga de las mitocondrias puede transmitir al núcleo la señal de que ha llegado la hora de morir; y, entonces, la célula «se suicida» prematuramente. Esto conduce a un envejecimiento más rápido de los órganos y del cuerpo en general, sobre todo del cerebro, donde tiene tanta importancia el funcionamiento de las mitocondrias. Y esto puede llevar, a su vez, a la «neblina mental» (confusión, pérdida de memoria, sentirse «fuera de onda»), e incluso a la atrofia cerebral.

Vamos a resumir lo que hemos visto hasta ahora. Cuando las mitocondrias funcionan a pleno rendimiento, las células disponen de la energía que necesitan para que el cuerpo, a su vez, sea capaz de funcionar como debe, sin tener que compensar las carencias de energía y de nutrientes. Así, las células producen menos radicales libres, con lo que se reducen al mínimo los daños celulares. Una alimentación adecuada favorece todo este proceso. Una alimentación inadecuada desarregla el proceso y conduce a la sobrecarga de las mitocondrias, al envejecimiento prematuro y al aumento y al agravamiento de la enfermedad o enfermedades crónicas.

LAS PALABRAS DE WAHLS

En todos los procesos químicos se producen algunos residuos, y los radicales libres se cuentan entre los desechos que desprende el organismo para elaborar la energía que necesita. Los radicales libres son moléculas que tienen desocupado un espacio abierto donde iría alojado un electrón, dejando por tanto un enlace «colgante», por lo que son muy reactivas químicamente. Los radicales libres pueden producir problemas en las células, porque van en busca de algo que puedan oxidar (o, dicho de otro modo, destruir) para librarse del enlace colgante. Los radicales libres hacen daño porque cambian la forma de una proteína, de una membrana celular o del propio ADN, modificando así su funcionamiento. Cuando los radicales libres dañan demasiado a la célula, esta puede dejar de funcionar prematuramente. Un exceso de muertes prematuras de células termina por conducir al envejecimiento rápido de los órganos internos y de todo el cuerpo.

¡Antioxidantes, al rescate! Los compuestos antioxidantes de las plantas estimulan la producción de enzimas en nuestras células, que neutralizan esos electrones libres antes de que estos hayan tenido tiempo de dañar dichas células. Hacen a la maquinaria bioquímica de la célula mucho más eficaz y eficiente en la labor de proteger a esta de los radicales libres.

Imagínate cómo sería tu casa si no limpiaras nunca ni tiraras la basura. Con el tiempo, la basura y la suciedad terminarían por bloquearte los respiraderos y los desagües; te deteriorarían la instalación eléctrica y harían que la estructura misma de la casa se corroyera y se pudriera; y la vivienda dejaría de ser habitable. Los antioxidantes son tu brigada de limpieza, tus amos de casa celulares, y mantienen a raya a los radicales libres. Barren la suciedad que se genera al producir ATP. (Hablaremos más tarde de las mejores fuentes de antioxidantes en la dieta).

Indicios de que tus mitocondrias pasan hambre

A estas alturas puede que te estés dando cuenta de que las mitocondrias tienen mucha importancia para tu salud... ¡y así es! Quizá estés pensando también que necesitas más nutrientes, de modo que tus mitocondrias dispongan de todo lo que necesitan para producir ATP; nutrientes como las vitaminas del grupo B, minerales, coenzima Q y antioxidantes. Y seguramente tienes razón también, pues la mayoría de la gente no consume todos los nutrientes que necesitan sus células.

Pero ¿cómo puedes saber si tienes las mitocondrias bien alimentadas? No puedes verte las mitocondrias ni evaluar su salud con solo mirarte al espejo. No obstante, yo, en mi práctica profesional, he descubierto algunos indicios de ello, una serie de señales y de indicaciones de que las mitocondrias no deben de estar recibiendo todo lo que necesitan para mantener en marcha el organismo a plena capacidad. Son las siguientes:

- **Sientes fatiga.** Si te encuentras constantemente agotado y bajo de energía, aunque hayas dormido lo suficiente, es posible que tus mitocondrias tengan carencias de las vitaminas, los minerales y los antioxidantes que necesitan para producir energía a nivel celular. La falta de energía a nivel celular se puede traducir en que tú mismo sientas falta de energía.
- **Haces una alimentación abundante en azúcares y en féculas.** El exceso de harina blanca, de azúcar y de jarabe de maíz rico en fructosa te puede «apelmazar» las mitocondrias, reduciendo su eficacia. Los azúcares y las féculas refinadas ejercen dos efectos dañinos sobre tu organismo: (1) tienen muchas calorías pero poca calidad nutritiva; te pueden llenar sin que obtengas los nutrien-

tes que necesitas, de modo que tus células pasan hambre, y (2) fomentan el desarrollo en tus intestinos de bacterias y levaduras desfavorables, que pueden conducir a otros muchos problemas. (Veremos esto más a fondo a lo largo del libro).
- **Tienes más de 50 años.** Con la edad se va reduciendo la capacidad de elaborar coenzima Q, que es un nutriente importante para la salud y la eficiencia de las mitocondrias. Cuando pasas de los 50 años, también se va deteriorando poco a poco tu eficiencia mitocondrial, sobre todo si haces una alimentación menos que óptima.
- **Tomas estatinas.** Las estatinas son una familia de fármacos que reducen el colesterol. Muchos médicos las recetan a las personas con riesgo de padecer enfermedades de corazón o que tienen el colesterol incontrolado. Algunos hasta recomiendan su uso preventivo. Pero, con estos medicamentos, a las células les resulta más difícil elaborar coenzima Q. Dado que las personas mayores suelen tener más alto el colesterol, son las que tienen mayores probabilidades de estar tomando estatinas; y dado que los mayores de 50 también suelen tener dificultades para elaborar la coenzima Q, el problema se les multiplica. Algunos estudios han demostrado que a los pacientes con enfermedades cerebrales neurodegenerativas se les reducen los síntomas cuando mejoran sus niveles de coenzima Q[3]. Si te han recetado estatinas, no dejes de tomarlas sin consultar a tu médico; pero podrías tener en cuenta lo que acabamos de decir y aumentar tu consumo de coenzima Q para compensarlo.
- **Estás tomando medicamentos con regularidad, con receta o sin ella.** Muchos medicamentos comunes, tanto los que se administran con receta como los que se venden

sin ella, pueden agotarte los niveles de vitaminas B, minerales y coenzima Q. Cuanto más tiempo te estés medicando, más se te agotarán esos niveles. Algunos medicamentos que afectan a la coenzima Q son los siguientes:

- Los antidepresivos tricíclicos.
- Las benzodiazepinas.
- Las sulfonilureas.
- Los diuréticos tiazídicos.
- Los betabloqueantes.
- El acetaminofén (paracetamol, tylenol).

Entre los medicamentos que pueden afectarte al metabolismo y a la absorción de la vitamina B figuran los siguientes:

- Los diuréticos.
- La metformina y otros comunes para la diabetes.
- Las píldoras anticonceptivas.
- Los medicamentos que reducen la acidez del estómago.
- Algunos antibióticos.
- Las benzodiazepinas.
- Los antidepresivos tricíclicos.
- Los antiinflamatorios no esteroideos (AINE).
- La aspirina.
- Los inhibidores de la bomba de protones, como el Omeprazol.

- **Los diuréticos y los medicamentos que reducen los ácidos gástricos también pueden entorpecer la absorción de los minerales.** La carencia de nutrientes asociada al uso de medicación a largo plazo puede ser uno de los factores que determinan por qué siguen progresando muchas enfermedades cuando se tratan con fármacos[4].

- **Tienes migrañas o cefaleas tensionales crónicas.** Existe una correlación entre las cefaleas tensionales crónicas y la disfunción mitocondrial[5].
- **Tienes una enfermedad crónica.** La lista de los trastornos de salud que se asocian al mal funcionamiento de las mitocondrias va en aumento cada día, y ya figuran en ella la diabetes, la insuficiencia cardíaca, la hepatitis C, la fibromialgia, la esquizofrenia, las alteraciones del estado de ánimo, la epilepsia, el ictus, las neuropatías, los problemas de memoria y las enfermedades autoinmunes[6].

Las enfermedades crónicas son las manifestaciones más evidentes de la disfunción mitocondrial a largo plazo. Cuando tus mitocondrias no están aportando a tu cuerpo la energía debida, comienza una espiral negativa que, con el tiempo, conduce al envejecimiento celular, a las disfunciones de los órganos y a las enfermedades crónicas. La ciencia demuestra cada vez con mayor claridad que la sobrecarga mitocondrial está en la raíz de la mayoría de las enfermedades crónicas que afligen a la sociedad moderna. ¿Quieres estar más sano? Pues eleva las mitocondrias al nivel de funcionamiento más sano que puedas.

Si se dan en ti algunos de estos síntomas o características, o todos ellos, a tus mitocondrias les vendrá muy bien una puesta a punto. Todos los aspectos del programa del Protocolo Wahls serán beneficiosos para el funcionamiento de tus mitocondrias, de manera directa o indirecta; pero lo que más las beneficiará serán las mejoras en tu dieta. Vas a empezar a inundar el cuerpo de las vitaminas del grupo B, los minerales, los antioxidantes y los aminoácidos que necesita para tener bien alimentadas tus mitocondrias, con lo que podrán empezar a repararse por sí mismos todos los aspectos de tu salud, desde el nivel celular hacia arriba.

HABLAN LOS GUERREROS DE WAHLS

«Me diagnosticaron esclerosis múltiple remitente recurrente en enero de 2003, cuando tenía 46 años, aunque padecía la enfermedad desde muchos años antes. Me traté durante años con la medicina tradicional. Tomé Avonex, Tysabri y Copaxone, pero mi estado seguía deteriorándose. El neurólogo me propuso que tomara Gilenya; pero a mí me daba miedo, teniendo en cuenta sus efectos secundarios peligrosos y las muertes de pacientes que se habían producido recientemente. Así llegué a la doctora Terry Wahls.

Llevo practicando la dieta Wahls seis meses, y también me aplico el aparato de e-stim. Tengo la mente más despejada, mi deterioro ha cesado y estoy recuperando la fuerza. Mis piernas tienen mejor color, y hago de 20 a 30 minutos de ejercicio al día, medito, respiro hondo y salgo al aire libre. La doctora Wahls es para mí un modelo de persona y una heroína en varios sentidos. (Yo también soy madre homosexual con dos hijos adultos jóvenes). Llevaba años pidiendo a los médicos que me orientaran sobre la dieta, el ejercicio y el estrés, y no me hacían caso. Valoro mucho la profundidad de sus investigaciones y su disposición a relatar su propia experiencia personal. ¡Es una salvadora!».

Ann P., Houston, Tejas (EE. UU.)

Tu nueva receta: la comida

Tus células tienen unos 4000 sistemas enzimáticos distintos, con más de 1000 señales químicas diferentes, y llevan a cabo billones de reacciones químicas cada segundo[7]. Se han identificado más de 250 nutrientes, y es probable que existan otros miles que los científicos no han detectado todavía y que son importantes para disfrutar de una salud óptima[8]. ¿Los estás recibiendo todos? Lo más probable es que no.

Y tus intestinos ¿son capaces de digerir como es debido los alimentos que comes y de absorber en tu torrente sanguíneo los nutrientes indispensables, para aportar a tus células una provisión suficiente de las vitaminas, los minerales y los ácidos grasos esenciales que necesitan para vivir y crecer? Quizá tengas también alguna dificultad en este sentido.

La bioquímica es compleja, y el funcionamiento del cuerpo humano es complicado e intrincado hasta un grado inimaginable. Aunque tenemos algunas nociones sobre las necesidades nutricionales de las mitocondrias, todavía no hemos llegado a entender todos y cada uno de los requisitos de cada mitocondria, ni tampoco conocemos plenamente todas las necesidades nutricionales de cada tipo de células de nuestro cuerpo. Cuando hablo de «nutrición global», de las necesidades generales de nuestro cuerpo, deberás tener en cuenta que, si bien ya sabemos cuáles son estas necesidades nutricionales para poder realizar millares de funciones distintas, todavía no lo sabemos todo.

Pero la naturaleza sí lo sabe. Por eso no podemos conseguir una salud óptima solo a base de añadir a nuestra dieta habitual una serie de suplementos vitamínicos y nutricionales. Los alimentos de verdad contienen todos los secretos que no conocemos todavía, y por eso el Protocolo Wahls está pensado expresamente para que hagamos uso de los alimentos de verdad y los empleemos para satisfacer las necesidades nutritivas de nuestras células, incluidos los miles de necesidades que no conocemos todavía. Lo que sí sabemos es que cuando las vitaminas, minerales y antioxidantes del organismo caen por debajo de sus niveles óptimos, se aprecia un deterioro claro de la salud. Esto no es mera teoría. Un ejemplo: el doctor Bruce Ames, bioquímico que estudia la nutrición a nivel celular, ha presentado pruebas que indican que un individuo tiene muchas más probabilidades de sufrir envejecimiento temprano y de contraer cáncer si sus niveles de vitaminas y de minerales son inadecuados, aunque esté sano a corto plazo[9]. Por ejemplo, cuando nuestro organismo dispone de una provisión limitada de vitamina K, la administra en función de unas prioridades. Elaborará proteínas que coagulan la sangre en caso de sufrir una herida; pero no elaborará las proteínas que necesitamos para mantener la flexibilidad de los vasos sanguíneos y de las válvulas del corazón. Así pues, si hoy sufrimos una herida grave, no nos moriremos desangrados; pero si la carencia de vitamina K perdura a largo plazo, desarrollaremos un endurecimiento de las válvulas cardíacas y/o hipertensión arterial[10]. La consecuencia puede ser que más adelante tengamos que operarnos para implantarnos unas válvulas nuevas, o que tengamos que tomar medicación para la hipertensión.

Existe un estudio interesante en el que a un grupo de personas mayores se les midieron los contenidos en sangre de 31 vitaminas, minerales, grasas esenciales y antioxidantes que se consideraba que tenían repercusiones sobre la salud del cerebro, con el fin de examinar los efectos de estos nutrientes sobre el tamaño del cerebro y sobre la capacidad mental. El llamado Estudio de Envejecimiento Cerebral de Oregón observó a 104 personas mayores (con una edad media de 87 años). Los investigadores analizaron los niveles en sangre de diversos nutrientes, el tamaño del cerebro, que se medía por resonancia magnética, y la capacidad mental, medida por medio de diversos tests neuropsicológicos. A continuación, realizaron análisis de regresión estadística para medir las relaciones entre los niveles de nutrientes, el tamaño del cerebro y el rendimiento cognitivo[11]. Los resultados fueron muy reveladores. Los indicadores más poderosos de la buena salud cerebral resultaron ser los niveles elevados de vitaminas B_1, B_2, B_6, B_9, B_{12}, C, D y E, y los ácidos grasos. Además, los niveles elevados de vitaminas A y K y de antioxidantes estaban asociados al mayor volumen cerebral y a la mejor capacidad mental.

En el estudio se analizaron también las sustancias nocivas, o «antinutrientes». Es de notar que cuantas más grasas trans (aceites vegetales hidrogenados) se encontraban en la sangre, más pequeño era el cerebro y más baja era la capacidad mental, medida en función de cómo realizaban los sujetos determinadas pruebas para las que había que pensar[12]. Dicho de otro modo, es probable que lo mejor que puedas hacer para proteger el cerebro sea obtener todas tus calorías de alimentos ricos en la nutrición que necesita el cerebro. Si quieres tener un cerebro más pequeño y que piense peor, come más antinutrientes, como los alimentos procesados cargados de grasas trans. ¡Si tomas comida rápida a diario, o aunque solo sea tres veces por semana, vas por el buen camino para contraer demencia de inicio precoz!

Pero los alimentos no lo pueden todo. Quiero que lo entiendas desde el principio. Yo sigo padeciendo esclerosis múltiple, y todavía tengo lesiones en la médula espinal cervical. Algunas cicatrices y degeneraciones son permanentes. Pero hay mucha degeneración que no tiene por qué ser permanente. Mis lesiones ya no me impiden andar. Se aprecian en la imagen por resonancia magnética, pero ya no me afectan como me afectaban. Los alimentos pueden influir directamente sobre la hoguera de destrucción que tienes dentro del cuerpo. De ti depende si sigues echando leña a esa hoguera o si la amortiguas proporcionando a tu cuerpo en abundancia los nutrientes concretos que necesita para salir de los efectos debilitadores de un trastorno autoinmune e ir recuperando paulatinamente la salud y la vitalidad.

Los micronutrientes que necesita tu cerebro ahora mismo

La nutrición celular es esencial para nuestra salud general, pero la nutrición que va dirigida específicamente a la salud cerebral tiene una importancia especial para las personas que padecen EM y otras enfermedades que afectan al cerebro. El cerebro es un órgano complejo y maravilloso, y necesita muchos recursos para funcionar como es debido. Una de las estructuras del cerebro cuya reparación y mantenimiento tiene mayor importancia es la mielina; y la mielina es precisamente la que recibe los ataques del sistema inmunitario en las personas que padecen EM.

La mielina es el revestimiento aislante graso que rodea las células nerviosas (las neuronas). Tenemos cerca de cien mil millones de neuronas en el cerebro, con cien billones de conexiones entre ellas. Todo este cableado debe estar aislado con un revestimiento de mielina. Pero es probable que tu médico no te haya dicho cuáles son los nutrientes que necesitan tus neuronas cerebrales para funcionar de manera óptima, y mucho menos para reparar los daños que sufren. Puede que tu médico ni siquiera lo sepa, pues los médicos no reciben mucha formación en cuestiones de nutrición. Pero yo sí lo sé. Para elaborar mielina sana debes consumir tiamina (vitamina B_1), folato (vitamina B_9), cobalamina (vitamina B_{12}), ácidos grasos omega-3 (más especialmente, el ácido docosahexaenoico o ADH, también llamado DHA) y yodo. (En capítulos posteriores te diré cuáles son los alimentos que debes comer para poder contar con todos estos componentes esenciales).

Tu cerebro depende también de los neurotransmisores. Reciben este nombre las moléculas que emplean nuestras neuronas cerebrales para comunicarse entre sí. Cuando los neurotransmisores no funcionan bien, podemos sufrir depresión, ansiedad, irritabilidad y aumento del dolor. Muchos médicos recetan a los pacientes con problemas del estado de ánimo fármacos como la fluoxetina (Prozac) para potenciar la producción de determinados neurotransmisores; pero suele suceder que los pacientes no mejoran mucho, debido en parte a que no están comiendo los componentes esenciales que necesitan las neuronas cerebrales

ACCIÓN DE LOS NUTRIENTES SOBRE LAS NEURONAS

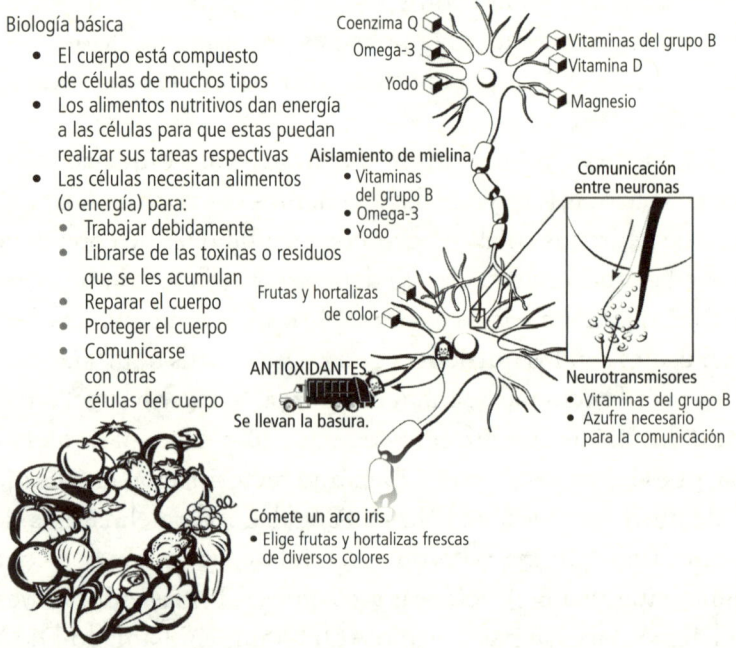

para producir esos transmisores. La fluoxetina no puede producir sus mejores resultados si tu cerebro carece de los componentes que necesita para llevar a cabo los procesos químicos pertinentes. Para el buen funcionamiento de los neurotransmisores, tus neuronas cerebrales necesitan especialmente determinados aminoácidos, azufre y piridoxina (vitamina B_6)[13].

Cuando me puse a investigar los nutrientes que alimentan el buen funcionamiento bioquímico de las células, y más especialmente de las neuronas cerebrales, identifiqué los micronutrientes que habían señalado los científicos como importantes para la eficiencia de las mitocondrias[14] o para el funcionamiento óptimo de las neuronas cerebrales[15]. He preparado una lista de estos micronutrientes y de sus funciones principales, que podrás ver a continuación (págs. 73-75). También encontrarás una lista de los grupos de alimentos que sirven de fuentes excelentes de estos micronutrientes en proporción a las calorías consumidas y basándonos en las propiedades de los alimentos mismos (sin atender a los alimentos procesados a los que se añaden vitaminas artificialmente[16]). Ten presente que las vitaminas sintéticas no se presentan bajo las mismas formas que las que se encuentran de manera natural, y que tampoco están acompañadas del contexto de todos los demás elementos que sí aparecen en los alimentos integrales. He incluido también en la lista un antinutriente importante que se ha relacionado con el deterioro de la salud del cerebro.

Más allá de la comida: el Protocolo Wahls

La comida es el elemento principal del Protocolo Wahls, y la nutrición dirigida a las células y al cerebro puede determinar la marcha de tu salud durante el resto de tu vida. No obstante, el Protocolo Wahls es algo más, y la alimentación no fue lo único que cambié en mi vida para conseguir que se invirtiera drásticamente el avance de mis síntomas. Hubo otros muchos factores que contribuyeron a mi recuperación continuada. Estos factores fueron la reducción de toxinas específicas, la electroestimulación muscular, un programa regular y adecuado de ejercicios, algunos suplementos claves y el compromiso con un programa específico de reducción del estrés.

Con todo esto se completa el Protocolo Wahls, y son cosas que puedes hacer por tu cuenta. Si las combinas con una dieta alimenticia mejorada, estarás ofreciendo a tu cuerpo las mejores posibilidades de curarse. A lo largo de este libro te iré explicando paso a paso los diversos componentes del Protocolo Wahls que desarrollé en su día para curarme yo misma y que he sistematizado después para ayudar a los demás. Pero voy a adelantarte aquí un resumen de estos elementos básicos.

La dieta Wahls

La dieta Wahls es esencial para la restauración bioquímica. Te iré guiando a lo largo de los pasos que te llevarán desde tu alimentación actual, que puede carecer de algunos de los potentes componentes nutritivos que necesitan tus células para estar sanas, hasta que llegues a comer a la manera Wahls. Hay tres niveles, y puedes emprender la dieta por el que te resulte más cómodo. Para adoptar el nivel más básico, la dieta Wahls, tendrás que incluir algunas cosas en tu dieta alimenticia y suprimir otras. El segundo nivel, la dieta Wahls Paleo, es un poco más estricto. Por último, la dieta Wahls Paleo Plus es para los que quieren tomar medidas serias y rápidas. Los pasos dietéticos pueden parecer difíciles a primera vista, pero vas a comer unos alimentos integrales y naturales estupendos, entre ellos muchas hortalizas, fruta, carne, aves, mariscos, frutos secos, semillas, e incluso otros alimentos inesperados que no te habías planteado probar hasta ahora. No pasarás hambre; antes bien, tendrás que comer *mucho;* y si tienes exceso de peso, verás cómo se te van deshaciendo esos kilos de más (¡una ventaja añadida del Protocolo Wahls!). No te preocupes. No es preciso que hagas todos los cambios de una vez. Te los iré explicando paso a paso para que entiendas bien lo que vas a hacer y por qué, antes de que pruebes cualquier medida radical.

Lista de nutrientes claves para la salud de las células cerebrales		
Nutriente	Función principal	Fuentes alimentarias principales[17]
Vitamina A, retinol (forma animal de la vitamina A)	Interviene en la síntesis de los pigmentos visuales de la retina	Aceite de hígado de bacalao, hígado
Vitamina B_1 (tiamina)	Media en el empleo de la glucosa, generación de la mielina	Vísceras, semillas, frutos secos
Vitamina B_2 (riboflavina)	Ayuda a producir energía mitocóndrica	Hígado, verduras verdes
Vitamina B_3 (niacina)	Ayuda a producir energía mitocóndrica	Hígado, pollo
Vitamina B_6 (piridoxina)	Colabora en la producción de neurotransmisores	Pescado, verduras verdes
Vitamina B_9 (ácido fólico)	Media en la generación de mielina	Hígado, verduras verdes, espárragos
Vitamina B_{12} (cobalamina)	Media en la generación de mielina	Hígado, mariscos
Vitamina C	Combate las infecciones, proporciona antioxidantes intracelulares	Verduras verdes, cítricos
Vitamina D	Colabora en la buena lectura del ADN, protege las neuronas cerebrales	Aceite de hígado de bacalao, luz solar
Vitamina E	Favorece la señalización; protege de la oxidación a las moléculas portadoras de colesterol; reduce la muerte celular de las neuronas cerebrales, lo que preserva contra el envejecimiento	Frutos secos, semillas, aguacate
Hierro	Ayuda a aportar oxígeno al cerebro	Vísceras, verduras verdes, melaza
Cobre	Favorece el equilibrio hierro/cobre necesario para funciones cerebrales superiores	Vísceras, mariscos, frutos secos, semillas

Lista de nutrientes claves para la salud de las células cerebrales (cont.)		
Nutriente	Función principal	Fuentes alimentarias principales
Zinc	Ayuda a la percepción	Hígado, mariscos, frutos secos, semillas
Yodo	Relacionado con la inteligencia y con la producción de mielina	Algas marinas, mariscos, sal marina yodada
Magnesio	Estabiliza las células contra el exceso de glutamato (estimulación excesiva)	Verduras verdes, frutos secos crudos remojados, algas marinas
Selenio	Protege del estrés oxidativo	Nueces de Brasil, semillas de girasol, mariscos, algas marinas
Licopeno, luteína, zeaxantina, alfa y betacaroteno, betacriptoxantina	Antioxidantes que protegen las membranas celulares y las mitocondrias	Verduras y bayas de colores vivos
Carnitina	Ayuda a producir energía en las mitocondrias	Corazón, riñones, hígado, carne de vacuno y todas las demás carnes, incluida la de ave
Ácido lipoico	Ayuda a producir energía en las mitocondrias	Corazón, riñones, hígado
Coenzima Q	Ayuda a producir energía en las mitocondrias	Corazón, riñones, hígado
Creatina	Ayuda a producir energía en las mitocondrias	Vísceras, caza
Ácido pantoténico (vitamina B_5)	Ayuda a producir energía en las mitocondrias	Hígado, hongos, aguacate
Vitamina K	Ayuda a reforzar la mielina y los vasos sanguíneos	Verduras verdes
Colesterol	Refuerza las membranas celulares, fomenta la producción de hormonas	Grasas animales
Ácido graso alfa-linolénico (AAL o ALA) (forma vegetariana de ácidos grasos omega-3)	Ayuda a generar membranas celulares y mielina	Aceites de nuez, de linaza y de cáñamo
Ácidos grasos omega-3, ácido eicosapentaenoico (AEP o EPA), ácido docosahexaenoico (ADH o DHA) (formas animales de ácidos grasos omega-3)	Ayuda a generar membranas celulares y mielina, reduce la inflamación excesiva	Arenque silvestre, salmón, carnes criadas con pastos

Lista de nutrientes claves para la salud de las células cerebrales (cont.)		
Nutriente	Función principal	Fuentes alimentarias principales
Ácidos grasos omega-6, ácido linoleico (AL), ácido araquidónico (AA)	Ayuda a generar membranas celulares y mielina, señales moleculares para la comunicación entre células (demasiada cantidad puede producir inflamación excesiva; deben estar equilibrados con los ácidos grasos omega-3)	Semillas y frutos secos (el AL); vísceras, carne (el AA)
Ácido graso gamma-linolénico (AGL o GLA)	Reduce la inflamación	Aceites de borrajas, de prímula, de cáñamo
Antinutrientes dañinos		
Grasas trans	Aumentan los daños a las membranas celulares y a las mitocondrias	Grasas semihidrogenadas, alimentos fritos en aceite vegetal (sobre todo la comida rápida)

La exposición a los tóxicos

El mundo moderno está sobrecargado de sustancias químicas, y muchas de estas sustancias interactúan con nuestras células y afectan en no pocas ocasiones a los procesos químicos naturales. En capítulos posteriores explicaré cuántas de estas sustancias químicas están asociadas a las causas principales de invalidez y de enfermedad en el mundo occidental. Te ayudaré a identificar dónde y cómo estás expuesto a estas sustancias y qué medidas concretas puedes tomar para reducir esa exposición. También te explicaré cómo procesa tu organismo las sustancias tóxicas y cómo las elimina. Y lo que es más importante todavía, mostraré los pasos concretos que puedes seguir para reforzar y optimizar sin peligro los sistemas de eliminación de toxinas de tu organismo, lo que te permitirá reducir de manera paulatina y segura la carga de toxinas que tiene almacenada tu cuerpo en las grasas.

El ejercicio y la e-stim

Es necesario para tu cuerpo y para tu cerebro que emplees los músculos y que *te muevas*, aunque padezcas una enfermedad degenerativa. El ejercicio es importante para conservar el equilibrio adecuado de las hormonas en el cerebro y en el cuerpo en general. También sirve para que no se te atrofien los músculos. Cuando tienes una enfermedad crónica debes procurar, además, hacer el ejercicio suficiente pero sin que sea excesivo, y practicar los ejercicios adecuados para tus necesidades. Después de tratar la cuestión del ejercicio, te hablaré también de la estimulación eléctrica o e-stim, que es un proceso que a mí me produjo efectos espectaculares, no solo en cuanto a mi movilidad, sino también en mi estado de ánimo.

Suplementos, medicaciones y tratamientos de medicina alternativa

Aunque yo creo firmemente que la nutrición debe proceder en su mayor parte de la comida, a ti te pueden sentar bien determinados suplementos, en función de tus necesidades particulares. Te diré qué suplementos recomiendo y cuáles me parecen contraindicados. También tocaré el tema de la medicación que estés tomando y de si debes o no suprimirla cuando empieces a seguir el Protocolo Wahls. Por último, te ofreceré mis opiniones sobre los tratamientos de medicina alternativa que puedes probar y los que creo que debes evitar, todo ello desde mi punto de vista de médica-convencional-convertida-en-partidaria-de-la-medicina-funcional. De este modo sabrás qué es lo que está demostrado y qué cosas son meras especulaciones, así como qué tratamientos son seguros y cuáles pueden no serlo.

Las técnicas de reducción del estrés

La reducción del estrés es absolutamente trascendental para optimizar la capacidad del cuerpo para curarse. La respuesta al estrés produce en el cuerpo una serie de cambios en cadena que pueden ser muy beneficiosos a corto plazo, pero terriblemente destructivos a largo plazo. Te explicaré con detalle por qué y cómo puedes salir del estado de «lucha o huida».

Recordando tu vida

Espero que seas capaz de recordar la época en que te sentías bien. Hubo un tiempo en que eras capaz de trabajar o de divertirte todo el día, y te sentías a gusto con tu cuerpo, o al menos normal. Pero lo más probable es que en algún momento dado empezaras a notar ciertos cambios sutiles. Quizá advirtieras que ya no te podías mover con tanta soltura, o que no tenías el pensamiento tan claro, o bien empezaste a sentir dolores. Estos síntomas tan externos eran indicios de que estaban cambiando tus procesos bioquímicos. La transmisión de las señales entre tus células se iba volviendo confusa poco a poco.

Podías darte cuenta de que no te sentías bien, aunque quizá no fueras capaz de explicar con claridad en qué consistía tu malestar. Con el tiempo, fuiste a ver a tu médico; este te examinó, te hizo análisis de sangre, pero no encontró nada que estuviera mal. Puede que te dijera que volvieras al cabo de un año. Pasado ese plazo, te sentías un poco peor que el año anterior, pero en los análisis tampoco se apreciaba nada malo, y el médico te repitió que estabas «bien». Es posible que este ir y venir se prolongara durante años, o incluso durante décadas, hasta que tu cuerpo ya estuvo tan deteriorado que, por fin, empezaron a apreciarse resultados anormales en una o dos pruebas o análisis. Y entonces tu médico se puso a investigar la cuestión más en serio. Y puede que, por fin, te dieran el diagnóstico. Como tu médico no estaba formado en la medicina funcional, fuiste perdiendo oportunidades de recuperar la vitalidad, mientras seguía adelante el proceso inexorable del deterioro bioquímico, durante todos esos años en que los análisis te salían negativos y los médicos te aseguraban que estabas bien. Tu cuerpo había empezado a producir moléculas elaboradas de manera incorrecta, y a acumularlas en tus células y en tus órganos. Lo que tú percibías era como si la música de tu vida hubiera empezado a deteriorarse poco a poco, nota a nota, perdiendo la melodía y la armonía, hasta que un hermoso concierto sinfónico terminó por convertirse en una cacofonía ruidosa. Eso fue lo que sentí yo.

Lo más apasionante del Protocolo Wahls es que te devuelve el control de tu propia salud. Cuando tu estado de salud se deteriora, es muy fácil que llegues a sentirte impotente, perdido y dependiente de los médicos y de tus familiares. El Protocolo Wahls te brinda la oportunidad de dejar de depender de los demás de manera excesiva. Todavía tendrás que seguir tomándote tu medicación, al menos por ahora. Todavía tendrás que hacer lo que te dice tu médico. Es probable que sigas necesitando la ayuda de tu familia..., pero ¡eso nos pasa a todos! No obstante, puedes hacer muchas cosas por ti mismo, y serán más si sigues el Protocolo Wahls. Cuentas con un futuro, y este no tiene por qué ser oscuro.

En el libro de Viktor Frankl *El hombre en busca de sentido*[18], profundo y conmovedor, el autor afirma que todos podemos elegir cómo reaccionamos ante los hechos de nuestras vidas. Dice que entre cada hecho y nuestra reacción hay un espacio. En ese espacio manifestamos nuestra fuerza de carácter. Cuando me diagnosticaron EM, yo tomé la resolución de levantarme de la cama todos los días, de ir a trabajar y de hacer mi trabajo, sin que importara lo fatigada que estuviera. En vez de centrarme en las cosas que no podía hacer, pensé cuáles eran las que podía seguir haciendo. Tomé la decisión de que haría todo lo que estuviera en mi mano para retrasar mi deterioro. Recuerda que, por entonces, todos mis médicos me decían que las funciones que fuera perdiendo quedarían perdidas para siempre, que cuando se llegaba a la esclerosis múltiple secundaria progresiva ya solo quedaba por delante un deterioro largo, paulatino, constante e inevitable. Cuando emprendí este viaje no albergaba más esperanza que la de retrasar el deterioro.

Yo no podría haber conseguido lo que conseguí (levantarme de la silla de ruedas, y no digamos nada de desarrollar el Protocolo Wahls y empezar a enseñarlo a otras personas) si no hubiera tomado aquella decisión primera de no rendirme y de seguir esforzándome, viviendo y siendo quien era, con independencia de mi enfermedad. Esto es lo que quiero para ti: que elijas la vida en vez de la incapacidad, y que elijas tu propio bienestar y tu salud en vez de la enfermedad; aunque te parezca difícil; aunque no quieras levantarte de la cama.

Lo bonito del Protocolo Wahls es que, por muchas carencias que tengas, o por muchas enzimas defectuosas que estén actuando en tu cuerpo (y con independencia de lo que hayas estado comiendo, bebiendo, haciendo y pensando hasta ahora, hasta ayer mismo), todavía puedes apuntalarte el cuerpo y empezar a reabastecerte las células. Este es un paradigma nuevo; y, paradójicamente, es precisamente el modo de funcionamiento natural de tu cuerpo. Tus propias células determinan si seguirás deteriorándote o si empezarás a curarte. Cuando tienes las células más sanas, te vuelves más fuerte, más inteligente y más joven. Yo lo veo todas las semanas en mis consultas de atención primaria, de estilo de vida terapéutico y de traumatología cerebral.

A mis pacientes, y a otras muchas personas que me escriben para contarme sus éxitos, los llamo «los guerreros de Wahls», porque son unos luchadores y están ganando la batalla de recuperar sus vidas. Tú puedes ser uno más. No es demasiado tarde para que recuperes todas las cosas buenas que sigues queriendo en la vida. Puedes empezar desde el principio. Este puede ser tu nuevo comienzo. ¿Te apuntas?

Capítulo 2
LA AUTOINMUNIDAD: MEDICINA CONVENCIONAL Y MEDICINA FUNCIONAL

¿Qué es exactamente una enfermedad? ¿Qué se encierra detrás de su nombre? Las enfermedades nos parecen entes reales a los que las padecemos o tememos padecerlas, pues, como pacientes, las concebimos en función de los efectos que nos producen y de cómo hacen que nos sintamos. Al fin y al cabo, es lógico: lo que sentimos es lo único que sabemos. A mí, en mi cuerpo, la esclerosis múltiple me estaba provocando una degeneración de la médula espinal y yo sentía las consecuencias: pérdida paulatina de la movilidad, neblina mental y episodios de dolor terrible. Aunque la EM, vista desde fuera, parece una enfermedad concreta, la verdad es que a nivel celular no se diferencia mucho de otras enfermedades autoinmunes, como la artritis reumatoide y el lupus eritematoso sistémico; de enfermedades crónicas como la diabetes y las enfermedades cardíacas, e incluso de trastornos como la depresión, el autismo y la esquizofrenia. La bioquímica de mi organismo funcionaba mal, y, en mi caso, estos procesos disfuncionales comenzaron en las células del cerebro y de la médula espinal. Pero la disfunción celular, como causa primera, es común en todos los sentidos a otras enfermedades que tienen distintos nombres.

Al nivel más elemental, los científicos están descubriendo que casi todas las enfermedades crónicas que producen tantos padecimientos y que están multiplicando los costes de la sanidad tienen en común la disfunción mitocondrial, la inflamación excesiva, los niveles elevados de cortisol y otras señales de una alteración de los procesos bioquímicos. En realidad, se podría decir que todos padecemos una misma enfermedad, pues todas las enfermedades comienzan por la interrupción y los defectos de los procesos bioquímicos de nuestras células y por los trastornos de la comunicación interior en la célula y entre célula y célula. Para que recuperemos la salud, deben volver a normalizarse los procesos químicos y debe restaurarse la comunicación interior de la célula y la comunicación entre células. Esto es así para todas las enfermedades.

El hecho de que te diagnostiquen esclerosis múltiple, o artritis reumatoide, o lupus eritematoso sistémico, o enfermedad inflamatoria intestinal, o de que te digan que tus síntomas son «idiopáticos» (lo que viene a querer decir que no sabemos a qué se deben) dependerá en gran medida del aspecto externo de tu enfermedad. Pero, por dentro, la distinción entre estas enfermedades autoinmunes es más bien arbitraria, aunque existen diversas maneras de ver, de considerar y de entender lo que está pasando cuando se establece en el organismo la disfunción celular. Como médica de formación tradicional, aprendí a verlo de una manera; cuando estudié medicina funcional, aprendí a verlo de otra. Sin embargo, no por ello dejaba de ser cierto que, dentro del cuerpo, los problemas de salud comienzan en las células.

Pero yo conozco a mis pacientes. Quieren que les dé un diagnóstico. Quieren saber lo que tienen. Es una reacción muy característica, y yo la entiendo bien. Yo también quería que me dijeran lo que tenía. Quería darle un nombre; quería saber cómo se llamaba el culpable, cómo se llamaba lo que tenía que curarme. Así funciona la mente humana. Queremos distinguir las cosas, definirlas y dividirlas en categorías para entenderlas mejor.

Vamos a abandonar por un momento esta manera de pensar e intentar ver las cosas de una manera alternativa. Para que te resulte más fácil, te voy a explicar una cosa que sabemos la mayoría de los médicos pero que muchos pacientes no entienden del todo. La verdad es que los diagnósticos no son más que nombres que damos a las enfermedades basándonos en aspectos que somos capaces de cuantificar, como los síntomas, los resultados de los análisis y los medicamentos que alivian o que agravan los síntomas; y basándonos también en un proceso de eliminación: si no es *esto*, ni *eso*, ni *aquello*, ha de ser *lo otro*. Esto se debe a nuestra tendencia a dividir las cosas en categorías y a ponerles nombre; pero, en realidad, no significa que una enfermedad sea algo completamente distinto de otra.

Lo que tampoco sabe mucha gente es que los nombres que asignamos a las enfermedades crónicas se deben concretamente, en muchos casos, a los resultados de estudios en los que se observan los efectos de los tratamientos, generalmente a base de fármacos, sobre los síntomas. Dicho de otro modo, cuando se observa que unos síntomas determinados se alivian con un fármaco determinado, los científicos asignan un nombre a la enfermedad basándose en este único dato. Todos los enfermos a los que se les alivia el síntoma X con el medicamento Y tienen la enfermedad Z.

En algunos casos, una población concreta de enfermos no mejora (o empeora) de manera predecible por un fármaco. A veces se trata de una intervención quirúrgica, o de algún otro tipo de tratamiento o de terapia. Sea lo que sea, si se observa que tiene un efecto sobre los síntomas, entonces se asigna un nombre al tipo determinado de enfermedad de esa población concreta, y se les asigna también un tratamiento concreto, que acaba por convertirse en el «tratamiento de elección», lo que significa que es el tratamiento generalmente aceptado para ese trastorno. Y así es como los médicos, a lo largo de centenares de generaciones, han ido creando diagnósticos y asignando nombres a trastornos como la esclerosis múltiple, la diabetes, la insuficiencia cardíaca, el asma, la depresión y la enfermedad inflamatoria intestinal. Todavía no eran capaces de estudiar el funcionamiento bioquímico de las células para entender la causa primera de todas estas enfermedades, ni lo semejantes que son todas ellas entre sí a nivel celular.

Para que no atribuyas a tu diagnóstico más importancia de la que tiene, es preciso que entiendas esto: los diagnósticos suelen basarse en los efectos externos de los tratamientos y en observaciones históricas, más que en los procesos bioquímicos mismos que producen la enfermedad. A medida que vamos entendiendo mejor los procesos y los tratamientos de las enfermedades, estas se reclasifican, los tratamientos se ajustan y es frecuente que se asigne nombre a nuevas enfermedades. Unas veces se divide una enfermedad en varias, y otras veces se asimilan varias enfermedades en una.

Pero podría alegarse que estas clasificaciones, que no tienen en cuenta toda la información y que se basan en nuestra necesidad humana de poner nombre a las cosas, son principalmente una cuestión de semántica. Los médicos ya llevamos siglos clasificando las enfermedades sobre la base de la exploración física y de los resultados de las pruebas de laboratorio, y lo hacemos así tanto para orientar nuestras investigaciones clínicas dirigidas a entender la marcha de las enfermedades con el tiempo, como para desarrollar tratamientos mejores. Todo esto es buena praxis científica; pero no nos presenta una imagen completa.

Los científicos seguimos unos protocolos de investigación detallados para llevar a cabo nuestros estudios sobre las enfermedades. Siempre partimos de un grupo de pacientes definido con exactitud y de una intervención controlada estrechamente (preferiblemente, un medicamento u otra intervención muy específica que se pueda reproducir con facilidad). De este modo, las variables que hay que observar son menos en número. Así, los resultados parecen más concretos y más objetivos; pero no es necesariamente cierto que lo sean. De esta manera, la investigación es más fácil de llevar a cabo y de analizar, y también es más fácil determinar si la intervención que es objeto de estudio da resultado o no; pero la eficacia de un medicamento dado para aliviar síntomas no necesariamente guarda relación alguna con lo que funciona mal, en realidad, en las vías bioquímicas rotas, que son la raíz de muchos de los síntomas.

Voy a expresarlo una vez más de otra manera: *los nombres que asignamos a la mayoría de las enfermedades crónicas se deben a observaciones que se realizaron antes de que se entendiera de manera científica el funcionamiento bioquímico de las células individuales.* Los entes públicos y las empresas farmacéuticas gastan miles de millones de dólares al año en estudios de los síntomas de las enfermedades y de los medicamentos que pueden servir para controlar dichos síntomas. Por el contrario, se invierte muy poco en estudiar el modo de conseguir salud y vitalidad óptimas a base de opciones de estilo de vida que puedan conducir a una bioquímica más sana y, en consecuencia, a mejorar la salud de la población.

Quizá te parezca contraproducente esta política. A mí sí que me lo parece.

Por fortuna, estamos empezando a entender los desórdenes de las vías bioquímicas que conducen a la rotura química desencadenante de numerosos síntomas crónicos asociados a muchos diagnósticos distintos. Creo que esto llegará a cambiar el modo en que se diagnostican todas las enfermedades. Por desgracia, aunque la ciencia ya está desvelando por fin el modo en que la ruptura de estas vías altera la bioquímica de las células y produce la enfermedad, la mayoría de los médicos convencionales siguen aplicando los modelos tradicionales de la enfermedad, basados en los síntomas, en vez de atender a los desórdenes de las vías, que se encuentran en la raíz del problema. Los tratamientos de elección se rigen por principios antiguos. Por ello, la mayoría de los médicos convencionales atienden a los síntomas que se pueden aliviar a base de medicamentos o de intervenciones quirúrgicas, en vez de procurar dar a sus pacientes más salud y mayor vitalidad mejorando la bioquímica de sus células por medio de opciones óptimas de estilo de vida.

Este es el terreno de la medicina funcional: descubrir y tratar las causas primeras de la rotura de la bioquímica estudiando los sistemas fisiológicos a todos los niveles, desde las células, pasando por los órganos, hasta todo el organismo, y atacando de raíz las causas de los problemas. Por eso he adoptado por la medicina funcional. Creo que es la única manera racional de corregir las disfunciones bioquímicas para devolver la salud al paciente, en vez de limitarnos a aliviar sus síntomas a base de medicamentos.

La medicina convencional no deja de tener su lugar. Yo sigo haciendo diagnósticos convencionales en mi consulta, y sigo dando a mis pacientes recetas de medicamentos. Resulta útil hasta cierto punto. No obstante, ahora añado un segundo nivel. Diagnostico las conductas de la persona desde el punto de vista de la salud, su exposición a las toxinas, su nivel de estrés, la calidad de su nutrición y su nivel de ejercicio. Procuro activamente que mis pacientes alcancen mayor salud y vitalidad dándoles más información acerca de lo que pueden hacer por su cuenta. Aquí es donde el Protocolo Wahls difiere del tratamiento convencional y se parece más al modelo de la medicina funcional.

HABLAN LOS GUERREROS DE WAHLS

«Soy nutricionista titulada y entendía a nivel intelectual la importancia de la dieta para la salud. Pero solo cuando me diagnosticaron esclerosis múltiple remitente recurrente empecé a experimentar con los alimentos integrales y, más concretamente, con alimentos antiinflamatorios; y fue así como advertí cambios en mi cuerpo. Mi primer síntoma había sido la neuritis óptica (inflamación del nervio óptico). Después tuve parestesias (sensaciones dolorosas debidas a alteraciones de la transmisión de los impulsos nerviosos) en las piernas y fatiga grave. Más tarde tuve insensibilidad en los pies y me costaba trabajo recordar las cosas recientes. Cuando vi la charla de la doctora Terry Wahls en su videoclip de TEDx, me animé a subir a un nivel superior. Empecé a comer más de los alimentos que recomendaba ella, incluido el pescado (hasta entonces había sido vegetariana) y suprimí el gluten y los productos lácteos. Empecé a sentir más energía y más enfoque y aprecié una disminución clara de mis síntomas. Después fui más allá y me puse a comer todavía más kale y otros substratos del sistema nervioso y de las mitocondrias, tal como recomienda la dieta Wahls.

Ahora me encuentro todavía mejor que antes. Me alegro mucho de que una médica formada en la medicina occidental esté enseñando lo mismo que yo había querido dar a entender a los médicos durante años: que, a largo plazo, la dieta puede más que los medicamentos. Me alegro mucho de ver que se están llevando a cabo investigaciones clínicas que empiezan a apoyar estos principios, y

> que servirán para que otros profesionales empiecen a considerar creíble lo que ya sabemos de nuestros cuerpos y nuestras mentes».
>
> Marla B, nutricionista titulada,
> Chicago, Illinois (EE. UU.)

Ayudo a mis pacientes a reiniciar su bioquímica rota enseñándoles a reparar sus movimientos y lo que comen. Después, les ayudo a reducir al mínimo las toxinas y a mejorar su equilibrio hormonal; y a partir de ahí vamos subiendo, desatando los nudos bioquímicos para que las células puedan funcionar como deben. Gracias a esto, el cuerpo funciona como debe, a su vez.

Esto es lo que deseo hacer por ti; pero antes quiero que entiendas qué es lo que marcha mal en tu cuerpo. Vamos a ver, primero, la enfermedad autoinmune en general, y después la esclerosis múltiple, ambas a la luz de la medicina convencional y de la medicina funcional.

¿Qué es una enfermedad autoinmune?

Vamos a empezar por considerar lo que es la autoinmunidad. *Auto* significa «uno mismo», y en biología, la autoinmunidad es un trastorno en que las células inmunitarias se confunden y empiezan a atacar a las estructuras celulares del propio cuerpo de la persona. Todas nuestras células tienen en la membrana celular unos receptores por los cuales las células inmunitarias pueden reconocer a nuestras propias células, identificándolas como parte de nuestro propio cuerpo. Cuando el organismo no ve o no percibe esos receptores de «uno mismo», interpreta que esa estructura o esa sustancia es extraña y que constituye una amenaza en potencia. ¿Será un virus? ¿Una bacteria? ¿Un objeto que no debería estar allí? Tu cuerpo no lo sabe. Solo distingue entre «uno mismo» y «no uno mismo»; y si es «no uno mismo», debe decidir si la cosa es «no uno mismo pero se puede pasar por alto sin peligro» o «no uno mismo y peligroso». Tus células inmunitarias pasarán por alto las moléculas «uno mismo» y las «no uno mismo pero seguras»; sin embargo, todo lo que se interpreta como «no uno mismo y peligroso» constituye una amenaza terrible para las células inmunitarias, que atacarán con energía a estas moléculas o destruirán la sustancia extraña peligrosa para que no pueda hacer daño al cuerpo ni amenazar su supervivencia.

El sistema es bueno... cuando funciona. Contribuye a conservar la salud, atacando a los virus y a las bacterias verdaderamente peligrosas que pueden invadir tu organismo. Pero cuando se produce la autoinmunidad, se cruzan los cables y, por algún motivo que no conocemos, las células inmunitarias confunden a las proteínas que en realidad son de «uno mismo» tomándolas por extrañas, y más concretamente por «no uno mismo y peligrosas». Las consecuencias pueden ser devastadoras. En función de las estructuras a las que ataca su propio cuerpo, la persona tendrá un trastorno autoinmune u otro. Cuando el cuerpo ataca a la mielina (la funda de grasa que rodea las neuronas), con el consiguiente deterioro del sistema nervioso, decimos que la persona tiene esclerosis múltiple. Si las células inmunitarias atacan a la piel, produciendo erupciones, ampollas y otras alteraciones visibles, podemos decir que la persona tiene psoriasis, eccema o una enfermedad ampollosa como el penfigoide ampolloso. Si el cuerpo ataca al tejido pulmonar, con el resultado de falta de aliento y de constricción de las vías respiratorias, lo llamamos asma. Si ataca a la tiroides, lo que puede producir gran variedad de síntomas asociados a la función tiroidea, decimos que es una enfermedad tiroidea autoinmune. Si ataca a las articulaciones produciendo en ellas dolores y rigidez, se puede diagnosticar a la persona una artritis reumatoide o un lupus eritematoso sistémico. Aunque todas estas enfermedades se presentan de manera distinta, la causa primera de más de 140 tipos distintos de trastornos autoinmunes es la pérdida de la tolerancia del cuerpo al «uno mismo» y el ataque de las células inmunitarias a «uno mismo», que provoca los síntomas de la enfermedad.

De hecho, la enfermedad autoinmune puede intervenir como factor en más enfermedades de las que se creía antes. Las investigaciones están poniendo de manifiesto que otros muchos trastornos crónicos pueden tener un componente autoinmune, entre ellos las enfermedades cardíacas y la hipertensión, las migrañas y diversos trastornos del estado de ánimo. Las investigaciones siguen en marcha en este campo, y yo creo que apenas tenemos todavía una idea superficial de los efectos de la autoinmunidad en nuestros cuerpos.

¿Cómo puede atacar por error a sus propios tejidos el cuerpo humano, tan complejo e inteligente como es? Hay dos maneras de entender la enfermedad autoinmune: desde el punto de vista de la medicina convencional y desde el punto de vista de la medicina funcional. Vamos a repasar ambas.

La enfermedad autoinmune según la medicina convencional

Desde el punto de vista de la medicina convencional, la enfermedad autoinmune se produce porque el cuerpo ha perdido la capacidad de reconocer que los propios componentes proteínicos internos son componentes suyos nativos; pero no sabemos por qué. Los científicos saben que todos los estados de enfermedad crónica comienzan por una ruptura de la química y una confusión de las señales entre las células. La enfermedad autoinmune es como cambiar algunas notas dentro de una gran sinfonía. Cuando se van cambiando cada vez más notas, se pierden más y más las armonías y la melodía, hasta que termina por perderse la partitura original, y lo que era una música hermosa ya no es más que ruido.

Esto resulta bastante frustrante para los científicos; pero, como la medicina es una ciencia práctica y de acción, la convencional atiende a retrasar los avances de la incapacidad, generalmente a base de fármacos. Según las investigaciones publicadas, esta es la única vía con la que se pueden obtener resultados favorables y demostrables sobre la evolución de una enfermedad autoinmune. Y, por tanto, es lo que hacen los médicos: intentan ayudar. Evalúan el estado del paciente y, acto seguido, sacan su bloc de recetas (o, en nuestros tiempos, el ordenador portátil en muchos casos) y mandan al paciente a la farmacia. Los fármacos que recetan los médicos convencionales para tratar las enfermedades autoinmunes debilitan las células del sistema inmunitario para que no sean capaces de atacar al cuerpo con tanto vigor. Todos los medicamentos modificadores de la esclerosis múltiple y de otros trastornos autoinmunes se dirigen a bloquear alguna parte de la respuesta inmunitaria del cuerpo, por diversos mecanismos. Algunos medicamentos modificadores de los trastornos autoinmunes son como un veneno que divide rápidamente las células (ya que las células inmunitarias se cuentan entre las que se dividen más rápidamente de todo el organismo), de modo que no son capaces de trabajar de manera eficaz en su labor de atacar al cuerpo (o de protegerlo). Algunos fármacos modificadores están diseñados para que bloqueen una vía concreta del proceso autoinmunitario.

No obstante, y dado que nuestra inmunidad ha evolucionado para desempeñar su papel protector por muchas vías, todos los fármacos que se dirigen a nuestras células inmunitarias tienen, necesariamente, una amplia lista de efectos secundarios, muchos de los cuales conllevan consecuencias muy negativas sobre nuestra calidad de vida. Estamos bloqueando una función natural importante, y esto no le gusta a nuestro cuerpo, por mucho que esta función no estuviera actuando bien. Entre los efectos secundarios de estos fármacos figuran la fatiga, los dolores de articulaciones, la depresión y las úlceras en la boca. También aumenta un poco el peligro de contraer infecciones, ya que estamos reprimiendo el sistema inmunitario, y se da una sensación general de malestar, pues al reducir la eficiencia de las células inmunitarias se reduce hasta cierto punto, en general, la eficiencia de *todas* las células.

En esencia, los fármacos autoinmunitarios amortiguan la actividad del cuerpo, tanto en sentido negativo como positivo. Pueden aliviarse los síntomas de la enfermedad autoinmune; pero las personas que están tomando fármacos inmunosupresores pueden sentirse también mucho peor en otros sentidos. Muchos siguen adelante con el tratamiento por muy mal que se sientan, dada la amenaza de que la enfermedad los deje cada vez más incapacitados si no se controla.

Este es el tratamiento que ofrece al paciente autoinmune la medicina convencional: la posibilidad de retrasar los avances de la incapacidad, a costa de sentirse algo peor, o incluso mucho peor, ahora mismo.

La enfermedad autoinmune según la medicina funcional

Existe otra manera de ver la enfermedad autoinmune, y yo he basado el Protocolo Wahls en este punto de vista. El problema del tratamiento convencional a base de fármacos es que, según los estudios han mostrado repetidas veces, entre un 70 y un 95 por ciento del riesgo de contraer enfermedades autoinmunes, problemas de salud mental, cáncer, y la mayor parte de las enfermedades crónicas en general, se debe a la alimentación, a la exposición a las toxinas y a los niveles de actividad. Los fármacos no mejoran la calidad de la alimentación. Tampoco reducen la exposición a las toxinas; de hecho, la suelen aumentar. Y, desde luego, no aumentan el nivel de actividad. Tampoco suele ocurrir que contribuyan a reducir el estrés crónico que sientes en tu vida.

La medicina funcional estudia de manera más profunda las primeras causas por las que el cuerpo ha perdido la tolerancia a sus propias proteínas. Sabemos que si las proteínas cambian de forma y dejan de encajar en los receptores que sirven para reconocerlas, es posible que el organismo no las reconozca y que tengan un aspecto temible y amenazador. Es más probable que parezcan «no uno mismo y peligroso». La medicina funcional aspira a saber por qué pasa esto y cómo. ¿Qué reacciones bioquímicas han fallado para que se desarrollen esas proteínas mal formadas? ¿Cuál es la naturaleza exacta de la ruptura química y cuáles son los factores ambientales que desencadenaron el trastorno o lo agravaron?

Existen diversas teorías sobre las causas de la autoinmunidad. Según una de ellas, las proteínas que deja de reconocer el organismo cambian porque se produce oxidación cuando se adhiere a la proteína una molécula de azúcar, un ion de un metal pesado (que puede ser plomo o mercurio, por ejemplo) o incluso un virus o una bacteria. El oxidante más común es la glucosa (que suele aumentar cuando se hace una dieta con abundancia de azúcar y de carbohidratos). Cuando la proteína se oxida, cambia de forma, y en los individuos que tienen una propensión genética la proteína parece ahora un invasor extraño y peligroso. Las células inmunitarias lo atacan.

Desde el punto de vista de la medicina funcional, también tiene importancia la cuestión de la hiperreactividad del sistema inmunitario. Basta con que una célula cambie muy poco para que la célula inmunitaria muy reactiva sospeche de ella. Sabemos que existen muchos factores que aumentan la reactividad de las células inmunitarias. Entre estos factores figuran la cantidad y la proporción de ácidos grasos omega-3 y omega-6 que se consumen en la dieta, el contenido de carbohidratos de dicha dieta, las intolerancias alimentarias, la carga tóxica del cuerpo, los niveles de hormonas y la presencia de infecciones crónicas. Todas estas circunstancias pueden volver hiperreactivas a las células inmunitarias. Por ello, nos interesa que estén menos irritadas, para que tengan menores probabilidades de perder los estribos y de empezar a atacar a las proteínas oxidadas del cuerpo. Las proteínas de nuestra sangre y de nuestras células pueden sufrir un número casi infinito de lesiones (causadas por toxinas, por hormonas y por infecciones); pero nuestras células inmunitarias cuentan solo con un repertorio limitado de respuestas ante estos daños.

Otro modo en que se pueden activar las células inmunitarias para atacar a las de su propio cuerpo es por el mimetismo molecular. Este efecto se da cuando los virus y las bacterias han evolucionado de tal modo que comparten algunas de las mismas secuencias de aminoácidos que se encuentran en nuestras proteínas celulares, con lo que consiguen ocultarse a nuestras células inmunitarias. Imitan lo que entendemos por «yo mismo» para

HABLAN LOS GUERREROS DE WAHLS

«Después de que naciera mi primer hijo, en 2006, tuvieron que ingresarme en el hospital con una infección grave por estafilococos. Cuando se hubo «curado» por fin, empecé a tener síntomas raros: hormigueo en la espalda, dificultad para respirar y frío en los pies. Al principio me dijeron que lo que tenía era ansiedad, o que tomaba demasiado café. Por fin, en 2009, cuando se me quedó insensible todo el lado derecho del cuerpo, me hicieron una resonancia magnética y me mandaron inmediatamente a un neurólogo. Este extendió la imagen sobre la mesa y me dijo: «La buena noticia es que no tiene un tumor, y la mala es que tiene esclerosis múltiple. ¿Prefiere inyecciones diarias de Copaxone o Avonex?». Me dijo que estaría bien durante unos diez años y que la enfermedad iría progresando poco a poco a partir de entonces. Un doctor con mucho tacto. Yo tenía 27 años.

Empecé a seguir la dieta Wahls en mayo de 2012, y el avance de la enfermedad se ha desacelerado claramente. Mi estado de ánimo ha mejorado un cien por cien, lo que es buenísimo, y ahora puedo volver a hacer ejercicio, actividad que había tenido que dejar por la fatiga. Ahora pienso que mi comida es mi medicina, y no como nada que no me vaya a curar. Mi familia está muy agradecida a la doctora Wahls por su labor, que les ha devuelto a su madre y a su esposa».

Karen K., Elk Grove, California (EE. UU.)

así pasar desapercibidas a nuestras células inmunitarias, y nos causan una infección crónica de grado bajo[1]. Pero cuando nuestras células inmunitarias reconocen por fin que se está produciendo una infección y el sistema inmunitario comienza a atacar esas infecciones, también empieza a atacar al «yo mismo». Este es uno de los mecanismos por los que las infecciones crónicas pueden conducir a una enfermedad autoinmune en la persona que tiene una propensión genética.

Para tratar una enfermedad autoinmune según la medicina funcional, se procura optimizar el entorno del cuerpo con el fin de reducir al mínimo la hiperreactividad inmunitaria, en vez de restringir la actividad inmunitaria normal a base de fármacos, como recomienda la medicina convencional. Conseguiremos esto a base de proporcionar al cuerpo las cosas que necesita y de eliminar las que le hacen daño. Atendemos a ese 70 a 95 por ciento del que hemos hablado. Las primeras líneas de defensa contra la enfermedad autoinmune son una dieta densa en nutrientes procedentes de alimentos integrales libres de alérgenos y de azúcar, la eliminación de toxinas, una actividad física adecuada, el reequilibrio de las hormonas del estrés y la resolución de las enfermedades crónicas. Estas alteraciones del entorno contribuyen a devolver al cuerpo la tolerancia, animándolo poco a poco a que vuelva a un estado cada vez más sano. Si son pocos los médicos convencionales que recomiendan a sus pacientes con EM cambios de estilo de vida terapéuticos (es decir, dieta, ejercicio y prácticas de meditación), puede deberse a que no existe una única causa ambiental concreta de EM; pero eso no es óbice para que el médico que practica la medicina funcional aplique estos tratamientos. Los médicos funcionales podemos recomendar también un tratamiento con fármacos; pero no nos limitamos a esto. Creemos que podemos hacer más, y los resultados lo demuestran, entre ellos los de mis pruebas clínicas.

Muchos de los pacientes a los que trato en mi consulta han podido ir reduciendo regularmente las dosis de medicamentos, en función del tiempo que llevan practicando el Protocolo Wahls. En nuestras pruebas clínicas observo lo mismo. Cuando proporcionas a tus células los alimentos que necesitas, ellas te irán reconstruyendo a ti, molécula a molécula. La tensión arterial mejora, la fatiga disminuye, y suele reducirse a lo largo de un plazo de tres años la necesidad de tomar medicamentos modificadores. Esto sucede igualmente con los problemas autoinmunes clásicos como la esclerosis múltiple, que con las enfermedades crónicas tales como la obesidad o la diabetes, o en los trastornos de estrés postraumático.

Pero debe tenerse en cuenta que *no interrumpimos la medicación hasta que la curación celular haya eliminado la necesidad de tomarla*. Cuando ha descendido la tensión arterial, cuando ha mejorado el nivel de azúcares en la sangre, cuando mejora el estado de ánimo del paciente y este tiene buena energía y ha desaparecido la fatiga, empiezo a hablar con él de los medicamentos que debe seguir tomando y de los que puede ir reduciendo, bajando la dosis poco a poco y con cuidado hasta que quizá, con el tiempo y si todo va bien, pueda dejar de usarlos. Pero es fundamental entender por qué sigue siendo importante la medicación para algunos pacientes. Si el paciente sigue sin encontrarse bien mientras se adapta a los cambios de su estilo de vida, la medicación le sirve para limitar los daños colaterales adicionales que se le pueden presentar en el transcurso de esos cambios positivos; por eso debe seguirse tomando. Combinada con los cambios de estilo de vida y la nutrición intensiva, producirá un entorno más favorable para las células. Aunque los fármacos te estén provocando en el cuerpo un nivel moderado de efectos secundarios o de exposición a tóxicos, como suele suceder, tu programa actual de medicación les estará haciendo a tus

> **HABLAN LOS GUERREROS DE WAHLS**
>
> «En diciembre de 2011, cuando tenía 56 años, me diagnosticaron esclerosis múltiple remitente recurrente (EMRR) por tercera vez desde mi primer episodio «diagnosticable» en agosto de 2011. Después de meses de análisis y de pedir segundas y terceras opiniones, acepté el diagnóstico de un neurólogo del hospital Mount Sinai. Me mostraron en la resonancia magnética que tenía lesiones significativas, y algunas parecían «antiguas». Puede que llevara hasta treinta años viviendo con la EMRR. A principios de enero de 2012 empecé a tratarme con Copaxone y, a la vez, emprendí la dieta Wahls. Con el tiempo pude reducir la frecuencia de las inyecciones, de diarias a semanales, y dejé de ponérmelas definitivamente en junio de 2012. El neurólogo me dijo que no sabía qué me estaba curando, pero que no era el Copaxone. Todos los que me han visto en este último año coinciden en que debo de estar haciendo algo bueno, y que voy por el camino de la recuperación, y más allá».
>
> Debra K., Accord, Nueva York (EE. UU.)

procesos autoinmunes un bien mayor que sus posibles efectos dañinos. Con el tiempo, cuando se va reconstruyendo el cuerpo, y las moléculas con forma incorrecta se van sustituyendo por otras bien formadas, la tasa de deterioro se reduce; después, se detiene, y en muchos casos se alcanzan una salud y una vitalidad cada vez mejores; pero es muy probable que este proceso se altere si se interrumpe la medicación demasiado pronto. Cada persona es distinta, y la salud de cada uno se estabilizará y mejorará a una velocidad diferente. Dependerá de la carga de enzimas menos eficientes (ADN), de la carga de los malos factores en el estilo de vida (dieta, ejercicio, toxinas, equilibrio hormonal, etcétera), de la carga de la infecciones previas y actuales, y de cuánto se esfuerce la persona por optimizar todos los componentes de su estilo de vida. Es tu médico de cabecera, o un médico especializado en medicina funcional, quien te puede ayudar a determinar cuándo y cómo puedes reducir o suprimir gradualmente la medicación.

Hablemos de la esclerosis múltiple

Ahora que ya sabes un poco más acerca de las diversas maneras de abordar la enfermedad autoinmune en general, vamos a profundizar en la esclerosis múltiple en particular. La esclerosis múltiple (EM) fue descrita por primera vez por el médico francés Jean-Martin Charcot en 1868, y si bien hace más de un siglo que conocemos este trastorno, todavía hay muchas cosas que no entendemos acerca del comienzo de la enfermedad, su marcha y sus causas. Aunque a la mayoría de las personas que la padecen se les hace un primer diagnóstico de esclerosis múltiple remitente recurrente, en la que los períodos de incapacidad son intermitentes, al cabo de quince años de este primer diagnóstico un 80 por ciento de los pacientes habrán pasado a una forma más grave de la enfermedad, la esclerosis múltiple progresiva secundaria, en la que la incapacidad se vuelve permanente e inevitable a pesar de las terapias.

Existen varias teorías acerca de las causas por las que una persona contrae esclerosis múltiple; pero, en general, se considera que la EM está asociada a una vulnerabilidad genética que se combina con múltiples factores ambientales desconocidos. Muchos estudios han puesto de manifiesto que lo que determina si una persona desarrolla EM o no es una interacción de múltiples genes y del entorno. Se han identificado casi un centenar de genes, cada uno de los cuales aumenta levemente las probabilidades de contraer EM. Sin embargo, no se ha publicado todavía ningún estudio en el que se identifique con exactitud cuál es el problema concreto que provoca la EM[2] ni a qué se debe la primera aparición del problema. Cuando se desencadena la enfermedad, las células inmunitarias empiezan a atacar y a dañar la mielina y otras partes del cerebro, lo que conduce a la atrofia cerebral y a problemas de equilibrio, de visión y/o de fuerza muscular. Cuando los síntomas se acumulan a lo largo de los años, los médicos acaban por ser capaces de interpretarlos diagnosticándolos como una esclerosis múltiple.

Las tasas más elevadas de EM se dan en Europa, Canadá, Estados Unidos y el sur de Australia. Según los datos epidemiológicos, parece probable que las personas que desarrollan esta enfermedad contrajeran una infección antes de cumplir quince años, debido a que tenían una vulnerabilidad genética que no estaba completamente despejada de su organismo. Si la persona que ha tenido esta infección también está expuesta a unos factores ambientales determinados (aunque no sepamos exactamente cuáles), y si es vulnerable genéticamente (de alguna manera que todavía no entendemos con claridad), el sistema inmunitario se pondrá a destruir el cerebro y la médula espinal. Dicho de otro modo:

Vulnerabilidades genéticas + Factores ambientales desencadenantes = Aparición de la EM

Parece ser que la fórmula es esta, y que cuantos más genes tengas que te producen riesgo, menor será la cantidad de factores ambientales desencadenantes necesaria para que desarrolles los síntomas que, a la larga, te diagnosticarán como una esclerosis múltiple. Puede que la enfermedad no asome ni dé un primer zarpazo durante décadas; pero el proceso silencioso de deterioro ya habrá emprendido su avance inexorable dentro del cuerpo.

Cuando las células del sistema inmunitario atacan a la mielina, que rodea las conexiones entre las neuronas del cerebro y entre las de la médula espinal, se desacelera la transmisión de información por los largos apéndices de las neuronas. A medida que la mielina sufre más daños, las neuronas pueden quedar tan deterioradas que ya no son capaces de transmitir ninguna información. Llegado este punto, la pérdida es permanente.

Tipos de esclerosis múltiple

Según los criterios de diagnóstico actuales, se considera que existen cuatro subtipos de EM, clasificados en función de la aparición y del curso de la enfermedad. A la mayoría de los pacientes (a un 80 por ciento de ellos) se les hace un primer diagnóstico de esclerosis múltiple remitente recurrente, o EMRR. Esta forma de la enfermedad se caracteriza por episodios agudos de síntomas que se van agravando, llamados relapsos, seguidos de mejorías graduales que se producen cuando el cerebro y la médula espinal añaden a las neuronas canales de sodio que les permiten volver a transmitir información, aunque más despacio que antes. Además de estos relapsos con síntomas evidentes, la persona que padece EMRR suele desarrollar lesiones silenciosas (es decir, sin síntomas aparentes) que se pueden apreciar en las imágenes del cerebro por resonancia magnética.

La mayoría de las personas a las que se ha diagnosticado EMRR pasan, en un plazo de hasta veinte años a partir del primer diagnóstico, a una forma distinta llamada esclerosis múltiple progresiva secundaria (EMPS). Entonces, el paciente suele dejar de tener relapsos agudos seguidos de remisiones. Se produce, más bien, un agravamiento gradual de los síntomas asociados a la EM, con incapacidad cada vez mayor. Solo hay deterioro. (Esto fue lo que me pasó a mí). Por otra parte, entre un 10 y un 15 por ciento de los pacientes reciben un primer diagnóstico de otra forma de la enfermedad llamada esclerosis múltiple primaria progresiva (EMPP). Estos pacientes no tienen nunca agravamientos agudos ni remisiones. Solo sufren un deterioro gradual desde el principio. Otro 5 a 10 por ciento de los pacientes tienen esclerosis múltiple progresiva relapsante (EMPR), con un deterioro radical, acompañado de ataques ocasionales de síntomas agravados de la EM, pero sin pasar por períodos de mejoría.

El tratamiento convencional de la EM

Dado que la esclerosis múltiple es una enfermedad autoinmune, su tratamiento se basa principalmente en reprimir a las células inmunitarias con fármacos cada vez más potentes, que suelen ser los llamados ABC-R, por sus nombres de marca: Avonex, Betaferon y Copaxone, o Rebif. Se supone que estos fármacos retrasan los avances de la enfermedad; pero el paciente con EM no suele recobrar un estado de buena salud ni de vitalidad. Así son la mayoría de las enfermedades autoinmunes.

Aunque demos por sentado el principio de que la suma de «vulnerabilidad genética más factores ambientales desencadenantes es igual a esclerosis múltiple», los científicos siguen esforzándose por comprender la naturaleza exacta de esas vulnerabilidades genéticas y por qué no son todas las mismas en las personas que tienen EM. Actualmente, los tratamientos tienen en cuenta ciertas teorías.

Una de estas teorías es que la esclerosis múltiple es, en realidad, una enfermedad vascular. El doctor Paolo Zamboni ha descrito la insuficiencia venosa cerebroespinal crónica (IVCC) en el entorno de la esclerosis múltiple y como causa de esta[3]. La IVCC es un estrechamiento de las venas por las que sale la sangre del cerebro. La consecuencia es que, al aumentar la presión en estas venas, se deposita demasiado hierro en los tejidos, con aumento de la inflamación y de la carga oxidativa, lo que contribuye al desarrollo de los síntomas de la EM.

Aunque el tratamiento convencional típico de la EM suele ser a base de medicamentos inmunosupresores, Zamboni declara que la angioplastia, procedimiento con el que se abren los bloqueos, se ha asociado a una reducción marcada de los síntomas propios de la EM. Señala también que se han obtenido éxitos tratando la fatiga por medio de la angioplastia (que consiste en abrir el vaso sanguíneo bloqueado por medio de un estent o un catéter con un balón, y se practica sin tener que ingresar al paciente)[4]. No cabe duda de que es interesante, y parece prometedor a primera vista. ¿Corregir la esclerosis múltiple con una intervención quirúrgica sencilla? En algunos casos se aprecia una mejoría inmediata y espectacular después de la angioplastia. Pero algunos sujetos observan que la reducción de sus síntomas es relativamente poco duradera, y tienen que someterse a múltiples angioplastias para volver a abrir los vasos sanguíneos[5]. Por otra parte, se ha debatido si en los pacientes con esclerosis múltiple existe o no una tasa mayor de IVCC respecto de los que no la tienen. Algunos científicos no han observado un aumento significativo de la IVCC[6] en los pacientes con EM.

Este no es más que uno entre los varios enfoques convencionales que recomiendan intervenciones quirúrgicas o fármacos para aliviar los síntomas de la EM. Como no abordan la causa primera de la disfunción, no podrán llegar tampoco a curarla. Si es cierto que la EM está relacionada con la IVCC, ¿cuál fue la causa primera de que se estrecharan las venas? La medicina convencional sigue quedándose en el alivio de los síntomas, y en el caso concreto de la EM, el alivio de los síntomas no es nada eficaz.

Por el contrario, la medicina funcional concibe la EM y su tratamiento de una manera distinta.

El tratamiento de la EM según la medicina funcional

La medicina convencional ha dividido la esclerosis múltiple en cuatro tipos; pero, aun dentro de cada uno de estos cuatro tipos, la EM se presenta de manera muy variable, pues los daños se pueden producir en cualquier zona del cerebro y de la médula espinal. Si sufren daños los nervios que transmiten la información procedente de los órganos sensoriales, se producirán sensaciones anormales. La persona puede padecer mala visión, falta de equilibrio o dolores, como los dolores faciales que tenía yo. Si los dañados son los nervios que establecen la conexión entre el cerebro y los músculos, habrá problemas de debilidad o de mala coordinación, que suelen dificultar la movilidad. Como los daños suelen ser irregulares, cada persona puede desarrollar su propia forma anormal característica de andar, de estar de pie o de mover las manos.

Todo esto es característico de lo que llamamos esclerosis múltiple; pero lo interesante es lo siguiente. Cuando estudiamos los trastornos autoinmunes a nivel celular, observamos que todos ellos comparten seis características comunes, con independencia del diagnóstico concreto de cada caso:

1. Las mitocondrias están sobrecargadas; generan energía de manera ineficiente y producen demasiados residuos, como ya expliqué en el capítulo anterior. Así, se da un exceso de radicales libres en el organismo, que dañan las células.
2. Las células inmunitarias reaccionan demasiado, lo que conduce a un exceso de inflamación por todo el cuerpo.
3. Las células inmunitarias atacan concretamente a «uno mismo», es decir, a las estructuras celulares que son de nuestro propio cuerpo.
4. Las toxinas, como el plomo, el mercurio y los pesticidas acumulados en el cuerpo, y las infecciones crónicas de bajo nivel, como la borreliosis de Lyme o incluso las infecciones periodontales (de las encías), agravan los síntomas asociados a la autoinmunidad.
5. Se aprecian niveles bajos de vitamina D, y excesivos de hormonas asociadas al estrés; ambas cosas agravan la inflamación.
6. Son frecuentes las carencias o excesos de determinadas vitaminas, minerales, ácidos grasos esenciales y moléculas fitonutrientes antioxidantes.

La medicina funcional no concibe la EM como una enfermedad concreta, sino más bien como un mal funcionamiento de todo el organismo, que comparte características comunes con una gama amplia de enfermedades crónicas. Así, se da un giro radical al tratamiento, pues la definición del problema y, por tanto, la «solución» de este, ya no se basa en cuáles son los fár-

> **HABLAN LOS GUERREROS DE WAHLS**
>
> «¡A las tres semanas de emprender la dieta Wahls ya me sentía inmensamente mejor! Sentía que el funcionamiento de mi mente y mis niveles de energía habían vuelto al estado anterior al diagnóstico de EM. Me daba cuenta de que ni siquiera había sido consciente de la niebla mental que sufría hasta que salí de ella. Ya no tenía que echarme siestas por la tarde después de darme paseos moderados, de hacer ejercicio o de estar con gente. Voy recuperando el equilibrio. Siento menos necesidad de orinar con frecuencia y menos incontinencia urinaria. Antes veía doble cuando me acaloraba; ahora solo tengo pérdida de saturación de color en un ojo. Se me ha reducido significativamente la tensión nocturna en las piernas. Tengo menos problemas de insomnio.
>
> Cuando digo a la gente lo bien que me siento, me preguntan a veces si está remitiendo la enfermedad. Yo les digo que no es solo eso, que creo que me estoy curando. En la última resonancia magnética no se apreciaban lesiones nuevas y el médico me autorizó a dejar de tomar Betaferon».
>
> Sally B., Lansing, Michigan (EE. UU.)

macos que alivian determinados síntomas, sino que se dirige mucho más a corregir la sobrecarga de las mitocondrias, la irritabilidad de las células inmunitarias, la carga de toxinas en el cuerpo, el equilibrio de las hormonas del estrés y las infecciones. Si conseguimos hacer todo eso, habremos aliviado una gran variedad de enfermedades, de síntomas crónicos no explicados y de problemas pendientes de diagnosticar, los llamemos como los llamemos. Reduciremos la gravedad de los síntomas de muchos tipos de enfermedades autoinmunes, y no solo de la esclerosis múltiple. También reduciremos los síntomas de otras muchas enfermedades crónicas, como los trastornos del estado de ánimo, la obesidad, la hipertensión arterial y las enfermedades cardíacas. Y lo hacemos a base de arreglar las células para que estas, a su vez, nos arreglen el cuerpo.

Veamos, por ejemplo, la teoría de Zamboni, que he explicado anteriormente. Aunque sea cierto que existe una relación entre la insuficiencia venosa cerebroespinal y la EM, es indudable que si en los vasos sanguíneos, venas o arterias, se produce una obstrucción, es por un motivo. Es uno de los medios a los que recurren estos vasos para curar y reparar los daños provocados por las agresiones ambientales, a base de estrechar la vena. Los científicos han identificado 38 pasos distintos que se suceden en la transición de los vasos sanguíneos desde la salud hasta quedar obstruidos de manera significativa[7]. Entre las agresiones que pueden contribuir a la formación de obstrucciones en las venas o en las arterias, se cuentan las siguientes:

1. Las toxinas, como los metales pesados, los pesticidas y los disolventes[8].
2. Las infecciones crónicas, como la bacteria de la clamidia y el virus de Epstein-Barr[9].
3. La falta de vitaminas, minerales, antioxidantes y grasas esenciales (micronutrientes)[10].
4. Las alergias e intolerancias alimentarias[11].
5. El desequilibrio hormonal[12].
6. Las alteraciones del sueño[13].

Sabiendo esto, ¿podemos afirmar que la única solución para una obstrucción o estrechamiento de un vaso sanguíneo es la angioplastia u otra intervención quirúrgica? Estos factores son los mismos que conducen a la disfunción mitocondrial, y que se pueden alterar por medio de cambios ambientales: dieta, eliminación de las toxinas, ejercicio, eliminación de los alérgenos..., todos los factores que aborda el Protocolo Wahls, sin medicamentos y sin cirugía.

¿Por qué tratar las oclusiones de las arterias con angioplastias de balón o con baipás, si se pueden conseguir los mismos efectos con cambios del estilo de vida y sin correr los riesgos asociados a la cirugía, sobre todo cuando suelen tener que repetirse varias veces las intervenciones quirúrgicas? ¿Por qué tratar la fatiga con cirugía cuando yo veo en mi consulta que *lo primero que notan los pacientes* cuando emprenden el Protocolo Wahls es una reducción de la fatiga? Los pacientes suelen comunicarme una reducción significativa de su fatiga en un plazo de tres meses, y, a veces, al cabo de solo días o semanas.

Cada vez que se manipula el vaso sanguíneo con el estent o el catéter con balón, se producen lesiones microscópicas. Nuestras células inmunitarias se pondrán a reparar las lesiones microscópicas provocadas por el estent, produciendo inflamación, y esta inflamación puede llegar a cerrar de nuevo el vaso sanguíneo. También se pueden producir daños involuntarios pero graves al vaso sanguíneo, como una rotura que puede llegar a ser mortal, además de la posibilidad de error quirúrgico.

Lo que recomienda la medicina funcional, y lo que prefiero yo misma, como médica y como paciente, es practicar una gestión intensiva del estilo de vida para que los vasos sanguíneos consigan empezar a curarse y a reabrir todos los bloqueos que puedan tener, sea esta o no una «causa» concreta de la esclerosis múltiple. (Yo creo más probable que solo sea un síntoma entre otros de que las células inmunitarias están atacando al cuerpo de manera inadecuada; en este caso, están atacando a los vasos sanguíneos).

La vida es una serie de reacciones químicas autocorrectoras. Por ello, cuando optimizas la química de tus células, es frecuente que el cuerpo empiece a curarse solo, de manera notable, aunque los científicos no hayan entendido con exactitud qué era lo que marchaba mal en un principio. La medicina funcional aspira a buscar las causas subyacentes, sí; pero tampoco da tanta importancia a asignar nombres a las cosas y a dividirlas en categorías, porque esto puede conducir a una visión estrecha de la realidad.

Las consecuencias de todo esto para ti

Con los avances de la ciencia, y ahora que los científicos están estudiando las enfermedades crónicas a nivel de las células y de la bioquímica, se descubren cada vez más rasgos comunes entre las diversas enfermedades crónicas, y más especialmente los hilos comunes de todo el espectro de los trastornos autoinmunes. Sea cual sea la enfermedad que estudies, apreciarás a nivel celular que la sobrecarga de las mitocondrias conduce a un exceso de radicales libres y al deterioro de nuestras células, de nuestros órganos y de nuestros cuerpos, que agrava la enfermedad en cuestión, y que nuestras células inmunitarias producen una inflamación excesiva que también nos daña las demás células, los órganos y el cuerpo en general[14].

Cuando yo era estudiante de medicina, me enseñaron a hacer diagnósticos basándome en el historial clínico del paciente, su exploración física y los resultados de los análisis en el laboratorio. Aprendí a distinguir muchas enfermedades que, en la actualidad, reconocen como diversas manifestaciones de una misma enfermedad los científicos que estudian la biología celular y la bioquímica de nuestras dolencias. Por ejemplo, la inflamación excesiva es un factor que interviene en muchos trastornos psiquiátricos, o en casi todos[15]. La inflamación excesiva también es un factor importante en las enfermedades cardíacas, la hipertensión arterial, el ictus y el cáncer[16]. Los niveles inadecuados de vitaminas, minerales y antioxidantes en la sangre aumentan las probabilidades de que el individuo sea víctima de una de las diez causas principales de muerte y de invalidez[17]. Los niveles relativamente bajos de vitaminas aumentan las probabilidades de sufrir cáncer, envejecimiento prematuro y múltiples estados patológicos crónicos, pues entorpecen centenares de pasos de nuestros procesos biológicos[18]. Tanto en la hipertensión arterial como en la obstrucción de las arterias y en las enfermedades de corazón, se aprecia sobrecarga de las mitocondrias, exceso de inflamación y presencia de células inmunitarias que atacan a los vasos sanguíneos; y muchos investigadores están proponiendo que estos trastornos tienen un componente autoinmune[19].

Además, estos mismos problemas de sobrecarga de las mitocondrias, inflamación excesiva, células inmunitarias que atacan a otras estructuras celulares y sobrecarga de toxinas se han observado en la obesidad, en el síndrome metabólico, en el síndrome de ovario poliquístico (causa cada vez más común de la infertilidad de las mujeres), en el hirsutismo (exceso de vello facial en las mujeres), en la disfunción eréctil, en la apnea del sueño y en la esteatosis hepática (hígado graso)[20]. ¡Hasta cabría sospechar que no existen las enfermedades individuales como tales! Lo repito una vez más: todos padecemos una misma enfermedad crónica: la ruptura de la bioquímica y la confusión de las señales que se transmiten entre nuestras células. Esto nos conduce a una inflamación excesiva y a la sobrecarga de las mitocondrias, debido en gran medida a nuestras opciones de estilo de vida.

Cuando contemplo este cuadro, lo que veo es un mensaje muy sencillo: *Tienes en tus manos tu propia salud y tu vitalidad.* No hace falta que seas médico ni que seas capaz de diagnosticarte a ti mismo, para que empieces a hacer cambios en tu propio cuerpo a nivel celular. Sean cuales sean los detalles que extraigamos del cuadro cuando nos ponemos a diagnosticar una enfermedad, distinguiéndola de las demás, lo cierto es que la disfunción comienza a nivel mitocondrial y celular con la ruptura de la bioquímica. Si la frenamos a este nivel, el cuerpo podrá curarse. Si nos esforzamos más por asegurarnos de que las células cuenten con los componentes básicos que necesitan, empezarán poco a poco a llevar a cabo la biología de la vida de manera más correcta. Como las células son una red compleja de reacciones químicas autocorrectoras, irán reconstruyendo nuestro cuerpo poco a poco si comemos y si vivimos como lo espera nuestro ADN. En caso contrario, si despojamos a las células de los componentes básicos que necesitan, se producirán problemas. Si estás vivo, es porque tus células son factorías químicas autocorrectoras. Tu tarea es facilitar esa autocorrección en vez de obstaculizarla.

Cuando empieces a seguir el Protocolo Wahls, será cada vez mayor el número de tus procesos y de tus reacciones químicas mitocondriales y celulares que irán entrando dentro de unos límites más sanos. Cuando suceda esto, es probable que vayan remitiendo los síntomas de la enfermedad que te han dicho los médicos que tienes. Irá mejorando poco a poco la sensación de salud y de vitalidad, a medida que las células vayan reemplazando las moléculas rotas, defectuosas, mal construidas, con otras moléculas sanas, bien construidas y que funcionen correctamente. A los tres o cuatro años de comer y de vivir como espera tu

ADN, es probable que parezcas y te sientas más joven y más fuerte y que tengas el ánimo más regular. Te adelanto que estarás tomando menos medicación recetada, o incluso ninguna. Empezarás a recuperar tu cuerpo y tu vida entera.

Empezarás a estar bien.

Capítulo 3
EMPEZANDO A CENTRARTE

Quizá estés dispuesto ya a arrojarte de cabeza a la dieta y a las demás cosas que debes tomar y hacer para seguir el Protocolo Wahls. Todo cambio es interesante, y sé que quieres ponerte a optimizar tus células, tus órganos y tu cuerpo lo antes posible. Pero antes de que entremos en las instrucciones concretas para seguir el Protocolo Wahls, es muy importante que pongas en orden tus prioridades.

El mensaje de este capítulo es importantísimo. Puedes entenderlo como un requisito previo indispensable para seguir el Protocolo Wahls. Quizá estés pensando en comenzar con el Protocolo ahora mismo, y en que ya podrás ocuparte más tarde de los aspectos psicológicos y emocionales. Pero yo, a lo largo de años de trabajo con muchas personas, he ido observando que es muy difícil que estas sigan el plan si no empiezan por poner en orden la cabeza previamente. Para ello, quiero que pienses en unas cuantas cosas, entre ellas las que tienen verdadera importancia para ti, y que consideres si estas prioridades tuyas se reflejan de verdad en el modo en que estás viviendo tu vida *hoy*.

Piensa en tu motivación. Quizá quieras dar ejemplo a tus hijos y no fallarles. Puede que tu cónyuge, tu padre o tu madre

HABLAN LOS GUERREROS DE WAHLS

«Mi marido tiene esclerosis múltiple. Se la diagnosticaron hace cuatro años; pero si miramos atrás, nos damos cuenta de que ya tenía síntomas difusos mucho antes. Su madre también tenía EM. Murió muy debilitada. Vivió con nosotros durante nuestros cuatro primeros años de matrimonio, y yo no había entendido nunca, hasta ahora, por qué tenía arrebatos emocionales y de ira. Después de que diagnosticaran la enfermedad a mi marido, este estuvo muy conmocionado, furioso e inestable emocionalmente. Los medicamentos que le daban lo debilitaban mucho y teníamos miedo, pues recordábamos el deterioro que había sufrido mi suegra.

Me puse a buscar todas las vías de curación posibles. Al principio, mi marido se resistía mucho a cambiar de alimentación; y yo misma, que soy nutricionista titulada con un máster en nutrición, era escéptica, pues por entonces confiaba mucho en los cereales bajos en grasas y ricos en carbohidratos. Sin embargo, la dieta Wahls nos ha llevado a un nivel superior de sanación a toda la familia. Ya no tenemos problemas de estómago y nos ha mejorado mucho la concentración y el estado de ánimo. La mayoría de nuestros problemas autoinmunes se han resuelto o van reduciéndose».

Anne G., Deer Park, Illinois (EE. UU.)

dependan de ti. Puede que haya algo que te falte por hacer para dar sentido a tu vida. Sea lo que sea, grande o pequeño, tiene que tener la importancia y el sentido suficientes para que logres superar los momentos difíciles y para que fortalezca la determinación que necesitarás para seguir el Protocolo Wahls con firmeza. En este capítulo quiero ayudarte a que definas qué es esa motivación para ti y a que lleves la mente a un espacio positivo para que alcances el máximo éxito.

Sé que en tus circunstancias personales te encuentras ante diversos desafíos intensos y que no son justos. No me cabe duda de que tu familia y tú tenéis muchas dificultades, aparte de las que te plantea la esclerosis múltiple u otro trastorno autoinmune. Esta es tu oportunidad de identificar claramente ese propósito superior de tu existencia. En cierto estudio en el que se observaron las repercusiones de tener un sentido claro del propósito superior de nuestra vida se puso de manifiesto que las personas que contaban con este claro propósito sufrían menos ictus y menos infartos de miocardio, y sobrevivían a estos más tiempo, que las que carecían de un sentido fuerte del propósito en la vida[1]. Además, el sentido de propósito superior mejora la resistencia de la persona y su desarrollo personal y espiritual, aunque se deteriore su salud y se esté quedando incapacitada[2]. ¿No va siendo hora de que expreses cuál es el propósito superior de tu vida? Es cierto que este irá evolucionando con el tiempo, pero ¿cuál es ahora mismo? Quisiera que fueras capaz de expresarlo claramente.

Empieza a llevar tu diario Wahls

Lo que quiero que te plantees ahora (pues te será de gran ayuda para definir tu misión y para trabajar tu actitud y tu motivación) es llevar tu propio diario Wahls. Esta es una parte importante del

> **HABLAN LOS GUERREROS DE WAHLS**
>
> «Es importantísimo saber ver a largo plazo la vida y las metas futuras. Recuerdo que pensaba que este mundo es mucho más grande que yo y que lo que estoy viviendo ahora mismo. Cuando recibí el diagnóstico, al principio me quede conmocionada, bastante deprimida y atontada, en cierto modo, y me preguntaba por qué me estaba pasando aquello a mí. Mi batalla contra el cáncer se libra en cuatro frentes: el mental, el emocional, el espiritual y el físico. La faceta mental consiste en hacer planes para el futuro y para una vida larga, pensando en las cosas que quiero hacer y en por qué quiero vivir. La batalla emocional consiste en resolver la ira, el miedo, la envidia, el resentimiento, la amargura y la falta de perdón. Las emociones negativas te deterioran el sistema inmunitario; por eso tuve que quitármelas de encima sin falta».
>
> Chris W., Memphis, Tennessee (EE. UU.)

proceso, y yo se lo recomiendo a los pacientes en mi consulta. Los que participan en mis pruebas médicas deben llevarlo necesariamente. A lo largo de este programa tendrás que recordar muchas cosas, entre ellas lo que comes, tus niveles de estrés, los suplementos que tomas, tus niveles de dolor y de energía, cómo estás llevando cada día y los desafíos de tu vida. Son demasiadas cosas para recordarlas sin ayuda (¡y sería tanto más difícil para los que padecemos neblina mental propia de la enfermedad autoinmune!). Prefiero que lleves un registro por escrito.

También te animo a que te hagas una foto y la pongas en tu diario. A mis pacientes, y a los voluntarios de mis pruebas médi-

DE MI DIARIO WAHLS

Cuando me comunicaron el diagnóstico, en el año 2000, comprendí que habían cambiado las reglas para mí. Tenía que volver a definirme y a inventarme a mí misma. Seguía siendo «Terry Wahls, médica» y «Terry Wahls, madre», y «Terry Wahls, pareja de Jackie»; pero había cambiado la dinámica de todas estas relaciones, y yo tenía que afrontarlo. El cambio más espectacular fue el de mi capacidad para ejercer de madre.

Yo siempre he creído firmemente en la importancia de enseñar a mis hijos a tener constancia, resiliencia y perseverancia. Siempre quise enseñárselo por medio de actividades deportivas, como el camping, y de desafíos, como el montañismo. Pero cuando me fui quedando cada vez más incapacitada, empecé a darme cuenta de que tendría que cambiar de plan. Comprendí que no podría hacer muchas de las cosas que tenía pensadas. No íbamos a salir a la montaña. No íbamos a competir juntos en artes marciales. No me animarían en ninguna competición deportiva. No iríamos en familia a las carreras populares de esquí de fondo ni iríamos de escalada a Nepal. Todos aquellos sueños míos parecían perdidos. ¿Cómo podría yo servirles de modelo? ¿Cómo iba a enseñarles algo que yo misma no era capaz de hacer? Pero entonces comprendí que la EM podía servirme para enseñar a mis hijos a adquirir reliliencia de una manera completamente distinta.

Una mañana advertí que mi hija Zebby, que por entonces solo tenía ocho años, estaba sentada observándome con detenimiento. Cuando reflexioné sobre ello, me di cuenta de que mis dos hijos, Zebby y Zach, solían observarme para ver cómo me las arreglaba. Eran pequeños y no comprendían bien cómo su madre, tan atlética y activa, había perdido la capacidad de hacer las cosas más elementales. Querían saber qué iba a hacer yo. Querían saber cómo iba a llevar aquella nueva prueba en mi vida. Aquello me sirvió de llamada de atención. Empecé a sonreír. Empecé a levantarme de la cama con energía. Me metía en mi piscina (una Endless Pool), ponía en marcha la corriente y nadaba a crol con este pensamiento singular: «Me están observando». Empecé a decirme a mí misma que *siempre* me estaban observando, porque así cambiaba por completo mi actitud y mi manera de abordar el modo de hacer las cosas.

Aquello era lo que me motivaba para seguir esforzándome. Me decía que si quería enseñarles a afrontar los momentos difíciles, tenía que servirles de ejemplo, mostrándoles cómo llevaba yo misma la adversidad. Comprendí que, aun con EM, podía servirles de modelo, y que, en cierto sentido, podía ser un modelo más valioso con EM que sin ella. Escalar una montaña es duro, pero la verdad es que es muchísimo más duro levantarse de la cama e ir a trabajar todos los días y seguir adelante con la vida cuando se tiene esclerosis múltiple. Esto se convirtió en el propósito y en la motivación que me hacía sobreponerme a mi enfermedad en vez de rendirme ante ella. ¿Qué puedes hacer tú para encontrar un propósito y una motivación?

cas, les gusta poder mirar atrás y apreciar cómo «rejuvenecen» con el paso del tiempo mientras siguen el Protocolo Wahls. Hazlo ahora mismo, si puedes. Dentro de unos meses o de unos pocos años, esa foto te resultará reveladora.

Cuando tienes un problema médico o de salud, es fundamental que observes cuidadosamente tus síntomas, la medicación, la dieta y el ejercicio que haces, y que lleves un registro de la marcha de todo ello, no solo para estar informado tú mismo, sino para tener informado a tu equipo de asesores médicos. Pero esto no es todo; tu diario Wahls desempeñará un papel más importante todavía en tu vida. En él anotarás también cómo te sientes, cómo afrontas el estrés, lo que haces, cómo marchan tus relaciones personales..., todo. Será un registro de tu vida, un retrato de cómo eres y estás ahora y, lo que es más importante, una crónica preciosa en la que dejarás constancia de tu mejoría continua mientras sigues el Protocolo Wahls.

No me cansaré de subrayar la importancia de llevar un diario Wahls. Yo no te puedo obligar a ello. Aunque no hayas llevado nunca un diario, y aunque no te guste escribir, es una costumbre que vale la pena adoptar. Tu diario Wahls se convertirá en una parte importante de tu curación, incluso esencial. Los estudios han demostrado que las personas que llevan un diario tienen mejores niveles de hormonas, menor actividad patológica y mejor puntuación en los índices de satisfacción con la vida. ¡Es hora de que te pongas a escribir!

Qué debes escribir

No es preciso que empieces de una manera formal. Puedes empezar contando algunas cosas sobre ti, hasta que te acostumbres a escribir. Puedes hablar de tus sentimientos, de cómo has superado tus desafíos anteriores y de los aspectos positivos de estos desafíos. Haz listas de las cosas por las que te sientes agradecido, de las personas a las que quieres, de lo que esperas hacer, e incluso de lo que echas de menos de tu vida anterior. Todo esto te puede servir para que vayas encontrando lo que hay de bueno en tus circunstancias actuales; por ejemplo, las cosas y las personas cuya existencia y presencia agradeces. Todo esto te puede aportar más resiliencia[3].

Una buena parte de la fuerza del diario Wahls estriba en su efecto psicológico. Te estarás desahogando. Pero no te limites a tus síntomas. El diario es tuyo, es un espacio en que puedes ser tú mismo, y quiero que dediques una parte de ese espacio a contar tu historia. No digo que cuentes toda la historia de tu vida ni que te pongas a redactar tus memorias completas, ahora que tienes que ocuparte de tantas otras cosas. Más bien, empieza por poco. ¿Cuáles son los retos de tu vida que te vienen a la cabeza en seguida? Piensa en tu pasado y en todo lo que has conseguido. Piensa en las cosas que hacías antes y que no puedes hacer ahora. Piensa en cosas que quieres recordar. Pásate algún tiempo evocando tu pasado y elige un episodio tomado de él. El que sea. Y escríbelo.

El acto de escribir te ayudará a aceptar tu yo anterior, en vez de intentar olvidarlo. Todo lo que te ha pasado en la vida forma parte de tu historia y hace que seas quien eres hoy; has ido reaccionando ante todo lo que te ha sucedido. Tu diario Wahls puede prolongar y dilatar ese espacio de una manera que te ayudará a proseguir tu desarrollo personal, aunque tu enfermedad crónica te esté haciendo sentir que este desarrollo ha quedado detenido o truncado. El acto de escribir será tu manera de salir de ese punto muerto.

No hace falta que seas buen escritor. Ni siquiera hace falta que domines la gramática ni la ortografía. Si te cuesta trabajo escribir con bolígrafo o lápiz, usa el ordenador. Una buena manera de llevar el diario es en la cama con el ordenador portátil. El soporte no tiene importancia. Lo que importa es que te pongas a escribir. No enmiendes lo escrito. Escribe, sin más, dejando que te salgan las palabras tal cual. No las critiques ni las alteres. Quisiera que adoptaras la costumbre de escribir en tu diario todos los días, aunque solo sean unas líneas, uno o dos párrafos. Unas veces querrás escribir más; otras veces, menos. Lo que resulta sanador es el hecho de escribir con regularidad. Lleva un registro de tus progresos, de tus sentimientos y sensa-

> **ALERTA PARA EL DIARIO WAHLS**
>
> Responde en tu diario Wahls a varias de las preguntas siguientes, o a todas ellas:
>
> 1. ¿Cómo te encuentras hoy? Da detalles.
> 2. ¿Qué has hecho hoy que sea solo para ti?
> 3. ¿Qué has comido hoy? ¿Cómo te ha hecho sentirte?
> 4. ¿Has hecho ejercicio hoy? ¿Cómo? ¿Cómo te has sentido?
> 5. ¿A quién o por qué te sientes agradecido? ¿Qué es lo que más te importa en la vida?
> 6. ¿Tienes en la vida un propósito superior o una fuerza que te impulse? Puede que varíe con el tiempo, pero piensa en cómo es hoy ese propósito. Enúncialo en forma de misión: «Mi misión en la vida es ...».
> 7. ¿Cuánto tiempo llevas tratándote con la medicina convencional? ¿Qué resultados te da?
> 8. ¿Recuerdas la primera vez que tuviste un síntoma de tu enfermedad? Cuéntalo.
> 9. ¿Qué síntomas te están molestando más hoy?
> 10. ¿Te culpas a ti mismo de algo? ¿De qué?
> 11. ¿Cuál dirías que es tu nivel de estrés hoy?
> 12. ¿Qué puedes hacer mañana para que resulte un día mejor que hoy?

ciones (buenos y malos), de tus triunfos y de tus desafíos, así como de todos los pasos que estés dando para seguir el Protocolo Wahls.

A lo largo del libro iré poniendo alguna «Alerta para el diario Wahls» cada vez que sea conveniente que respondas a una pregunta o que anotes algo en él. Usa estas alertas como puntos de partida, como inspiraciones o como recordatorios de las cosas que sabes que querrás recordar más adelante. En la página anterior tienes un ejemplo de cómo serán estas alertas.

Puedes empezar ahora mismo: elige cualquiera de estas preguntas y escribe la respuesta en tu diario Wahls. Pero no te ciñas a estas alertas para escribir. El diario es tuyo. Puedes usarlo como quieras. Lo importante es que empieces. Tu diario irá evolucionando, como irás evolucionando tú también. Te servirá para muchas cosas mientras lees este libro y mientras lo llevas a la práctica y empiezas a crearte tu salud. Escribir es un primer paso para asumir el control de tu vida, para encontrar su propósito y su sentido tal como es ahora mismo y para encaminarte hacia tu futuro.

Registra tus síntomas

También quiero que emplees tu diario Wahls para llevar un registro de datos más concretos. Anota a diario lo que comes, cuánto duermes y qué ejercicio haces. (Para ello, te daré un formulario al final de este capítulo). Además, quiero que al principio mismo hagas una evaluación de tus síntomas.

Cuando emprendas el Protocolo Wahls, será importantísimo que lleves un registro de tus síntomas. Aunque hayas empezado ya con el protocolo, seguirás teniendo algunos días malos, y entonces te puede parecer que no has progresado en absoluto. El cuestionario siguiente, llamado Cuestionario de Síntomas de salud (CSS), te servirá de recordatorio de tus avances. Inclúyelo en tu diario Wahls y responde a las preguntas cada pocos meses para ir siguiendo tus progresos; verás que tus respuestas van cambiando. No dejes de tomar nota de la fecha cada vez que lo cumplimentes. Así podrás repasar tu primer cuestionario y todos los sucesivos para ir observando los avances positivos que has realizado, aunque no los estés sintiendo en un momento dado. Esto te dará fuerza y valor para seguir adelante. Podrás consultar una lista objetiva y decirte: «¡Estoy progresando!».

Este cuestionario de síntomas de salud está tomado del Instituto de Medicina Funcional, y yo lo reproduzco aquí con su autorización. Es el que empleo con mis pacientes en mi consulta y con los voluntarios que participan en mis pruebas clínicas. Les pido que lo rellenen cada cierto tiempo para seguir su marcha, y es lo mismo que quiero que hagas tú. Recuerda que tu primer cuestionario será tu punto de partida. Quizá te interese cumplimentarlo por partida doble; en un primer cuestionario anotarás cómo te has sentido durante los últimos treinta días, y en el segundo, cómo te estás sintiendo desde hace cuarenta y ocho horas. Distínguelos haciendo una cruz en el recuadro correspondiente al plazo.

CUESTIONARIO DE SÍNTOMAS DE SALUD (CSS)

Nombre _____ Fecha _____
Califica cada uno de los síntomas siguientes en función de tu estado de salud característico durante:
☐ Los últimos 30 días   ☐ Las últimas 48 horas

Escala de puntuación
  0   Nunca o casi nunca tengo el síntoma
  1   Lo tengo a veces, con efecto no agudo
  2   Lo tengo a veces, con efecto agudo
  3   Lo tengo con frecuencia, con efecto no agudo
  4   Lo tengo con frecuencia, con efecto agudo

Cabeza
___ Dolor de cabeza
___ Debilidad
___ Mareo
___ Insomnio
___ *Total*

Ojos
___ Ojos llorosos o con picor
___ Párpados hinchados, rojos o legañosos
___ Ojeras o bolsas bajo los ojos
___ Vista borrosa o visión de túnel (la miopía o hipermetropía habitual no cuentan)
___ *Total*

Oídos
___ Picor en los oídos
___ Dolor o infecciones de oídos
___ Secreción (líquido) del oído
___ Zumbidos, pérdida de audición
___ *Total*

Nariz
___ Nariz taponada
___ Problemas en los senos paranasales
___ Fiebre del heno (alergia primaveral)
___ Ataques de estornudos
___ Exceso de mucosidad
___ *Total*

Boca/garganta
____ Tos crónica
____ Atragantamientos, necesidad de aclararse la garganta
____ Garganta irritada, ronquera, afonía
____ Lengua, encías o labios hinchados o descoloridos
____ Aftas (llagas en la boca)
____ *Total*

Piel
____ Acné
____ Erupciones, sarpullidos, sequedad de piel
____ Pérdida de cabello
____ Sonrojos, sofocos
____ Sudoración excesiva
____ *Total*

Corazón
____ Pulso irregular
____ Pulso acelerado, palpitaciones
____ Dolor en el pecho
____ *Total*

Pulmones
____ Congestión pulmonar
____ Asma, bronquitis
____ Falta de aliento
____ Dificultad para respirar
____ *Total*

Sistema digestivo
____ Náuseas, vómitos
____ Diarrea
____ Estreñimiento
____ Sensación de hinchazón
____ Eructos, gases
____ Ardor de estómago
____ Dolor de estómago o intestinal
____ *Total*

Músculos/articulaciones
____ Dolor en las articulaciones
____ Artritis
____ Rigidez o falta de movimiento
____ Dolores o calambres musculares
____ Sensación de debilidad o cansancio
____ *Total*

Peso
____ Bulimia / excesos en la bebida
____ Ansia de determinados alimentos
____ Sobrepeso
____ Comer compulsivamente
____ Retención de líquidos
____ Falta de peso
____ *Total*

Energía/actividad
____ Fatiga, pereza
____ Apatía, aletargamiento
____ Hiperactividad
____ Agitación, inquietud
____ *Total*

Mente
____ Falta de memoria
____ Confusión, falta de comprensión
____ Falta de concentración
____ Falta de coordinación física
____ Dificultad para tomar decisiones
____ Tartamudeo o balbuceos
____ Habla confusa
____ Dificultades de aprendizaje
____ *Total*

Emociones
____ Cambios bruscos del estado de ánimo
____ Ansiedad, miedo, nervios
____ Ira, irritabilidad, agresividad
____ Depresión
____ *Total*

Otros
____ Enfermedades frecuentes
____ Necesidad de orinar con frecuencia o con urgencia
____ Picores o secreciones genitales
____ *Total*

____ **Total general**

Nota: una puntuación inferior a 10 es óptima
Más de 50 puntos dan a entender la presencia de una inflamación significativa y/o de problemas de carga tóxica.

Reproducido con licencia de The Toolbox, Instituto de Medicina Funcional

Calcula tu puntuación total y tómala como medida objetiva de cómo te encuentras. Yo espero que esta puntuación vaya bajando con el paso de las semanas. Es posible que suba un poco algunos días; pero lo normal es que, si representaras las cifras en una gráfica, esta fuera descendiendo de manera bastante regular mientras sigues el Protocolo Wahls. El cuestionario que cumplimentas hoy representa tu estado hoy. ¿Cómo te encontrarás la semana que viene? ¿Y el mes que viene? ¿Y el año que viene? El CSS te servirá para dar respuesta a estas preguntas, y para alegrarte de tus respuestas.

Pero no te limites al CSS para ir siguiendo tus avances. Escribe sobre ellos, además. Anota en tu diario cómo te sientes cada día, con la cantidad de detalles que quieras. O, si lo prefieres, también puedes crearte un cuestionario propio, más a la medida de tus propios problemas. De una manera u otra, podrás consultar más adelante lo escrito y recordar cómo te sentías, para compararlo con cómo te vas sintiendo a medida que avanzas.

Organización de tu diario

Algunos pacientes míos se compran un bonito dietario bien encuadernado para llevar su diario Wahls escribiéndolo a mano. Otros recurren a algo más sencillo, a un cuaderno de espiral o a un simple bloc. Muchos optan por llevar el diario en el ordenador. Así pueden imprimir en cualquier momento las partes pertinentes para traerlas a la consulta.

Aunque quizás tengas ya una idea del posible aspecto de tu diario, yo te lo voy a sugerir. Quiero que anotes todos los días varios de los datos siguientes de tu vida, o todos ellos. Una vez hecho esto, podrás añadir por tu cuenta algo más sobre los temas

ALERTA PARA EL DIARIO WAHLS

En mi consulta empleo diversas herramientas con las que las personas pueden evaluar sus avances mientras siguen el Protocolo Wahls. Todas ellas están a disposición del público, de modo que podría ser interesante que las utilizaras antes de empezar, tomases nota de los resultados en tu diario Wahls y volvieses a aplicarlas periódicamente para ir evaluando tus avances.

- **Calculadora de edad biológica.** Existen varias herramientas de este tipo en la red. He aquí un ejemplo: http://es.calcuworld.com/deporte-y-ejercicio/calculadora-de-edad-biologica/ ¡Acabo de cumplimentarlo y me han calculado una edad de 40 años, aunque tengo 58!
- **Escala de nivel cerebral y entrenamiento cognitivo.** La escala de nivel cerebral, ofrecida por una empresa llamada Luminosity, consiste en una serie de preguntas sobre lo que comes y lo que haces y sobre cómo te funciona el cerebro ahora mismo. He tardado menos de dos minutos en hacer el test. Han dado a mi cerebro una nota de A−. (Cuando hice el test en 2007, me dieron un C+). Acompaña al test una lista de sugerencias concretas sobre los pasos que puedes seguir para mejorar el cerebro, y en el sitio web de Luminosity.com hay juegos mentales para entrenarte. Este entrenamiento potenciará las hormonas del crecimiento cerebral que necesita tu cerebro para reparar daños, establecer conexiones nuevas y producir más neuronas cerebrales. Puedes encontrarlo aquí: www.braingradetest.com
- **Juegos Brain Training del doctor Kawashima para Nintendo DS.** También recomiendo estos juegos en mi consulta. Con ellos puedes calcular tu edad cerebral y seguir la marcha de tus progresos.

> La primera vez que jugué a un Brain Training con mis hijos, me salió que tenía una edad cerebral de 85 años. Mis hijos se partían de risa, pero yo era consciente de que tenía una velocidad de procesamiento o de pensamiento muy lenta. ¡Hoy tengo una edad cerebral de 40 años! ¿Quién se ríe ahora?

que te inspiren ese día; pero te resultará utilísimo llevar un registro de los datos siguientes para consultarlos más adelante y ver cuánto has avanzado. Esta información detallada sobre tu salud también puede venir bien a tu médico.

Un formato posible es el siguiente:

PLANTILLA DIARIA PARA EL DIARIO WAHLS

Fecha: _____
Horas de sueño: _____
¿Cómo me encontraba hoy al despertarme? _____
Peso (una vez por semana, como mínimo): _____
Lo que he desayunado: _____
Actividad física del día (hacer una lista de todas): _____

Suplementos que he tomado hoy y a qué horas

Hora	Suplemento

Medicación que he tomado hoy y a qué horas

Hora	Suplemento

Lista de todo lo que he comido entre horas:
Lo que he comido a mediodía: _____
Lo que he cenado: _____

¿A quién o por qué doy gracias hoy? _____
¿Qué he hecho hoy? _____
¿Qué contacto feliz o útil he tenido hoy con otras personas? _____

¿Cómo puntuaría hoy mi nivel de estrés, del 1 al 10? _____
(10 = mucho estrés)
¿Cómo puntuaría hoy mi nivel de dolor, del 1 al 10? _____
(10 = mucho dolor)
¿Cómo puntuaría hoy mi nivel de energía, del 1 al 10? _____
(10 = mucha energía)
¿Cómo me he sentido hoy en general? _____
¿De qué más quiero escribir hoy? _____
Una cosa buena que me ha pasado hoy: _____

Espero que ya estés inspirado para ponerte a llevar un registro de tu vida, de tu salud, de tu estado de ánimo, de tus hábitos, de lo que comes, de los suplementos que tomas, de tu medicación y de cómo te ha ido cada día. Pero ¡no te quedes en esto! Escribe sobre tus desafíos. Escribe sobre tus pasiones. Escribe sobre las cosas que te molestan, las que te alteran, las que te hacen llorar. Descubre qué es lo que te motiva y escribe sobre ello, aunque vaya cambiando con el tiempo. Recuerda por qué quieres vivir. Recuerda quién te necesita. Recuerda lo que te falta por hacer. Y termina siempre con una cosa buena. Si rematas cada día con una nota positiva, reducirás tu estrés y te sentirás mejor. Este es, por supuesto, nuestro objetivo final, y llegarás a conseguirlo si tienes un sentido del propósito de tu vida.

Segunda parte

COMER PENSANDO EN LA SALUD DE TUS CÉLULAS

Capítulo 4
LA DIETA WAHLS: NOCIONES GENERALES

Todo empieza por la dieta. Dado que la dieta es el elemento más determinante de los que puedes controlar de tu entorno, será la herramienta más potente para curarte la esclerosis múltiple, o la enfermedad autoinmune o crónica que padezcas. Yo tardé algún tiempo en descubrirlo; de hecho, el plan de la dieta Wahls, tal como es hoy día, lo fui desarrollando paso a paso. Ahora ya está muy depurado y se puede ajustar a la medida de cada uno, pues tienes la posibilidad de elegir cuál de sus niveles o etapas te conviene:

1. **La dieta Wahls.** Este nivel, el más básico, da un primer empujón a tu organismo, al que aporta una nutrición intensiva a la vez que elimina elementos dietéticos que pueden estar contribuyendo a tu deterioro.
2. **La dieta Wahls Paleo.** Este es el segundo nivel, y muchos optan por quedarse en él. Aporta más estructura para eliminar otros elementos dietéticos que pueden afectar a la salud intestinal.
2. **La dieta Wahls Paleo Plus.** Este nivel, el más exigente, también es el más terapéutico para las personas con tras-

tornos autoinmunes, y resulta especialmente beneficioso para cualquiera que tenga problemas neurológicos o psicológicos, sea cual sea su estado de enfermedad física, así como para los que tienen antecedentes de cáncer.

Aunque cada uno de los planes de alimentación tiene unos componentes muy concretos, existen unos principios básicos que se aplican a todos los aspectos dietéticos del Protocolo Wahls. En primer lugar, y sobre todo, el Protocolo Wahls está pensado para maximizar las vitaminas, los minerales, los antioxidantes y las grasas esenciales que necesitan el cerebro y las mitocondrias para prosperar, sobre la base de lo que he aprendido de la medicina funcional, de mi propio estudio de las investigaciones médicas realizadas y de lo que podemos aprender de la alimentación de los seres humanos cuando estos eran cazadores y recolectores. Creo que es importante que entiendas que esta manera de comer no solo es sana, sino que se aproxima mucho

---

LO QUE NO SABEN LOS MÉDICOS

En los años ochenta, cuando yo era estudiante de medicina, me enseñaron muy poco de dietética, y, por desgracia, esto no ha cambiado mucho. Son pocas las facultades de medicina que ofrecen a sus alumnos una asignatura de dietética, y la mayoría de los estudiantes de medicina reciben menos de veinticinco horas de enseñanza sobre dietética en sus años de estudios[1]. No es de extrañar que los médicos no enseñen a sus pacientes que el factor determinante principal de la salud es la calidad de la dieta.

más a la alimentación que espera recibir tu ADN. Por ello, vamos a repasar algunas de las nociones en que se basan los planes dietéticos Wahls.

La alimentación paleolítica

Uno de los principios básicos en que se apoya la dieta Wahls es la paleodieta o dieta paleo, la propia de los cazadores y recolectores del Paleolítico. Las dietas paleo aspiran a reproducir con la mayor precisión posible la dieta de la humanidad prehistórica, teniendo en cuenta los cambios que se han producido en el entorno desde la época paleolítica. Los seres humanos empezamos a comer cereales como parte apreciable de la dieta hace unos 10 000 años, y empezamos a consumir productos lácteos y legumbres hace unos 8000 años. Estos plazos son un abrir y cerrar de ojos dentro de la historia humana. Se trata de elementos muy recientes en la alimentación del género *Homo*, si los comparamos con los 2,5 millones de años que pasamos comiendo hojas verdes, frutas, raíces y carne. Si nos centramos en nuestra especie concreta, nuestros antepasados directos de la especie *Homo sapiens* pasaron 500 000 años alimentándose a base de los alimentos citados, antes de introducir los cereales, los lácteos y las legumbres.

La dieta tipo Paleolítico moderna es buena y sana en general. Hay quien la critica, y también hay quien la entiende mal; pero suelen ser personas que no se han enterado bien de en qué consiste verdaderamente la versión moderna de una dieta paleolítica. Antes de que pase a pedirte que aceptes este concepto, vamos a echar una mirada a los argumentos en contra.

El primer argumento en contra es que no existe una única dieta paleolítica. Y es cierto. Los cazadores y recolectores primitivos comían más de doscientas especies distintas de plantas y animales en el curso de un solo año. Los alimentos que consumían nuestros antepasados estaban muy adaptados a las regiones concretas en que vivían estos, y cada sociedad local fue aprendiendo, a lo largo de centenares de generaciones, cuáles eran las plantas y animales que podían dar salud al clan o podían producirle enfermedades.

Además, los estudios han mostrado que las dietas tradicionales son radicalmente distintas de una sociedad a otra. Por ejemplo, los cazadores y recolectores de las regiones árticas hacían durante diez meses al año una dieta basada exclusivamente en alimentos de origen animal. Los habitantes de las selvas húmedas del Amazonas y los cazadores y recolectores de África consumían más insectos, anfibios y reptiles, y centenares de plantas distintas. Los nativos de América del Norte hacían a lo largo del año una dieta mixta a base de pescado, carne y centenares de plantas y animales distintos y propios de su entorno. Todas estas dietas eran muy locales y muy estacionales. Como han sido muchas las culturas de cazadores y recolectores, es posible que los seres humanos hayan creado centenares de dietas distintas con las que maximizaban su consumo de vitaminas, minerales, grasas esenciales y antioxidantes por caloría, a partir de los recursos disponibles en una zona concreta.

Sin embargo, todas estas dietas tienen varios puntos en común. Todas ellas están repletas de muchas más vitaminas, minerales y ácidos grasos esenciales que las dietas típicas occidentalizadas, que están llenas de alimentos procesados, como la harina blanca, el jarabe de maíz de alta fructosa y otros azúcares refinados; tienen un contenido mínimo de vegetales y frutas, y aportan muchas menos vitaminas y minerales en comparación[2]. Muchos critican las dietas de estilo paleo sin tener esto en cuenta. Ceñirnos más a los alimentos que consumían nuestros antepasados paleolíticos equivale a mejorar mucho respecto de lo que come la mayoría de la gente hoy día.

Otro argumento contra la dieta paleo es que nuestro mundo ha cambiado, y que ahora no podemos comer alimentos que se parezcan a los que consumían nuestros antepasados paleolíticos. Es cierto que muchos de los alimentos que tomamos hoy día se han alterado a base de la producción intensiva de plantas, para obtener productos más dulces y más ricos en carbohidratos que sus variedades más antiguas. Y, además, con lo contaminado que está el mundo, ni siquiera los alimentos naturales y de cultivo ecológico pueden estar completamente libres de toxinas. Y los suelos están agotados, por lo que los alimentos que se cultivan en ellos tienen menos nutrientes. Asimismo, se practica la reproducción selectiva y la modificación genética, atendiendo a producir más kilos por hectárea (y no al contenido de vitaminas ni de minerales por kilo). Esto también ha afectado a la calidad de nuestros alimentos. La consecuencia de todos estos factores es que las plantas actuales son menos ricas en nutrientes que las antiguas. Ya no podemos volver a un planeta tan puro como el que teníamos en la era paleolítica; pero eso no significa que no podamos ni debamos comer los alimentos mejores, más limpios y más ricos en nutrientes que tengamos a nuestro alcance. Lo único que significa es que quizá debamos comer, incluso, más cantidad de vegetales y frutas, para compensar la pérdida de contenido de nutrientes de estos.

Otra crítica es que si eliminamos los cereales y los productos lácteos, estamos renunciando a unas fuentes de nutrición importantes, y sin ellas tendremos carencias. Esto es falso, sencillamente. Podemos obtener todos los nutrientes que necesitamos sin comer cereales, lácteos ni legumbres. La dieta al estilo de los cazadores y recolectores, con abundancia de alimentos vegetales naturales y de carnes naturales (de animales criados con pastos, caza y pescado silvestre) contiene todos los nutrientes que nos hacen falta.

Por último, se suele repetir la crítica de que los seres humanos del Paleolítico vivían poco tiempo. Es cierto: nuestros antepasados remotos morían a los treinta y tantos años por término medio; pero esto es una media, pues había una tasa de mortalidad de entre el 38 y el 45 por ciento entre los niños de hasta 15 años de edad. Los que superaban la infancia vivían bastante más. Gurven y Kaplan estudiaron a fondo esta cuestión y publicaron sus resultados en 2007. Los datos quizá te sorprendan. Históricamente, muchos cazadores recolectores superaban los 60 años de edad, y lo mismo sucede en las sociedades de cazadores y recolectores que no han adoptado todavía los estilos de vida occidentales[3]. Estas personas están sanas de cuerpo y de mente sin medicarse, y muchas de ellas pasan de los 70 e incluso de los 80 en buen estado. Cuando se produjo la transición de las sociedades de cazadores y recolectores a otras formas de vida, estuvo acompañada de una reducción de la talla corporal, mayor riesgo de artritis degenerativa de la columna, y tuberculosis; aunque aumentó la fertilidad, con lo que se dio un incremento de la población, esta era menos sana[4].

Las poblaciones que adoptaron las dietas al estilo de la llamada «occidental» siguieron empeorando de salud a medida que avanzaba el «progreso». Se produjo otro gran cambio con la revolución industrial, hacia 1850, cuando la población general tuvo acceso al azúcar y a la harina blanca a bajo precio, y se fue abandonando paulatinamente la lactancia materna. Estas circunstancias vinieron acompañadas de un nuevo empeoramiento de la salud y de un aumento de las enfermedades crónicas, entre ellas las cardíacas, la diabetes y la obesidad[5]. En la actualidad, en las sociedades en vías de desarrollo que se van convirtiendo en economías desarrolladas, la antigua mortalidad infantil debida a las enferme-

ALERTA PARA EL DIARIO WAHLS

Responde a alguna de estas preguntas en tu diario Wahls:

- ¿Te sientes dispuesto a emprender tu nuevo régimen dietético? ¿Estás ilusionado? ¿Estás nervioso? ¿Cómo te sientes?
- Cuando hayas terminado de leer este capítulo, escribe en tu diario Wahls cuál es el nivel de la dieta que crees que te convendrá más, al menos por el momento.
- ¿Qué esperas conseguir con el cambio de dieta? Más concretamente, ¿cómo esperas sentirte?

Cuando hayas empezado, no olvides ir anotando tus reacciones ante los cambios que vayas haciendo.

---

dades infecciosas va desapareciendo para ser sustituida por las enfermedades crónicas asociadas al estilo de vida, como son la diabetes, la obesidad y las enfermedades cardíacas[6]. Estas enfermedades afectan a la población a edades posteriores, pero su precio es elevado. Si tomamos el caso de la obesidad, según los Centros de Control de Enfermedades de Estados Unidos, en 2010 un 69 por ciento de los estadounidenses tenían sobrepeso u obesidad[7].

Para expresarlo de manera más sencilla, el aumento de la esperanza media de vida desde el Paleolítico hasta la actualidad se ha debido al descenso de la mortalidad por enfermedades infecciosas, al descenso de la mortalidad infantil en general y al mayor uso de la tecnología médica, pero no a que estemos gozando de mayor vitalidad y vigor en conjunto y como sociedad.

Todas las críticas citadas pasan por alto un hecho sencillo, a saber, que el concepto moderno de dieta paleolítica no consiste en reproducir con toda exactitud lo que comían nuestros antepasados. Lo que pretende es, más bien, tomar unos principios generales y aplicarlos de la mejor manera posible a los alimentos disponibles en nuestra época moderna, con miras a recuperar la salud humana y a refrenar la epidemia de enfermedades crónicas que aqueja a la humanidad desde tiempos de la revolución agraria del Neolítico.

¿Por qué son mejores para los seres humanos las dietas de tipo paleo?

Cualquier persona dotada de un mínimo de lógica sabe que no basta que los seres humanos hicieran algo en tiempos antiguos para que debamos hacerlo ahora. Pero una dieta del tipo de la de los cazadores y recolectores no solo es buena en teoría. Hay investigaciones que confirman sus efectos positivos. Por ejemplo, se han hecho pruebas en las que varios voluntarios sanos adoptaron una dieta de cazadores y recolectores, rica en proteínas animales, en vegetales sin fécula y en bayas, y se observó una mejora significativa de muchos indicadores biológicos de la salud de los sujetos, y a estos les mejoró también la tensión arterial, el colesterol en sangre y la sensibilidad a la insulina[8]. En otro estudio cruzado y al azar, se administró a los sujetos una dieta normalizada para diabéticos o una dieta de cazadores y recolectores, durante tres meses. Al cabo de este plazo, se invirtieron las dietas: los sujetos del primer grupo pasaron a seguir la segunda dieta, y viceversa. También en este caso, los científicos observaron que la dieta de cazadores y recolectores estaba asociada a un mejor control del azúcar en la sangre, a la mejora de la tensión arterial y a una mayor pérdida de peso que la dieta normalizada para diabéticos[9].

Existen, además, muchas explicaciones científicas sólidas de por qué puede ser dañina para la salud humana una dieta rica en cereales, lácteos, féculas y azúcares, y de por qué es más favorable para la buena salud una que se aproxima más a los principios de la dieta paleolítica. Una de las explicaciones más convincentes se basa en los efectos de los alimentos con féculas y azúcares sobre el microbioma, es decir, sobre la población bacteriana que reside en el intestino humano.

La mayoría de las personas tenemos en el sistema gastrointestinal más de 100 billones de bacterias y levaduras, que viven allí y nos ayudan a digerir tanto los alimentos que comemos como sus subproductos colectivos. Lo cierto es que cada uno de nosotros somos nuestro propio ecosistema, y que nos podemos desequilibrar como cualquier otro ecosistema. Dependemos de más de mil especies distintas de bacterias y levaduras, gracias a las cuales disponemos de los elementos básicos para el funcionamiento óptimo de nuestras células. Pero cuando predominan las bacterias y levaduras de tipo inadecuado, la bioquímica del cuerpo puede empezar a funcionar mal.

Cuando comemos cereales, productos lácteos, legumbres y edulcorantes, todos ellos ricos en féculas y en azúcares, es más probable que se desarrollen en nuestro organismo más bacterias y levaduras aficionadas al azúcar, pues estamos consumiendo las sustancias que alimentan a estos microorganismos concretos. Por ello, disponemos de menor proporción de las más de mil especies bacterianas que han vivido en los intestinos de los seres humanos durante los 2,5 millones de años de existencia de nuestros antepasados, de menor proporción de las especies convenientes para la dieta humana original, y que forman parte del buen metabolismo y de los procesos químicos que se producen en nuestras células. Este argumento no tendría peso si nuestra salud colectiva, como sociedad que sigue la dieta occidental normalizada con este nuevo ecosistema, siguiera siendo excelente. Pero la sociedad ha ido perdiendo salud progresivamente. Nuestro nuevo ecosistema está descompuesto. Bacterias como la *Pseudomonas*, y levaduras como la *Candida albicans*, aficionadas al azúcar, causan problemas de todo tipo al organismo humano.

Uno de los trastornos más peligrosos que provoca la dieta occidental normalizada es el llamado «intestino permeable». El síndrome del intestino permeable es un trastorno en el que se producen orificios o fugas en el revestimiento que separa el intestino delgado de los vasos sanguíneos. Si tienes en el intestino las bacterias, levaduras o parásitos que no debes, sobre todo levaduras aficionadas a los carbohidratos, como la *Candida albicans*, será más probable que estas generen unas toxinas que entorpecerán el sistema regulador del adhesivo que mantiene unidas entre sí las células que revisten el intestino delgado (llamado cemento intracelular)[10]. La zonulina es una proteína que regula la permeabilidad de estas uniones celulares estrechas. Cuando la zonulina se activa de manera indebida, el cemento que mantiene bien unidas a las células empieza a dejar orificios pequeños por los que puede fugarse al torrente sanguíneo el contenido de los intestinos. Por eso hablamos de *intestino permeable*. Hay otros factores que también pueden provocar o aumentar la probabilidad de que tengamos el intestino permeable; entre ellos, la exposición repetida a los antibióticos, la alimentación rica en azúcares y en féculas, el desarrollo de intolerancias a proteínas concretas, como puede ser al gluten de los cereales y a la caseína de los lácteos, y la exposición a sustancias químicas y toxinas producidas por el hombre, como el humo del tabaco. Cualquiera de estas cosas puede comprometer todavía más la integridad del revestimiento intestinal.

El cemento que mantiene impermeable el revestimiento intestinal es la misma sustancia que reviste todos los vasos sanguíneos. Por ello, es muy probable que también se esté descomponiendo el revestimiento de los vasos sanguíneos, entre ellos los que llegan al cerebro. ¡Puedes tener el intestino permeable, los vasos sanguíneos permeables y el cerebro permeable! También puedes desarrollar piel permeable. Al estar permeables los vasos sanguíneos, será más probable que las células inmunitarias se filtren entre sus paredes, que depositen en los vasos sanguíneos colesterol y moléculas asociadas a la inflamación y que estrechen y obstruyan las venas y las arterias. En el cerebro, será menos eficaz la barrera que separa la sangre del cerebro, y que es un nivel más de protección para este contra las bacterias infecciosas. Será más fácil que el cerebro deje pasar las células inmunitarias sobreactivadas, con lo que aumentará la probabilidad de inflamaciones indebidas y de agravamiento de diversos problemas, con trastornos del estado de ánimo y neurológicos como la esclerosis múltiple. En la piel, tenderás a desarrollar todo tipo de erupciones molestas y otros problemas cutáneos intermitentes. Por eso el intestino permeable no solo está asociado a problemas gastrointestinales: afecta a todo tu organismo y a tu salud en general. ¡No te interesa en absoluto que pase esto en tu cuerpo! Sin embargo, a muchas personas les pasa, debido en gran parte a nuestra alimentación, rica en alimentos procesados y a base de cereales.

¿La dieta Wahls es una dieta paleo?

Quizá te estés preguntando, a estas alturas, si necesitas siquiera la dieta Wahls. ¿No puedes limitarte a seguir otra de las dietas paleo que ya existen? Ya hay libros que explican muchas versiones distintas de la dieta humana antigua: la dieta paleo o paleodieta, la dieta primitiva, la dieta del cavernícola, etcétera.

> **HABLAN LOS GUERREROS DE WAHLS**
>
> «Cuando tenía 19 años me diagnosticaron EMRR, pero, aparte de un episodio de neuritis óptica, no noté ningún otro síntoma hasta los 30 años. Ahora tengo 33, y las cosas se me pusieron muy mal en febrero de 2012. Descubrí la labor de la doctora Wahls en julio de 2012, cuando mi hermana me envió el enlace a un vídeo titulado *Minding Your Mitochondria (Cuídate las mitocondrias)*. Cuando comencé la dieta Wahls, en agosto de 2012, y a tomar Copaxone en septiembre de 2012, ya no era capaz de caminar por mis medios, a pesar de que solo tres años antes practicaba deporte en varios equipos. Desde que empecé a seguir la dieta he notado una mejoría inmensa de mi claridad mental, y a veces soy capaz de andar sin bastón y de sentirme otra vez como una persona normal. Esos ratos hacen que todo valga la pena. ¡No me importa renunciar a las hamburguesas con queso si así puedo volver a andar! Hace unas semanas me sentía tan bien que volví a introducir el pan en mi dieta. No volveré a hacerlo. Me sentí cansada y volví a tener espasticidad en las piernas. Ha sido muy inspirador encontrar a una médica que también tiene EM y que, en esencia, ha experimentado consigo misma hasta descubrir la dieta óptima. Gracias, doctora Wahls».
>
> Natalie S., Halifax, Nueva Escocia (Canadá)

Entre ellas hay semejanzas y diferencias; pero el movimiento surgió a partir del libro del doctor Cordain, titulado *La dieta paleolítica*, y que se basaba en estudios médicos-antropológicos sobre los vestigios de seres humanos que vivieron hace 10 000 años y sobre los que siguen viviendo en nuestros tiempos como cazadores y recolectores con economía de subsistencia. Popularizó mucho el movimiento Robb Wolf, coautor de *La dieta paleo. Transforma tu vida en 30 días con la dieta de nuestros orígenes*, así como Mark Sisson, autor de *The Primal Blueprint*.

Yo soy una gran partidaria de la dieta al estilo Paleolítico; pero también quiero dejar claro que la dieta Wahls no es solo «una dieta paleo más». Te aporta más estructura y más orientación, para ayudarte a potenciar al máximo tu nutrición, cosa importantísima para los que padecen una enfermedad crónica, la que sea. Debes adoptar un plan más agresivo para recuperar la salud. Este fue un aspecto crucial de mis investigaciones cuando estaba desarrollando la dieta Wahls. Aunque yo había seguido la dieta paleo durante mucho tiempo (en su versión original, tal como la había descrito el doctor Loren Cordain), no me estaba resultando suficiente para curarme. A muchas personas les va bien esta dieta, o bastante bien, sobre todo si ya están sanas al empezarla. Pero si eres una persona con problemas de salud, te vendrá bien seguir algo más estructurado que lo que te ofrecen las dietas paleo —o primitivas, o de cazadores y recolectores— más habituales, pues tienes que hacer algo más que dejar de comer los alimentos que te pueden hacer daño. También deberás saber maximizar la nutrición de tus células y de tus mitocondrias.

El doctor Jayson Calton y Mira Calton llevaron a cabo un análisis de los micronutrientes de varias dietas actuales, entre ellas la dieta paleo que describió Diane Sanfilippo en su libro *Practical Paleo*[11] y la «dieta primal» que preparó Mark Sisson para el libro de los Calton *Naked Calories: The Caltons' Simple 3-Step Plan for Micronutrient Sufficiency* (edición revisada); y descubrieron que estas dietas eran mucho más ricas en nutrientes que la dieta estadounidense estándar, y que, de hecho, se contaban entre las dietas más ricas en nutrientes que habían analizado. ¡Una gran noticia! Sin embargo, la dieta paleo y la dieta primal solo cubrían la ingesta diaria recomendada (IDR) de quince de los veintisiete micronutrientes estudiados, y habrían tenido que consumirse más de 14 000 calorías diarias para cubrir todas las IDR. (¡Con la dieta estadounidense estándar habrían hecho falta más de 27 000 calorías!)[12]. Queda claro que estas dietas de estilo paleo son muy superiores a la dieta estadounidense estándar; pero la persona que las sigue, si carece de una orientación concreta para maximizar el contenido de micronutrientes, sigue corriendo el riesgo de sufrir carencias de vitaminas, minerales, ácidos grasos esenciales y antioxidantes que son claves para el cerebro y para las mitocondrias. Es un riesgo que no puedes correr si padeces una enfermedad autoinmune o neurodegenerativa (o cualquier otra enfermedad crónica importante, podríamos añadir).

Cada uno de los niveles de la dieta Wahls aspira a evitar o reparar esos procesos dañinos llenándote el plato de una manera muy estructurada, con alimentos que te garantizarán la máxima nutrición posible a base de productos agrícolas accesibles. Muy pocas personas son capaces de cazar ni de recolectar sus alimentos directamente de la naturaleza, y tampoco disponemos de los conocimientos detallados de nuestros antepasados, que sabían obtener un máximo de nutrición a partir de los alimentos que se daban en su entorno. Sin embargo, tendrás las máximas posibilidades de optimizar tu salud si haces una dieta rica en verduras de hoja, en vegetales sin fécula y en frutas como las bayas, además de en proteínas animales, y sin incluir en dicha dieta los añadidos problemáticos de épocas más recientes, como los cereales con gluten, los productos lácteos y, a niveles más avanzados, las legumbres, todos los cereales y las frutas más dulces.

Las diferencias principales entre los planes de la dieta Wahls y otros planes de alimentación tipo paleo son las siguientes:

- **Densidad de nutrientes.** Los planes de la dieta Wahls, en todos sus niveles, tienen una densidad de nutrientes rigurosa y meticulosa. Recibirás instrucciones detalladas para obtener unos niveles máximos (sin llegar a ser tóxicos) de vitaminas, minerales y antioxidantes. Yo no dejo nada al azar ni doy por supuesto que ya comerás por tu cuenta las suficientes frutas y verduras, o proteínas y/o grasas sanas. Necesitas una carga de nutrientes muy concreta. Le han estado faltando a tu cuerpo. Para ti son una medicina.
- **Nivel alto de grasas.** En la dieta paleo se recomienda comer carnes magras; pero en la dieta Wahls Paleo, y más especialmente en la dieta Wahls Paleo Plus, se incrementa el consumo de grasas sanas y beneficiosas para el cerebro (se trata de grasas de tipos concretos, como las que se encuentran en los pescados silvestres grasos, en el aceite de coco y en los aguacates). El cerebro esta compuesto de entre un 60 y un 70 por ciento de grasa.
- **Productos locales.** Te recomiendo que des entrada en tu paladar y en tu plato a todos los productos autóctonos, locales o de temporada que puedas. Esto es, para mí, la esencia de la manera paleo de comer: acercarnos lo más posible a la manera de comer de nuestros antepasados paleolíticos; vivir del terreno propio en que estamos. Los alimentos de cultivo local tienden a ser más nutritivos, porque tenemos más posibilidades de consumirlos poco tiempo después de que se cosechen. Cuanto más tiempo pasan almacenados los alimentos, más se

disgregan sus vitaminas y sus antioxidantes. Los alimentos de fuera de temporada, que nos llegan de otras regiones del planeta, tienen muchos menos nutrientes. Además, los alimentos autóctonos criados en la naturaleza silvestre crecen en los suelos y en las condiciones que les resultan más naturales; por ello, tienen más probabilidades de llegar a ser unas plantas sanas. En los suelos silvestres más sanos crecen plantas también más sanas y más nutritivas. Estas plantas están dotadas de defensas naturales contra los insectos autóctonos y contienen niveles mucho más elevados de antioxidantes protectores y de vitaminas. Yo animo a mis pacientes más veteranos a que salgan de caza, a que aprendan a recoger alimentos silvestres en la naturaleza y a que tengan huertos y plantas comestibles en sus casas. No solo son curativos los alimentos que se obtienen de esta manera, sino que también lo será el tiempo que se pasará en la naturaleza.

- **Ni gluten, ni lácteos, ni huevos, y pocas legumbres o ninguna.** Algunos planes de dieta de estilo paleo permiten el consumo de productos lácteos (preferiblemente crudos y orgánicos), recomiendan tomar huevos e incluso permiten comer algunas legumbres. (Advirtamos que te será necesario tomar legumbres y cereales sin gluten si comes al estilo paleo y eres vegetariano). Yo no recomiendo estos alimentos en la dieta Wahls. El gluten está descartado por completo, pero también lo están los productos lácteos y los huevos. Aunque las legumbres contienen algunos antinutrientes, si tienes que comerlas, podrás ver el modo de reducir estos antinutrientes en el capítulo dedicado a la dieta Wahls Paleo.

RESPONDO A LOS GUERREROS DE WAHLS

P: ¿Por qué no puedo comer huevos con la dieta Wahls? En la dieta paleo se recomiendan; y parece que serían un componente sano siempre que procedan de gallinas de granja y de cría orgánica.

R: La respuesta más sencilla es que en el Protocolo Wahls no entran los huevos porque yo tengo una grave alergia a los huevos y, para llevar a cabo nuestras pruebas clínicas, tuve que reproducir exactamente lo que había hecho para recuperarme. Una de las decisiones que tomé fue retirar de mi dieta todos los alimentos alérgenos, y entre ellos figuraban los huevos.

Puede que tú no seas alérgico a los huevos, pero lo cierto es que muchas personas lo son sin saberlo. La mejor manera de determinar si toleras los huevos es retirarlos por completo de tu dieta durante un mes y, pasado ese plazo, hacer una comida de prueba. Por ejemplo, puedes comer tres o cuatro huevos al día durante dos días seguidos y observar cómo te sientes. Si se te agrava algún síntoma, sabrás, quizá con sorpresa, que, en efecto, la proteína de los huevos te produce una reacción y que te conviene abstenerte de comerlos. Si durante las dos semanas siguientes no te aumenta ningún síntoma negativo, entonces es posible que los huevos no representen ningún problema para ti. Aun así, te recomendaría encarecidamente que eligieras huevos de gallinas de granja, criadas en libertad y al aire libre y que coman hierba e insectos, porque estos huevos contendrán muchas grasas buenas, vitaminas y proteínas.

Ahora vamos a echar una rápida ojeada a las diferencias entre los tres niveles de la dieta.

Nivel uno: la dieta Wahls

Esta es la dieta más básica que se requiere para seguir el Protocolo Wahls. Solo contiene tres elementos esenciales.

1. *Nueve tazones (de 240 ml cada uno) de frutas y hortalizas al día, divididos de la manera siguiente:*

   - Tres tazones (720 ml, medidos apretando bien el contenido) de verduras de hoja, crudas o cocidas, como col kale, hojas de berza, acelgas, verduras asiáticas y lechugas (cuanto más oscuras, mejores).
   - Tres tazones de frutas y hortalizas de color vivo, como bayas, tomates, remolachas, zanahorias y calabaza.
   - Tres tazones de vegetales ricos en azufre, como el brócoli, la col, los espárragos, las coles de Bruselas, los nabos, los rábanos, las cebollas y los ajos.

Soy consciente de que nueve tazones, es decir, 2160 ml, parece mucho; pero la cantidad se debe a dos motivos. En primer lugar, debes comer muchos vegetales para obtener la nutrición concentrada que te hace falta. En segundo lugar, al consumir bastantes vegetales y frutas, te llenarás y ya no sentirás tanta necesidad de comer cereales, azúcar y productos lácteos. Quiero que te llenes sobre todo de vegetales, y para ello tendrás que aprender a comer muchos. También soy consciente de que este aumento notable del consumo de fibra puede producir incomodidades a algunas personas, sobre todo a las que no están acostumbradas a comer mucha fruta y verdura, o a las que tienen delicado el sistema digestivo. En el capítulo siguiente daré información más detallada sobre la manera de hacer la transición y llegar a comer los nueve tazones con comodidad. No es preciso que lo hagas de repente.

HABLAN LOS GUERREROS DE WAHLS

«Como alimentos frescos, como con moderación, bebo zumos recién hechos y evito el trigo y la soja. Medito todas las mañanas y todas las noches, y ya soy capaz de escuchar a mi cuerpo. He aprendido a no forzarlo. Vuelvo a sentirme como una persona normal, y mis compañeros de trabajo, mis amigos y mi familia también advierten los cambios. Este ha sido el primer año en que no he tenido ninguna recaída, y eso con solo haber cambiado mis hábitos de comidas y bebidas. Vuelvo a ser capaz de trabajar seis días por semana, y mi nivel de energía y mi estado mental son claros y positivos. ¡La verdad es que, en general, me siento incluso mejor que antes de que me diagnosticaran la EM!».

Ethel C., Little Rock, Arkansas (EE. UU.)

2. Sin gluten y sin productos lácteos

Los nueve tazones del paso anterior te aportan los nutrientes que te hacían falta; pero este paso trata más bien de quitarte cosas que te puedan provocar reacciones en el cuerpo, y para ello tendrás que suprimir de tu dieta el gluten y los lácteos. A diferencia del primer paso, que se puede introducir poco a poco, yo te recomiendo que este lo hagas de golpe. Deja de comer gluten y lácteos *hoy mismo*. Puede que sea la cosa más importante que hayas hecho nunca por ti.

Las personas con enfermedades autoinmunes tienen mayores probabilidades de padecer intestino permeable, y si este es tu caso, el gluten y los lácteos te están haciendo mucho daño. Cuando el intestino tiene orificios, pueden llegar hasta el torren-

RESPONDO A LOS GUERREROS DE WAHLS

P: ¿Es válido limitarse a reducir el consumo de gluten y de lácteos, o dejar los lácteos y no el gluten, o al contrario? ¿O hay que abstenerse de ambos por completo?

R: Es muy difícil renunciar a los alimentos que más te gustan, y sobre todo a «alimentos reconfortantes» como el gluten y los lácteos; pero es preciso que lo hagas al cien por cien, pues hasta una cantidad minúscula de gluten o de lácteos podría poner en marcha en tu organismo una respuesta autoinmune inadecuada si tienes una intolerancia al gluten o a la caseína que no te han detectado. No des por supuesto que no tienes intolerancia. Aunque no observes ningún síntoma concreto después de haber comido gluten o lácteos, es posible que tu cuerpo esté padeciendo ya los efectos de la intolerancia y que se limite a ir tirando, sufriendo los ataques diarios del gluten y de la caseína. Como el gluten y la caseína tienen secuencias de aminoácidos similares entre sí, la mayoría de las personas con intolerancia al gluten también son intolerantes a los lácteos; por eso recomiendo abstenerse de ambos. Puedes estar sano sin consumir alimentos que contengan gluten ni caseína, y no tienes idea de lo bien que te puedes sentir absteniéndote de ellos.

Suprímelos por completo durante un mes, como mínimo. Puedes decirte a ti mismo que los volverás a incluir si resulta que no tienes intolerancia. Pasado ese plazo, haz una comida de prueba, con una de las dos cosas cada vez. Prueba a hacer una comida con productos lácteos, preferiblemente con leche fermentada, como el yogur, o con leche de cabra, pues son los más fáciles de tolerar. Hacia un 80 por ciento de las personas con intolerancia al gluten tienen también intolerancia a los lácteos, pero es posible que tú pertenezcas al otro 20 por ciento. Si tienes alguna reacción negativa, suprime los productos

> lácteos definitivamente. Si no la tienes, es posible que puedas ir dándole entrada poco a poco en tu dieta. No obstante, si solo puedes suprimir una de las dos cosas ahora mismo, empieza por suprimir el gluten. Dado que los productos con gluten son los que tienen mayores probabilidades de estar asociados a reacciones negativas, y teniendo en cuenta también que muchas personas mejoran cuando suprimen por completo de su dieta el gluten, recomiendo firmemente dejar el gluten de inmediato y para siempre.

te sanguíneo proteínas mal digeridas de trigo (gluten) o de leche (caseína). Estas partículas no digeridas son demasiado grandes para estar en la sangre. El problema será peor todavía si tienes una vulnerabilidad genética por la cual el gluten o la caseína te activan las células inmunitarias. Entre un 20 y un 30 por ciento de la población de origen europeo tiene los genes DQ2 o DQ8, que llevan aparejado el riesgo de desarrollar intolerancia al gluten[13]. Y cuando en su sangre hay proteínas de gluten y de caseína, estas les pueden provocar una reacción inmunitaria inadecuada. Esto, a su vez, puede causar una hiperreactividad del sistema inmunitario, que queda excesivamente sensible ante otros alimentos que antes no eran problemáticos, como las nueces, los cítricos, las fresas u otras frutas y verduras.

La reacción del organismo ante el intestino permeable varía en cada persona. Puede que tú no estés predispuesto genéticamente para sufrir problemas, o que tus reacciones sean relativamente suaves. Otras personas pueden tener reacciones más severas, entre ellas alergias graves o síntomas gastrointestinales que pueden conducir a problemas más importantes. Pero si sufres esclerosis múltiple u otra enfermedad autoinmune, es muy probable que tu reacción ante el intestino permeable sea aguda.

Te pido que renuncies a estos dos tipos de alimentos, aunque soy muy consciente de lo difícil que es. Se les suele considerar «alimentos reconfortantes» (piensa, por ejemplo, en los macarrones con queso, los bollos y las hamburguesas con queso), y con razón, pues ejercen sobre el organismo un efecto adictivo semejante al de los opiáceos (veremos esto más a fondo en los capítulos 6 y 8). Dejar de comerlos puede producir un cierto síndrome de abstinencia. Pero una vez que hayas superado la primera impresión de dejar de tomar gluten y lácteos, empezarás a sentirte mejor rápidamente.

3. *Ecológicos, criados con pastos, silvestres*

El tercer elemento crucial de la dieta Wahls son las proteínas de alta calidad. Aunque también puedes practicar este primer nivel siendo vegetariano, o incluso vegano (te explicaré cómo en el capítulo siguiente), yo no te lo recomiendo. En el capítulo siguiente te explicaré también, con detalle, en que se basa mi postura, que puede parecer polémica. Las fuentes de proteínas de mayor calidad para los seres humanos son la carne y el pescado, ecológicos, criados con pastos (en el caso de la carne) o silvestres, y yo te recomiendo encarecidamente que los comas. Si los puedes encontrar ecológicos, mejor; pero, en cualquier caso, no dejes de tomar proteínas de alta calidad.

Nivel dos: la dieta Wahls Paleo

La dieta Wahls Paleo es parecida a la dieta Wahls a secas; pero ahora vamos a subir un poco la apuesta. Si ya padeces una enfermedad autoinmune grave, o si tienes otros trastornos neu-

RESPONDO A LOS GUERREROS DE WAHLS

P: El Protocolo Wahls parece estupendo, pero no sé qué pensará mi familia de esa comida. ¿Está bien que hagan la dieta conmigo? ¿Y si no quieren? ¿Tendré que cocinar aparte para mí?

A: El apoyo de la familia es importantísimo para emprender el Protocolo Wahls. Sé por observación propia que la decisión la debe compartir toda la familia. A los voluntarios que participan en nuestros estudios les decimos que esperamos que sus familiares solo coman delante de ellos alimentos que cumplan las condiciones del estudio, y que deben retirarse de la casa los alimentos que no se permiten en la dieta. Los sujetos cuyas familias acceden a comer como ellos suelen tener éxito casi siempre. Sin embargo, los que no cuentan con el apoyo de sus familias, que siguen haciendo la dieta estadounidense estándar, están condenados casi siempre al fracaso. Por eso conviene reunirse a hablar en familia de la cuestión de la comida. ¿A qué están dispuestos todos? ¿Qué son capaces de soportar juntos? Puede que haya que negociar; pero la verdad es que no suele ser sostenible cocinar dos comidas distintas. Hemos tenido casos de familias que comían sin gluten mientras el sujeto del estudio hacía la dieta Wahls Paleo, pero podían comer alimentos con gluten cuando el sujeto no estaba presente. Esto puede funcionar; pero lo que es casi seguro es que hacer la dieta Wahls, la dieta Wahls Paleo o la dieta Wahls Paleo Plus cuando se está rodeado de personas que comen la dieta estadounidense estándar no da resultado casi nunca. Por fortuna, la dieta Wahls no solo es sana para cualquier adulto sano, sino que puede tener, incluso, un valor preventivo y evitar una enfermedad crónica futura. También es una dieta excelente para los niños, que en nuestra cultura tienden a

> comer demasiados alimentos procesados cargados de carbohidratos y de azúcares. Si los miembros de tu familia saben que este cambio de dieta puede brindarles más salud y mayor energía, y que les ayudará a perder el exceso de peso, puede ser más fácil que se animen a acompañarte.

rológicos o psicológicos, u otra dolencia crónica, te recomiendo que empieces por este nivel, o que te pases a él en cuanto te hayas acostumbrado a la dieta Wahls.

En la dieta Wahls Paleo entra todo lo de la dieta Wahls y, además, se le añaden los elementos siguientes:

1. *Reducir el consumo de cereales sin gluten (se supone que ya no comes nada de gluten), de legumbres y de patatas a solo dos raciones por semana.*

Es preferible suprimir por completo los cereales y las legumbres; pero estas dos raciones por semana te permiten cierta flexibilidad a la hora de comer con tus amigos y tu familia. Esto es lo que hemos hecho en la segunda oleada de nuestro estudio. Estas raciones *no son obligatorias;* solo se te permiten, por si tienes esa necesidad. Los cereales integrales, aunque sean sin gluten; las legumbres, como las judías negras y las lentejas, así como las patatas, te sobrecargan de carbohidratos. Y estos alimentos también contienen más lectinas y fitatos, que son antialimentos. Te recomiendo que comas más vegetales sin fécula que cereales sin gluten, y que tomes más verduras que fruta. Por otra parte, a medida que reduces los hidratos de carbono, puedes comer más carne.

HABLAN LOS GUERREROS DE WAHLS

«¡Yo, que era «casi vegetariana», siento que voy de maravilla! Desde que empecé con la dieta Wahls, me he acostumbrado a comer carne todos los días, a veces hasta dos veces al día. La semana pasada, sin ir más lejos, comí higadillos y corazones de pollo. Fue un paso enorme para mí. No soy aficionada a comer carne, pero a estas alturas estoy dispuesta a lo que sea para curarme. Los fármacos no son la solución. Son como cubrir el problema verdadero con una venda, y lo que yo quiero es descubrir la causa primera de todo lo que me pasa».

Amy Z., Hudson Valley, Nueva York (EE. UU.)

2. *Introducir en la dieta algas marinas o de agua dulce y vísceras.*

A mucha gente no le atrae nada la idea de comer algas marinas y vísceras de carne. A aquellos de mis pacientes a los que ni siquiera les gustan especialmente las verduras en general, les cuesta muchísimo acostumbrarse a comer algas; y a los que han sido vegetarianos también les cuesta hacerse a la idea de comer vísceras. No obstante, añadir a tu dieta alimenticia estos dos tipos de alimentos es un paso poderoso hacia la curación. Las algas marinas proporcionan minerales esenciales, y las vísceras animales aportan coenzima Q. Ambos proporcionan a las mitocondrias unos nutrientes valiosos que podrían ser difíciles de obtener a partir de otros alimentos más corrientes. En el capítulo 6 te explicaré algunos modos de preparar estos alimentos para que te resulten apetitosos.

> **LAS PALABRAS DE WAHLS**
>
> Las dietas cetogénicas son bajísimas en carbohidratos (incluso menos de 25 gramos al día) y más abundantes en grasas, para facilitar que el organismo queme grasas en vez de glucosa. Los practicantes de la medicina funcional recurren a las dietas cetogénicas para tratar otros trastornos neurológicos progresivos como la enfermedad de Parkinson y la pérdida de memoria temprana.

3. *Añadir alimentos fermentados, semillas y frutos secos remojados y más alimentos crudos.*

En las dietas tradicionales abundan los alimentos ricos en enzimas. Sin embargo, buena parte de nuestros alimentos modernos han perdido sus enzimas por el procesado y el cocinado[14]. Las mejores fuentes de enzimas son las siguientes:

- Las frutas y las hortalizas crudas.
- Los alimentos fermentados, como el chucrut lactofermentado, los encurtidos, el kimchi y el té de kombucha.
- Las semillas y frutos secos germinados o remojados. (Pon en remojo, en agua, los frutos secos y las semillas de seis a veinticuatro horas antes de consumirlos; te explicaré cómo en el capítulo 9).
- Las proteínas animales crudas, como las del sushi, el *steak tartar* y el ceviche.

Nivel tres: la dieta Wahls Paleo Plus

Este es el nivel más intenso y extremo. Es la dieta que sigo yo misma, pues observo que es la que me da mejores resultados, y se la recomiendo a mis pacientes cuando no progresan lo suficiente siguiendo la dieta Wahls Paleo. La dieta Wahls Paleo Plus es bajísima en carbohidratos y alta en grasas, semejante a las dietas cetogénicas que se emplean en medicina para tratar la epilepsia. Además de seguir las reglas de la dieta Wahls y de la dieta Wahls Paleo, se añaden los elementos siguientes:

1. **Suprimir *todos* los cereales, las legumbres y las patatas.** Se suprimen también los cereales sin gluten, como el arroz y la quinoa. Puede parecer difícil, pero te irás acostumbrando cuando hayas adquirido el hábito de no pensar siquiera en la posibilidad de incluir los cereales en el menú.
2. **Consumir al menos seis tazones de vegetales, repartidos por igual entre verduras verdes, de color y con azufre.** Con la dieta Wahls Paleo Plus no pasarás tanta hambre y no serás capaz de comer tanto; por eso deberás reducir un poco el consumo de vegetales. Pero, aun así, deberás comer los suficientes para obtener nutrientes densos. ¡Estos micronutrientes siguen siendo necesarios!
3. **Reducir el consumo de frutas y de verduras con fécula.** No tomes más de dos raciones de vegetales con fécula cocinados por semana. Este es un máximo; puedes tomar menos. Si tomas un vegetal con fécula cocinado, como la calabaza o la remolacha, tendrás que acompañarlo de una cantidad generosa de grasa, como el aceite de coco. Si te comes crudo un vegetal con fécula, una ensalada de remolacha cruda, por ejemplo, puedes contarla entre las

raciones de hortalizas de color del día. Además, no tomes más de una ración de fruta al día, y mejor si son bayas. Es el momento de irte quitando de la lista las frutas de pulpa blanca, como las manzanas, las peras y los plátanos, así como otras frutas más dulces —uvas, melocotones, piñas y mangos—, y sustituirlas por frutas de color oscuro, como arándanos, moras, frambuesas, cerezas, etcétera.

4. **Añadir aceite de coco y leche de coco con toda su grasa.** La dieta Wahls Paleo Plus es alta en grasas, pero no hace daño al corazón, aunque tengas la impresión contraria por lo que has leído sobre temas de salud. De hecho, una dieta alta en grasas acompañada de un consumo relativamente menor de carbohidratos aporta al cerebro y al corazón el apoyo nutricional más intensivo posible. Esta dieta se aproxima todavía más a la que hizo funcionar el metabolismo de nuestros antepasados durante dos millones y medio de años. La grasa de esta dieta se convierte en cetonas, que son una fuente de energía excelente para nuestras mitocondrias, las neuronas del cerebro y las células musculares. Así ha sido capaz nuestra especie de sobrevivir, e incluso de prosperar, durante los inviernos, que solían ser estaciones en que se disponía de muy pocos carbohidratos, así como durante las hambrunas y las guerras.

5. **Comer solo dos veces al día y ayunar de doce a dieciséis horas cada noche.** Con la dieta Wahls Paleo Plus no pasarás tanta hambre, pues las proteínas y las grasas, con relativamente menos carbohidratos, tenderán a suprimir el apetito. Durante los largos períodos entre el desayuno y la comida-cena, y entre la comida-cena y el desayuno, tu cuerpo podrá dedicarse a procesar las toxinas y a eliminarlas, a elaborar hormonas y a curarse. Si te resulta

incómodo hacer solo dos comidas al día, sigue haciendo tres cuando te hagan falta de verdad; pero procura siempre dejar pasar de doce a dieciséis horas entre la comida-cena y el desayuno. Así aumentarás de manera significativa el número de mitocondrias de tus células, y su vigor. ¡A tu cerebro le encantará!

La transición

Si formaras parte de mis pruebas clínicas, tendrías que ceñirte a unas reglas estrictas. Tendrías que seguir las dietas de estudio desde el primer día. No se puede empezar poco a poco. Hacemos una primera prueba de dos semanas de duración para determinar si los participantes son capaces de adoptar la dieta con éxito. Los que lo consiguen, siguen en el estudio durante tres años. Esta dieta supone para la mayoría de las personas un cambio enorme de sus hábitos alimenticios; pero los participantes están muy motivados y suelen tener mucho éxito.

Sin embargo, no soy tan estricta con los pacientes que acuden a mi consulta. Lo que suelo hacer es darles a conocer la relación entre dieta y salud exponiéndoles las tres dietas que recomiendo (la Wahls, la Wahls Paleo y la Wahls Paleo Plus), presentarles las opciones que tienen y, por último, preguntarles qué han aprendido de todo esto y cuáles son sus metas. Sí que tengo algunos pacientes capaces de hacer el cambio drástico de una sola vez, porque están muy motivados y cuentan con el apoyo pleno de sus familias. Pero la mayoría, como fue mi propio caso, van adoptando la dieta poco a poco, paso a paso. Algunos optan por tomar más verduras, sin más; otros optan por suprimir también el gluten y los lácteos, y otros prefieren llegar hasta la dieta Wahls Paleo Plus para controlar lo antes posible sus cuerpos y

> **HABLAN LOS GUERREROS DE WAHLS**
>
> «Yo no tengo esclerosis múltiple, pero mi hijo sí la padece, y yo sigo el Protocolo Wahls con él. Al principio lo hacía como muestra de apoyo hacia él. Pero no tardé en descubrir que mi propia salud estaba mucho mejor en general. Cuando vuelvo a caer en los viejos hábitos de comida, el cuerpo me avisa en seguida. Ahora, con 68 años, peso 53 kilos, tengo el vientre plano, me sobra energía para quemarla y cuando me tomo la tensión la tengo siempre normal. ¡Nunca me he sentido mejor ni con mejor aspecto! Esta dieta es buena para todos, y se puede seguir como una forma de vida. ¡Deja de comer porquerías procesadas! ¡Vive siempre con salud!».
>
> Liz B., Halifax, Nueva Escocia (Canadá)

los procesos que producen la enfermedad. No te riñas demasiado a ti mismo ni culpes a tu familia si tardas varios meses en implantar del todo la dieta Wahls, la Wahls Paleo o la Wahls Paleo Plus. Lo que sí tienes que hacer es empezar. Después, si ves que sigues sin alcanzar los resultados de salud que esperabas, pasa al nivel siguiente.

Tanto la dieta Wahls como la Wahls Paleo o la Wahls Paleo Plus pueden beneficiar a cualquier persona; pero es probable que los beneficios sean espectaculares si padeces esclerosis múltiple u otra enfermedad autoinmune. Perderás tu exceso de peso y obtendrás energía y vitalidad. Sigue los pasos de uno en uno; pero si tienes una enfermedad autoinmune, una enfermedad cerebral o una dolencia crónica, lo más importante que puedes hacer es adoptar inmediatamente, como mínimo, la dieta Wahls.

Empieza a comer los nueve tazones (o la cantidad que puedas, proporcionalmente) y deja el gluten y los lácteos *hoy mismo*. A partir de este punto, ve avanzando siguiendo los pasos que expondré en los cinco capítulos siguientes. Tu viaje ha comenzado oficialmente.

Capítulo 5
DOMINAR LA DIETA WAHLS

Si estás preparado para cambiar tu vida, para mejorar tu salud, alimentar las células, reforzar las mitocondrias y comenzar el proceso de invertir el avance de la enfermedad crónica en tu cuerpo, empieza por aquí. La dieta Wahls es el comienzo. Cuando la hayas dominado, puedes tomar la decisión de pasar al nivel siguiente, que es la dieta Wahls Paleo, o al tercer y último nivel, la dieta Wahls Paleo Plus; pero antes de todo deberás entender el modo de implantar plenamente los componentes del ajuste dietético más básico, la dieta Wahls. Esta dieta tiene dos componentes primarios y un tercero que es opcional pero muy recomendable.

1. Lo que añadirás a tu dieta.
2. Lo que suprimirás de tu dieta.
3. La calidad de los alimentos que tomarás.

Siguiendo estas tres sencillas pautas, notarás un cambio en tu salud que te sorprenderá. Si tienes una enfermedad autoinmune, te recomiendo que empieces a seguir la dieta Wahls *hoy mismo*.

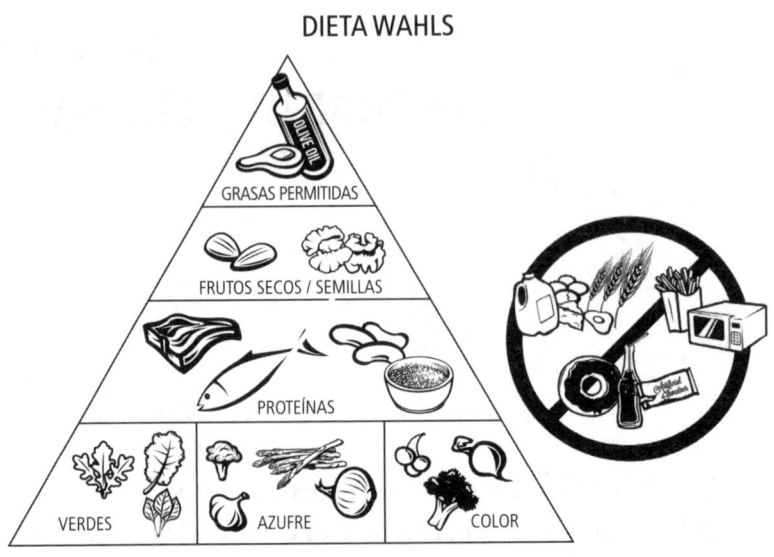

Antes de que entremos en los detalles de la dieta Wahls voy a explicarte lo que significan las tablas que encontrarás al principio de cada uno de los capítulos que tratan de los programas de dieta. En ellas te presento una comparación de cada uno de los tres niveles de las dietas Wahls con la variedad de la dieta occidental que llamamos «dieta estadounidense estándar», sobre la base de una dieta de 1759 calorías, que es la media para mi propia edad y sexo. La ingesta diaria recomendada (IDR) es la cantidad diaria de cada nutriente que cubriría las necesidades de un 97 por ciento de la población. El Consejo de Alimentación y Nutrición de la Academia Nacional de Ciencias de los Estados Unidos establece estos valores para todos los nutrientes importantes, y los actualiza cada pocos años. Hemos tomado la ingesta media de los nutrientes que son esenciales para la salud cerebral óptima según las publicaciones médicas y la hemos comparado con la ingesta media observada en las mujeres de mi edad.

Nutriente*†	Dieta Wahls	
	Dieta EE. UU.	Dieta Wahls
Vitamina D	31%	75%
Vitamina E	55%	143%
Calcio	74%	126%
Magnesio	88%	174%
Vitamina A	100%	340%
Piridoxina	121%	626%
Folato	122%	207%
Zinc	123%	178%
Tiamina	128%	741%
Vitamina C	133%	514%
Niacina	154%	452%
Hierro	164%	235%
Riboflavina	175%	827%
Vitamina B_{12}	201%	704%

* Por comparación con consumos dietéticos de referencia. Consumo recomendado para mujeres de 51 a 70 años; dieta Wahls ajustada para 1759 calorías (Academia Nacional de Ciencias; Instituto de Medicina; Consejo de Alimentación y Nutrición).
† Consumo medio de nutrientes con los alimentos, para mujeres de 50 a 59 años. (What We Eat in America, NHANES 2009–2010, www.ars.usda.gov/SP2UserFiles/Place/12355000/pdf/0910/Table_1_NIN_GEN_09.pdf, consultado el 25 de mayo de 2013).

Los dietistas y los expertos en nutrición no son partidarios de suprimir todo un grupo principal de alimentos, como son los cereales con gluten, los lácteos y los huevos, pues aportan muchas vitaminas y minerales. Por ejemplo, las mujeres en general suelen obtener la mayor parte de las vitaminas del grupo B a partir del consumo de harinas a las que se les han añadido vitaminas del grupo B sintéticas, como el folato, la riboflavina, la tiamina y la niacina, además de hierro. Todos los nutrientes esenciales para la salud óptima deben proceder de los alimentos y no de suplementos sintéticos.

Sin embargo, observarás que la dieta Wahls ofrece a la persona entre 1,5 y 8 veces más vitaminas y minerales que la dieta estadounidense estándar, aun sin contar con la harina enriquecida. La dieta Wahls está llena a rebosar de lo que necesitan tus células para prosperar, sin tener que contar con vitaminas sintéticas añadidas.

Primera parte: los nueve tazones

Los nueve tazones (2160 ml) de hortalizas y frutas de colores cada día son la piedra angular de la dieta Wahls. ¡Nueve tazones! Parece mucho, y a muchas personas les parece una cantidad abrumadora. Yo te recomendaría que empezaras a comer los nueve tazones ahora mismo, si te sientes capaz. Es lo primero que puedes hacer para empezar a proporcionar a tu cuerpo una nutrición intensa; y empezarás a sentirte de otra manera. Aunque los voluntarios que participan en mi estudio tienen que empezar de golpe, los pacientes que acuden a mi consulta suelen adoptarlo a lo largo de un período de siete días.

Elige el planteamiento que te resulte más conveniente a ti y a tu familia. Empieza con tres tazones y ve subiendo poco a poco, pero con constancia. Así irás por el buen camino y no tendrás que abandonar la dieta por sentirte incapaz de seguirla. Es mejor ir a pasos pequeños que dejarlo, pues dejarlo no te servirá de nada, y los pasos pequeños siempre te irán llevando hacia una salud mejor.

Pero tampoco quiero que te comas nueve tazones de manzanas y de lechuga iceberg. Los nueve tazones están organizados de una manera concreta y determinada para que proporcionen la máxima nutrición por caloría (es decir, la máxima «densidad de nutrientes», en la terminología de los dietistas y nutricionistas). Deberás repartirlos en tres partes iguales:

1. Tres tazones de verduras de hoja verde.
2. Tres tazones de hortalizas y frutas de color vivo.
3. Tres tazones de hortalizas ricas en azufre.

> ## ALERTA PARA EL DIARIO WAHLS
>
> Es importante que, cuando emprendas la dieta Wahls, empieces a anotar lo que comes y cómo te sientes. Si llevas un registro diario de estos datos, estarás haciendo un viaje de aprendizaje de lo que te está diciendo tu cuerpo acerca de tu entorno. Los alimentos que comes, el agua que bebes, el aire que respiras y lo que te pones en la piel son cosas que pueden afectar, todas ellas, a cómo te sientes y a la salud de tus células. Empezarás a observar tus reacciones ante ese entorno. Si tienes síntomas, podrás consultar tu diario Wahls para recordar lo que has comido y qué es lo que te puede estar provocando esa reacción. También empezarás a asumir la tarea de aprender a comer y a vivir de modos que te aporten la máxima salud y vitalidad. (Recuerda que a la mayoría de las personas que tienen intolerancia a un determinado alimento se les presentan síntomas en un plazo de setenta y dos horas, aunque hay algunos casos, pocos, en que los síntomas pueden tardar hasta dos semanas en aparecer. Cuando tengas alguna molestia, repasa siempre los tres últimos días para determinar cuál puede haber sido el desencadenante en potencia).

Los nueve tazones son importantísimos para el éxito de la dieta Wahls. Recuerda que queremos hacer dos cosas para mejorar la salud de tus células: añadir lo que les hace falta y suprimir lo que les estorba para funcionar. Los nueve tazones cumplen el primero de estos dos objetivos. Son el medio básico por el que proporcionas a tus células todo lo que necesitan para funcionar con máxima eficiencia para el bien de tu salud.

Vamos a estudiar con mayor detenimiento cómo se reparten los nueve tazones y lo que recibes cuando te concedes a ti mismo este tesoro de productos vegetales.

RESPONDO A LOS GUERREROS DE WAHLS

P: Las verduras no me gustan especialmente. ¿No podría sustituirlas por suplementos, para absorber así todas esas vitaminas y minerales?

R: Me suelen preguntar si se pueden tomar suplementos en vez de comer tantos vegetales. La respuesta, en una palabra, es «¡no!». Comiendo nueve tazones de frutas y hortalizas al día te estarás administrando, en la práctica, las vitaminas, los minerales y los fitoquímicos (micronutrientes de origen vegetal) que tu cuerpo debe de haberse estado perdiendo, y de la manera más natural para poder absorberlos. Las vitaminas y los antioxidantes que se encuentran de modo natural en los alimentos favorecen a las células con más eficacia cuando está presente toda la familia de sus compuestos relacionados. Las hortalizas y las frutas de color contienen centenares de compuestos relacionados entre sí y que actúan en nuestro organismo apoyándose unos a otros para favorecer las funciones de nuestras células, y las vitaminas y los antioxidantes les prestan un apoyo mucho más efectivo cuando los tomamos en combinación con los demás centenares de antioxidantes y de fitonutrientes que se encuentran en la planta integral. Además, esos suplementos de vitaminas, aminoácidos y antioxidantes que tomas en píldoras suelen ser sintéticos. Las variedades sintéticas de las vitaminas y de otros compuestos no tienen las mismas formas que los compuestos naturales, y tampoco aparecen acompañadas del resto de los compuestos relacionados que sí se encuentran en los alimentos completos y que facilitan que el cuerpo haga un uso eficaz de estos. Por todo ello, las vitaminas sintéticas no tienen las mismas propiedades ni favorecen la biología de nuestras células de manera tan efectiva como los compuestos que se encuentan en los alimentos naturales. En el capítulo 10 hablaremos mucho más de los suplementos.

1. Tres tazones de verduras de hoja verde

Las verduras de hoja verde son verdaderas fábricas de fitoquímicos con buena densidad de nutrientes. Son una fuente excelente de vitaminas del grupo B, sobre todo de folato (también llamado vitamina B_9), así como de vitaminas A, C y K. Estos cuatro grupos de nutrientes, las vitaminas A, B, C y K, tienen una importancia enorme para cualquiera que padezca esclerosis múltiple:

- **Vitaminas del grupo B.** Tu cuerpo necesita muchas de las vitaminas del grupo B para el buen funcionamiento del sistema nervioso. Por ejemplo, necesitas el folato (vitamina B_9) para elaborar la mielina, que es el aislante graso que recubre los nervios y que sufre ataques y se degrada cuando tienes EM. ¡Todo lo que sirva para potenciar la producción de mielina será bueno!
- **Precursores de la vitamina A.** Las verduras también son ricas en alfacaroteno y en betacaroteno, precursores de la vitamina A, que necesitas, entre otras cosas, para tener sana la retina (el fondo del ojo), que recoge los estímulos de la luz. Muchos afectados de EM sufren degeneración macular y otros trastornos de la retina. Comer más verduras mejorará la salud de tu retina y de tu nervio óptico, reduciendo las posibilidades de que sufras deterioros de la vista. La vitamina A también es importante para el funcionamiento de las células inmunitarias. No confundas esto con la autoinmunidad. Aunque tengas hiperactivo el sistema inmunitario, la vitamina A no aumentará su actividad inmunitaria dañina. Antes bien, ayudará a tu organismo a recalibrar su inmunidad para llevarla de nuevo a un estado sano y normal. La vitamina A también

> **LA NUTRICIÓN ANTIGUA**
>
> Nuestros antepasados han consumido plantas ricas en fitonutrientes durante dos millones y medio de años. Aunque la ciencia de nuestros tiempos apenas está empezando a descubrir lo que pueden hacer por nosotros los diversos fitonutrientes, ya se han publicado miles de artículos sobre los diversos beneficios de los fitonutrientes para la salud, desde sus propiedades antibióticas y antioxidantes hasta su valor para mantener la elasticidad de los vasos sanguíneos, para facilitar la eliminación de las toxinas del organismo, para regular diversos aspectos del sistema inmunitario y para mejorar el funcionamiento del cerebro.

contribuye a reforzar tus huesos y a mejorar tu flexibilidad y la elasticidad de tu piel, con lo que te ayuda a «rejuvenecer» mientras sigas la dieta Wahls.
- **Vitamina C.** La vitamina C es crucial para el funcionamiento sano de las células inmunitarias, así como para la salud de los tejidos de la piel y de las encías. La vitamina C es, además, un antioxidante poderoso que contribuye a reducir los riesgos de contraer cáncer. Aunque ahora mismo no estés pensando en el cáncer, sino en otros problemas de salud más inmediatos, ten en cuenta que los antioxidantes ayudan a mantener el funcionamiento normal de las células de tu organismo, y esto es importante para cualquier persona que padezca una enfermedad crónica del tipo que sea.
- **Vitamina K.** Las bacterias beneficiosas del intestino convierten la vitamina K de las verduras en otras formas más potentes de vitamina K que pueden ejercer el efec-

LAS BONDADES DE LAS VERDURAS

Las verduras verdes son ricas fuentes de fitoquímicos energéticos. Entre los beneficios conocidos de sus nutrientes se cuentan los siguientes:

- Propiedades anticancerosas.
- Propiedades antiinflamatorias.
- Mejor salud del cerebro.
- Piel más fuerte y más elástica.
- Mejor equilibrio hormonal.
- Menor tendencia de los vasos sanguíneos a la aterosclerosis.
- Hígado más sano.
- Ojos más sanos.

Adaptado con licencia de «The Phytonutrient Spectrum», Toolkit, Institute for Functional Medicine, Cardiometabolic Conference Course Materials, 28 de mayo de 2012.

to de reducir el riesgo de sufrir hipertensión arterial y calcificación (endurecimiento) de los vasos sanguíneos y de las válvulas del corazón. Y lo que es más interesante todavía: se ha relacionado la vitamina K con la prevención de la primera aparición de esclerosis múltiple en la encefalitis autoinmune experimental de los ratones, que es un modelo animal de la EM[1]. Los científicos son cada vez más conscientes de la gran importancia de la vitamina K para la salud cerebral, incluida la producción de mielina[2]. Si tienes EM u otra enfermedad autoinmune, la vitamina K deberá figurar en tu lista de nutrientes más importantes.

Pero las verduras de hoja verde nos proporcionan mucho más que vitaminas A, B, C y K. Cuando te comes un gran plato de ensalada de col kale, consumes millares de compuestos que no encontrarías en los suplementos sintéticos de folato y de vitaminas A, C y K. Son tantos, que los científicos ni siquiera los han identificado a todos todavía. Estas sustancias actúan conjuntamente en el cuerpo para proporcionar a las células lo que necesitan; pero no podemos pasar por alto las posibles ventajas en cuanto a la prevención de la EM y la reposición de la mielina para las personas que padecen EM. Cómete las verduras, crudas o cocidas: tres tazones al día. (Mide los tazones apretando bien las verduras al llenarlos, o sigue la regla de que dos tazones de verduras crudas equivalen a un tazón de verduras cocidas. Podrías llegar a comerte hasta seis tazones de verduras de hoja verde, crudas, cada día).

Algunas posibilidades magníficas son las siguientes (el asterisco indica que es una verdura rica en calcio):

- Rúcula*.
- Hojas de remolacha.
- Bok choy* y otras verduras asiáticas.
- Acelga, de todos los colores.
- Berza (hojas)*.
- Hojas de diente de león*.
- Kale en todas sus variedades (pluma; lacinato o «dinosaurio», roja, etc.)*.
- Lechuga en todas las variedades de color verde oscuro, verde vivo o de hoja roja (la iceberg no sirve).
- Mostaza (hojas de la planta)*.
- Perejil.
- Espinaca*.

Nota: las listas de alimentos que presento en este capítulo no son exhaustivas. Solo pretendo con ellas darte algunos ejemplos de tipos de verduras y de frutas. Si tienes dudas sobre diversos alimentos que no aparecen en este capítulo, puedes consultar una lista más completa al final del libro.

2. Tres tazones de color

De tus nueve tazones diarios, tres deberán estar llenos de hortalizas y frutas de colores vivos. Elige los que tienen estos colores por fuera y por dentro, como las zanahorias y las remolachas, y no los que solo tienen la piel de color, como las manzanas rojas. De hecho, las frutas que son blancas por dentro, como las manzanas, las peras y los plátanos, no pueden contar en ningún sentido para el total de los nueve tazones. Puedes comerlas mientras sigues la dieta Wahls, pero solo aparte de tus nueve tazones de frutas y hortalizas válidas. ¡Guárdate esa manzana o ese plátano como premio en un momento dado!

La gran ventaja de los vegetales de colores vivos es que el color indica la presencia de antioxidantes. La concentración de antioxidantes beneficiosos para la salud es máxima cuando la fruta o verdura tiene color por fuera y por dentro. Los radicales libres producen daños internos, pero los antioxidantes neutralizan estos radicales libres antes de que tengan ocasión de provocar demasiados daños.

Por tanto, ¡a comer de colores! Por suerte, algunas de las verduras y frutas más ricas se cuentan entre las de colores vivos. Intenta comer de tres colores distintos cada día como mínimo. Entre las mejores posibilidades podemos citar las siguientes:

> **EL PODER DE LOS ANTIOXIDANTES**
>
> Los antioxidantes no solo te ayudan a protegerte de las enfermedades autoinmunes, sino de más cosas. Se han publicado centenares de estudios que demuestran que las dietas ricas en los antioxidantes que se encuentran en las frutas y hortalizas de colores vivos nos protegen de las enfermedades cardiovasculares, del cáncer y de la demencia[3]. Por ejemplo, los estudios sobre el consumo de zumo de remolacha pusieron de manifiesto que estaba asociado a la producción de más óxido nítrico y a la mejor salud de las células del endotelio (las células que revisten los vasos sanguíneos y que tienen un efecto directo sobre su funcionamiento). Te interesa que el revestimiento de tus vasos sanguíneos sea elástico y resistente, e impenetrable para los intrusos molestos, como son los residuos que endurecen las arterias. Los antioxidantes lo consiguen, y muy bien, sobre todo si comes muchos en forma de alimentos naturales. Los participantes en el estudio sobre el consumo de zumo de remolacha tenían la presión arterial más baja y las células sanguíneas menos adherentes, lo que tiene el efecto de mejorar la presión sanguínea de forma natural y de reducir el riesgo de obstrucción de las arterias y de las venas[4].

Verde

(Aunque los pepinos y los calabacines son blancos por dentro, son válidos como verduras de color si te los comes con la piel, pues son bajos en féculas y sus pieles contienen muchos antioxidantes).

DOMINAR LA DIETA WAHLS

- Espárragos.
- Alcachofas.
- Aguacates.
- Judías verdes.
- Col verde.
- Apio.
- Pepino con piel.
- Uvas verdes.
- Guisantes verdes.

- Kiwi verde.
- Limas.
- Melón, melón verde.
- Quimbombó (okra).
- Aceitunas verdes.
- Pimientos verdes.
- Tirabeques.
- Guisantes dulces de vaina.
- Calabacín con su piel.

Rojo

- Remolachas.
- Naranjas sanguinas.
- Col roja (lombarda).
- Cerezas.
- Arándanos rojos (frescos o congelados sin azúcar).
- Pomelos rojos.
- Uvas rojas.

- Pimientos rojos.
- Granadas.
- Achicoria roja.
- Frambuesas rojas.
- Ruibarbo.
- Fresas.
- Tomates.
- Sandías.

Azul/morado/rojo

- Bayas de aronia (se cultivan en América del Norte y en Europa).
- Moras.
- Arándanos.
- Dátiles.
- Berenjenas.
- Bayas de saúco.

- Uvas negras o moradas.
- Higos morados y brevas.
- Col kale morada.
- Aceitunas negras.
- Ciruelas.
- Ciruelas pasas.
- Uvas pasas.
- Frambuesas negras.

Amarillo/anaranjado

- Albaricoques.
- Zanahorias.
- Pomelos amarillos.
- Kiwis dorados.
- Limones.
- Mangos.
- Melón cantalupo.
- Nectarinas.
- Naranjas.
- Papayas.
- Melocotones.
- Pimientos amarillos y anaranjados.
- Piñas (ananás).
- Calabazas de invierno y de verano.
- Boniatos y ñames.
- Mandarinas.

3. Tres tazones de hortalizas ricas en azufre

Por último, quiero que comas tres tazones al día de verduras ricas en azufre, que, además de antioxidantes, contienen compuestos de dicho elemento que son buenos para la salud. Puede que los medios de comunicación no hablen tanto del azufre como de los antioxidantes, pero es un elemento de enorme importancia para la salud. Los alimentos ricos en azufre nutren las células y las mitocondrias, y, como efecto más concreto, ayudan al cuerpo a eliminar las toxinas con mayor eficiencia. El azufre también tiene importancia en la síntesis de las proteínas y en la elaboración del colágeno, del que están formados todos nuestros tejidos conjuntivos. ¡Si tienes problemas de articulaciones, necesitas azufre! También te reforzará y te dejará más hermosa la piel, el pelo y las uñas. Se ha observado una relación de las dietas que contienen azufre con una mejoría de los trastornos cutáneos y de la artritis. Muchas personas que padecen artritis toman un suplemento llamado metilsulfonil metano, o MSM, para aliviar

> ## COLORES INCREÍBLES
>
> Los diversos colores de las frutas y las hortalizas indican sus diversas combinaciones de fitoquímicos, con sus propiedades respectivas. He aquí algunos de los beneficios que te aportan las frutas y hortalizas de colores vivos:
>
> - Propiedades antiinflamatorias.
> - Propiedades anticancerosas.
> - Vasos sanguíneos más fuertes y más elásticos.
> - Neuronas cerebrales más sanas.
> - Células más sanas en todo el cuerpo.
> - Mejor salud de la próstata.
> - Protección del ADN.
> - Propiedades antibacterianas.
> - Salud del sistema inmunitario.
> - Salud de la piel.
> - Salud del sistema reproductor.
> - Salud de los ojos.
>
> Adaptado con licencia de «The Phytonutrient Spectrum», Toolkit, Institute for Functional Medicine, Cardiometabolic Conference Course Materials, 28 de mayo de 2012.

el dolor de las articulaciones; pero yo prefiero tomar el azufre directamente de los alimentos, para que me llegue completo y en su envase natural.

Se han publicado literalmente miles de estudios que muestran los beneficios para la salud de los compuestos con azufre. Una de las vías de investigación más fructíferas sobre los vegetales

HABLAN LOS GUERREROS DE WAHLS

«Tengo esclerosis múltiple remitente muy activa con pérdida de movilidad. No tengo más síntomas, aparte de una depresión leve. En un primer momento me ingresaron en el hospital sospechando que tenía un ictus y con solo $4/5$ de la fuerza de mi pierna derecha; pero al cabo de tres meses de análisis, me encontraron lesiones en el cerebro y me diagnosticaron esclerosis múltiple. He intentado seguir la dieta Wahls al pie de la letra durante diez semanas. Antes de emprender la dieta, había empezado a empeorar rápidamente y mis amigos se daban cuenta de mi deterioro. Con la dieta, empecé a sentirme mejor prácticamente en cuestión de días, y ahora tengo la mente más clara, menos espasticidad, duermo mejor y estoy mucho más positivo ante la vida y sus posibilidades. Mis amigos comentan que aprecian una marcada mejoría en mi estado. Disfruto mucho más de la comida, pues ahora puedo apreciar su verdadero sabor, y estoy mejor en todos los sentidos: he adelgazado, tengo el pelo más sano, ya no tengo el cuero cabelludo seco, me ha mejorado la libido y me despierto descansado todas las mañanas. Entre las muchas cosas de mi vida por las que me siento agradecido cuento ahora también a la doctora Wahls, porque tuvo el valor de no rendirse cuando hizo frente a la esclerosis múltiple. Gracias a ella, me siento más preparado para afrontar mi propia adversidad».

Richard J., Londres (Inglaterra)

ricos en azufre es el estudio de su aportación a la salud de los vasos sanguíneos. Esto tiene que interesar mucho a cualquier persona que padezca esclerosis múltiple o cualquier otro problema de autoinmunidad. Como ya comenté en el capítulo 2, el doctor Paolo Zamboni ha publicado estudios que muestran que las personas con esclerosis múltiple tienen mayores probabilidades de sufrir bloqueos en las venas por las que sale la sangre del cerebro, lo que les puede conducir, a su vez, a una insuficiencia venosa cerebroespinal crónica (IVCC). Los alimentos vegetales con azufre son un recurso natural por el que se puede abordar este posible problema sin recurrir a la intervención quirúrgica. Por otra parte, entre las personas que tienen lupus eritematoso sistémico o artritis reumatoide también se observa una tasa de aterosclerosis superior a la de la población general, y este trastorno también produce un estrechamiento de los vasos sanguíneos[5]. Las frutas y verduras ricas en azufre también son fundamentales para estas personas. Come alimentos que mantengan en un estado de salud óptima las células del endotelio, que revisten los vasos sanguíneos. Así correrás menor riesgo de padecer aterosclerosis.

Hay tres familias de plantas que son buenas fuentes de azufre: la familia de las coles, la de la cebolla y la de los hongos. Las plantas de estas tres familias se han empleado desde antiguo como alimentos medicinales en la medicina tradicional asiática. Vamos a estudiar con mayor detenimiento estas plantas tan valiosas.

La familia de las coles

Las plantas de esta familia se llaman más técnicamente crucíferas o brasicáceas, y figuran entre ellas, además de las coles mismas, la kale (col rizada), la berza, el brócoli, la coliflor, la col

LA VARIEDAD ES LA SAL DE LA SALUD

Es muy importante que vayas rotando los vegetales que comes para tener más variedad. Todas las hortalizas, y la mayoría de las frutas, contienen alguna toxina como mecanismo de defensa contra los animales que las quieren comer (tú y yo entre ellos). De hecho, estas mismas sustancias químicas estimulan nuestra maquinaria celular y la hacen funcionar con mayor eficiencia. Si comes las mismas plantas día tras día, sus toxinas pueden irse acumulando y producirte efectos negativos para la salud; pero si vas rotando los alimentos obtendrás todos sus beneficios sin correr ese riesgo. Por ejemplo, yo voy rotando las verduras verdes: un día como col kale, el día siguiente como lechuga y después sucesivamente espinacas y hojas de remolacha o acelgas. Cuanto más diversos y variados sean tus alimentos, mayores serán sus beneficios para tu salud, y menores los efectos negativos que te producirán. Nuestros antepasados seguramente comían doscientas especies distintas de plantas y animales a lo largo del año, o más. Piénsalo. ¿Cuántas especies distintas sueles comer? Con todo lo que me gusta la kale, he de decir que no se debe comer un día tras otro. Altérnala con otras cosas y estarás más sano.

de Bruselas, el nabo, el colinabo y el rábano. Las brasicáceas son ricas en muchos compuestos orgánicos con azufre, entre ellos el diindolilmetano (DIM), el indol-3-carbinol (I3C) y el sulforafano, que, según se ha observado en muchos estudios con animales, es beneficioso para los procesos de destoxificación, para reducir el estrés oxidativo y para proteger las neuronas cerebrales, pues fomenta la producción de glutatión, que es un potente antioxidante intracelular[6]. Las verduras de la familia de las coles se valoran mucho en diversas culturas y se cuentan entre los alimentos vegetales más nutritivos. Son clave importante de la destoxificación, proceso importantísimo para los que sufren enfermedades crónicas. (Volveré a hablar de estas verduras en el capítulo que trata de la destoxificación). Estos compuestos tienen, además, un potente efecto antioxidante, por lo que están asociados a una reducción de los riesgos de contraer enfermedades cardíacas y cáncer[7].

La familia de la cebolla

En esta familia, además de las cebollas de todo tipo, figuran el ajo, los cebollinos, el puerro y la chalota. Los miembros de la familia del ajo y de la cebolla son ricos en alicina, compuesto con azufre (si se machaca ajo o cebolla, este se transforma en sulfuro de dialilo). Gracias a dichos compuestos, también existe una larga tradición de uso medicinal de estas plantas en múltiples culturas, por sus propiedades antibacterianas y favorables para la salud de la sangre y de los vasos sanguíneos. También se relaciona el consumo habitual de estas plantas con un menor riesgo de padecer enfermedades cardíacas, cáncer y demencia[8].

Existen muchos estudios científicos que relacionan el consumo de extracto de ajo añejo con la mejor salud de los vasos sanguíneos, reducción de la aterosclerosis y de la obstrucción de dichos vasos, y mayor fluidez de la sangre[9]. Aunque podemos tomar extracto de ajo añejo, o L-arginina, que es el compuesto activo del extracto, prefiero que la gente recurra más bien a los alimentos completos, que aportan una terapia más amplia que los extractos. Estos tienen que pasar por un procesado y por una purificación que probablemente les hace perder componentes útiles. Yo considero que lo mejor y lo más seguro es comer más ajo, más cebollas y, en general, más vegetales ricos en azufre.

¡NO DESPERDICIES NADA!

Comprar muchas frutas y hortalizas frescas puede salir caro, sobre todo si desaprovechas partes nutritivas de ellas o si dejas que se te estropeen sin llegar a comerlas. Deja de perder dinero y sanos alimentos aplicando las estrategias siguientes:

- Cuando las hortalizas empiecen a parecer un poco pasadas, pícalas, ponlas con agua o con caldo en una olla eléctrica de cocción lenta y déjalas a fuego lento todo el día para preparar caldo de verduras.
- No tires las hojas de los rábanos, de las remolachas ni de los nabos. Se pueden aprovechar en los smoothies, o se cocinan y se comen con gusto. Son muy nutritivas, y las puedes contar dentro de tu cuota diaria de verduras verdes. También son comestibles las hojas de la coliflor, del brócoli y del colirrábano. Empléalas en smoothies y en sopas y cómelas cocidas al vapor.
- Dos maneras sencillas de aprovechar las verduras verdes: (1) Ponlas en la batidora con fruta y/o con zumo de naranja o leche de coco con toda su grasa y bátelas a alta potencia para preparar un smoothie verde. (2) Saltea cebollas y champiñones en aceite de coco, añádeles verduras verdes picadas y sigue salteando, removiéndolas, hasta que se hayan ablandado (un minuto o dos, nada más). Si las verduras te saben amargas, añádeles más aceite de coco o un poco de leche de coco con toda su grasa.

La familia de los hongos

La tercera familia de vegetales ricos en azufre es la de los hongos, setas y champiñones, que no solo son ricos en azufre, sino también en vitaminas del grupo B. Los hongos, en concreto, se emplean en la medicina tradicional asiática desde hace miles de años. Sabemos que contienen beta-D-glucano y fucogalactanos, compuestos que forman las paredes celulares de los hongos y estimulan a los linfocitos matadores naturales, que contribuyen a equilibrar el sistema inmunitario y nos protegen del cáncer[10] y de las enfermedades autoinmunes[11]. Los hongos son excelentes y deliciosos en nuestra dieta; pero hay que tener muy en cuenta que hay individuos con trastornos autoinmunes que tienen intolerancia a los hongos. Veremos esto con mayor detalle en el capítulo 6, donde hablaré de los alimentos fermentados; pero, de momento, si adviertes que después de consumir hongos o setas tienes más dolores de cabeza o fatiga, o se te agrava cualquier síntoma cerebral, te recomiendo que los suprimas de tu dieta, al menos de momento. Cuando lleves seis meses con la dieta Wahls, quizá puedas volver a introducir los hongos y observar si toleras su consumo ocasional; pero no los comas más de una vez por semana. Por fortuna, tienes a tu disposición otros muchos alimentos ricos en azufre con los que puedes completar tus tres tazones diarios.

He aquí algunos vegetales ricos en azufre entre los que puedes elegir. Observarás coincidencias con las listas anteriores, pues algunos de ellos pertenecen a varias categorías a la vez, como la col kale, que es verdura de hoja verde y rica en azufre. Puedes incluirlos a voluntad en cualquiera de los grupos a los que pertenecen, para componer el conjunto de los nueve tazones diarios.

EXCELENCIAS DEL AZUFRE

Entre los beneficios conocidos de los alimentos ricos en azufre se cuentan los siguientes:

- Propiedades anticancerosas.
- Efecto antimicrobiano.
- Salud de los vasos sanguíneos.
- Destoxificación.
- Salud gastrointestinal.
- Salud cardíaca.
- Equilibrio hormonal.
- Apoyo a las células inmunitarias.
- Salud del hígado.

Adaptado con licencia de «The Phytonutrient Spectrum», Toolkit, Institute for Functional Medicine, Cardiometabolic Conference Course Materials, 28 de mayo de 2012.

- Espárragos.
- Bok choy (col china).
- Brócoli.
- Coles de Bruselas.
- Col.
- Coliflor.
- Cebollinos.
- Berza (hojas).
- Daikon (rábano japonés).
- Ajo de todo tipo.
- Kale.
- Puerros.
- Setas y hongos.
- Cebollas rojas, amarillas y blancas.
- Rábanos.
- Colinabos.
- Cebolletas.
- Chalotas.
- Nabos y sus hojas (nabizas o grelos).

Cómo sacar el mejor partido de los nueve tazones

No es fácil ponerse a comer nueve tazones de frutas y hortalizas cada día sin más. ¿Dónde puedes comprarlas y con qué frecuencia? ¿Cómo las conservarás para que estén frescas? ¿Cómo las prepararás para las comidas o para comer entre horas? ¿Y si te da dolor de estómago con tantas verduras? Vamos a abordar estas cuestiones.

Dónde comprar y con qué frecuencia

Teniendo en cuenta que las vitaminas y los antioxidantes de las frutas y verduras frescas se van degradando con el tiempo, lo primero que debes plantearte es comprar estos alimentos a proveedores locales, y que estén lo más frescos posible. Los mercadillos de agricultores y los puestos de venta ante las mismas granjas son una fuente excelente de componentes de tus nueve tazones, al menos durante la temporada. Cuando compras las frutas y verduras de producción local, reduces al mínimo el tiempo transcurrido entre la recogida y el consumo, con lo que tus alimentos tienen un contenido máximo de vitaminas y minerales. Compra las frutas y verduras una vez por semana, por lo menos. Si puedes comprarlas varias veces por semana, tanto mejor. No hay cosa más rica que un gran plato de frutas y verduras recogidas el mismo día.

Y será aún mejor que puedas cultivar una buena parte de las verduras en tu propio huerto, si cuentas con espacio suficiente. Lo ideal es que, para prepararte la cena, solo tengas que salir a tu jardín o a tu terraza o azotea para recoger los ingredientes. No hay frutas ni verduras más frescas que estas, y estoy convencida de que cultivar tus propios alimentos es una estrategia importante para recuperar la salud y la vitalidad: la tuya misma y la de toda tu familia.

Naturalmente, para ser hortelano doméstico hay que trabajar, pero quizá menos de lo que crees. Podrás cultivar muchos de los componentes de tus nueve tazones en macetas o jardineras dispuestas sobre tu terraza o azotea, o colgadas. Así podrás tener verduras como espinacas, kale, berzas, acelgas y lechugas, y otros vegetales como cebollas, ajos, cebollinos, tomates y fresas. También puedes empezar a introducir en tu jardín frutas y otras plantas que no tienen mal efecto estético ni te darán más trabajo. Por ejemplo, los arbustos que dan bayas no requieren muchos cuidados después de plantarlos.

A algunas personas les preocupa el esfuerzo físico que puede suponer cultivar un huerto; pero puedes hacerlo con bancales altos, y así tendrás las verduras al nivel de la cintura y ni siquiera tendrás que agacharte para limpiarles las malas hierbas. Con los bancales altos también podrás mejorar la calidad del suelo, pues los puedes llenar de tierra de mejor calidad, enriquecida con compost y con fertilizantes naturales. Tu familia también puede pasar ratos entretenidos echándote una mano. La horticultura, además de ser una actividad gratificante, es muy buena para aliviar el estrés, lo cual constituye otra parte importante del Protocolo Wahls. Hablaremos de ello más adelante.

Si vives en un piso o apartamento, quizá puedas tener una parcela en un huerto comunitario. O, si no te es posible, o no quieres cultivar personalmente tus propios alimentos, plantéate participar en el movimiento de la agricultura de responsabilidad compartida (ARC, pero también conocida por las iniciales inglesas CSA). Cuando te abonas a un grupo que practica la ARC (suelen llamarse «grupos de consumo ecológico»), estás adquiriendo una parte de la cosecha anual de un agricultor. Este te entrega o te envía cada semana una caja de frutas y verduras

> **RESPONDO A LOS GUERREROS DE WAHLS**
>
> P: No puedo comer alimentos FODMAP sin sufrir molestias digestivas. ¿Puedo hacer la dieta Wahls?
> R: Los alimentos llamados FODMAP (oligosacáridos, disacáridos y monosacáridos fermentables y polioles) son carbohidratos de cadena corta, como la fructosa y la lactosa. Entre los FODMAP se cuentan el trigo, el centeno, las legumbres, las cebollas, el ajo, los hongos, los aguacates, los frutos de hueso y las manzanas. Estos compuestos no se suelen absorber en el intestino delgado, sino que los siguen digiriendo por fermentación las bacterias en el intestino delgado, y después se absorben. Esto provoca a algunas personas síntomas semejantes a los del intestino irritable. Según he observado en mi práctica clínica, los problemas de intestino irritable de mis pacientes y de los seguidores de mi Protocolo se resuelven casi siempre adoptando la dieta Wahls Paleo (véase el capítulo 6). Si sigues sufriendo molestias por algún motivo, te recomendaría que probaras con la Dieta Wahls Paleo Plus (véase el capítulo 7). A ese nivel de la dieta, las personas con problemas de intestino irritable tienden a tolerar bien los micronutrientes de las vísceras y de las grasas naturales de alta calidad.

recién cosechadas, mientras dura la temporada. Hay grupos de consumo ecológicos que solo funcionan durante el verano; pero ahora empiezan a existir los que ofrecen también participaciones para las temporadas de primavera y otoño, e incluso para la de invierno. Es divertido ver lo que recibes cada semana y pensar la manera de preparar y de comer las diversas frutas y verduras. También es un sistema excelente para ir cambiando y rotando los alimentos vegetales que consumes. Te recomiendo que te busques un grupo de consumo que practique el cultivo ecológico. Busca por Internet un grupo próximo a tu casa. También puedes cultivar alimentos menos tradicionales, como los germinados y los hongos. En la sección «Recursos», al final de este libro, encontrarás proveedores de materiales para cultivar germinados y hongos. Otra actividad divertida para toda la familia es salir a buscar los alimentos que crecen en estado natural en el campo y en las ciudades, en los solares y cerca de las carreteras. Pero recuerda que deberás identificar bien cada una de las especies, pues existen plantas y setas venenosas. (En la sección «Recursos» encontrarás fuentes de información sobre la recogida de alimentos en la naturaleza).

He aquí una lista de las posibles fuentes de frutas y hortalizas, en orden decreciente en cuanto a su valor nutritivo:

- Las recogidas de tu propio huerto y comidas el mismo día.
- Las compradas a un agricultor local o recogidas de ARC y consumidas el mismo día.
- Las compradas frescas en la tienda, procedentes de un agricultor de la región y recogidas esa misma semana. (Esto no siempre podrás saberlo).
- Las congeladas o fermentadas, que suelen ser preferibles a las frescas que vienen de lejos.
- Las compradas frescas en la tienda, procedentes de un agricultor que vive lejos (de una región lejana del país o de un país del mismo continente)
- Las compradas frescas pero procedentes de un país lejano o de otro continente.
- Las enlatadas.

Recuerda: cuanto más lejos viajan los alimentos, y cuanto más se calientan, más vitaminas y antioxidantes pierden.

Nota: los alimentos deshidratados a 40 °C como máximo son tan buenos como los frescos, siempre que se conserven secos y por debajo de 30 °C.

Preparación de los productos

Plantéate la posibilidad de preparar inmediatamente las frutas y hortalizas en cuanto llegues con ellas a tu casa. Llena de agua la pila y lávalo todo. Puedes lavarlo con agua sola o añadir una cucharada sopera de vinagre a cada ocho litros de agua. Seca las frutas y las hortalizas con servilletas de papel y guárdalas en bolsas de plástico de cierre hermético o en recipientes de plástico transparentes, para que todo se conserve limpio y bien visible. Si quieres facilitarte todavía más el trabajo posterior, prepara más los alimentos. Limpia los tubérculos frotándolos bien y córtales las puntas; corta también las puntas de las judías verdes y rompe las hojas de las lechugas para que estén listas para la ensalada. Parte el brócoli y la coliflor en trozos por floretes. Si más adelante puedes abrir el cajón de la nevera y ver todas tus verduras bien ordenadas y dispuestas para comerlas, te animarás mucho más a prepararte una ensalada o una fritura, o simplemente a comerte unas frutas o verduras crudas entre horas, que si tienes que ponerte a prepararlo todo desde cero, a lavar, recortar las puntas, pelar, quitar los corazones y las semillas y picar. No olvides conservar las hojas exteriores. Échalas a la olla eléctrica de cocción lenta o guárdalas en el congelador, para preparar caldo de verduras. En el caso de las bayas, es mejor lavarlas y prepararlas justo antes de comerlas. Además, las bayas se conservan menos tiempo, y es mejor consumirlas en un plazo de uno a dos días a partir de su compra.

> **RESPONDO A LOS GUERREROS DE WAHLS**
>
> P: ¿Se consiguen los mismos resultados tomando el zumo de los nueve tazones de frutas y hortalizas que comiendo los alimentos enteros?
>
> R: No. Si usas una licuadora o extractora de zumos que retira la fibra, el jugo tendrá un índice glucémico muy elevado, y tu cuerpo tendrá que elaborar más insulina para procesarlo. Absorberás el jugo rápidamente, junto con las vitaminas y las enzimas. Prefiero que lo batas todo con una batidora de alta velocidad, como la Vitamix o la HealthMaster, para prepararte smoothies. En ellos se conserva todo el contenido de la fruta o de las hortalizas, incluida su fibra, y así el azúcar en sangre sube más despacio. Si después de pasar las frutas y hortalizas por la batidora les añades una buena cantidad de agua para que estén más líquidas, el smoothie puede saberte igual que el zumo, pero tendrá un efecto mucho más beneficioso para tu cuerpo, pues no habrás dado a los ingredientes una forma muy glucémica. En nuestro estudio han participado personas muy menudas, incapaces de comerse nueve tazones de frutas y hortalizas. Se comían de cuatro a seis tazones, y con el resto se preparaban smoothies con la Vitamix. Puede ser una buena solución para las personas a las que les cueste comerse los nueve tazones.

Si has comprado o cosechado tantos productos que no los puedes comer de una vez, consérvalos para más tarde. Te recomiendo que laves las frutas y hortalizas, les quites las semillas y los corazones y las congeles en bolsas para congelados gruesas y de cierre hermético, para después irlas descongelando y poder disponer de buenos productos locales durante todo el año. Otra posibilidad es enlatarlos, aunque es un trabajo pesado que no será del gusto de todos. Y otra opción estupenda es aprender a aplicar la fermentación láctea de los alimentos, para conservarlos y mejorar sus cualidades nutritivas. Al final de este libro encontrarás varias recetas para preparar fermentados. (Naturalmente, siempre puedes limitarte a comprar las frutas y verduras orgánicas y de alta calidad, congeladas o fermentadas, fuera de temporada).

Cuando los nueve tazones son demasiado o te revuelven el estómago

¡Te consideras incapaz de comer tantos vegetales! Lo entiendo. Mucha gente lo dice. En primer lugar, es muy posible que el problema se resuelva en gran medida cuando estés siguiendo la dieta Wahls en todas sus partes, incluida la eliminación del gluten y de los productos lácteos. (Hablaré de ello en este mismo capítulo). La mayoría de la gente come tantos alimentos a base de cereales y de lácteos que, cuando los eliminan, les queda mucho sitio libre en el estómago. ¿Qué mejor manera de llenarlo que con verduras, hortalizas y frutas?

Pero también soy consciente de que esto supone un cambio dietético de primer orden. El aumento brusco de la cantidad de vegetales en la dieta produce molestias gastrointestinales a algunas personas. Mientras se te está acostumbrando el cuerpo, puedes tener gases, dolores de estómago, diarrea o incluso estreñimiento. Si tienes esclerosis múltiple o una enfermedad autoinmune, puede que sufras, además, otros problemas gastrointestinales más graves, como la enfermedad inflamatoria intestinal, por lo que te resultará difícil comer tantos alimentos vegetales.

Si tienes que empezar poco a poco, no hay ningún problema. Es mejor ir despacio que empezar de golpe para dejarlo después. Si sufres muchas molestias gastrointestinales, te puedo hacer dos recomendaciones:

RESPONDO A LOS GUERREROS DE WAHLS

P: ¿Por qué son problemáticas para algunas personas las plantas de la familia de las solanáceas? ¿Por qué las permite la dieta Wahls?

R: Las lectinas, que son moléculas de proteínas que se unen a azúcares, provocan inflamación excesiva a algunas personas con propensión genética, con lo que les aumentan el riesgo de autoinmunidad. Las plantas de la familia de las solanáceas (las patatas, tomates, berenjenas y pimientos) contienen lectinas, que pueden conducir a una sobreactividad de los sistemas inmunitarios. Otras personas no tienen problemas con las solanáceas, algunas de las cuales son buenas fuentes de nutrientes. Si no excluyo las solanáceas es porque, si me pusiera a decir a la gente que suprimieran todos los alimentos que tienen posibilidad de dar problemas a alguien, quedarían muy pocas cosas que se pudieran comer. ¡Hay hasta quien tiene intolerancia a la kale! He preferido, más bien, suprimir únicamente los alimentos que considero dañinos para cualquier persona que padezca una enfermedad crónica (a saber, el gluten y los lácteos) y que tienen mayores probabilidades de causar problemas de intolerancia alimentaria. Si tú tienes un problema personal de intolerancia alimentaria, aparte de los alimentos excluidos de manera general, podrás determinarlo de muchas maneras, y la principal será llevar un registro de tus reacciones a los alimentos en tu diario Wahls. Así, si tienes malas reacciones a las solanáceas, no dudes en suprimirlas. Si no reaccionas mal a ellas, no hay ningún motivo para que las elimines de tu dieta.

1. Empieza tomándote de 1 a 3 tazones de caldo de huesos cada día (puedes ver la receta al final del libro) y un poco de leche de coco, también a diario, para que te ayude a sanar el revestimiento intestinal.
2. Tómate los vegetales en forma de caldo al principio. Para empezar, pon los vegetales en agua y déjalos veinte minutos a fuego lento. Aparta los vegetales, recoge su caldo y añádelo al caldo de huesos. Cuando te hayas acostumbrado bien a esto, empieza a reducir los vegetales a puré y a añadirlos también al caldo para preparar una sopa. Comienza con cantidades pequeñas para ir subiendo. Tu cuerpo se acostumbrará a esta nutrición, pero estarás tomando fibras más disgregadas y te resultará más fácil digerir los vegetales.

Estas diferencias de una persona a otra en la tolerancia a los vegetales dependen de las enzimas digestivas y de las bacterias que residen en los intestinos de cada individuo. Todos tenemos un ADN distinto y singular, y, por tanto, un equilibrio distinto de enzimas digestivas y generadoras de toxinas. He observado que algunas personas no son capaces de comer tres tazones de verduras porque les producen diarrea, pero les va bien si se las toman cocidas o si se limitan a comer uno o dos tazones diarios de verduras de ensalada. En el caso de las personas que tienen enfermedad inflamatoria intestinal o cualquier otro problema abdominal, como el síndrome del intestino irritable, el mejor sistema para tomarse los vegetales es en forma de sopas y guisos. Cuando vayas avanzando, lo más habitual es que puedas tolerar bien las verduras al vapor, y con el tiempo es probable que toleres bien las ensaladas, los smoothies y los vegetales crudos. Tómate el tiempo que te haga falta y ve aumentando el consumo de frutas y hortalizas a medida que vaya mejorando tu toleran-

RESPONDO A LOS GUERREROS DE WAHLS

P: ¿Qué aconsejas a las personas que toman medicamentos (como el Coumadin o warfarina) con los que resulta difícil comer muchas verduras de hoja verde y otros alimentos sanos?

R: El Coumadin (warfarina) aclara la sangre por su acción sobre las vías de la vitamina K_1 en el hígado. Por este motivo, es muy importante consumir a diario una cantidad regular de alimentos ricos en vitamina K, como las verduras verdes. Dicho de otro modo, deberás comer cada día la misma cantidad de verduras verdes (como los tres tazones de la dieta Wahls), para poder ajustar la dosis de Coumadin al consumo diario. Si te comes un plato entero de verduras verdes una o dos veces al mes, y no tocas las verduras durante el resto del tiempo, podrías tener grandes variaciones del efecto aclarador de la sangre (más técnicamente, del tiempo de protombina) del Coumadin los días que comes muchas verduras.

Por desgracia, muchas personas interpretan esto en el sentido de que deben abstenerse por completo de los alimentos ricos en vitamina K. Esto es un error. Si se dejan de comer verduras verdes, se padecerán con el tiempo múltiples carencias de vitaminas y de minerales. Al irse agudizando las carencias de micronutrientes, el tiempo de protombina suele fluctuar mucho, por lo que resulta cada vez más difícil controlar la dosis de Coumadin. De hecho, estas fluctuaciones ya son indicativas de la existencia de carencias múltiples de nutrientes, y así aumenta el riesgo de que se produzcan depósitos de calcio en las válvulas cardíacas y en los vasos sanguíneos, que pueden conducir a la estenosis aórtica (lo bastante grave como para requerir una intervención quirúrgica, en muchos casos) o agravar la hipertensión arterial, con lo que hará falta tomar más y más medicación[12].

> Lo que recomiendo a los pacientes que toman Coumadin es que hablen con el médico que les esté controlando la medicación y les expliquen que quieren comer más vegetales y que, por tanto, tendrán que hacerse análisis de sangre con mayor frecuencia para que el médico les ajuste la dosis de manera adecuada. Hecho esto, deberán comer la misma cantidad de verduras todos los días. Con este método podrán nutrir el organismo con todas las cosas buenas que nos aportan las verduras verdes, sin dejar de recibir sin peligro los beneficios de la medicación. Otra posibilidad que recomiendo exclusivamente a las personas que toman Coumadin es una dosis diaria de menaquinona-7 (vitamina K_2), para recibir una aportación regular de vitamina K que permitirá ajustar con seguridad la dosis de Coumadin. Así se reduce el riesgo de que las válvulas cardíacas y los vasos sanguíneos se endurezcan por unos depósitos excesivos de calcio debidos a la carencia de vitamina K. Pero si te encuentras en este caso, consulta a tu médico antes de empezar a tomar este suplemento. Siempre deberás colaborar con el médico que te controla la dosis de Coumadin, para que sea consciente de que estás procurando tomar un máximo de nutrientes.

cia. Lo más probable es que las enzimas digestivas y las bacterias de tus intestinos se adapten cuando mejore tu salud, aunque la adaptación puede ser lenta.

Si un alimento concreto te produce una clara reacción adversa, tenlo en cuenta y abstente de comer ese alimento durante tres meses. Cumple los demás aspectos de la dieta Wahls y es posible que al cabo de tres meses te hayas curado lo suficiente para tolerar una cantidad pequeña del alimento problemático. Si no es así, sigue absteniéndote de comerlo.

Segunda parte: sin gluten / sin lácteos

Ahora que ya hemos hablado de lo que puedes y debes comer, vamos a ver qué es lo que no puedes comer y por qué. Parece bastante fuerte renunciar al gluten, que es la proteína principal del trigo, el centeno y la cebada, así como a la caseína, proteína de los productos lácteos. ¡Te gusta el pan! ¡Te encanta el queso! ¿Cómo vas a poder vivir sin esos pequeños placeres de la vida?

Aunque no parezca a primera vista que el gluten y la caseína están relacionados entre sí, sus moléculas tienen una secuencia de aminoácidos similar, y por ello suelen ser equivalentes para nuestras células inmunitarias. Cuando comemos estos alimentos, nos suben los niveles de dopamina y nos sentimos bien, incluso como si estuviésemos embriagados. (Recuerda cómo te sientes cuando te comes una pizza con mucho queso derretido, o un helado de cucurucho, o unas galletas de chocolate). El cerebro se nos vuelve adicto a esta sensación, y acabamos comiendo demasiadas calorías y demasiado pocos nutrientes. El gluten (la proteína propia del trigo, la cebada y el centeno) y la caseína interactúan con los mismos receptores que las drogas opiáceas, los receptores opioides[13]. Los azúcares refinados y los alimentos procesados también son adictivos. Están diseñados expresamente para que nos estimulen los centros del placer, con lo que nos sentimos bien y queremos más y más[14]. Pero de las adicciones se puede salir, y tú tendrás que salir si quieres dejar de padecer los efectos nocivos de los alimentos malsanos. Ya es hora de quitarse los malos hábitos. ¡La dieta Wahls es tu camino!

Ya te estás comiendo nueve tazones de frutas y hortalizas al día, con lo que ha aumentado mucho la densidad de nutrientes de tu dieta. La mayoría de los alimentos con fécula (sobre todo los cereales y las patatas), así como los lácteos, tienen muchas calorías, y se transforman en azúcar cuando tu organismo los digiere. Estos alimentos contienen relativamente pocas vitaminas, minerales y otros micronutrientes, por comparación con las verduras de hoja verde, con los vegetales de colores vivos y con los ricos en azufre. Al sustituir los cereales y las patatas por frutas y hortalizas verdes y de colores vivos y por bayas, estarás obteniendo cada día muchos más antioxidantes y otros fitonutrientes, y menos calorías vacías.

También debemos tener en cuenta la cuestión de las alergias, de las intolerancias y de las sensibilidades alimentarias. En los últimos tiempos se habla mucho en los medios de comunicación de las dietas sin gluten o sin productos lácteos. Existen algunos trastornos reconocidos, como la enfermedad celiaca y la intolerancia a la lactosa, en los que se debe suprimir el gluten o los lácteos; pero ¿qué hay de toda esa gente que se abstiene del gluten o de los lácteos en virtud de unos síntomas difusos y de una «intolerancia» que se autodiagnostican? No cabe duda de que esto también son modas, y algunos médicos empiezan a preocuparse al ver que muchas personas completamente sanas están dejando de comer derivados del trigo y productos lácteos sin necesidad.

Yo alegaría que a muchas personas les puede sentar bien suprimir de su dieta todas las fuentes de gluten y de caseína, aunque no se les haya detectado ninguna alergia, intolerancia ni sensibilidad. Lo cierto es que el gluten y la caseína pueden ser muy problemáticos para las personas que padecen alguna enfermedad crónica. Las alergias e intolerancias alimentarias son difíciles de diagnosticar, y son mucho más comunes de lo que suele reconocer la medicina en general, sobre todo entre personas con enfermedades crónicas. Puede que tú mismo no tengas ningún indicio de que el gluten y la caseína te causen problemas, porque el 90 por ciento del tiempo no notas síntomas abdominales agudos. Antes bien, los síntomas son insidiosos, van apareciendo de manera paulatina y se manifiestan de maneras muy diversas: fatiga inexplicada, erupciones cutáneas también inexplicadas e intermitentes, dolores de cabeza y trastornos del estado de ánimo. La intolerancia al gluten o a la caseína se ha relacionado con múltiples problemas de salud[15], entre ellos los siguientes:

- Alergias.
- Asma.
- Autismo y otros trastornos cerebrales.
- Migrañas crónicas.
- Eccema y otros trastornos cutáneos.
- Infertilidad.
- Enfermedad inflamatoria intestinal.
- Síndrome del intestino irritable.
- Psoriasis.
- Trastornos psiquiátricos.
- Enfermedad tiroidea.

Las intolerancias alimentarias pueden ser, en concreto, una de las causas principales de muchos síntomas crónicos e inexplicados que sufren muchas personas en general, y de algunos síntomas de los pacientes de trastornos autoinmunes en particular. Las intolerancias al gluten y a la caseína son las más comunes en Norteamérica[16].

Como llevas casi toda tu vida consumiendo cereales y productos lácteos, no sabes si tienes problemas de intolerancia o no, y quizá no te des cuenta de cuántos de los síntomas que sufres pueden estar relacionados con tu intolerancia al gluten o a los lácteos. Tu organismo se encuentra estable en función de lo que comes ahora, y se ha adaptado a los daños que está sufriendo. Estás acostumbrado a sentirte como te sientes. ¡Prepárate para empezar a sentirte mucho mejor!

Deberás evitar los siguientes productos, que contienen gluten:

- La cebada y cualquier producto que la contenga (la mayoría de las cervezas, así como la malta de cebada, los extractos de malta y el vinagre de malta).
- El bulgur (producto a base de trigo que se encuentra en la ensalada *tabulé*).
- Los cereales de desayuno, fríos o calientes, que contengan trigo, cebada o centeno.
- El cuscús.
- La harina, sémola o pan matzá (pan ácimo).
- El panko (pan rallado japonés que suele contener gluten).
- La pasta hecha con semolina y/o con durum (ambos proceden del trigo).
- El centeno y todo lo que contenga centeno.
- El seitán (preparado alimenticio a base de gluten de trigo).
- Los fideos japoneses *udon*.
- El trigo y todo lo que lo contenga, incluida la harina y la sémola de trigo y el germen de trigo. Aquí se incluye la mayoría de los panes, rosquillas, galletas, magdalenas y muffins, bollos, tartas y pasteles.
- Los parientes próximos del trigo: la espelta, el triticale, el farro *(Triticum dicoccum)*, el kamut *(Triticum turgidum)*, la escanda *(Triticum monococcum)*.

El gluten también se esconde en otros muchos productos donde quizá no te lo esperes, como son los embutidos, los condimentos, las obleas, los aderezos para ensaladas, las sopas, la salsa de soja... ¡e incluso en medicamentos y cosméticos, y en el adhesivo de los sobres! Si no estás seguro de si algo contiene gluten o no, busca la etiqueta de «Sin gluten» o llama a la empresa fabricante.

Vamos a ver ahora la buena noticia: ¡Todavía quedan cereales y féculas que puedes comer, al menos en este nivel de la dieta! En la dieta Wahls Paleo, que es el nivel siguiente, limitaré mucho más los cereales y las féculas; pero, de momento, puedes comer los cereales y féculas siguientes, que no tienen gluten:

Cereales y féculas tolerados en la dieta Wahls

- El amaranto.
- El arrurruz.
- El alforfón (trigo sarraceno).
- La harina de garbanzos y otras harinas de legumbres.
- La harina de coco.
- El maíz.
- La harina de semilla de lino.
- El mijo.
- Las harinas de frutos secos (como la de almendra).
- La avena, pero solo si está certificada expresamente como «Sin gluten» (la avena normal suele contener algo de gluten por contaminación cruzada)*.
- Los alimentos envasados con indicación de «Sin gluten».
- La harina de patata.
- La quinoa.
- El arroz en todas sus variedades.
- El sagú.
- El sorgo.
- La harina de soja.

*Advertencia sobre la avena: hasta un 30 por ciento de las personas con intolerancia al gluten tienen algún síntoma después de comer avena, aunque esta esté calificada de «Sin gluten». Ten cuidado con la avena. Todavía puede darte problemas.

- La tapioca.
- El tef.

Los productos lácteos que debes eliminar de tu dieta son los siguientes:

- El queso de vaca, oveja o cabra.
- La nata (crema, nata montada).
- Los helados con lácteos.
- El yogur lácteo.
- El *half-and-half* (mezcla de leche y nata).
- Los chocolates con leche, y otros muchos tipos de chocolates y lácteos. (Lee el envase, pues muchas variedades de chocolates negros siguen conteniendo leche).
- La leche de vaca, oveja, cabra o yegua. (Salvo en el caso de los niños no destetados, no recomiendo que se consuma ningún producto lácteo, con la excepción del ghee o la mantequilla clarificada, a la que se retiran las proteínas lácteas).
- La «crema no láctea» (Aunque se vende como «no láctea», contiene derivados lácteos).
- La «nata montada no láctea».
- Los alimentos envasados que contengan leche, caseína, suero, caseinatos o hidrosilatos en su lista de ingredientes.
- Los «quesos» vegetarianos que contengan sólidos lácteos (consultar la etiqueta).
- El suero.

RESPONDO A LOS GUERREROS DE WAHLS

P: Sé que los productos lácteos causan muchos problemas, pero ¿y la leche cruda? Hay muchas dietas parecidas a la Wahls en las que se recomiendan los productos lácteos crudos.

R: Cuando la leche se pasteuriza y se homogeneiza, se altera levemente la forma y la disponibilidad de las moléculas de proteína y de grasas. Por eso dicen algunos que la leche aporta muchos más beneficios para la salud cuando está cruda. Estoy de acuerdo en que la leche cruda puede ser mejor que la pasteurizada u homogeneizada desde el punto de vista nutritivo; pero no deja de contener caseína, que aumenta el riesgo de alergias e intolerancias alimentarias, y puede transmitir infecciones si procede de una vaca enferma. Por este motivo, no entran en la dieta Wahls, ni en la dieta Wahls Paleo, ni en la Wahls Paleo Plus, la leche, el queso, el yogur, los helados lácteos, el suero (incluida la proteína de suero en polvo) ni ningún otro producto lácteo en general, con la excepción del ghee o la mantequilla clarificada, a la que se retiran las proteínas lácteas.

Sustitutos de los lácteos tolerados en la dieta Wahls

Por fortuna, existen muchos sustitutos de los productos lácteos que sí se pueden tomar dentro de la dieta Wahls. Consulta las etiquetas para ver lo que se ha añadido a cada producto y reduce al mínimo el consumo de los que contengan jarabe de maíz de alta fructosa, azúcares y otras sustancias supuestamente alimenticias que se agregan a los productos, en muchos casos para que estén «más ricos». La única excepción es el citrato de calcio (E333), que aporta calcio y no es malo. Te sugiero que optes por los productos no edulcorados, con listas breves de ingredientes básicos y que te resulten conocidos, o bien que te preparares tus propios sustitutos de los lácteos pasando frutos secos o semillas con agua por una batidora de alta potencia y filtrando el líquido.

Puedes tomar cualquiera de los siguientes:

- Leche de almendras.
- Leche de coco (la que no es baja en grasas se puede tomar sin problema).
- Leche de avellanas.
- Leche de cáñamo.
- Leche de arroz (mejor si es de cultivo ecológico).
- Sustituto de lácteos (blanqueador de café) de soja, almendra o coco (que lleve la indicación de «vegano»).
- Yogur de soja, de almendra o de coco.
- Postres helados de soja, de almendra o de coco (sustitutos del helado), con edulcorantes no refinados.
- Leche de soja (solo la ecológica).
- Queso de soja u otros quesos no lácteos que lleven la indicación de «vegano».

También puedes tomar chocolate negro, a condición de que no contenga ningún producto lácteo. Elige chocolate con un 75 por ciento de cacao o más, que te aportará los mejores beneficios nutritivos y un sabor intenso a chocolate.

CONSEJOS PARA LOS VEGETARIANOS

Puedes ser vegetariano y seguir la dieta Wahls, aunque no podrías seguir siéndolo si quieres pasar a los dos niveles siguientes. Si tienes un peso corporal ideal y gozas de una salud excelente, puedes quedarte en la dieta Wahls y seguirás recibiendo sus enormes beneficios. Pero aunque no pienses empezar a comer carne, te recomiendo encarecidamente que leas el capítulo dedicado a la dieta Wahls Paleo para que conozcas las ventajas de las algas marinas y de poner en remojo los cereales, las legumbres y los frutos secos. No obstante, si tu salud se está deteriorando, te insto vivamente a que te plantees hacer la dieta Wahls Paleo. Yo no recomiendo el vegetarianismo, y expondré mis motivos en el capítulo siguiente por si quieres tenerlos en cuenta. Pero en tu dieta tú decides, y por eso te presento en el Protocolo Wahls tres niveles para que elijas el que más te convenga.

Comprendo que algunas personas tienen creencias firmes que les exigen practicar el vegetarianismo, y yo respeto esas creencias. Si es tu caso, tendrás que comer más cereales y legumbres de las que suelo recomendar, para obtener las proteínas y las calorías suficientes. Las cantidades que se indican a continuación se basan en una dieta de 2000 kilocalorías y en las directrices dietéticas del Departamento de Agricultura de los Estados Unidos:

- Alimentos proteínicos, 160 g al día. (Una ración equivalente a 30 g sería de 1 cucharada de mantequilla de cacahuete, 15 g de frutos secos y semillas, 60 g de judías o guisantes, pesados en seco, 60 g de tofu o 30 g de carne vegetariana). Te recomiendo que vayas rotando las fuentes de proteínas, para tener más variedad y concentrarte menos en un solo producto.
- Cereales (variedades sin gluten), 175 g al día.

- Productos «lácteos» veganos enriquecidos con calcio, 3 tazones (720 ml) al día (como la leche de soja, de arroz o de almendras enriquecida con calcio, el yogur enriquecido con calcio o el tofu elaborado con sulfato de calcio).

  Teniendo en cuenta este mayor consumo de cereales y de legumbres por parte de los vegetarianos, también les recomiendo encarecidamente que pongan en remojo los cereales y las legumbres antes de comerlos. Existen razones poderosas para hacerlo así, que expondré en el capítulo siguiente; pero las resumiré aquí. La germinación reduce la actividad de los antinutrientes, tales como los fitatos, las lectinas y los inhibidores de la tripsina, que se encuentran de manera natural en los cereales y en las legumbres. Pon los cereales y legumbres en remojo en agua, en un cuenco o en un tarro, durante veinticuatro horas, antes de prepararlos para comerlos. Lávalos y escúrrelos bien. Con el remojado, los cereales y legumbres producen fitasa, que neutraliza en parte el efecto de los antinutrientes. Otra ventaja es que con la puesta en remojo se reduce el tiempo de cocción.

Tercera parte: ecológico, criado con pastos, silvestre

El último componente de la dieta Wahls no se refiere a lo que puedes o no puedes comer, sino a la calidad de los alimentos que comes. Aunque me hago cargo de que este tipo de alimentos no siempre son asequibles, e incluso son imposibles de conseguir en algunos casos, quiero que elijas, siempre que puedas, frutas y verduras ecológicas, carne de animales de cría ecológica y alimentados con pastos, carne de caza y pescado silvestre, es decir, no de acuicultura ni de criadero o piscifactoría.

> **RESPONDO A LOS GUERREROS DE WAHLS**
>
> P: ¿Cómo pueden obtener ácidos grasos omega-3 las personas que tienen alergia al pescado?
> R: Si no toleras ni siquiera el aceite de pescado, prueba con el aceite de algas ADH. Si tampoco puedes tomarlo, es importante que tomes a diario dos cucharadas soperas de aceite de linaza. También será más importante para ti comer carne de reses alimentadas con pastos. Otra posibilidad es que te hagas un análisis de alergia o intolerancia a los huevos. Si no tienes intolerancia a los huevos, quizá puedas comer huevos enriquecidos con ADH.

Algunas personas creen que las etiquetas de *ecológico, criado con pastos* y *silvestre* no son más que trucos comerciales para subir el precio sin aportar ningún beneficio real. Si bien es cierto que las frutas, las hortalizas, el ganado y el pescado cultivados o criados sin manipulaciones químicas son más costosos, este mayor coste tiene su justificación. Aunque todas las hortalizas, frutas, carne y pescado pueden ser sanos en lo esencial, los alimentos cultivados o criados de manera convencional pueden contener sustancias menos sanas.

Las frutas y hortalizas ecológicas son fáciles de conseguir. Ya se encuentran en muchos supermercados, hasta en los de las grandes cadenas. Puedes cultivarlas tú mismo en tu jardín o comprarlas en los mercadillos de agricultores. Si no puedes permitírtelas siempre, busca los productos ecológicos que importan más. El Grupo de Trabajo Ambiental (EWG) (www.ewg.org) publica varias guías de alimentos que permiten identificar cuáles son los productos agrícolas a los que se aplican más pesticidas y cuáles a los que menos. Así puedes hacer la compra siguiendo un orden de prioridades. (Publican cada año una lista actualizada de «la docena sucia» y de «los quince limpios»).

Además de «la docena sucia», existen dos tipos de alimentos en los que tiene gran importancia reducir el contenido de ciertas sustancias químicas, a saber, la carne y el pescado. Esto se debe al efecto llamado «bioconcentración». Las sustancias químicas que se encuentran en el pienso que come el ganado se concentran en su carne. Esto también sucede en la naturaleza en general, por la contaminación de nuestro planeta. Por ejemplo, un pez muy pequeño come materia vegetal, y puede absorber un poco de mercurio y de otras sustancias químicas si el medio ambiente está contaminado. Cuando un pez mayor se come al pequeño, no solo tiene su propio mercurio y las otras sustancias del medio ambiente contaminado, sino que absorbe también el mercurio y demás sustancias concentradas en el pez pequeño que se ha comido. Y así sucesivamente, subiendo por la cadena alimentaria, y a medida que los peces mayores se comen a los más pequeños, aumenta en ellos la concentración. A esto se debe que los pescados mayores sean los que contienen más proporción de mercurio y de otras sustancias en su carne.

Y adivina quién está en lo más alto de la cadena alimentaria. Nosotros, claro está. Si comes carne de cría convencional y pescado de acuicultura o criadero, te estás exponiendo, y expones a tu familia, a las hormonas del crecimiento, a los antibióticos y a los pesticidas que se administran a estos animales para criarlos y engordarlos. La mayor bioconcentración de toxinas se encontrará en la grasa de tu cuerpo; y recuerda que el cerebro contiene de un 60 a un 70 por ciento de grasa.

La carne que comían nuestros antepasados paleolíticos era muy distinta de la que comemos en nuestro tiempo. Los animales solo tenían muchas grasas saturadas a finales del verano y en el otoño, en la temporada en que engordaban para prepararse para el invierno. Durante el resto del año, el animal estaba mucho más magro, y una proporción mayor de sus grasas contenía ácidos grasos omega-3 no saturados. Las presas de caza de otoño eran muy apreciadas por su mayor contenido de grasas. Las comunidades que vivían en zonas costeras consumían mucho más pescado y marisco, criado en unas aguas mucho más limpias. Así obtenían una dieta con mayor contenido de proteínas y de ácidos grasos omega-3, y con muchas menos toxinas que la dieta moderna occidentalizada. Yo me crie de niña en una granja familiar, y casi todas las explotaciones agropecuarias del país eran granjas familiares como las nuestras. La superficie media de una explotación agraria era de 69 hectáreas. Lo habitual era que se diversificaran los cultivos. Los granjeros tenían pequeños rebaños de ganado de leche, de ganado de carne y porcino. Se cultivaba maíz, soja, alfalfa y avena. Teníamos un huerto enorme, y recogíamos las ciruelas, uvas y bayas que crecían en estado silvestre alrededor del patio, en los setos vivos, en las orillas de los cursos de agua y en los bosques de la zona. También criábamos pollos, patos y un par de pavos cada año. Pero ya empezábamos a emplear fertilizantes químicos, herbicidas y pesticidas, que se iban popularizando porque aumentaban la producción.

Recuerdo que mi padre tenía un fumigador con el que esparcía atrazina sobre el maíz y un herbicida para eliminar los cardos de los prados. También daba antibióticos al ganado para combatir las infecciones, y administraba un vermífugo a los animales todos los años para quitarles las lombrices. Engordaba con maíz a los cerdos para venderlos al matadero. Mi padre vendía en otoño los terneros jóvenes a otras personas que los engordarían en otro lugar con maíz, estabulados. Se ordeñaba dos veces al día a las vacas lecheras. Las vacas comían la hierba de los verdes prados en primavera y verano, y en el invierno se les daba heno y maíz. Era una práctica agropecuaria en el umbral de la tecnología moderna, con un pie en los sistemas antiguos y el otro en los modernos.

La agricultura y la ganadería de nuestros tiempos son muy distintas. Hay muchas menos granjas familiares pequeñas y la extensión media de las explotaciones empresariales va en aumento. La carne se produce de manera eficiente y relativamente barata. La mayor parte de la carne que ves en el supermercado procede de animales que se han criado estabulados en grandes instalaciones industriales. Los animales suelen vivir bajo techo o amontonados en corrales estrechos al aire libre, y se les administran raciones de alimentos calculadas para maximizar el engorde en un tiempo mínimo. Estas raciones suelen contener antibióticos y hormonas del crecimiento.

La consecuencia de esto es que las carnes de cría convencional y no ecológicas y el pescado de criadero contienen casi siempre diversas toxinas químicas que tú tendrás que procesar y eliminar por el hígado y los riñones. Puede que un organismo sano soporte estas sustancias químicas de momento; pero, con el tiempo, es probable que las sustancias dañinas del ganado y el pescado de cría convencional empiecen a causarte destrozos en las células, que pueden conducir a diversas enfermedades. La enfermedad concreta que contraigas dependerá de tu vulnerabilidad genética específica, de las toxinas que estés acumulando y de los desequilibrios hormonales que se estén produciendo en tu organismo. Si sufres una enfermedad autoinmune como la EM, está claro que ya tienes el cuerpo desequilibrado, por lo que deberás prestar mayor atención que el resto de la gente a lo que estás comiendo con la carne.

Por eso quiero que comas los animales más sanos, más vigorosos y menos contaminados. Si fueras un ser humano del Paleolítico, obtendrías la carne y el pescado del entorno natural no contaminado; pero esto es mucho más difícil en nuestros tiem-

DE DÓNDE OBTENER LA CARNE

Lo ideal es que tus proteínas minerales sean ecológicas, provengan de animales criados con pasto o silvestres. He aquí algunas explicaciones sobre las diversas fuentes de proteínas animales.

Convencional. Los animales de cría convencional se alimentan con piensos a base de cereales, en muchos casos con maíz transgénico; suelen tener que vivir en espacios limitados, y es frecuente que se les administren hormonas para que crezcan más deprisa y antibióticos para combatir las infecciones que se producen al vivir tan hacinados.

Pescado de criadero. Los pescados de criadero crecen en jaulas en las aguas costeras. A veces se ceban con productos a base de cereales, con lo que aumentan sus niveles de omega-6 y tienen mayores probabilidades de contener contaminantes como los bifenilos policlorados (PCB) neurotóxicos y los polibromodifenil éteres (PBDE), que alteran las hormonas, así como antibióticos, y pesticidas que se les aplican para controlar las infecciones de piojos de mar.

Criados con pastos. Los animales criados con pastos solo comen hierba y forraje desde el destete hasta el sacrificio. Busca la carne de animales que estén criados con pastos y recebados también con pastos. (Nota: algunos animales de caza, así como los bisontes, se crían en praderas de hierbas altas, que les aportan más nutrientes que los pastos bajos).

Criados con pastos, recebados con cereales. Estos animales se han criado con pastos a partir del destete, pero durante las seis últimas semanas antes del sacrificio se les dio un recebo (último engorde) con pienso de cereales, normalmente de maíz. Es un tiempo suficiente para que cambie la composición de los ácidos grasos del animal: aumenta la cantidad de ácidos grasos omega-6 y se reduce la de los deseables ácidos grasos omega-3, con lo que se pierden buena parte de los beneficios de la cría con pastos.

Ecológicos. La carne ecológica es la de animales a los que no se les han administrado hormonas ni antibóticos; pero a estos animales también se les pueden dar piensos de cereales, con lo que tendrían demasiados omega-6. Hay algunas granjas familiares pequeñas que, aunque carecen del certificado oficial de cría ecológica, optan por criar animales alimentados con pastos y al aire libre, sin hormonas ni antibióticos. Habla con el ganadero.

Silvestres. La caza y los pescados silvestres no están domesticados ni viven encerrados por el hombre, y buscan sus alimentos en la naturaleza. Si tienes un amigo cazador, no será raro que te pueda llenar el congelador de carne de ciervo o de alce.

pos. No obstante, puedes aumentar mucho la pureza y la densidad de nutrientes de tus proteínas animales si los obtienes de las fuentes adecuadas.

- **¿Eres cazador o pescador, o conoces a alguien que lo sea?** Estas actividades pueden producir rechazo a algunas personas, pero así era como sobrevivían nuestros antepasados y es el modo más natural de adquirir proteínas animales frescas.
- **¿Tienes acceso a los productos de un criadero de caza comercial, donde los animales se crían con los pastos de la naturaleza?** Hay cotos y criaderos de bisontes, de ciervos y de alces que venden carne deliciosa con un contenido mínimo de tóxicos y mayor concentración de nutrientes sanos, como los ácidos grasos omega-3. Asegúra-

te de que no se está criando o recebando a los animales con pienso de cereales.
- **¿Tienes acceso a un criadero de ganado doméstico donde se críe a los animales en libertad, con pastos y de manera ecológica?** A los animales certificados como de cría ecológica no se les pueden administrar hormonas ni antibióticos, y deben alimentarse de pastos o de piensos ecológicos. Cada vez hay más criaderos de ganado alimentado con pastos ecológicos, con la ventaja de que si no tienes ninguno cerca de tu casa, puedes encargar algunos de sus productos para que te los envíen a domicilio.
- **¿Puedes encontrar carne de ganado que esté recebado con piensos de cereales, pero que sea ecológica?** No deja de ser mejor que la carne convencional.
- **¿Puedes encontrar pescado, mariscos y otros alimentos marinos que sean silvestres?** Elige pescados pequeños, que ocupen un lugar más bajo en la escala alimentaria. Lo mejor es que procedan de pesquerías pequeñas y familiares que faenen en aguas frías. Estas son las mejores opciones para conseguir los pescados más naturales y menos contaminados.
- **En la medida de lo posible, evita la carne de cría convencional en corrales de engorde o granjas avícolas industriales, y el pescado de criadero o piscifactoría.** Estas son las fuentes más contaminadas de proteínas animales.

Puede resultar difícil encontrar estos alimentos, y si no te alcanza el presupuesto, ten en cuenta que lo esencial para la dieta Wahls es comer los nueve tazones de frutas y hortalizas al día y suprimir el gluten y los productos lácteos. Puedes hacerlo sin comer alimentos ecológicos, o comiendo solo los que te permitan tus posibilidades económicas. La prioridad número uno con la dieta Wahls es que empieces a absorber esos nutrientes *ya* y que dejes de producirte una reacción de respuesta inmunitaria en el cuerpo con el gluten y los lácteos. Con estos dos pasos ha bastado para que centenares de personas que siguen la dieta Wahls consigan cambios espectaculares. Tú también puedes conseguirlos.

Otras recomendaciones

Aunque las claves de la dieta Wahls son comer los nueve tazones al día y evitar el gluten y los productos lácteos, quisiera proponerte también que, en este nivel, suprimas algunas cosas más, para reducir las posibilidades de tener reacciones por intolerancia alimentaria.

- Los huevos. Como ya he comentado, deja que tu organismo descanse de los huevos una temporada para determinar si tienes intolerancia. Muchas personas la tienen sin saberlo, y solo lo descubren cuando suprimen los huevos de su dieta.
- La soja no ecológica, que puede producir inflamación excesiva.
- La leche de soja o de arroz que no proceda de cultivo ecológico.
- El jarabe de maíz de alta fructosa.
- El azúcar refinado, tanto el blanco como el moreno.
- Los edulcorantes artificiales y el glutamato monosódico, que pueden producir excitotoxicidad (sobreestimulación de las neuronas cerebrales, que conduce a una sobrecarga de dichas neuronas), así como a un equilibrio inadecuado de las bacterias intestinales, como el que se da con una dieta con abundancia de azúcar y de carbohidratos.

- Todas las grasas trans, las hidrogenadas o las semihidrogenadas.
- Todos los aceites vegetales, sobre todo los de maíz, soja, colza, semillas de uva y nuez de palma (En el capítulo 7 hablaremos con mayor detalle sobre los aceites y las grasas).
- Todos los refrescos gaseosos, incluidos los *light*.

Preferiría, además, que no comieras nada que haya sido irradiado o pasado por el horno microondas. Soy partidaria de que los alimentos se encuentren en el estado más natural posible. Cuando los alimentos se tratan con las microondas o con radiación ionizante, estas formas de energía reaccionan con ellos a nivel molecular, ya sea para calentarlos (las microondas) o para matar a los microorganismos (la radiación ionizante). Yo prefiero comer productos frescos, de producción local, y que se hayan manipulado y preparado por los mismos sistemas por los que se han preparado

---

LA DIETA WAHLS EN RESUMEN

Nota: Come hasta que te sientas satisfecho. Puedes aumentar o reducir la cantidad de hortalizas, frutas y carne que comas en función de tu tamaño corporal, pero siempre conservando las proporciones.

- Consume a diario 9 tazones (2160 ml) de frutas y hortalizas, repartidas de la manera siguiente (o, proporcionalmente, la cantidad que puedas comer sin sentirte demasiado lleno):
  - 3 tazones de verduras de hoja verde.
  - 3 tazones ricos en azufre (plantas de la familia de las coles, de las cebollas o de los hongos).

- 3 tazones de colores vivos (amarillo-anaranjado, rojo o morado-azul-negro).
- Come carnes y pescado criados con pasto o silvestres (de 175 a 350 g por ración, en función de tu sexo y tamaño). Recomiendo que se reduzcan al mínimo las carnes procesadas, como las salchichas, el jamón, el beicon y el salami; pero, si te gustan, busca los productos que estén libres de gluten, de nitritos y de glutamato monosódico.
- Si eres vegetariano, come las calorías adecuadas y haz una dieta variada con verduras y hortalizas, cereales, legumbres, frutos secos, semillas, judías y soja. Deberás tomar 2 cucharadas diarias de aceite de linaza, de cáñamo o de nuez. Puedes tomar soja en tu dieta, pero deberá ser de cultivo ecológico y no transgénica (deberá figurar expresamente la indicación en el envase); y si eres vegetariano y consumes soja con frecuencia, te recomiendo que la tomes fermentada, como tofu encurtido, tempeh, natto o miso. (En el capítulo 6 veremos más información sobre la importancia de la fermentación cuando se consume soja con regularidad).
- Puedes comer féculas sin gluten, como los cereales sin gluten o las patatas, pero procura no abusar. Lo ideal será que no las comas todos los días. No obstante, los vegetarianos tendrán que comer más cereales sin gluten para asegurarse de recibir las proteínas completas.

Lo que puedes comer con moderación:

- Manzanas, plátanos y peras, aunque no cuentan para los 9 tazones diarios y solo debes comerlas cuando hayas cumplido el cupo de nuestros 9 tazones.

- Nueces y semillas (incluida la mantequilla de almendra cruda, el tahini y la mantequilla de girasol), hasta 115 g al día.
- Alcohol no procedente de cereales (como el vino, de cultivo ecológico si es posible, o la cerveza sin gluten), hasta 1 ración al día (opcional).
- Edulcorantes, hasta 1 cucharadita al día (miel, melaza, jarabe de arce auténtico y azúcar sin refinar o jugo evaporado de caña ecológica).
- Aceites omega-3 (de linaza, cáñamo, nuez), solo fríos (¡no guisar con ellos!), y un máximo de 2 cucharadas al día, a menos que el médico te indique otra cosa.
- Otros aceites (aceite de oliva; los aceites de sésamo y de aguacate no los uses más que rara vez); solo los extraídos por prensado en frío. Asegúrate de que sean ecológicos y no transgénicos.

Alimentos prohibidos:

- Todos los que contienen gluten.
- Todos los productos lácteos y derivados.
- Los huevos.
- La leche de soja o de arroz que no sea ecológica.
- El azúcar blanco, el jarabe de maíz de alta fructosa y los edulcorantes artificiales; los refrescos gaseosos, aunque sean *light*.
- Todas las grasas trans, aceites hidrogenados y aceites vegetales ricos en omega-6 (los de maíz, soja, colza y semilla de algodón).
- Los conservantes y los potenciadores del sabor, incluido el glutamato monosódico.
- ¡Nada de alimentos irradiados ni pasados por el microondas!

los alimentos (ya sean crudos, cocinados o fermentados) durante centenares de generaciones. Y, personalmente, me parece que los que han pasado por el microondas tienen un sabor raro.

Reglas de la dieta Wahls y plan de comidas

Ya conoces las razones. Ahora vamos a ver el método. La práctica de la dieta Wahls es sencilla. En la tabla que ofrecemos más adelante se resumen los componentes claves de lo que debes comer cuando sigas la dieta Wahls, incluidas las cantidades, con orientaciones sobre la frecuencia con que debes comer determinados alimentos permitidos. A continuación verás un plan de comidas para siete días que podrás seguir para embarcarte con éxito en la dieta Wahls.

Una advertencia útil: los desayunos van a cambiar. Dejarán de tener tanta importancia los cereales y te centrarás más bien en las frutas y verduras y en las proteínas de alta calidad.

Nota para los vegetarianos: aunque seas vegetariano y, por tanto, no pienses pasar del nivel de la dieta Wahls, no dejes de leer los dos capítulos siguientes, en que se describen los otros dos planes de dieta. Encontrarás en ellos mucha información importante para ti.

La semana de la dieta Wahls

Aparecen marcados con un asterisco (*) los platos de la tabla cuya receta se incluye al final del libro. Por otra parte, se advertirá que recomiendo en algunos casos leche de almendras, de soja o de coco. Las alterno para variar, pero en este nivel de la dieta puedes tomar cualquiera de las tres, a voluntad.

	Desayuno	Comida	Cena
Día 1	Smoothie: • 1 tazón (240 ml) de kale • 1 naranja pequeña • 1 tazón de piña • 1 tazón de leche de soja ecológica no edulcorada • 1 cucharada de levadura nutricional 1 ración de pollo al romero* (preparado la noche anterior)	Ensalada: • 2 tazones (480 ml) de kale • 1 tazón de bok choy (col china) • 1 tomate pequeño • 2 cucharaditas de aceite de oliva virgen extra • vinagre de arroz al gusto 115 g de sardinas en salsa de tomate 1 tazón de nabos crudos 1 melocotón mediano	1 ración de chiles rojos con judías* 1 tazón de arroz integral ¼ de aguacate Ensalada: • 3 tazones (720 ml) de lechuga romana • 1 tallo de apio mediano • ½ tazón (120 ml) de champiñones • 1 diente de ajo • albahaca seca al gusto • 2 cucharaditas de aceite de oliva virgen extra • vinagre de arroz al gusto 175 g de yogur de leche de coco, sin sabor ¾ de tazón (180 ml) de moras infusión de hierbas Tension Tamer®
Día 2	Smothie: • 1 tazón de perejil • 1 tazón de uvas verdes • 1 kiwi • 1 cucharada de levadura nutricional • agua/hielo 1 tazón de cereal de desayuno de copos de avena o de arroz integral • 1 cucharadita de melaza • ⅓ de tazón (80 ml) de pasas • 2 cucharadas de nueces picadas ½ tazón (140 ml) de leche de soja ecológica no edulcorada	1 ración de receta básica de carne y verduras a la sartén* (jamón y hojas de berza) 1 tazón de boniato al horno picado • 1 cucharadita de aceite de oliva virgen extra • ½ cucharadita de canela 1 tazón de frambuesas 1 ½ tazones (360 ml) de leche de soja orgánica no edulcorada	1 ración de receta básica de carne y verduras a la sartén* (chuletas de cordero y brócoli) Ensalada: • 4 tazones (960 ml) de espinacas • ½ tazón de gajos de naranja • ¼ de tazón (60 ml) de setas variadas, en rodajas • ¼ de tazón de cebolla picada • 1 cucharada de aceite de oliva virgen extra • vinagre al gusto 1 manzana mediana con su piel 1 ración de dulce de azúcar Wahls* Infusión de menta

	Desayuno	Comida	Cena
Día 3	Smoothie: • 1 tazón de espinacas • 1 tazón de melón verde • 1 kiwi • 1 tazón de leche de almendras no edulcorada • 1 cucharada de levadura nutricional 1 ración de sobras de receta básica de carne y verduras a la sartén* (chuletas de cordero y brócoli) ½ tazón de zanahorias en rodajas 6 dátiles	1 ración de ensalada de salmón* 8 galletas de arroz sin gluten Ensalada: • 3 ½ tazones (840 ml) de espinacas • ½ tazón de frambuesas • ½ tazón de calabacín crudo • 2 cucharaditas de aceite de oliva virgen extra • Vinagre balsámico al gusto Ensalada de frutas • 1 tazón de melón • 1 tazón de melón verde 1 tazón de leche de almendras no edulcorada	1 ración de sobras de receta básica de carne y verduras a la sartén* (bistec y hojas de mostaza) 1 ración de quinoa y pimientos rojos* 1 tazón de calabaza de invierno en dados 2 cucharaditas de mantequilla clarificada 1 ración de dulce de azúcar Wahls* 1 pera mediana 1 tazón de leche de soja ecológica no edulcorada Infusión destoxificadora
Día 4	Smoothie: • 1 tazón de kale • 1 naranja pequeña (1 tazón) • 1 tazón de leche de soja orgánica no edulcorada • 1 cucharadita de levadura nutricional 40 g de almendras crudas 6 orejones de albaricoque 4 ciruelas pasas	1 ración de pizza Wahls* 1 zanahoria cruda mediana 1 tazón de uvas negras 2 tazones de leche de almendras ecológica no edulcorada	1 ración de sopa de marisco y tomate* 1 tazón de patata cocida con la piel Ensalada: • 3 ½ tazones de lechuga romana • ½ tazón de cilantro • 1 diente de ajo • ¼ de tazón (60 ml) de guisantes verdes • 2 cucharaditas de aceite de oliva virgen extra • zumo de lima al gusto 175 g de yogur de leche de almendhras 1 tazón de fresas ½ tazón de plátano Infusión Throat Coat®

	Desayuno	Comida	Cena
Día 5	Smoothie: • ½ tazón de remolacha cruda • ½ tazón de mango • ½ tazón de arándanos • 1 tazón de leche de soja orgánica no edulcorada • ½ cucharadita de raíz de jengibre rallada • 1 cucharada de levadura nutricional 100 g de sardinas en conserva en aceite 2 rebanadas de pan sin gluten ½ tazón de apio	Espaguetis Wahls: • 1 tazón de calabaza espagueti cocida • ¾ de tazón de salsa marinara • 85 g de carne de vacuno picada • ¼ tazón de champiñones • 2 cucharadas de rawmesan* 1 tazón de judías verdes Ensalada: • 3 tazones de bok choy • ½ tazón de calabaza de verano • 1 diente de ajo • 2 cucharaditas de aceite de oliva virgen extra • zumo de lima al gusto 2 ciruelas medianas 1 tazón de leche de soja ecológica no edulcorada	1 ración de vegetariano a la argelina* 1 ración de quinoa y pimientos rojos* 1 tazón de calabaza moscada guisada Ensalada: • 3 tazones de bok choy • ½ tazón de tomate • ½ tazón de pepino con la piel • ½ tazón de uvas • 1 diente de ajo • 3 cucharaditas de mantequilla de girasol • zumo de lima al gusto 225 g de yogur de leche de coco 1 tazón de melocotones 2 cucharadas de almendras infusión de manzanilla
Día 6	Smoothie: • 1 tazón de cilantro • 1 naranja pequeña • 1 tazón de piña • 1 cucharada de levadura nutricional • agua/hielo 1 tazón de grits (maíz molido hervido) ½ tazón de gajos de pomelo rosado 1 tazón de leche de soja ecológica no edulcorada	Ensalada: • 3 tazones de bok choy • 2 tazones de lechuga romana • ¼ de aguacate • ½ tazón de tomate • ½ tazón de pimientos rojos dulces • ½ tazón de champiñones • 2 cucharadas de almendras • 2 cucharaditas de aceite de oliva virgen extra • zumo de lima al gusto 1 pechuga de pollo mediana sin la piel Ensalada de frutas: • 1 plátano mediano • ½ tazón de uvas	1 ración de receta básica de carne y verduras a la sartén* (salmón y hojas de mostaza) 1 ración de puré de nabos* 1 cucharadita de aceite de oliva virgen extra 1 tazón de guisantes verdes Ensalada de frutas: • 1 melocotón mediano • ½ tazón de cerezas no edulcoradas 1 tazón de leche de soja ecológica no edulcorada Infusión de té de rooibos

	Desayuno	Comida	Cena
Día 7	Smoothie: • 1 tazón de hojas de berza • ½ tazón de sandía • ½ tazón de melón cantalupo • 1 tazón de leche de soja ecológica no edulcorada • 1 cucharada de levadura nutricional 175 g de yogur de leche de almendras • ½ tazón de cerezas no edulcoradas • 4 cucharadas de nueces picadas	1 ración de sopa vegetariana de kale* 15 galletas de arroz sin gluten Ensalada: • 2 tazones de espinacas • 2 tazones de kale • 4 floretes de coliflor (½ tazón) • 1 diente de ajo • ½ tazón de champiñones crudos • 2 cucharadas de almendras picadas • 2 cucharaditas de aceite de linaza • vinagre de manzana al gusto (zumo de lima también serviría) 1 tazón de piña	1 ración de receta básica de carne y verduras a la sartén* (chuletas de cerdo y col lombarda) 1 patata asada pequeña (5 cm de diámetro) con la piel 1 cucharadita de aceite de oliva virgen extra 6 espárragos medianos 1 tazón de arándanos infusión de hierbas

IDEAS PARA COMER ENTRE HORAS

- Uvas pasas y frutos secos.
- Nueces, almendras o semillas de girasol crudas y frescas.
- Rodajas de manzana (¡después de haber cubierto el cupo de los nueve tazones!) untadas de mantequilla de almendras orgánicas.
- Tiras de mango seco.
- Tiras de kale deshidratada.
- Arenques en vinagre con galletitas sin gluten.
- Guacamole con tiras de hortalizas crudas.
- Dip de berenjena (berenjena asada y aceite de oliva con ajo machacado, pasados por la procesadora de alimentos), con tiras de hortalizas crudas (de nabo, colinabo, colirrábano, apio).
- Frutas frescas.
- Lonchas de embutidos sin nitritos, enrollados con una hoja de lechuga, encurtidos y mostaza.
- Té verde endulzado con zumo de frutas.
- Té verde con leche de coco.

Capítulo 6
LA DIETA WAHLS PALEO

Ahora que estás siguiendo la dieta Wahls, es probable que ya notes algunos beneficios. Puede que hayas advertido que te ha cambiado la energía o la claridad mental, o que ya observes una mejoría de tu movilidad. Si te sientes bien, puedes tomar la decisión de pasar al nivel siguiente. También es posible que no estés haciendo la dieta Wahls pero que optes por empezar directamente por aquí porque quieres obtener resultados más rápidos. En cualquiera de los dos casos, ¡bienvenido a la dieta Wahls Paleo, que es el más popular de mis planes de dieta!

Yo diría que la mayor parte de mis pacientes terminan por seguir la dieta Wahls Paleo. Quieren un plan más potente que la dieta Wahls, pero tampoco están preparados para los rigores de la Wahls Paleo Plus (véase el capítulo 7). Ten la seguridad de que, si te quedas en este nivel, en el de la dieta Wahls Paleo, tus alimentos te estarán sirviendo de medicina potente y tu cuerpo se librará de muchas de las toxinas que te habían estado impidiendo curarte hasta ahora.

La dieta Wahls Paleo contiene todos los elementos de la Dieta Wahls, y se le añaden algunos más. Seguirás comiendo nueve tazones de frutas y hortalizas cada día, no tomarás gluten

DIETA WAHLS PALEO

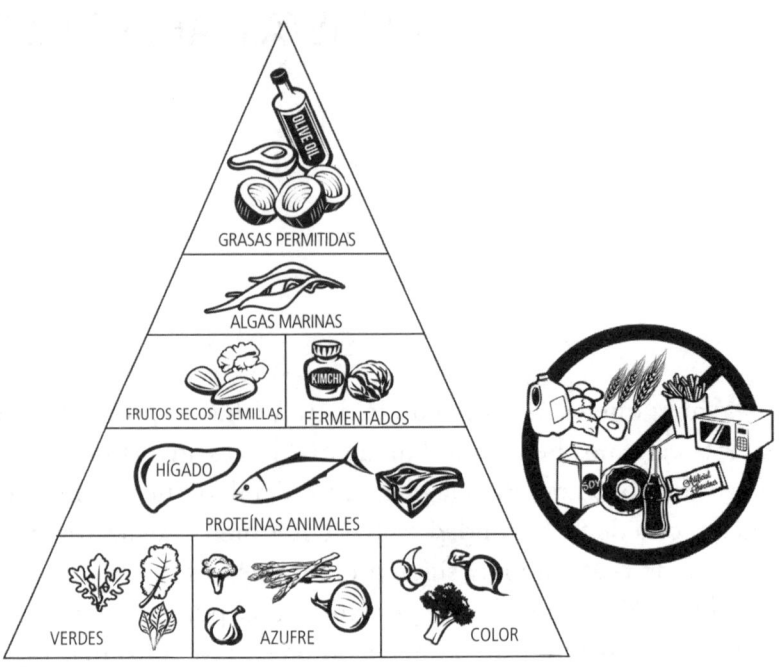

ni productos lácteos, y consumirás proteínas de alta calidad. Pero ahora harás también cuatro cosas más:

1. Reduce el consumo de todos los demás cereales, legumbres y patatas a solo dos raciones por semana.
2. Come proteínas animales todos los días. En este nivel comerás más que en la dieta Wahls. Aspira a comer de 250 a 600 g al día de carne y pescado para absorber las proteínas suficientes. (Ajusta la cantidad en función de tu peso y de tu sexo. Una mujer pequeña puede comer cerca de 250 g; un hombre grande, del orden de 600 g).

	Dieta Wahls Paleo	
Nutriente*†	Dieta EE. UU.	Dieta Wahls Paleo
Vitamina D	31 %	52 %
Vitamina E	55 %	108 %
Calcio	74 %	70 %
Magnesio	88 %	138 %
Vitamina A	100 %	523 %
Piridoxina	121 %	638 %
Folato	122 %	251 %
Zinc	123 %	351 %
Tiamina	128 %	703 %
Vitamina C	133 %	661 %
Niacina	154 %	531 %
Hierro	164 %	303 %
Riboflavina	175 %	781 %
Vitamina B_{12}	201 %	850 %

* Por comparación con consumos dietéticos de referencia. Consumo recomendado para mujeres de 51 a 70 años; dieta Wahls ajustada para 1759 calorías (Academia Nacional de Ciencias; Instituto de Medicina; Consejo de Alimentación y Nutrición).

† Consumo medio de nutrientes con los alimentos, para mujeres de 50 a 59 años. (What We Eat in America, NHANES 2009–2010, www.ars.usda.gov/SP2UserFiles/Place/12355000/pdf/0910/Table_1_NIN_GEN_09.pdf, consultado el 25 de mayo de 2013).

Dentro de este cupo, 450 g deben corresponder a pescado azul silvestre.

3. Incluye en tu dieta algas marinas y vísceras animales: ¼ de cucharadita de algas kelp en polvo, o 1 cucharadita de copos de algas dulse al día, y 350 g de vísceras por semana. (Las vísceras también cuentan para tu cupo de proteínas animales).

4. Incluye en la dieta alimentos fermentados, semillas y frutos secos (puestos en remojo, preferiblemente), y más alimentos crudos en general. (En este mismo capítulo explicaré cómo la puesta en remojo puede reducir los antinutrientes de los cereales y de las legumbres para las personas comprometidas con una dieta vegetariana por motivos éticos o espirituales).

> **ALERTA PARA EL DIARIO WAHLS**
>
> Si decides hacer la transición de la dieta Wahls a la dieta Wahls Paleo, no olvides llevar en el diario un registro exacto de lo que cambias en tu dieta y de cómo te encuentras. ¿Has notado alguna mejoría de tus síntomas? ¿Algún efecto secundario? Este registro te puede ayudar a determinar exactamente los alimentos que te dan mejores resultados, y también te inspirará para que sigas cumpliendo tu nuevo nivel de compromiso dietético. ¡Sigue inspirado!

Vamos a estudiar sucesivamente cada uno de estos puntos. Tal como hice en el capítulo anterior, he comparado la dieta estadounidense media con las cantidades medias que se consumen en la dieta Wahls Paleo; y también en este caso podrás apreciar que la dieta Wahls Paleo es bastante más nutritiva para tus células.

Primera parte: comer menos cereales, legumbres y patatas

En el primer nivel, el de la dieta Wahls, eliminaste el gluten y los productos lácteos porque tienden a producir intolerancias alimentarias. En este segundo nivel ha llegado el momento de reducir más los carbohidratos. En nuestro estudio clínico permitimos a los voluntarios que coman cada semana dos raciones de cereales con fécula pero sin gluten, como el arroz integral; de vegetales con fécula, como las patatas, o de legumbres, como las lentejas y los garbanzos; pero haciéndoles saber que lo ideal es que supriman por completo los cereales, las legumbres y las patatas. (¡Te animaré a que hagas otro tanto en el Protocolo

Wahls del mundo real!). Muchos de nuestros voluntarios prescinden por lo general de los cereales, las legumbres y las patatas, pero los comen a veces, muy de tarde en tarde, generalmente porque hay situaciones sociales en que es muy difícil rechazarlos. Anímate tú también a ser igual de estricto, si te sientes capaz.

Esta limitación desconcierta a algunas personas que creen que alimentos como el arroz integral, las lentejas y las patatas son sanos. Y lo son, en cierto sentido. Contienen vitaminas, minerales y proteínas, y no contienen gluten. Pero hasta los cereales integrales libres de gluten, las legumbres, como las judías negras y las lentejas, y las patatas, hacen subir la demanda insulínica, pues también contienen abundantes carbohidratos. El páncreas todavía ha de elaborar insulina y verterla en el torrente sanguíneo para que mantengas equilibrado el nivel de azúcar en sangre mientras tu cuerpo digiere esos carbohidratos. Así tienes mayores probabilidades de desarrollar resistencia a la insulina (hablaremos de esto más adelante) y, por tanto, un mayor riesgo de deterioro cognitivo precoz, en función de tus genes y de otros factores ambientales. Cuando estás combatiendo una enfermedad crónica, y sobre todo si se trata de una enfermedad con síntomas cerebrales, no te conviene hacer nada que reduzca la capacidad de tu cerebro para funcionar como es debido, y uno de los objetivos primarios del Protocolo Wahls es, precisamente, optimizar la función cerebral, en vez de comprometerla. Reducir el consumo de carbohidratos también contribuye a reducir las inflamaciones y a mejorar la salud gastrointestinal. Un exceso de alimentos ricos en carbohidratos, aunque no contengan gluten, también puede ser negativo para el equilibrio de tu microbioma (el conjunto de bacterias que viven en tus intestinos), pues los carbohidratos pueden servir de fertilizantes para las bacterias y levaduras, aficionadas a los azúcares, y esto puede conducir, a su vez, a otros muchos problemas de salud.

Las verduras sin féculas y las frutas y verduras de colores vivos, como la calabaza de invierno, las remolachas y las bayas, también contienen carbohidratos, pero muchos menos que los cereales, las legumbres y las patatas, y suelen contener más vitaminas y minerales por caloría, por lo que tienen una densidad de nutrientes superior a la de los cereales, patatas y legumbres. Por ello, puedes seguir disfrutando de estas frutas y verduras con la dieta Wahls Paleo. Puede que aumenten la demanda insulínica, pero a un nivel mucho más moderado. Estamos retirando de tu dieta las cosas peores poco a poco.

Aun así, te animo a que comas más vegetales sin fécula, como las verduras verdes, que feculentos, como las remolachas y el calabacín cocidos, y a que estos vegetales con fécula te los comas crudos o poco cocidos, o al vapor, de modo que no queden completamente reblandecidos. Cuando los vegetales con fécula están un poco duros y crujientes, la fécula (almidón) que contienen no se convierte con tanta facilidad en azúcar que va a parar a la sangre. También te animo a que en este nivel de la dieta empieces a comer una proporción muy superior de hortalizas que de fruta. Para acelerar de verdad los efectos positivos de la dieta Wahls Paleo, te interesa obtener la mayor parte de tus nutrientes de fuentes con menos carbohidratos y con menor demanda insulínica.

Segunda parte: comer proteínas animales a diario

Puede que ya estés haciendo esto mismo si no eres vegetariano; pero quiero asegurarme de que no solo estás tomando proteínas animales, sino de que estás tomando *las suficientes*. Las proteínas animales son un elemento importantísimo de la dieta Wahls Paleo. Deberás comer todos los días una cantidad

> **HABLAN LOS GUERREROS DE WAHLS**
>
> «Soy médico de familia en los Países Bajos, y en 2011 me diagnosticaron esclerosis múltiple progresiva secundaria. Durante unos tres años observé un deterioro progresivo de mi capacidad de andar. Empecé a cojear con la pierna derecha, pero todavía era capaz de caminar sin ayuda. En septiembre de 2012 oí hablar de Terry Wahls, y mi mujer y yo decidimos que había que hacer algo por mi salud. Empezamos a seguir las recomendaciones de la doctora Wahls y a hacer una dieta más cercana a la paleodieta. Comemos muchas frutas y hortalizas, pescado y carne ecológica, y frutos secos. Dejé por completo de comer cereales, patatas, pasta y productos lácteos. Desde entonces, he observado una mejoría marcada de mi vitalidad y también camino mejor. ¡Esto nos anima mucho a los dos! Ya es hora de que la medicina atienda mucho más a la nutrición y al estilo de vida. Agradezco a Terry Wahls y a su equipo que nos hayan dado una visión y un entendimiento más profundos de la salud y de la enfermedad».
>
> Marco J., Maastricht (Países Bajos)

de carne o pescado que variará entre 250 y 600 gramos en función de tu sexo y de tu tamaño. No olvides elegir la carne o pescado de cría ecológica y con pastos, o silvestre, siempre que puedas.

La carne y el pescado constituyen una parte esencial del plan de la dieta Wahls Paleo por las características únicas de sus perfiles de nutrientes. A pesar de ello, he visto que hasta las personas que tienen costumbre de comer carne consideran que se-

> **CÓMO COMPRAR PROTEÍNAS ANIMALES DE CALIDAD**
>
> Yo prefiero gastarme el dinero en mi propia comunidad. Cuando compro la carne a un ganadero local y pago a un carnicero local para que la procese, el dinero se queda en la comunidad, y suele salir más barato que comprar la carne en el supermercado, porque puedes comprar en cantidad.
> Para localizar a agricultores que críen ganado con pastos y sin hormonas en tu zona, consulta en el ayuntamiento local. Muchos agricultores que practican la agricultura de responsabilidad compartida (ARC) también producen huevos y carne. En caso contrario, al menos conocerán a los ganaderos de la región que sí los produzcan, y podrán recomendártelos. Hasta puedes ir en persona a la granja y visitarla para comprobar por ti mismo que están criando el ganado en unas condiciones dignas.
> Yo compro directamente la mayor parte de la carne a ganaderos que conozco. De este modo sé que el animal se ha criado con alimentos ecológicos, que ha vivido al aire libre, comiendo pastos y otras plantas de las praderas, y, lo más importante, que estaba sano. Además, me cercioro de que no se administraron antibióticos ni hormonas a los animales. Por otra parte, las vísceras de animales de cría ecológica suelen salir mucho más baratas que la carne muscular de los mismos animales.

guramente no deberían comerla. Se sienten culpables. Nos han inculcado que la dieta vegetariana es más sana. Por eso quiero extenderme aquí un poco más sobre el tema de la carne y del vegetarianismo.

Yo pasé más de diez años sin comer carne, ni aves, ni pescado; pero ahora creo firmemente en la importancia de las proteínas animales, sobre todo para las personas que sufren problemas de salud crónicos. Soy consciente de que esta postura mía es polémica, y por eso quiero exponerte mis razones. Vamos a ver, para empezar, los grandes beneficios que te aportará comer proteínas animales.

Ventaja n.º 1 de las proteínas animales: proteínas completas

Nuestro organismo tiene que elaborar proteínas para llevar adelante las funciones de la vida y para construir las estructuras celulares, muchas de las cuales requieren moléculas proteínicas complejas. Todas estas proteínas se elaboran a partir de los aminoácidos, que pertenecen a tres categorías: los aminoácidos esenciales, los esenciales condicionados y los no esenciales. Los aminoácidos esenciales debemos absorberlos con los alimentos, pues no disponemos de la maquinaria ni de las enzimas necesarias para elaborarlos internamente. Llamamos aminoácidos esenciales condicionados a los que podemos producir nosotros mismos si se dan las condiciones adecuadas. Los aminoácidos no esenciales los puede producir nuestro cuerpo y no es necesario que los obtengamos de los alimentos.

Como necesitamos tantos aminoácidos, nuestros cuerpos son capaces de tomar medidas drásticas para obtenerlos si no se los damos nosotros. Por ejemplo, si no tenemos los aminoácidos adecuados para componer las proteínas que necesita el organismo, recurrimos a la autofagia (a «comernos a nosotros mismos»), en el sentido de que empezamos a comer y a digerir, como en un acto de canibalismo, las células de nuestros propios músculos y órganos. El cuerpo toma lo que necesita para realizar sus tareas más esenciales, aunque para ello tenga que sacrificar otras partes menos esenciales de sí mismo. Esto nos puede resultar beneficioso en algunos casos, como en los ayunos cortos o en épocas de falta de alimentos o de hambruna; pero salta a la vista que es muy dañino a largo plazo y que compromete nuestra capacidad para mantener la integridad de nuestros músculos y órganos; conduce a la pérdida de masa muscular, a la debilidad general y a las lesiones de los órganos internos. ¡Las proteínas de alta calidad son esenciales para la salud y el funcionamiento óptimos!

La gran ventaja de la carne es que contiene todos los aminoácidos esenciales. Te aporta todo lo que necesitas. Los vegetales, por su parte, no contienen todos los aminoácidos que necesita tu cuerpo. Los cereales aportan una cantidad limitada de lisina y de treonina, y las legumbres incluyen poca cantidad también del aminoácido metionina, que contiene azufre. A esto se debe que los vegetarianos deban combinar los cereales con las legumbres para contar con todos los aminoácidos esenciales necesarios para elaborar proteínas completas. Se puede conseguir, pero es más complicado. Un vegetariano que coma solo cereales o solo legumbres no estará consumiendo una proteína completa, y tendrá que digerir una parte de su propio cuerpo con el fin obtener los aminoácidos que le faltan (que suelen ser la metionina, la lisina o la treonina) para elaborar las proteínas necesarias para la vida.

Ventaja n.º 2 de las proteínas animales: ácidos grasos esenciales

Los ácidos grasos esenciales son las grasas que necesitan nuestras células y no son capaces de elaborar por sí mismas. Debemos consumirlas con la alimentación; de lo contrario, podemos sufrir una carencia que nos deteriorará la salud. Estos ácidos grasos esenciales son el ácido alfa-linolénico (AAL, también conocido por ALA), que es un ácido graso omega-3, y el ácido linoleico (AL), ácido graso omega-6. Existen, además, dos grasas esenciales condicionadas: el ácido docosahexaenoico (ADH, también llamado DHA), ácido graso omega-3, y el ácido gamma-linolénico (AGL o GLA), ácido graso omega-6. Existe mayor probabilidad de que la persona requiera los ácidos grasos esenciales condicionados ADH y AGL si ha desarrollado un problema cerebral, un trastorno autoinmune o una enfermedad en la que se dé un exceso de inflamación.

Durante los primeros 2,5 millones de años de existencia del género humano, *Homo*, y durante los primeros 500 000 años de nuestra especie, *Homo sapiens*, los seres humanos consumíamos estos ácidos grasos omega-6 y omega-3 en una proporción aproximada de 1 a 1; es decir, cantidades similares de unos y otros. Comíamos alimentos como las plantas y las semillas, que contenían omega-6, pero también consumíamos muchos animales silvestres que comían pastos y otras verduras, así como pescados silvestres, todo lo cual contiene ácidos grasos omega-3. Así obteníamos este equilibrio de 1 a 1[1], asociado a un menor riesgo de padecer enfermedades neurologicas y cardiovasculares[2].

La vida moderna ha cambiado mucho, y también ha cambiado la alimentación humana. La proporción se ha desequilibrado espectacularmente a favor de los ácidos grasos omega-6, y se ha reducido enormemente la cantidad de ácidos grasos omega-3 en la dieta[3]. La introducción en la alimentación humana de aceites de semillas como el aceite de maíz, el de soja y el de colza (que se consideraban productos de desecho hasta la Segunda Guerra Mundial), así como la generalización del engorde de ganado con cereales en vez de con pastos (con lo que se reduce el contenido de ácidos grasos omega-3 de su carne), han llevado a un aumento espectacular del consumo de

Pescados que son fuente de ácidos grasos omega-3	
(Adaptado de las «Herramientas para los clínicos», del Simposio Internacional de Medicina Funcional de 2013, 1 de junio de 2013, organizado por el Instituto de Medicina Funcional	
Pescado (ración de 113 g)	*Ácidos grasos omega-3*
Salmón real	2,1 g
Arenque en vinagre	1,9 g
Vieira	1,1 g
Fletán	0,6 g
Gambas	0,4 g
Pargo	0,4 g
Atún, atún claro	0,3 g
Bacalao	0,3 g

omega-6. ¡La proporción de ácidos grasos omega-6 a omega-3 en la dieta de algunos estadounidenses es de 15 a 1, o incluso de 45 a 1!

Cuando esta proporción se desequilibra tanto a favor de los ácidos grasos omega-6, muchas de nuestras vías químicas se desvían hacia la inflamación y hacia el desarrollo de enfermedades crónicas[4]. A consecuencia de ello, tenemos muchas más probabilidades de sufrir una inflamación excesiva de los vasos sanguíneos, que nos provoca, a su vez, una proporción más elevada de trastornos autoinmunes, aterosclerosis, enfermedades cardíacas y problemas de salud mental[5]. No obstante, esta tendencia se puede invertir con facilidad con solo aumentar la cantidad de carne criada con pastos y de pescado silvestre que tomamos en nuestra dieta (al mismo tiempo que eliminamos o reducimos notablemente la cantidad de aceites vegetales). Resulta especialmente difícil conseguir el equilibrio 1 a 1 haciendo una dieta vegetariana. (Explicaré esto con mayor detalle un poco más adelante).

Ventaja n.º 3 de las proteínas animales: beneficios para los huesos y las articulaciones

Cuando las sociedades tradicionales comían carne, aprovechaban todo el animal para el bien de la salud del clan. Hoy solemos centrarnos solo en la carne muscular, pero hay otras muchas partes de los animales, como las patas de gallina, por ejemplo, que contienen nutrientes beneficiosos que no se encuentran en los músculos.

Los huesos, los tendones, las ternillas y los cartílagos eran elementos habituales de la dieta de las sociedades tradicionales. Aquellas gentes solían preparar sopas y guisados con los huesos, los cartílagos y los tejidos conjuntivos de los animales. Estos caldos eran un alimento nutritivo para los huesos y las articulaciones de las personas que las bebían, pues les aportaban colágeno y compuestos de la familia química de las glucosaminas y los glucanos. Recuerdo que mis dos abuelas masticaban los cartílagos de los extremos de los huesos de pollo. Me decían que les hacía falta para las articulaciones. Por desgracia, yo no supe valorar su sabiduría entonces, pues aquello me daba un poco de asco. Pero ahora me doy cuenta de que las dos hacían algo muy natural para todos los seres humanos: estaban aprovechando una rica fuente de compuestos sanadores para las articulaciones. Me complace decir que ahora mastico esos cartílagos y los añado a las sopas y a los guisos.

El caldo de huesos es sabroso, rico y reconfortante, y la glucosamina que contiene tiende a ir directamente a las articulaciones, donde más falta hace, aunque todavía no entendemos exactamente cómo se produce este proceso[6]. ¡Es la magia de la naturaleza! El caldo de huesos también está cargado de los minerales que necesita nuestro esqueleto, además de contener glutamina y otros aminoácidos que son especialmente sanadores

> **RESPONDO A LOS GUERREROS DE WAHLS**
>
> P: ¿El Protocolo Wahls tiene efectos beneficiosos concretos para la neuropatía?
> R: Me parece muy artificial considerar que las lesiones de los nervios periféricos son muy distintas de las enfermedades que afectan a la médula espinal y al cerebro. Los nervios periféricos necesitan las mismas vitaminas, minerales, antioxidantes y grasas esenciales, tan importantes. También se dañan con las mismas toxinas y con la inflamación excesiva e inadecuada. He visto en mi consulta a varios individuos que tenían neuropatía diabética, y otros con neuropatías cuyas causas no podíamos determinar (idiopáticas), que reaccionaron muy favorablemente tras adoptar la dieta Wahls o la dieta Wahls Paleo.

para quien padece de «intestino permeable». Nuestras células intestinales prefieren hacer funcionar su maquinaria celular con el aminoácido glutamina (en vez de la glucosa o azúcar de la sangre). Por eso, cuando disponen de la glutamina suficiente, curan con mayor eficacia sus daños internos. Un tazón al día o dos de caldo de huesos vienen muy bien para empezar a curar el intestino permeable[7]. Esta preferencia de las células intestinales por la glutamina explica también por qué sufrimos dolores cuando contraemos la gripe. Nuestro cuerpo extrae glutamina de los músculos, y por eso sentimos esos dolores musculares profundos, tan característicos de muchas enfermedades que cursan con fiebre. La próxima vez que tengas fiebre, toma caldo de huesos y es muy probable que así se te alivie esa sensación de dolor, pues no tendrás que extraer tanta glutamina de los músculos. Este es el secreto del viejo remedio casero, el caldo de pollo..., siempre que prepares el caldo también con los huesos del pollo. ¡Nuestras bisabuelas eran muy sabias! (En la sección de «Recetas» de este libro encontrarás una sencilla para preparar caldo de huesos). El caldo de huesos no se puede reemplazar con ningún alimento vegetariano.

Los posibles daños del vegetarianismo

Espero haberte convencido de que la carne aporta muchos beneficios para la salud. Pero también es posible que no te importe, que seas vegetariano y quieras seguir siéndolo. Lo entiendo. Siendo vegetariano, puedes practicar la dieta Wahls; pero ya no es posible pasar a la dieta Wahls Paleo practicando el vegetarianismo. Esto sorprende a algunas personas. ¿Acaso no es el vegetarianismo la dieta más sana? ¿No dicen los médicos que es la mejor alimentación para el corazón? ¿Es que la carne no es mala? Como estamos en el capítulo dedicado al nivel de la dieta en que ya no se puede ser vegetariano, voy a dedicar algunos párrafos a exponer mis motivos.

Como médica e investigadora, no estoy de acuerdo con que la dieta vegetariana sea la más sana para los seres humanos, y creo, de hecho, que puede ser dañina, sobre todo si no se practica con cuidado. Creo, además, que los muchos años que viví siendo vegetariana pudieron contribuir a que contrajese esclerosis múltiple, o como mínimo a acelerarla. Pero también entiendo que algunas personas tienen motivos poderosos, religiosos, morales o éticos, para no comer carne. No me corresponde discutir esas creencias con nadie.

En cualquier caso, al ir avanzando cada vez más por el camino de la alimentación saludable, guiada por mis propias investigaciones, me he convencido por completo. No volveré a ser vegetariana. En la dieta Wahls Paleo se combinan los aspectos más sanos del vegetarianismo (los nueve tazones de frutas y hortalizas cada día) con lo mejor de la dieta paleo tradicional (las proteínas de origen animal natural), y creo que esta es la mejor dieta para la salud humana.

Son demasiadas las personas que se vuelven vegetarianas pero siguen comiendo muchos alimentos muy procesados, pocas frutas y verduras y ninguna fuente de proteínas completas, por lo que su dieta cada vez es más deficitaria en grasas esenciales, proteínas, vitaminas, minerales y antioxidantes. Estas dietas les hacen correr un grave peligro. Pero tengo otros motivos poderosos para creer que la dieta vegetariana puede ser dañina para la salud incluso en el caso de los vegetarianos que comen abundantes frutas, verduras y proteínas.

Peligro n.º 1 del vegetarianismo: desequilibrio de la proporción de ácidos grasos

Ya sabes que debes mejorar la proporción de ácidos grasos omega-6 y omega-3 que consumes; pero lo que puede que no sepas es que será difícil que la mejores haciendo una dieta exclusivamente vegetariana. Hay muchos alimentos vegetales que se suelen anunciar como ricas fuentes de ácidos grasos omega-3, entre ellos las semillas de lino, las nueces y las semillas de cáñamo. Son alimentos nutritivos, y yo también los como. No obstante, no solo contienen también niveles elevados de ácidos grasos omega-6 (y esto no te lo suelen contar), sino que lo cierto es que no contienen los ácidos grasos omega-3 en las formas que necesita nuestro organismo, que son el ácido docosahexaenoico (ADH o DHA) y el ácido eicosapentoenoico (EPA o AEP). Lo que contienen es, más bien, ácido alfa-linolénico (AAL), que

LA DIETA WAHLS PALEO 243

nuestros cuerpos deben transformar para darle una forma más utilizable. El AAL es una cadena corta de moléculas, y nuestras células deben seguir un proceso de varios pasos para alargar el AAL y darle la forma de las grasas omega-3 que más necesitan nuestras células, las de AEP y ADH. El proceso no es eficiente. Solo se convertirá en ADH un 5 por ciento del AAL que comes (entre un 7 y un 10 por cierto si estás embarazada). Para obtener la cantidad de ADH que necesita tu cerebro, tendrás que comer de diez a veinte veces esa cantidad de AAL.

En un estudio realizado sobre la eficacia de dosis elevadas de aceites de oliva, de linaza y de pescado en pacientes con síndrome de déficit de atención con hiperactividad, la proporción de omega-6 respecto del omega-3 en las membranas de los glóbulos rojos solo varió en los que tomaron el aceite de pescado[8]. No es más que uno entre muchos estudios que demuestran la superioridad del aceite de pescado respecto de los aceites vegetales a la hora de mejorar la proporción de omega-6 y omega-3. No cabe duda de que el cuerpo aprovecha mucho mejor los omega-3 del aceite de pescado que los AAL omega-3 de los alimentos vegetales.

Peligro n.º 2 del vegetarianismo: los aceites vegetales

Ya que estamos viendo la cuestión de la proporción ideal de los ácidos grasos omega-6 y omega-3, vamos a hablar de los aceites vegetales, que se extraen de semillas como las de maíz, girasol o colza, por un proceso en el que se suelen emplear disolventes como el hexano, que es bastante tóxico. Ya te recomendé en el capítulo anterior que te limitaras a usar algunos aceites y suprimieras la mayoría de los demás; pero vamos a ver ahora por qué.

Los aceites vegetales parecen sanos a primera vista, pero son una de las fuentes más ricas de ácidos grasos omega-6. Como ya he explicado en este capítulo, necesitas los ácidos grasos omega-6, pero deben estar equilibrados con los omega-3, y en nuestros tiempos la mayoría de la gente consume muchos más ácidos grasos omega-6 que omega-3. El uso de los aceites vegetales no hace más que agravar el problema.

Pero no es solo una cuestión de mejorar un poco el equilibrio de los ácidos grasos. El exceso de ácidos grasos omega-6 puede llegar a ser peligroso para las personas que tienen trastornos autoinmunes. Los peores son el aceite de maíz y el de soja, que desequilibran muchísimo la proporción de omega-6 y omega-3. Por eso recomiendo a mis pacientes que no consuman nunca aceite de maíz ni de soja. El aceite de colza se suele recomendar como fuente de ácidos grasos omega-3, y es cierto que contiene mayor cantidad de estos que otros aceites vegetales. No obstante, cuando se calienta el aceite de colza, las grasas omega-3 se disgregan y se vuelven inútiles para el organismo. Además, el aceite de colza contiene más grasas trans, y tiende a generar todavía más cuando se calienta. Por otra parte, la mayoría de los aceites de soja, de maíz y de colza están elaborados a partir de cultivos transgénicos, que yo no recomiendo a nadie que padezca una enfermedad autoinmune. Te sugiero que evites todos ellos.

Quizá opines que el aceite de oliva sigue siendo una buena opción, y sí que lo es, con una condición: *¡que no lo calientes!* El calor es muy probable que dañe (que oxide) las uniones moleculares dobles del aceite de oliva, privando a este de buena parte de sus beneficios. Además, con el calor se destruyen los más de veinte polifenoles (antioxidantes) distintos que contiene el aceite de oliva y que son beneficiosos para la salud[9]. Prefiero que lo tomes frío, en el aderezo de las ensaladas, para que sigas go-

LOS PELIGROS DE LAS GRASAS TRANS

Los científicos crearon las primeras grasas trans en la década de 1890 añadiendo hidrógeno a las grasas (por hidrogenación), con lo que las volvieron sólidas a temperatura ambiente. Pero estas grasas de nueva creación no llegaron a popularizarse hasta después de la Segunda Guerra Mundial. Una de las ventajas de estas nuevas grasas era que resultaban fáciles de untar aunque estuvieran refrigeradas. Y, por otra parte, se invirtió mucho dinero en dar a conocer la teoría del colesterol como causante de las enfermedades cardíacas, según la cual se debían sustituir las grasas saturadas por grasas poliinsaturadas (aceites vegetales). El sector de los aceites vegetales consiguió convencer al público occidental para que sustituyera la mantequilla por margarina (hecha de grasas semihidrogenadas, entre las que figuran las grasas trans), porque se creía que las grasas parcialmente hidrogenadas eran más sanas que las grasas saturadas de la mantequilla. ¡Qué equivocados estaban!

Ahora sabemos que las grasas trans provocan enfermedades. Existen muchas investigaciones sólidas que lo confirman. Las moléculas de grasas trans se insertan en las membranas celulares, que se vuelven rígidas, y entorpecen la transmisión de mensajes entre nuestras células. Las grasas trans también provocan confusiones en la biología de nuestras células, lo que aumenta la inflamación de los vasos sanguíneos y del cerebro y altera las señales hormonales[10]. El resultado es un desarrollo más rápido de la aterosclerosis (la obstrucción de las arterias) y la contracción del cerebro, cuyas neuronas tienen más dificultades de comunicación. Una dieta con grasas trans también aumenta la probabilidad de desarrollar obesidad y diabetes. En un estudio realizado por Bowman[11] del que ya he hablado, en el que los científicos midieron la capacidad mental

> y el tamaño cerebral de adultos mayores (de 87 años de media), los investigadores midieron también los niveles cerebrales de vitaminas, minerales, ácidos grasos esenciales y antioxidantes, así como el nivel de grasas hidrogenadas o trans en la sangre. Cuanta más cantidad de grasas trans tenían los sujetos, más deteriorada estaba su capacidad mental y más pequeño era el cerebro[12].

zando de todos esos antioxidantes sanos. ¡No cocines con aceite de oliva! Las mejores grasas para cocinar, las que se mantienen más estables, son las grasas animales solidificadas, como la de cerdo, el sebo o la grasa de pollo. Si tienes necesidad de emplear un aceite vegetal, emplea el de coco, que no se desnaturaliza a temperaturas elevadas.

Tengo que darte malas noticias sobre los aceites vegetales. Seguramente creías que las grasas trans solo se encontraban en los alimentos procesados. Pero también las estás elaborando tú, y te las comes sin saberlo, cuando calientas en la cocina aceites poliinsaturados. Cuando se emplean aceites vegetales para freír, sobre todo en freidora, el calor elevado oxida (daña) algunas uniones moleculares, con lo que aumenta el riesgo de que se formen grasas trans. A mayor calor, más producción de grasas trans, y también más vitaminas y antioxidantes se pierden en el aceite (¡y en los alimentos que fríes!). Cuantas más veces se recalienta el aceite, más grasas trans se producirán. Por eso no debes reutilizar el aceite de freír. Es una buena razón, entre tantas, para evitar los fritos en los restaurantes de comida rápida. Por supuesto no cambian el aceite después de freír cada tanda de patatas fritas, y no dudes que fríen con aceites vegetales baratos, no con grasa animal, como se hacía en otros tiempos.

Peligro n.º 3 del vegetarianismo: los cereales y las legumbres

Si eres vegetariano, es probable que comas muchos cereales y legumbres. Será la manera más sencilla de obtener proteínas. Aunque no tomes gluten, teniendo en cuenta el daño que te puede hacer el gluten cuando padeces una enfermedad autoinmune, tendrás que combinar los cereales sin gluten (incluyendo cereales integrales) con legumbres para conseguir la cantidad suficiente de todos los aminoácidos esenciales para elaborar una proteína completa. (Quizá hayas oído decir que no es cierto que debas combinar los cereales con las legumbres en una misma comida, siempre que consumas la variedad suficiente a lo largo de unos cuantos días; pero la verdad es que combinar cereales y legumbres en una misma comida sigue siendo, probablemente, la manera más fácil de asegurar que obtienes en todas las comidas los aminoácidos que necesitas). Pero los cereales, aun los que no tienen gluten, y las legumbres, también llevan asociados algunos problemas. Ambos, aunque sean sin gluten, insisto, contienen varios antinutrientes que acabarás consumiendo más si eres vegetariano. Estos antinutrientes son los fitatos, las lectinas y los inhibidores de la tripsina. El fitato, o ácido fítico, es una unión del inositol con el fósforo, y se une por quelación a minerales como el zinc, el hierro, el calcio y el magnesio, a los que lleva hasta el exterior del cuerpo sin que se aprovechen. Dicho de otro modo, los fitatos bloquean la absorción del magnesio, del calcio y, sobre todo, del zinc por parte del organismo, lo que puede conducir a carencias de dichos minerales[13]. Las lectinas son unas proteínas que se unen a los azúcares y que pueden aumentar significativamente la inflamación en las personas con problemas de autoinmunidad y en individuos con propensión genética[14]. Los inhibidores de la tripsina, que se encuentran principalmente en las legumbres, bloquean la digestión de las

HABLAN LOS GUERREROS DE WAHLS

«Cuando me diagnosticaron cáncer de colon en fase III, y yo opté por no someterme a quimioterapia y en lugar de ello realizar cambios radicales de vida, adopté una dieta vegana crudívora: comía solo frutas, hortalizas, semillas y frutos secos, y me bebía ocho vasos de zumo de verduras al día (normalmente de zanahorias, apio, remolacha y raíz de jengibre). Comía a diario alimentos anticancerosos, sobre todo hortalizas de las familias de las crucíferas y de las aliáceas: brócoli, coliflor, col, kale, cebollas y ajo. Me comía ensaladas gigantes al mediodía y en la cena. También bebía smoothies de frutas a diario, con coco tierno fresco, arándanos, frambuesas, moras fresas y un plátano.

Sin embargo, no estaba manteniendo un peso sano. Al cabo de noventa días, y siguiendo la recomendación de mi naturópata, volví a dar entrada en mi dieta a algunas carnes limpias, entre ellas el pollo y los huevos de granja, salmón silvestre de Alaska y carne de vacuno y cordero criados con pastos. Esta introducción de las carnes limpias me ayudó a ganar un peso sano y a mantenerlo, lo que me resultaba imposible siendo vegano y crudívoro. Cuando descubrí a la doctora Wahls en 2012, por su charla de TEDx, me apasionó el éxito con que estaba aplicando el poder curativo de la nutrición y su misión de darlo a conocer a los demás. Los principios de su dieta son idénticos a los que seguí yo para curarme a mí mismo. Todavía sigo los principios de la dieta Wahls, y ahora ya no tengo cáncer. Los alimentos integrales de la

> tierra refuerzan la capacidad del organismo para funcionar a niveles óptimos, para desintoxicarse, repararse y regenerarse. ¡Favorecen el peso sano, te dan energía y hacen que te sientas bien!».
> Chris W., Memphis, Tennessee (EE. UU.)

proteínas indispensables para conservar la salud[15]. ¡Tú procuras comer más legumbres para absorber proteínas y las propias legumbres te lo impiden!

Pero hay maneras de evitar los efectos de algunos de estos inhibidores. Con la germinación se alivia el daño que producen los fitatos y las lectinas[16]. Si dejas en remojo los cereales, las legumbres, las semillas o los frutos secos para poner en marcha el proceso de germinación, el alimento vegetal produce fitasa, que reduce la actividad de los fitatos, de las lectinas y de los inhibidores de la tripsina. Por eso recomiendo a los vegetarianos que pongan en remojo los cereales y las legumbres durante veinticuatro horas antes de comerlos, y que los laven bien antes de cocinarlos. Además, así se reducen los tiempos de cocción de ambos alimentos. Quizá parezca que es una medida engorrosa o innecesaria, pero ¡puede servir para mejorar mucho la eficiencia con que tu organismo absorbe las proteínas y conserva los minerales valiosos!

Peligro n.º 4 del vegetarianismo: la soja

La soja es una de las fuentes de proteína más populares entre las personas que no comen productos animales, y los vegetarianos tienden a convertirse en grandes consumidores de derivados de la soja, sobre todo en Estados Unidos. Si eres vegetariano, es probable que estés comiendo mucha soja, porque con ella se elaboran muchos productos vegetarianos fáciles de preparar, como las hamburguesas y las salchichas vegetarianas, y hay muchos platos vegetarianos populares que contienen derivados de la soja, como el tofu y el tempeh. También está la leche de soja, el queso de soja, el helado de soja... La soja es la única proteína vegetariana que considera completa el Departamento de Agricultura de Estados Unidos. Si bien se han publicado estudios que demuestran ciertas ventajas de algunos productos a base de soja, sobre todo para las mujeres que se acercan a la menopausia, la soja no es buena, en general, cuando se consume en grandes cantidades, sobre todo si no está fermentada.

Mi primera causa de inquietud es que, en Estados Unidos, un 95 por ciento de los productos a base de soja se elaboran con soja transgénica, sin que sea obligatorio que se haga constar en el envase. A estos cultivos transgénicos se les aplica mucho glifosfato, un compuesto presente en el herbicida Roundup, que produce la multinacional de la alimentación Monsanto para controlar las malas hierbas en los campos de cultivo del maíz y la soja transgénicos. Se ha demostrado que el glifosfato es tóxico para células humanas criadas en laboratorio, que hace confundir las señales hormonales[17] y que interfiere con varias enzimas que empleamos para procesar las toxinas y eliminarlas[18]. El uso creciente de pesticidas con todos los organismos transgénicos, sin que conozcamos con certeza los efectos de las modificaciones genéticas, me parecen motivos suficientes para que evitemos consumirlos. A estas alturas hay que dar por supuesto que todo lo que no lleva la etiqueta de «ecológico» tiene muchas probabilidades de ser transgénico[19].

Otra causa de inquietud es que la soja, como otras legumbres, contiene: ácido fítico, que se une a los minerales, sobre todo al magnesio, al calcio y al zinc, de tal modo que nuestras células no pueden acceder a ellos con facilidad; lectinas, que pueden aumentar la inflamación en las personas con propension genética[20], e inhibidores de la tripsina, que pueden dificultar la digestión. La soja contiene, además, fitoestrógenos, que son unas sustancias de origen vegetal que pueden interferir con los receptores de estrógenos de nuestro organismo. Entre los fitoestrógenos se cuentan las isoflavonas, la genisteína y la daidzeína. En las culturas tradicionales, la soja se hacía fermentar, lo que contribuía a neutralizar todas estas cosas; pero la mayoría de la soja que comemos en Occidente no está fermentada, y muchos de sus antinutrientes siguen presentes en derivados de la soja, como

¿ADORAS LOS SMOOTHIES DE PROTEÍNAS DE SOJA?

¿Te haces smoothies con extracto de proteínas de soja? La soja en forma de extracto de proteínas en polvo es un invento muy reciente en la dieta humana. Estos productos, muy procesados, se suelen elaborar a temperaturas en que las proteínas se desnaturalizan (cambia su forma), con lo que resultan más difíciles de digerir[21]. Tampoco podemos contar con datos históricos para predecir qué repercusiones tendrán sobre la salud humana a largo plazo estos productos sucedáneos de la comida auténtica. No olvidemos que los científicos dijeron, en su día, que las grasas trans nos sentaban mejor que la mantequilla y que eran buenas para la salud. Solo años más tarde se descubrió que, en realidad, las grasas trans son dañinas. Sigue tomándote los smoothies, pero en vez de emplear proteína de soja en polvo procesada, limítate a mezclar bayas frescas o congeladas y un buen puñado de verduras de hoja verde con unos cuantos frutos secos o mantequilla de frutos secos y leche de coco. Añade hielo si quieres, un poco de canela si te gusta y ¡disfruta de tu smoothie sin proteínas en polvo!

la leche de soja y el tofu. Los productos de soja fermentada, como el tempeh y el miso, que se comían en las sociedades tradicionales de Asia, plantean muchos menos riesgos a la salud. Si comes mucha soja, es preferible que elijas la que esté etiquetada expresamente como no transgénica y que la tomes en forma fermentada, como el tempeh, el miso o el nato.

Por si te han parecido pocas todas estas pruebas de que la dieta vegetariana es inferior desde el punto de vista nutritivo, repasa, además, los datos siguientes sobre lo que recibes o no recibes cuando haces dieta vegetariana:

- Los productos de origen animal son la única fuente auténtica de vitaminas A (retinol) y D (colecalciferol) ya elaboradas. Los vegetales contienen betacaroteno, que el cuerpo puede convertir en vitamina A; pero este proceso de conversión es más o menos eficaz en función del individuo, y algunas personas no lo pueden realizar bien[22]. Es conveniente disponer en la dieta de algo de vitamina A ya elaborada. La vitamina A es necesaria para la vista y para la salud de los huesos, del sistema reproductivo y del sistema inmunitario. La mejor fuente de vitamina D es el sol, pero también podemos obtener vitamina D del pescado y del ghee (mantequilla clarificada). La vitamina D es importante para la salud del cerebro, de los huesos y de las células inmunitarias, y para que el ADN se lea como es debido. El hígado y el aceite de hígado de bacalao son buenas fuentes de vitamina A y vitamina D ya elaboradas. ¡Qué sabias eran nuestras abuelas, que daban aceite de hígado de bacalao a los niños todos los días!
- Para absorber cobalamina (vitamina B_{12}), tu cuerpo combina el factor intrínseco (elaborado en el estómago) con

la molécula de cobalamina que se obtiene por la dieta. Como el factor intrínseco solo se combina bien con la forma animal de la cobalamina, el intestino no puede absorber fácilmente la cobalamina de fuentes bacterianas o de algas. La fuente más rica de cobalamina es la carne de hígado y de otras vísceras. La levadura nutricional tiene cobalamina añadida en una forma que se puede absorber; por eso, te recomiendo que la uses con generosidad si eres vegetariano. También recomiendo los suplementos de metil B_{12} por vía sublingual (gotas que se ponen bajo la lengua). El metil B_{12} es la forma que necesita nuestro cerebro, y al tomarlo por vía sublingual no necesitas factor intrínseco para absorberlo.

- Si llevas años haciendo una dieta vegetariana o vegana, corres mayor riesgo de tener hipoacidez gástrica, con lo que absorberás con menor eficiencia la vitamina B_{12} (lo que se suma al problema del factor intrínseco que acabamos de citar) y muchos minerales[23]. Esto, a su vez, puede aumentar el riesgo de que sufras problemas cerebrales y de corazón, osteoporosis y desequilibrios malsanos de las bacterias intestinales, lo que puede conducirte al síndrome del intestino permeable y a un mayor peligro de sufrir problemas de autoinmunidad. Para terminar, quiero dejar claro que no pretendo «rebatir» a los vegetarianos ni a los veganos. Solo quiero manifestar cuál es la dieta óptima que considero que deben hacer las personas que padecen trastornos autoinmunes u otros problemas crónicos de salud. Si este es tu caso, necesitas todos los recursos posibles para curarte y para aumentar al máximo tu salud. Yo creo que entre estos recursos se cuentan las proteínas animales; pero eres tú quien decide.

HABLAN LOS GUERREROS DE WAHLS

«En agosto de 2012 me diagnosticaron esclerosis múltiple. Los síntomas se me habían presentado de manera repentina: hormigueo e insensibilidad en el brazo derecho y en las dos manos, urgencia urinaria, problemas cognitivos, dolores en la baja espalda y caída del pie derecho. Recuerdo que un sábado estuve jugando al golf y el viernes siguiente ya tenía que andar con bastón. No sabía qué me pasaba y tuve miedo. Me pusieron un tratamiento de esteroides intravenosos de cinco días. Empecé a hacer terapia física y ocupacional y también logoterapia, pues me costaba trabajo encontrar las palabras al hablar.

Desesperada, busqué en Internet y leí todo lo que pude sobre la esclerosis múltiple. Intenté hablar con mi neurólogo de mi dieta, pues había leído que la dieta sin gluten puede sentar bien a las personas con enfermedades autoinmunes. El neurólogo me recomendó que siguiera con mi dieta «equilibrada», porque lo de suprimir el gluten podía ser una simple «moda» y era difícil de hacer. En octubre de 2012 acudí a un practicante de medicina holística, que me recomendó que suprimiera el gluten, los lácteos y los huevos, y me hiciera después unas pruebas de alergia. Fue por entonces cuando descubrí a la doctora Wahls, cuya historia personal me llenó de esperanza. Empecé a tomar los nueve tazones de frutas y hortalizas y a comer carne magra de cría ecológica, mucho pescado silvestre, algas marinas y algunas vísceras (aunque esto último todavía me cuesta). Cuando recibí los resultados de las pruebas de alergia vi que, en efecto, tenía mucha intolerancia al gluten, a los lácteos, a los huevos, a la soja y a las almendras. Estos resultados corroboraban la labor de la doctora Wahls.

Tu cuerpo se puede curar si suprimes los alimentos más inflamatorios y los sustituyes por vegetales, carne magra y algas. Hace cuatro meses que emprendí la dieta Wahls, y el nivel de vitamina D me ha subido de 17 a 52, me han bajado la medicación y he perdido seis kilos. Ahora hago ejercicio y corro tres kilómetros varias veces por semana, camino cinco kilómetros al día, voy en bicicleta, practico natación y entrenamientos de fuerza, medito y hago estiramientos a diario. Me preparo smoothies y comidas completas en casa. He dejado atrás los tiempos en que comía en restaurantes o encargaba comidas de fuera de tres a cuatro veces por semana. Comiendo de esta manera he recuperado mucha energía, he dejado de tener neblina mental y dificultades para hablar, tengo la piel estupenda y estoy más despierta y más atenta. Comer de esta manera no es fácil, y mi familia también ha tenido que adaptarse; pero, en último extremo, he optado por la salud. Estoy más sintonizada con mi cuerpo y le doy el combustible que necesita para funcionar bien».

Michelle M., Baltimore, Maryland (EE. UU)

Tercera parte: añadir algas y vísceras

Nuestros antepasados remotos, que vivían hace millones de años en la sabana africana, eran cazadores y recolectores. Los alimentos eran un bien precioso, y, si matábamos un animal pequeño, nos comíamos el hígado, el corazón, los riñones y el cerebro, además de la carne muscular. También aprovechábamos los restos que dejaban los depredadores mayores, como los leones. Cuando los leones mataban a sus presas, empezaban, sabiamente, por comerse las vísceras. Las hienas y los chacales devoraban la carne muscular. Pero nuestros antepasados ya sabían emplear herramientas primitivas para romper los cráneos y los huesos largos que quedaban, y poder comer los sesos y la médula, que son ricas fuentes de ácido docosahexaenoico (ADH), un nutriente clave para el desarrollo del cerebro.

También nos adentrábamos en las aguas costeras y comíamos mariscos y moluscos enteros; nuestras herramientas primitivas también nos servían para abrir las almejas y los mejillones. Figuraban además en el menú las algas y las verduras marinas, ricas en yodo y con buenas concentraciones de minerales. Se suele considerar que estas adaptaciones nuestras nos otorgaron la ventaja competitiva que nos permitió sobrevivir y desarrollar cerebros más grandes y más complejos[24]. Si queremos seguir teniendo grande el cerebro, debemos comer y dar a comer a nuestros hijos más partes de los animales de los que nos alimentamos y más vegetales procedentes del mar, con lo que nuestras dietas serán más abundantes todavía en vitaminas, minerales y antioxidantes.

¿Eres una criatura marina?

La vida comenzó hace más de 3000 millones de años, en mares ricos en minerales. El contenido de minerales de nuestra sangre es un reflejo de aquellos mares antiguos. Todavía llevamos dentro un poco de mar. Creo que a esto se debe que el cuerpo humano responda de manera tan favorable a los alimentos vegetales que crecen en el mar. Las algas contienen una nutrición mineral inmensa, además de vitaminas beneficiosas. Come toda la lechuga romana y toda la col kale que quieras, pero si les añades algas marinas estarás llevando tu nutrición a un nivel superior.

Las algas marinas se han empleado desde hace miles de años en medicina, en los spas y como alimento[25]. Las gentes de las culturas tradicionales viajaban hasta muy lejos para recoger algas marinas, o las obtenían por medio del comercio. Puede que no supieran que las algas aportan una rica provisión de minerales, pero sí conocían el valor de esta fuente importante de alimentos. Como es natural, han sido sobre todo las comunidades costeras tradicionales las que han integrado las algas marinas en su dieta, e históricamente la dieta de los habitantes de Japón y de Okinawa ha estado compuesta de algas marinas en un 10 a un 15 por ciento. La población de estas culturas tiene una tasa muy inferior de enfermedades cardíacas, de diabetes y de trastornos autoinmunes, a pesar de que los japoneses y los habitantes de Okinawa (que ahora también pertenece políticamente a Japón) tienen una tasa más elevada de tabaquismo y de consumo de sal. No obstante, se ha apreciado un aumento creciente de estas enfermedades crónicas a medida que los jóvenes abandonan las dietas tradicionales a favor de una dieta occidentalizada, con mayor contenido de azúcares simples y de carbohidratos refinados.

Las verduras marinas contienen unos perfiles de nutrientes que no se encuentran en ningún otro alimento. Más concreta-

> **WAHLS ADVIERTE**
>
> Muchas personas se preguntan si las algas marinas procedentes de Japón y de China se pueden consumir sin peligro, teniendo en cuenta los vertidos radiactivos que se produjeron tras el terremoto y el tsunami de Japón en 2011 que provocó la fusión parcial de unos reactores nucleares. Últimamente estoy comprando las algas marinas a empresas de Canadá y de Maine (EE. UU.). Para mayor comodidad y seguridad, busco kelp en polvo y dulse en copos que se hayan recogido en aguas limpias, de cosecha sostenible, con el sello de ecologicos y que estén analizados y declarados libres de radiactividad, metales pesados y pesticidas. Tú también puedes comprar algas secas a las empresas que se indican en la sección de «Recursos», al final del libro.

mente, son fuentes ricas de yodo, elemento que cumple muchas funciones importantes para el organismo[26]. La glándula tiroides, que rige el metabolismo del cuerpo y su nivel de energía, depende mucho del yodo. Además, el yodo forma parte del arsenal con que los leucocitos atacan y matan a los virus, bacterias y células cancerosas invasoras. El yodo también ayuda al organismo a procesar debidamente metales pesados como el plomo y el mercurio para eliminarlos después. Si has hecho una dieta baja en minerales, vitaminas y antioxidantes, y si algún familiar tuyo o tú mismo tenéis antecedentes de problemas de cerebro o de corazón, es más probable que tengas acumuladas algunas toxinas como el plomo y el mercurio en la grasa del cuerpo, incluida la grasa del cerebro. Cuando estás bajo de yodo, tienes más probabilidades de sufrir problemas de dilatación de la glándula tiroides, o bocio, y de infraactividad de dicha glándula (hipotiroidismo). También es más probable que te defiendas peor de infecciones tales como la borreliosis de Lyme.

En Estados Unidos ha ido decayendo el consumo de yodo y de oligoelementos desde hace medio siglo, debido, en parte, a que los médicos han estado diciendo a los pacientes que tomen menos sal. La sal yodada era la fuente principal de yodo para la mayor parte de la población. El problema se agrava porque hemos estado añadiendo a nuestra dieta componentes halógenos que interfieren con los receptores del yodo de nuestras células, principalmente por el flúor y el cloro que se añaden al agua potable, y el bromo con que se tratan los alimentos. Como estos halógenos son semejantes químicamente al yodo, se disputan con él los receptores del yodo. (Algunos alimentos, como la soja, el lino y las verduras de las familias de las coles, si se comen crudas, pueden entorpecer ligeramente también la asimilación del yodo; pero los beneficios de estos alimentos pesan más que este inconveniente, siempre que no se coman con exceso).

Sucede así que ha aumentado nuestra necesidad diaria de yodo al mismo tiempo que caía su consumo. Es cierto que cada vez comemos más sal y que los médicos nos previenen contra esta tendencia; pero la sal que más tendemos a comer es la que se encuentra en los alimentos procesados, y esta, en general, no es sal yodada. Como la población estadounidense cocina menos en casa, emplea menos sal yodada, o elige otros tipos de sal. Con la caída de los niveles de yodo, han ido en aumento los niveles de hipotiroidismo, y algunas fuentes evalúan entre un 10 y un 25 por ciento el número de mujeres estadounidenses afectadas por esta enfermedad, todo ello debido en gran medida a la falta de yodo[27]. Por suerte para ti, no tendrás que añadir más sal a tu dieta para obtener más yodo. Las algas marinas son una fuente de yodo rica y natural.

Las algas marinas contienen también muchos minerales valiosos, como calcio, cobre, cromo, hierro, yodo, litio, manganeso, magnesio, potasio, selenio, silicio, azufre, vanadio y cinc. También te aportarán vitaminas del grupo B (B_1, B_2, B_3, B_5, B_6 y B_9) y vitaminas A, C, E y K. Otros componentes de las algas son los alginatos, muy útiles para potenciar la eliminación de los solventes, de los plásticos, de los metales pesados e incluso de la radiactividad del cuerpo[28], y los u-fucoidanos, que mejoran la eficiencia de los leucocitos de la sangre para combatir las infecciones víricas crónicas[29].

Existen miles de algas diferentes, y las podemos dividir en tres grupos: las verdes, las pardas y las rojas. Sus colores indican el tipo de clorofila que contienen. Las algas verdes, como la lamilla o lechuga de mar, deben crecer en aguas poco profundas, cerca de la costa. Las algas pardas pueden crecer a treinta metros por debajo de la superficie, y las algas rojas pueden crecer a ciento veinte metros de profundidad. Lo ideal para obtener unos beneficios óptimos será que consumamos algas de todos los colores.

Esto no es tan difícil como parece. Aunque tal vez no te hayas fijado, en el supermercado de tu barrio quizá puedas encontrar algunas verduras marinas, y es casi seguro que en la tienda de alimentos naturales disponen al menos de algunas variedades envasadas para elegir. Las algas marinas se presentan de varias formas: frescas, reconstituidas, en copos y en polvo. También puedes encontrarlas en polvo en la sección de suplementos alimenticios. En las tiendas de productos alimenticios asiáticos es más fácil encontrar bolsas grandes de algas marinas muy diversas.

Si no te estás tratando con medicación para la tiroides, te recomiendo que empieces a tomar una cantidad pequeña de algas marinas un día sí y otro no, durante un mes. También te recomendaría que comieras una combinación de varios tipos de algas marinas. Lo más sencillo es ir alternando entre el kelp en

> **SI TOMAS MEDICACIÓN PARA LA TIROIDES, LEE ESTO**
>
> Si te estás tratando por tener hiper o hipotiroidismo, es probable que tengas que cambiar las dosis de medicación si añades algas marinas a tu dieta. Pide a tu médico que te oriente. Ve añadiendo las algas a tu alimentación poco a poco, empezando por una vez por semana y agregando las algas a los platos que prepares. Ve incrementando gradualmente las cantidades de algas que añades y la frecuencia, y pide a tu médico que te revise los niveles tiroideos. Quizá descubráis que te tiene que reducir la medicación (o subírtela, en casos muy raros). Ve poco a poco y de acuerdo con tu médico de cabecera.

polvo y el dulse en copos. Empieza tomando ¼ de cucharadita un día sí y otro no. Si así te va bien, puedes pasar a tomar la cantidad equivalente a ¼ de cucharadita todos los días durante un mes. Lo mejor es que añadas las algas marinas a lo que cocinas y a lo que comes. Así, el gusto y lo que te apetece la comida te ayudarán a orientarte en el consumo. O bien, si encuentras algas frescas o secas, puedes añadirla a los guisos. Lo que se procura es ir aumentando gradualmente la cantidad de algas y que estas sean variadas.

He aquí las cantidades de algas que quisiera que llegases a comer todos los días con la dieta Wahls Paleo. Elige una de las opciones siguientes cada día:

- **Frescas** (o puestas en remojo y reconstituidas): 70 g. 30 g de algas secas se convierten aproximadamente en un tazón (240 ml) de algas frescas, una vez puestas en remojo y reconstituidas.

> **HABLAN LOS GUERREROS DE WAHLS**
>
> «Poco antes de la Navidad de 2011 dije por fin a unos cuantos amigos íntimos que me habían diagnosticado una esclerosis múltiple remitente recurrente. Al día siguiente, uno de ellos me envió por correo electrónico el enlace de la charla de la doctora Wahls en TEDx, y su contenido me caló hondo. Lo vi varias veces y me alegré mucho de saber que el hígado encebollado que tanto me gustaba comer una vez al mes era precisamente lo que me hacía falta. Recordé con una sonrisa cuando masticaba los huesos con mi abuela y cuando almorzaba sardinas con mi suegra, y aquellos recuerdos me llenaron de esperanza. La dieta Wahls me pareció absolutamente lógica desde el momento en que la conocí. Empecé a seguirla aquel mismo día y al cabo de una semana ya apreciaba cambios notables en la presión que tenía en la cabeza, en la vista y en mi capacidad para «pensar bien», como yo lo llamo. He dado las gracias a mi amigo muchas veces».
>
> Debra K., Accord, Nueva York (EE. UU.)

- **Secas en copos:** una cucharadita
- **En polvo:** ¼ de cucharadita

Una dieta visceral

Mis pacientes se resisten todavía más a comer vísceras que a comer algas. No tengo claro el motivo, pues las vísceras eran un componente habitual de la dieta occidental. Tengo un libro de cocina de mi bisabuela titulado *Compendio de cocina y libro del saber*, de 1890, y otro de mi abuela, *Libro de cocina de Fanny Farmer*, de 1939. En ambos libros aparecen muchas recetas para preparar diversas vísceras. Mi bisabuela tenía recetas para elaborar cabeza de ternera cocida, mollejas, sesos, lengua, callos, corazón e hígado, todas ellas pensadas para hacer a la lumbre o con estufa de leña. Recuerdo que mi propia madre guisaba hígado encebollado al menos una vez por semana, y los chicos nos comíamos una buena ración cada uno. No obstante, y por algún motivo, a los occidentales les ha llegado a desagradar esta costumbre tan sana.

En los estudios que realizó Weston A. Price sobre las dietas de las sociedades tradicionales del mundo, analizó las vísceras y descubrió que estaban llenas de lo que él llamaba «activadores potentes» (todavía no se había generalizado el término *vitaminas*)[30]. Las vitaminas liposolubles e hidrosolubles se concentran en las proteínas animales, y especialmente en las de las vísceras. El hígado es la fuente más rica de toda la familia de las vitaminas B, y es la mejor fuente de vitamina B_{12}. Las vísceras, y más concretamente el hígado, son ricas fuentes de vitamina A (retinol), que es esencial para muchas funciones de nuestras células. El hígado también contiene vitamina D ya elaborada (colecalciferol). Las vísceras son fuentes excelentes de zinc, magnesio, fósforo y otros minerales, en formas fáciles de absorber.

El hígado, el corazón, los riñones y otras vísceras son fuentes potentes de las vitaminas liposolubles D, A, E y K, así como de vitaminas del grupo B; y si proceden de animales de cría ecológica y alimentados con pastos, también son buenas fuentes de ácidos grasos esenciales, entre ellos los omega-3, tan deseables. Las vísceras también son fuentes excelentes de creatina, carnitina, ácido alfalipoico y ubiquinona (que es la coenzima Q), sustancias necesarias todas ellas para el funcionamiento óptimo de las mitocondrias. Aunque podemos elaborar la coenzima Q cuando somos jóvenes, esta capacidad decae poco a poco a partir de los 50 años de edad (y decae rápidamente con algunos medicamentos, sobre todo con los de la familia de las estatinas, que se emplean para reducir el colesterol).

Puede costar un poco acostumbrarse a comer vísceras, pues tienen un sabor más intenso que la carne muscular; pero existen buenas maneras de prepararlas. He aquí algunos puntos clave:

- **Come vísceras varias veces a la semana, hasta un total de 350 g por semana.** Cómelas todo lo poco hechas que puedas. Las vísceras muy guisadas estarán secas y correosas, y serán menos agradables al gusto. Las vísceras poco hechas estarán más ricas y jugosas, y conservarán más vitaminas.
- **Empieza por el corazón.** El corazón puede ser la víscera más fácil de comer, pues te parecerá que te estás comiendo un buen bistec. Ten en cuenta que el corazón es la mejor fuente de coenzima Q de que disponemos.
- **Corta el hígado en trozos pequeños y bátelos con agua para preparar un batido de hígado.** Puedes añadirlo a la sopa o al chili, para «disimular» que estás comiendo vísceras. O prueba a preparar un paté.
- **Añade algas kelp o dulse a las recetas de vísceras para enriquecer tus platos con más oligoelementos.** ¡Si lo añades a una receta además del batido de hígado, estarás comiendo algas y vísceras en un mismo plato! Puedes ver ideas de recetas al final de este libro.

HABLAN LOS GUERREROS DE WAHLS

«En julio de 2012 me diagnosticaron esclerosis múltiple y, la verdad, no sabía qué podía esperar de aquello. A partir de mi diagnóstico, y gracias a mi hermana, me puse casi en seguida a buscarle una solución, y no tardé en documentarme mucho sobre la dieta Wahls. Casi siempre he sido muy activa y sana, y creía que mi dieta era sana desde siempre; pero ahora sé que estaba tomando hormonas y aditivos químicos. Ahora solo como alimentos ecológicos y sin hormonas. Cada mañana me preparo un smoothie con unos tres tazones de kale, perejil, semillas de sésamo, de girasol y de calabaza, todas ellas germinadas; nueces germinadas, jengibre, sal marina, polvos de espirulina, BioKefir Inmunity y varias frutas distintas. Mis smoothies del desayuno y del almuerzo contienen un total de casi 1800 ml. Procuro comer vísceras una vez por semana y también como pescado silvestre varias veces por semana, sushi estilo California (makizushi) y ensalada de algas. Evito cuidadosamente los alimentos a los que soy alérgica según los análisis, entre ellos los lácteos, y he sustituido mis empastes de amalgama por otros sin mercurio. Me estoy esforzando mucho por seguir fielmente las recomendaciones de la doctora Wahls, y estoy contenta con mi salud».

DeLeia A., Indianapolis, Indiana (EE. UU.)

Cuarta parte: añadir más alimentos crudos, remojados y fermentados

Las enzimas son catalizadores que facilitan el trabajo a tu cuerpo. Intervienen en diversas reacciones químicas, entre ellas las necesarias para hacer la digestión y absorber los nutrientes. Con la edad, elaboramos las enzimas con menor eficacia. La situación se agrava si hacemos una dieta inadecuada desde el punto de vista nutricional. Si tomamos alimentos que contengan algunas de las enzimas digestivas que necesitamos, podemos hacer la digestión y absorber los nutrientes con mayor eficacia[31]. Hay tres sistemas buenos para conseguirlo:

1. Comer más alimentos crudos.
2. Comer más alimentos remojados.
3. Comer más alimentos fermentados.

Vamos a ver estos sistemas uno a uno.

Comer crudo

En un principio, nuestros antepasados lo comían todo crudo. Aun cuando empezamos a cocinar los alimentos, hace unos 500 000 años, seguíamos consumiendo crudos una buena parte de ellos, incluso la carne. Cuando los alimentos se cocinan, se les rompen las membranas de las células, con lo que se facilitan algunos procesos digestivos y se absorben mejor los minerales y las vitaminas; pero todos los alimentos crudos de origen vegetal y animal contienen abundantes enzimas que ponen en marcha el proceso digestivo correspondiente al alimento en cuestión. No obstante, cuando la comida se calienta por encima de los 48 °C, todas esas enzimas digestivas tan útiles se desnaturalizan

> **WAHLS ADVIERTE**
>
> Si optas por comer carne cruda, antes de consumirla consérvala congelada durante dos semanas como mínimo. Después, pon la carne en adobo con sal y vinagre durante veinticuatro horas antes de comerla. Así se reducirán las probabilidades de una contaminación por bacterias o parásitos, aunque tampoco se descartarán por completo. Por tanto, si decides comer así, deberás ser consciente del riesgo tangible de infección. Este riesgo es mayor cuando se trata de carne de cría industrial y estabulada.

(es decir, cambian de forma), con la consecuencia de que dejan de ser activas biológicamente, y a efectos prácticos quedan destruidas. Si pensamos en el poderoso valor nutritivo de las proteínas animales, comprendemos que es una lástima no absorberlo todo; sin embargo, es lo que le pasa a mucha gente cuando guisa la carne y las verduras, sobre todo cuando las guisa demasiado.

He aquí un ejemplo práctico e interesante de este principio. Los primeros exploradores de las regiones árticas, que se llevaron su comida preparada al gusto occidental, murieron todos. Los exploradores que siguieron sus pasos y optaron por comer a la manera tradicional de los inuit (carne cruda), sobrevivieron, e incluso engordaron durante aquella aventura en condiciones extremas, a pesar de que no eran naturales de aquella región ni estaban acostumbrados al clima. En muchas dietas tradicionales y de pueblos cazadores-recolectores no solo entran frutas y verduras, frutos secos y semillas crudas, sino también carne y pescado crudo, así como carne fermentada y encurtida, que no se somete al calor y solo está «cocinada» por haber pasado un proceso de fermentación o de encurtido[32].

> **HABLAN LOS GUERREROS DE WAHLS**
>
> «No he vuelto a tener síntomas de esclerosis múltiple desde que cambié mis hábitos alimenticios, hace más de cuatro semanas. Se me ha limpiado la piel, duermo mejor, he dejado de tomar medicamentos para el reflujo gástrico y se me han aliviado notablemente los problemas de mareos y de falta de equilibrio. Estoy haciendo la dieta Wahls Paleo y ya no como nada que venga empaquetado, a menos que sean carnes criadas con pastos. No consumo cereales, ni azúcar, ni soja ni aditivos químicos; como alimentos ecológicos siempre que puedo y tomo muchas verduras verdes y de color. ¡Me encanta ir descubriendo alimentos nuevos y multicolores, que están muy ricos! Ahora todo está mucho más fresco, y también me agrada no seguir padeciendo ya los espasmos musculares que tenía a diario en el pecho y que parecían un ataque al corazón. Hago ejercicio de tres a cuatro veces por semana: bicicleta, natación, correr, gimnasia y una clase de yoga a la semana. La doctora Wahls me ha inspirado y me ha animado mucho. Si no hubiera visto su vídeo sobre la alimentación de las mitocondrias, quizá no me habría planteado siquiera que lo que como podía librarme del dolor y de los sufrimientos».
>
> Jody M., Thornton, Denver, Colorado (EE. UU.)

Hoy día, por desgracia, comer carne cruda acarrea peligros para la salud, pues al procesarse los alimentos en cantidades inmensas, y mezclarse la carne de centenares de animales, como ocurre en las grandes plantas de procesado de la industria cárnica, es más probable que el producto final quede contaminado por la carne de animales enfermos. Yo no suelo recomendar comer carne cruda por este peligro para la salud que acarrea su contaminación, sobre todo la de animales de cría convencional en condiciones industriales. Hay momentos y circunstancias en que sí puede ser adecuada la carne cruda, como por ejemplo un *steak tartar* bien preparado, de procedencia fiable, o el sushi de un restaurante de confianza. Pero si optas por comer carne cruda, deberás tener mucho cuidado con su procedencia.

Es mucho más seguro comer una buena cantidad de fruta y hortalizas crudas, así como cocinar la carne a baja temperatura y durante los tiempos más cortos posible, y que sean preferiblemente vísceras y obtenidas de forma directa, a traves de un ganadero de tu confianza. Siempre que puedas, pide que te preparen la carne poco hecha, lo mínimo para que la puedas comer con agrado, y disfruta tanto de la carne como del pescado encurtidos siempre que los puedas conseguir.

La fruta y las hortalizas crudas se encuentran y se comen con facilidad, naturalmente. Yo procuro tomar alimentos vegetales crudos con todas las comidas, ya se trate de una ensalada grande o de la fruta de postre, o de la combinación de frutas y hortalizas que pongo en el smoothie. Si la comida cruda te altera el estómago, empieza poco a poco y come cantidades reducidas mientras se te acostumbra el organismo. Es mejor comer un poco de alimento crudo que no comer ninguno en absoluto.

Remojado y germinado

Otra manera magnífica de generar más enzimas en los alimentos que comes es poniéndolos en remojo y haciéndolos germinar. Cuando se ponen las semillas en remojo, en agua, comienza el proceso de germinación, que contribuye a neutralizar algunos de los antinutrientes de los cereales y las legumbres. Lo puedes conseguir poniendo en remojo en agua estos alimentos entre doce y veinticuatro horas. Con el germinado se alcanza otro nivel. Cuando los cereales y las legumbres empiezan a echar brotes, se generan unas enzimas que ayudan a la digestión y a la absorción de los nutrientes. El remojado y el germinado te ayudan a obtener los beneficios nutritivos de estos alimentos sin arriesgarte a sufrir sus efectos dañinos.

Aunque con la dieta Wahls Paleo solo comerás cereales sin gluten, legumbres y hortalizas con fécula dos veces por semana, opta siempre que puedas por los cereales y legumbres puestos en remojo para obtener los máximos beneficios. Del mismo modo, si comes frutos secos y semillas, ponlos antes en remojo si tienes tiempo. Los frutos secos y las semillas contienen antinutrientes, aunque a niveles inferiores que los cereales y las legumbres. Con todo, poniéndolos en remojo se genera una actividad enzimática más sana.

Pero ¿cómo se hace? El primer paso para preparar germinados fácilmente es poner en remojo[33]. Pon los cereales, legumbres, frutos secos o semillas en un tarro de cristal o en una jarra; cúbrelos con agua y déjalos en remojo de seis a veinticuatro horas para iniciar el proceso de germinado. Así aumentará la presencia de la enzima fitasa, que elimina los molestos fitatos, que se apoderan de los minerales, los inhibidores de la tripsina y las lectinas tóxicas. Los frutos secos también empiezan a elaborar otras enzimas, entre ellas la tripsina, que ayudarán a que se digieran con facilidad. Si el alimento está irradiado, no germinará, pero aun así se reducirá su contenido de antinutrientes con la puesta en remojo.

Después del primer período de remojo, puedes proseguir con el proceso de germinación mojando y escurriendo tres veces al día los frutos secos, semillas, cereales o legumbres, dejándolos en un tarro invertido o inclinado sobre un bol para que se escurra el agua, hasta que broten (aunque no aprecies ningún cambio

¡A LOS RICOS FRUTOS SECOS!

Déjate de frutos secos tostados. Es importante que incluyas en tu dieta frutos secos crudos, que te aportan nutrientes fundamentales. Yo recomiendo, más concretamente, comer frutos secos crudos puestos en remojo o germinados, sobre todo almendras, nueces, semillas de girasol y avellanas. Las nueces son una buena fuente de ácidos grasos omega-3, buenos para la salud. Las almendras y las semillas de girasol son fuentes excelentes de vitamina E, un grupo de ocho compuestos liposolubles (tocoferoles y tocotrienoles) que son poderosos antioxidantes y aportan una protección fundamental a la mielina del cerebro. También protegen a las membranas celulares de los daños que les provocan los radicales libres. Yo recomiendo que se coman hasta 115 g de frutos secos remojados al día. También son muy buenos para los aderezos de ensalada y en los smoothies los aceites de frutos secos, como los de nueces y almendras, extraídos por prensado en frío. (No calientes nunca los aceites de frutos secos a más de 48 °C, para no destruir sus aceites esenciales y los antioxidantes asociados a ellos).

Algunas personas tienen alergia o intolerancia a los frutos secos de árbol y no podrán comerlos. Si te parece que tienes problemas de dolor de cabeza, fatiga u otros síntomas molestos que se te agravan cuando comes frutos secos de árbol, evítalos. Prueba a comer, como alternativa, semillas de girasol o de calabaza, puestas en remojo o germinadas. Si estas también te sientan mal, deberás buscarte otras fuentes de vitamina E, como el aceite de aguacate o de oliva. Si tienes alergias alimentarias agudas, pide siempre orientación a tu médico.

a simple vista). La producción de enzimas aumenta rápidamente los tres primero días. Como esto es lo que me interesa a mí, suelo dejar de germinar al tercer día como máximo, y preparo los germinados cocinándolos o los como crudos[34], o los deshidrato a temperaturas inferiores a los 48 °C para su uso posterior. (Los frutos secos y las semillas puestos en remojo están un poco correosos, pero recuperan su textura crujiente al deshidratarlos).

Deja en remojo los cereales, las legumbres, los frutos secos y las semillas durante veinticuatro horas como mínimo; pero puedes seguir adelante hasta la fase de germinado más allá de los tres días, hasta que veas brotes y hojas. Llegado este momento, cómelos inmediatamente. Los brotes germinados son frágiles y se contaminan fácilmente con bacterias que pueden producir diarrea; por eso es mejor comerlos frescos. (Este es otro de los motivos por los que no suelo germinar alimentos durante más de tres días: porque así reduzco las probabilidades de una contaminación bacteriana). Cuando hayas terminado de remojar, haz un último mojado y escurrido. Puedes pasar los frutos remojados, con agua y hielo, por una batidora de alta potencia, tipo Vitamix, para hacerte una leche de frutos secos casera. Puedes emplearlos como base de un pudin, combinándolos con un aguacate. O puedes poner los frutos secos o semillas remojados en un deshidratador, a temperatura mínima, hasta el día siguiente, para conseguir un aperitivo rico y crujiente, cargado de minerales, de enzimas y de ácidos grasos esenciales.

Alimentos fermentados

Cada uno de nosotros es un ecosistema. Tenemos en nuestro cuerpo un billón de células y cien billones de levaduras, de bacterias y, en algunos casos, de parásitos, que viven sobre nosotros y dentro de nosotros. A cada momento se están produciendo en todos ellos billones de reacciones químicas, cuyos productos van a parar a nuestro torrente sanguíneo, donde favorecerán la salud o provocarán el desarrollo de enfermedades[35]. Hemos evolucionado conjuntamente con los cien billones de microorganismos, a lo largo de miles de generaciones, y hemos ido seleccionando con el tiempo el combinado más favorable para la salud en nuestro ecosistema. A esta combinación sana de bacterias, levaduras y parásitos yo la llamo «nuestros viejos amigos». Nos ayudan a digerir los alimentos que comemos y sus residuos, para que los aprovechemos con eficacia o los excretemos con seguridad, según los casos.

Los científicos siguen descubriendo el modo en que influyen sobre nuestra salud estas bacterias y levaduras; pero lo que ya sabemos es lo siguiente: lo que comemos influye muchísimo sobre esa población de criaturas que reside en nuestros intestinos. ¿Qué estás creando tú en ellos: una turba descontrolada o una población ordenada y salutífera de bacterias buenas y cívicas?

Nuestros antepasados aprendieron hace miles de años a dominar el poder de la fermentación láctea para conservar mejor los alimentos que habían recogido con abundancia en la temporada agrícola. Poniendo sal a los alimentos frescos y protegiéndolos del aire en un recipiente cerrado se producía la fermentación, que solo tiene lugar cuando no hay presencia de oxígeno. Las primeras fermentaciones que llevaron a cabo los seres humanos debieron de ser la de la miel para producir hidromiel, hasta llegar más adelante a la elaboración de cerveza y vino. Es probable que fuera más tarde cuando empezaron a fermentar tubérculos y verduras. La fermentación no solo aportaba a estos alimentos más vitaminas y antioxidantes, sino que permitía almacenarlos para el invierno, la estación en que no se disponía de frutas ni de hortalizas frescas.

Pero ahora no comemos como comían nuestros antepasados, y los cambios de nuestra dieta han afectado también a la población de nuestro intestino. Con los cambios de dieta de nuestra cultura de cien años a esta parte, con muchos más alimentos ricos en carbohidratos, como el azúcar, la harina blanca y las patatas, han empezado a medrar en nuestro intestino especies que no nos eran familiares, y nuestros viejos amigos de confianza se van extinguiendo. Los antibióticos también matan a muchas bacterias y levaduras beneficiosas, dando todavía más ventaja a las malas.

Suprimiendo de tu dieta los alimentos procesados y sustituyéndolos por verduras verdes, con azufre y de color (los nueve tazones), estarás proporcionando a las bacterias buenas de tus intestinos la fibra que necesitan para prosperar; pero si comes más elementos fermentados que contengan cultivos bacterianos vivos, llevarás directamente a tus intestinos más cantidad de las especies de lactobacilus favorables para la salud, y así recuperarás un estado intestinal más sano. Por eso se suele llamar a los alimentos fermentados «alimentos lactofermentados» o «de fermentación láctica». En las culturas tradicionales se solía comer un alimento fermentado con cultivo vivo en todas las comidas. Tú también puedes hacerlo, como lo hago yo.

Propuestas de alimentos fermentados

Por si no tienes claro qué alimentos fermentados puedes comer, te recomiendo los siguientes:

- **Yogur.** Este es, probablemente el alimento fermentado más común en la dieta occidental; pero, como quiero que evites los productos lácteos, también deberás evitar el yogur y el kéfir hechos con leche. Existen, en cambio, yogures de leche de almendras y de coco, elaborados por

> ### ¿DEBES TOMAR UN SUPLEMENTO PROBIÓTICO?
>
> Tomar probióticos sin cambiar la dieta no te servirá de gran cosa. Una sola cápsula de un suplemento probiótico puede añadir a nuestros intestinos entre 5000 y 15000 millones de bacterias vivas; pero estas cifras, aunque parecen altas, no tendrán muchas posibilidades de cambiar las cosas entre los 100 billones de bacterias y levaduras que viven dentro de nuestro cuerpo y sobre él. Una manera mucho más eficaz de volver a añadir bacterias favorables al organismo es tomar alimentos fermentados, sobre todo los preparados en casa, y alimentar a estas bacterias buenas con fibras solubles (de hortalizas, semillas y frutas, sobre todo cáscara de semillas de psyllium o llantén indio, semillas de lino o de chía molidas, ciruelas, bayas, almendras, legumbres, coles, cebollas y hongos; en las sociedades de cazadores y recolectores la dieta típica contenía 80 g de fibra dietética al día, sobre todo procedente de verduras y raíces no feculentas[36]). Si te dedicas a alimentar constantemente a «los malos» comiendo demasiado azúcar y féculas, las bacterias buenas no podrán arraigar. Pero cuando te esté funcionando bien el intestino, los suplementos probióticos tendrán más posibilidades de medrar en un entorno favorable. Si consumes probióticos, en todo caso, ve rotando los tipos que tomas, para estar expuesto a una variedad mayor de especies.

lactofermentación, y que están riquísimos con bayas frescas. Elige los no edulcorados.
- **Kombucha.** Esta es una combinación deliciosa de levaduras y bacterias. La kombucha se prepara añadiendo una «madre» de la kombucha (una colonia simbiótica de bac-

terias y levaduras, que tiene forma de torta) al té verde o negro, además de algo de azúcar, que digieren las bacterias. La kombucha se puede comprar en tiendas de alimentos sanos y en algunos supermercados. También la puedes preparar en casa. (Consulta la receta al final de este libro).
- **Col lactofermentada, chucrut, kimchi y encurtidos.** Consulta las recetas y la sección de «Recursos» al final de este libro.
- **Levadura nutricional** *(Saccharomyces cerevisiae)*. Esta levadura se cultiva durante varios días sobre melaza de caña de azúcar o de remolacha, y después se mata al calor y se seca, hasta que adquiere una forma característica de copos amarillentos. Es rica en vitaminas del grupo B, en ácido ribonucleico (ARN), en minerales y en proteínas. Se le suelen añadir más vitaminas B, con lo que se convierte en un alimento muy útil para los vegetarianos. No obstante, la levadura nutricional contiene en su estado natural glutamato libre, que puede tener para algunas personas efecto de excitotoxina y producir dolores de cabeza e irritabilidad.

La levadura nutricional no fomenta el desarrollo de la levadura *Candida*, molesta y dañina, y tiene un rico sabor a queso que puede aliviarte el paso a dejar de comer productos lácteos; de modo que, si te sienta bien, puedes comerla. Pero no la tomes si te produce alguna sensación de dolor de cabeza o algún otro problema. La levadura de cerveza de la industria cervecera también se hace con *Sacharomyces cerevisiae*, pero no le añaden la vitamina B_{12}; por eso prefiero la levadura nutricional.
- **Licores que no proceden de los cereales.** Dado que la cerveza y muchos licores destilados se elaboran a partir de cereales, te recomiendo que no los tomes a menos que

> **POR QUÉ PUEDEN OCASIONAR PROBLEMAS ALGUNOS ALIMENTOS FERMENTADOS Y CÓMO SOLUCIONARLO**
>
> Algunas personas que padecen esclerosis múltiple manifiestan síntomas de un sobredesarrollo de la *Candida albicans*, una levadura dañina, en el intestino[37]. Las especies del género *Candida* liberan subproductos que se difunden por el torrente sanguíneo y que pueden ser tóxicos para las neuronas cerebrales y para las mitocondrias, y producen fatiga aguda y neblina cerebral[38]. Esto puede deberse a haberse tratado la persona con antibióticos en la infancia o en la vida adulta, o a una dieta con mucha abundancia de azúcares/carbohidratos. También puede producirse por tomar medicación que reduce los ácidos[39].
>
> Algunas personas que tienen problemas con la *Candida* pueden descubrir que no toleran la levadura nutricional, o incluso ningún hongo. Algunas que padecen esclerosis múltiple y problemas de autoinmunidad tampoco toleran los productos elaborados por fermentación de levaduras, como la kombucha, el vinagre y el vino. Yo no he eliminado de mi dieta estos alimentos, y a la mayoría de los pacientes de mi consulta y de mis estudios clínicos les sienta bien la levadura nutricional; pero sí he advertido que a algunas personas les conviene suprimir todos los productos con levaduras y los hongos. A algunos pacientes con esclerosis múltiple les conviene evitar todos los productos elaborados por fermentación de levaduras, como el vino y los vinagres. Es una cuestión propia de cada persona; si consumes estos alimentos, observa atentamente si los toleras bien.

lleven expresamente la etiqueta de libres de gluten. Por el contrario, puedes tomar los licores que no proceden de cereales y están fermentados, como el ron, el vino y la cerveza sin gluten. (No tomes más de un vaso pequeño

NIVEL 2: LA DIETA WAHLS PALEO

Para hacer la dieta Wahls Paleo, seguirás todas las reglas de la dieta Wahls (los nueve tazones, sin gluten, sin lácteos, y las demás prohibiciones o limitaciones de alimentos, entre ellas los huevos, la soja no ecológica, los edulcorantes refinados y los alimentos pasados por el microondas). Y a estas reglas les añadirás las que enumeramos a continuación. Sigue comiendo hasta que te sientas satisfecho. Puedes aumentar o reducir las cantidades de hortalizas, frutas y carne que comes, en función de tu tamaño corporal; pero no dejes de mantener las proporciones.

- Aumenta el consumo de carne criada con pastos o carne y pescado silvestre; toma de 250 a 600 g al día, en función de tu sexo y tamaño corporal. Dentro de este cupo total de proteínas animales, incluye 450 g por semana de pescado azul silvestre (arenques, sardinas, salmón).
- Toma algas marinas subiendo la dosis paulatinamente hasta llegar a los 70 g diarios de algas reconstituidas, o 1 cucharadita de copos secos, o ¼ de cucharadita de algas en polvo.
- Come cada semana 350 g de vísceras, dentro del cupo total de proteínas animales.
- Toma alimentos lactofermentados a diario.
- Come a diario hasta 115 g de frutos secos y semillas, crudos o puestos en remojo de seis a veinticuatro horas.
- Limita el consumo de patatas, de cereales sin gluten y de legumbres a dos raciones por semana. (Esta es una cifra máxima; es preferible suprimirlos por completo).
- Las grasas que se pueden calentar son el ghee, el aceite de coco, la grasa animal, de cerdo u otras grasas solidificadas, como las de pato y pollo. No uses para cocinar más aceites vegetales que el de coco.

- Elimina todos los productos a base de soja no fermentados. (Todavía puedes tomar tempeh y miso; pero el tempeh se suele elaborar con cereales. Comprueba que esté libre de gluten y cuéntalo dentro de tu cupo máximo de dos raciones de cereales por semana).

de vino o de cerveza al día, o una copa de licor, si eres mujer, o dos como máximo si eres hombre).

Esta es la esencia de la dieta Wahls Paleo: reducir el consumo de carbohidratos, comer más carne, ir añadiendo gradualmente algas marinas y carne de vísceras cuando se te vaya acostumbrando el paladar, y comer todos los días más alimentos crudos, puestos en remojo y fermentados. No tardarás mucho tiempo en notar un cambio apreciable y maravilloso de tu salud. Ya estás comiendo más como tus antepasados, y recuperarás poco a poco ese brillo de salud antiguo y natural. Sigue adelante, sé fuerte, y, si cometes algún error o comes algo que no debías, perdónate a ti mismo y sigue adelante. La dieta Wahls Paleo es el camino que te conduce a la curación, y la curación ya ha comenzado.

A continuación encontrarás un plan semanal de comidas según la dieta Wahls Paleo.

	Desayuno	Comida	Cena
Día 1	Smoothie: • 1 tazón de col china bok choy • 1 tazón de gajos de naranja (2 naranjas pequeñas) • 1 tazón de piña • 1 cucharada de levadura nutricional • agua/hielo 2 pechugas de pollo medianas sin piel (175 g)	1 ración de receta básica de carne y verduras a la sartén* (chuletas de cerdo y col lombarda) Ensalada: • 3 tazones de bok choy • 1 tomate pequeño (½ tazón) • ½ tazón de pimientos rojos dulces • ½ tazón de rábanos daikon • 1 cucharada de almendras en rodajas • 1 cucharada de aceite de oliva virgen extra • vinagre balsámico al gusto Ensalada de frutas: • 1 ½ tazones de fresas • 1 kiwi ½ tazón de té de kombucha*	1 ración de hígado encebollado con champiñones* 1 tazón de zanahorias cocidas Ensalada: • 2 tazones de bok choy • 1 cucharada de semillas de girasol • ½ tazón de calabaza de verano • ½ tazón de apio crudo • albahaca seca al gusto • 1 cucharada de aceite de oliva virgen extra • vinagre balsámico al gusto ¼ de tazón de remolacha fermentada 1 ½ tazones de piña fresca Infusión Throat Coat®
Día 2	Smoothie: • 1 tazón de perejil • 2 tazones de uvas verdes • 1 cucharada de levadura nutricional • agua/hielo 1 ración de paté de hígado* 50 g de nabos crudos en rodajas (½ tazón aprox.) 1 tallo de apio mediano	1 ½ raciones de ensalada de salmón* 2 tazones de hojas de berza crudas (para envolver) 4 cebollinos o cebolletas 4 rábanos medianos ½ tazón de melón cantalupo en dados ½ tazón de kvass de remolacha* mezclado con ½ tazón de agua	2 pechugas de pollo medianas sin piel (unos 175 g) 1 tazón de boniato picado 2 cucharaditas de aceite de oliva virgen extra ⅛ de cucharadita de canela Ensalada: • 3 tazones de espinacas • ¼ tazón de cebolla en rodajas • 1 diente de ajo • 1 cucharada de mantequilla de girasol • zumo de lima al gusto ¼ de tazón de col lombarda ¾ de tazón de arándanos Infusión Tension Tamer®

	Desayuno	Comida	Cena
Día 3	Smoothie: • 1 tazón de bok choy • 1 tazón de kiwi • 1 tazón de fresas • 1 cucharada de levadura nutricional • agua/hielo 100 g de sardinas en conserva en salsa de tomate 1 tallo de apio mediano ½ tazón de nabo crudo en rodajas	2 raciones de receta básica de carne y verduras a la sartén* (chuletas de cerdo y col lombarda) Ensalada: • 3 tazones de lechuga romana • 2 tazones de espinacas • ½ tazón de pimientos rojos • 2 cucharaditas de aceite de linaza • vinagre balsámico al gusto 1 tazón de kiwi ½ tazón de té de kombucha*	175 g de roast beef 1 patata mediana con la piel 1 cucharadita de aceite de oliva virgen extra 1 zanahoria cocida mediana ½ tazón de quimbombó (okra) lactofermentada 1 tazón de fresas infusión de manzanilla y vainilla
Día 4	Smoothie: • 1 tazón de cilantro • 1 naranja pequeña (½ tazón, aprox.) • 1 tazón de piña • 1 cucharada de levadura nutricional • agua/hielo 200 g de pechuga de pavo sin piel 6 espárragos medianos 1 cucharadita de aceite de oliva virgen extra	1 ración de receta básica de carne y verduras a la sarten* (hojas de berza y jamón) 1 tazón de boniato asado picado • 2 cucharaditas de aceite de oliva virgen extra Ensalada de frutas: • 1 tazón de piña • 1 tazón de frambuesas • 2 cucharadas de almendras crudas ½ tazón de kvass de remolacha* mezclado con ½ tazón de agua	2 raciones de ensalada de pollo* Ensalada: • 2 tazones de bok choy • 2 tazones de espinacas • zumo de lima al gusto • 1 cucharada de aceite de linaza • ½ tazón de tomate • 2 cucharadas de semillas de girasol remojadas ¼ de tazón de zanahorias lactofermentadas 1 tazón de uvas té de hierbabuena
Día 5	Smoothie: • 1 tazón de espinacas • 1 tazón de fresas • 1 tazón de melocotones (1 mediano, aprox.) • 1 cucharada de levadura nutricional • agua/hielo 1 ración de receta básica de carne y verduras a la sartén* (salmón y kale)	2 raciones de receta básica de carne y verduras a la sartén* (chuletas de cordero y brócoli) 1 tazón de remolacha guisada Ensalada: • 3 tazones de bok choy • 2 dientes de ajo • ½ tazón de cilantro • ½ tazón de pimientos verdes • ½ tazón de uvas frescas • 1 cucharada de mantequilla de girasol • zumo de lima al gusto ½ tazón de té de kombucha*	2 raciones de pollo a la argelina con espárragos* ¼ de tazón de kimchi 1 melocotón mediano Infusión de hierbas

	Desayuno	Comida	Cena
Día 6	Smoothie: • ½ tazón de remolacha cruda • 1 naranja pequeña (½ tazón, aprox.) • 1 tazón de cerezas • 1 trozo de raíz de jengibre de 0,5 cm, rallada • 1 cucharada de levadura nutricional • agua/hielo 1 ración de receta básica de carne y verduras a la sartén* (corazón y hojas de mostaza) 1 tazón de melón cantalupo	115 g de sardinas en conserva en salsa de tomate ½ tazón de rábano daikon 1 tallo de apio mediano ½ tazón de calabacín 1 tazón de boniato asado picado Ensalada: • 2 tazones de espinacas • 2 tazones de kale • ½ tazón de fresas • 4 espárragos medianos • 2 cucharaditas de aceite de oliva virgen extra • zumo de lima al gusto 1 naranja mediana ½ tazón de kvass de remolacha* mezclado con ½ tazón de agua	1 muslo de pavo mediano sin la piel (unos 185 g) 1 ración de puré de nabos* 2 cucharaditas de aceite de oliva virgen extra ½ tazón de perejil 1 tazón de zanahorias cocidas ¼ de tazón de encurtidos lactofermentados 1 ½ tazones de cerezas infusión de manzanilla
Día 7	Smoothie: • 1 tazón de perejil • 1 tazón de uvas verdes • 1 kiwi (⅓ de tazón, aprox.) • 1 cucharada de levadura nutricional • agua/hielo 175 g de carne de vacuno, cubierta con lo siguiente (para guisarlo todo junto): • ¼ tazón de cebollas • ¼ tazón de champiñones • ¼ tazón de pimientos verdes • 2 cucharaditas de ghee	2 raciones de pollo al romero* 1 tazón de calabaza bellota 2 cucharaditas de aceite de oliva virgen extra 6 puntas de espárragos medianas, cubiertas de 1 cucharadita de aceite de oliva virgen extra ½ tazón de kvass de remolacha* mezclado con ½ tazón de agua	1 ración de estofado de marisco (versión Paleo)* Ensalada: • 3 tazones de bok choy • 2 tazones de espinacas • ½ tazón de cilantro • ½ tazón de tomate • 1 cucharada de aceite de oliva virgen extra • zumo de lima al gusto ½ tazón de zanahorias de cultivo orgánico crudas Ensalada de frutas: • ½ tazón de melón cantalupo • ½ tazón de sandía • ½ tazón de arándanos infusión de hierbas

Capítulo 7
LA DIETA WAHLS PALEO PLUS

Aunque quizá no tengas que llegar nunca a hacer la dieta Wahls Paleo Plus, me gustaría que leyeras este capítulo en todo caso. Es el nivel de dieta que sigo yo misma. Después de haber ido pasando por todos los niveles del Protocolo Wahls y de haber experimentado con todos los aspectos del programa de nutrición, me quedé aquí, porque comiendo de esta manera es como consigo la máxima energía mental y física. Algunas personas obtendrán tanta mejoría al nivel de la dieta Wahls Paleo que no sentirán la necesidad de pasar a la Wahls Paleo Plus. Pero yo recomiendo esta última a los que no aprecien tantos avances como esperaban con la Wahls Paleo.

En la dieta Wahls Paleo Plus harás todo lo que hacías en la Wahls Paleo, con unas cuantas consideraciones adicionales:

- **¡Come más grasa!** Quiero que añadas a tu dieta diaria al menos 5 cucharadas de aceite de coco, o ¾ de bote (o más) de leche de coco con toda su grasa. (También puedes obtener parte de tus calorías de grasa del aceite de oliva no calentado o del ghee).
- **Reduce los 9 tazones diarios de frutas y hortalizas a**

DIETA WAHLS PALEO PLUS

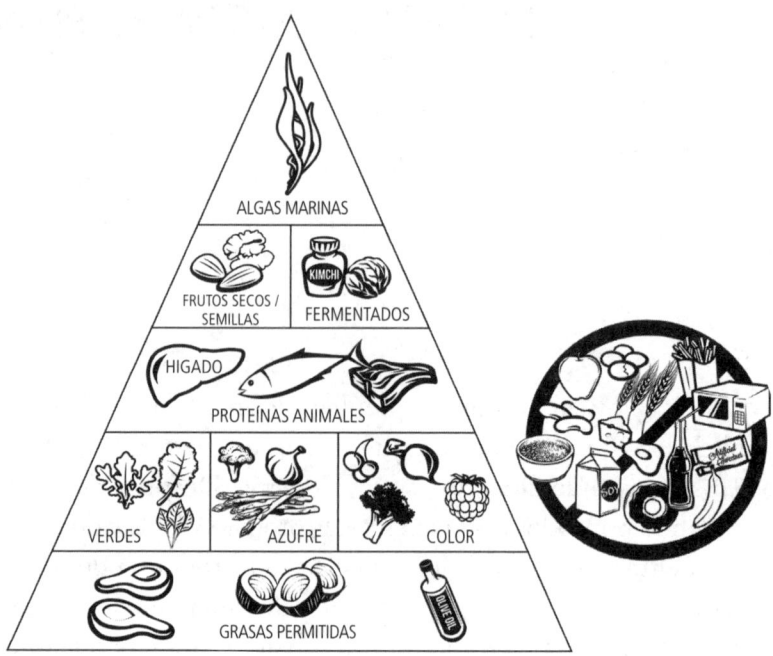

entre 6 y 9 tazones, en función de tu sexo y tamaño (o incluso entre 4 y 6 tazones en el caso de mujeres muy menudas). La fruta se limita a 1 tazón (240 ml) al día, preferiblemente de bayas. Se excluyen todas las frutas secas, así como las frutas enlatadas y los zumos de fruta comerciales.
- **Elimina todos los cereales, legumbres y patatas.** Se incluye aquí la leche de arroz (sustitúyela por leche de coco) y la soja en todas sus formas, incluida la ecológica y la fermentada.
- **Limita los vegetales con fécula,** como las remolachas cocidas o la calabaza de invierno, a un máximo de dos ra-

Dieta Wahls Paleo Plus		
Nutriente*†	Dieta EE.UU.	Dieta Wahls Paleo Plus
Vitamina D	31 %	59 %
Vitamina E	55 %	97 %
Calcio	74 %	54 %
Magnesio	88 %	122 %
Vitamina A	100 %	411 %
Piridoxina	121 %	226 %
Folato	122 %	191 %
Zinc	123 %	200 %
Tiamina	128 %	215 %
Vitamina C	133 %	393 %
Niacina	154 %	239 %
Hierro	164 %	238 %
Riboflavina	175 %	301 %
Vitamina B_{12}	201 %	524 %

* Por comparación con consumos dietéticos de referencia. Consumo recomendado para mujeres de 51 a 70 años; dieta Wahls ajustada para 1759 calorías (Academia Nacional de Ciencias; Instituto de Medicina; Consejo de Alimentación y Nutrición).
† Consumo medio de nutrientes con los alimentos, para mujeres de 50 a 59 años. (What We Eat in America, NHANES 2009–2010, www.ars.usda.gov/SP2UserFiles/Place/12355000/pdf/0910/Table_1_NIN_GEN_09.pdf, consultado el 25 de mayo de 2013).

ciones por semana, acompañados siempre de al menos 1 cucharada de grasa y de algunas proteínas para reducir su índice glucémico. Explicaré esto más adelante, en este mismo capítulo. Si quieres comer más vegetales con fécula, puedes tomarlos crudos, pero acompañándolos siempre de 1 cucharada de grasa como mínimo.

- **Reduce el consumo de carne a entre 175 y 350 g.**

¿Sorprendido? A muchas personas, esta dieta les parece una auténtica locura, y lo entiendo. ¿Cómo es posible que sea sano comer tanta grasa y tan poca fruta? ¿Y no se comen cereales ni patatas en absoluto? Pero tengo motivos poderosos para recomendar esta dieta, y, como ya he dicho anteriormente, es la que sigo yo misma, y con resultados magníficos. Creo que te resultará más fácil aceptar la dieta si entiendes cómo fue evolucionando.

También aquí voy a presentar una comparación entre la dieta corriente y la de mi programa, en este caso la dieta Wahls Paleo Plus. Lo que es digno de mención es que esta sigue siendo mucho más densa en nutrientes que la dieta estadounidense estándar, a pesar de que en ella aumento drásticamente el consumo de grasa. En la mayoría de las dietas cetogénicas (definiré este término en seguida) se deben añadir vitaminas y otros suplementos, porque la restricción estricta de los carbohidratos reduce mucho la densidad de nutrientes. La dieta Wahls Paleo Plus está mucho más equilibrada que las dietas cetogénicas tradicionales, pues contempla un consumo algo superior de carbohidratos procedentes de los vegetales no feculentos.

La dieta Wahls Paleo Plus es una versión modificada de lo que los médicos llamamos «dieta cetogénica». En una dieta cetogénica se consume mucha grasa y pocos carbohidratos, de modo que el cuerpo empieza a quemar como combustible la grasa en vez del azúcar de los carbohidratos. (Explicaré cómo más adelante, en este mismo capítulo). Esta dieta se ha recomendado tradicionalmente a pacientes que sufrían determinados trastornos, como los ataques epilépticos; pero yo he observado en mis investigaciones que es extremadamente beneficiosa para las personas que padecen otros tipos de problemas cerebrales, siguiéndola en la forma modificada que describiremos en este capítulo.

Las dietas cetogénicas no son un invento nuevo, pero siguen evolucionando. Para ayudarte a aceptar las características dietéticas poco convencionales de la dieta Wahls Paleo Plus, quiero que entiendas bien lo que es una dieta cetogénica y por qué es tan buena para tu cerebro, sobre todo si padeces una enfermedad autoinmune con síntomas neurológicos. Vamos a empezar por ver lo que es una dieta cetogénica.

Dietas cetogénicas y TCM

La cetosis, explicada en los términos más sencillos posibles, significa que estás quemando grasas, en vez de azúcar, como combustible principal de tu cuerpo. Más concretamente, cuando tu organismo se encuentra en estado de cetosis nutricional, el hígado empieza a producir cuerpos cetónicos (acetoacetato, acetona y betahidroxibutirato). El cerebro no es capaz de quemar grasas de cadena larga, porque las grasas de cadena larga no pueden atravesar la barrera que separa el cerebro de la sangre (barrera hematoencefálica). El cerebro usa, en cambio, lo que sí es capaz de cruzar la barrera hematoencefálica: los cuerpos cetónicos. Así, el hígado quema grasas y produce las pequeñas moléculas llamadas cuerpos cetónicos como subproductos de la quema de la grasa. Estas moléculas atraviesan la barrera hematoencefálica para quemarse como combustible en las mitocondrias de las neuronas cerebrales. Cuanto más tiempo pasas en estado de cetosis nutricional, más enzimas se sobrerregularán (es decir, se aumentará su nivel) para quemar las cetonas, con lo que a tu cuerpo le resultará cada vez más fácil aprovechar las cetonas.

Quizá hayas oído decir que la cetosis es peligrosa; y sí que existen formas de cetosis que pueden hacerte daño; pero *la cetosis nutricional no es dañina*. De hecho, es curadora, y hace mucho tiempo que funciona como mecanismo de supervivencia del ser humano. A lo largo de la historia humana, en función de las circunstancias del entorno y de la estación del año, solía darse el caso de que la grasa era un combustible más fácil de encontrar que los carbohidratos. En invierno había menos alimentos, y

> **LAS PALABRAS DE WAHLS**
>
> Los ácidos grasos se consideran de cadena larga si sus moléculas contienen más de doce átomos de carbono; de cadena media si tienen de seis a doce átomos de carbono, y de cadena corta si tienen menos de seis átomos de carbono. Las grasas de cadena media que se encuentran en el aceite de coco y las de cadena corta que se encuentran en el ghee pueden entrar directamente en el torrente sanguíneo desde el intestino delgado. Por el contrario, las grasas de cadena larga se absorben en la sangre por un proceso más largo y más complejo. Esta diferencia constituye uno de los motivos por los que es más deseable tomar aceite de coco y ghee cuando se sigue la dieta Wahls Paleo Plus.

nuestro metabolismo pasaba a quemar grasa, ante la escasez de carbohidratos simples disponibles. A nuestro cuerpo se le da muy bien quemar grasa; pero nuestras células prefieren no molestarse en quemarla cuando tienen a mano azúcares simples. La división de la molécula de azúcar (la glucolisis) se produce fuera de las mitocondrias, en el citoplasma de la célula. Es lo que hacen las levaduras y las bacterias, y se llama fermentación. Cuando apareció el oxígeno en la Tierra, era tóxico y mató a un 90 por ciento de las especies bacterianas. Pero algunas bacterias minúsculas fueron capaces de emplear el oxígeno mientras la bacteria quemaba azúcar. Estas bacterias pequeñas, que aprovechaban el oxígeno para quemar azúcar, quedaron englobadas en bacterias más grandes, a las que volvieron mucho más eficientes. Las bacterias pequeñas fueron las precursoras de las actuales mitocondrias que residen en cada una de nuestras células. Así adquirimos una eficiencia para extraer energía de los alimentos muy superior a la del proceso de fermentación que se produce en las levaduras y en las bacterias. ¡Aquellas bacterias antiguas pudieron evolucionar hasta convertirse en organismos pluricelulares gracias a las mitocondrias!

Pero con la aparición de la agricultura empezaron a abundar los alimentos con fécula, y mucho más todavía con la industrialización y la modernización; y entonces los seres humanos dejamos de entrar en estado de cetosis con tanta frecuencia. En las sociedades industrializadas modernas se hacen dietas cargadas de carbohidratos durante todo el año. Quemamos azúcar como combustible; pero esto no es lo ideal, sobre todo para las personas con problemas en el cerebro. Las dietas a base de azúcares y féculas fomentan la inflamación. Hemos perdido el contacto con los beneficios del estado metabólico de cetosis, y lo estamos pagando.

Pero las dietas cetogénicas no han desaparecido. En un estudio clínico realizado en 1911 se observó que las dietas de agua, también llamadas ayunos, eran beneficiosas para el tratamiento de la epilepsia[1]. Aunque los científicos no entendían del todo las causas, el motivo era que, dado que en estado de ayuno no se están absorbiendo azúcares simples, el cuerpo pasa al estado de cetosis nutricional y empieza a quemar sus provisiones de grasa. En 1921, el doctor R. M. Wilder, de la clínica Mayo, desarrolló una dieta que permitía a los pacientes comer algunos alimentos con los mismos beneficios que con un ayuno. Era una dieta muy alta en grasas, con algunas proteínas y casi ningún carbohidrato. Anunció que había tenido éxitos con sus pacientes epilépticos[2]. El doctor M G. Peterman, también de la clínica Mayo, describió la primera dieta cetogénica que se empleó con éxito en niños que padecían epilepsia[3].

Estas investigaciones perdieron popularidad en parte cuando salió al mercado, en 1938, el Dilantin, el primer medicamen-

LAS PALABRAS DE WAHLS

El índice glucémico de un alimento es una medida del aumento del azúcar en sangre que provoca. La escala del índice glucémico llega hasta un máximo de 100, que es el incremento de azúcar en sangre que provoca la glucosa pura en un período de dos horas. Todos los demás alimentos se evalúan por comparación con esta cifra. (Puedes consultar los índices glucémicos de los diversos alimentos en este sitio web de la universidad de Sydney: www.glycemicindex.com). Los índices glucémicos de los alimentos varían en función de diversos factores de estos, tales como las cantidades y tipos de azúcares y féculas, grasas, proteínas y fibra que contienen; su estructura física, el procesamiento de los alimentos y el tipo e intensidad de su cocinado. Existen otros factores que también pueden influir sobre los niveles de azúcar en sangre, entre ellos la masticación correcta de los alimentos y qué alimentos se consumieron en comidas anteriores. Los alimentos que contienen carbohidratos (las féculas y los azúcares) tienen índice glucémico positivo, y a los que solo contienen proteínas o grasas, como la carne y el aceite vegetal, se les asigna un índice cero. Los índices glucémicos de las hortalizas y de las frutas son muy distintos en función de las variedades y de otros factores, entre ellos si se comen crudas o guisadas, maduras o verdes. También puedes reducir el índice glucémico de un alimento combinándolo con fibra, grasa y proteínas, que reducen la tasa de absorción de los carbohidratos.

La carga glucémica es una medida de la respuesta del azúcar en sangre cuando se consume una cantidad dada de un alimento determinado. Depende del índice glucémico del alimento y de la cantidad de carbohidratos disponible en la porción consumida. Un alimento con índice glucémico alto puede tener carga glucémica baja si la

> cantidad de carbohidratos del alimento es baja, o si se come una cantidad pequeña. Esto puede depender también del grado de madurez y del tiempo de cocinado.

to anticonvulsivo eficaz. (Los anticonvulsivos siguen siendo populares como tratamientos para la epilepsia, a pesar de que no son eficaces en hasta un 30 por ciento de los individuos que tienen ataques). Pero los científicos siguieron explorando el concepto de que una dieta que fomentaba la quema de grasas podía mejorar los trastornos epilépticos. En 1971 se descubrió que el aceite con triglicéridos de cadena media (TCM, también conocidos por las iniciales inglesas MCT), extraído del aceite de coco y del aceite de nuez de palma, generaba más cetonas por caloría que otras grasas[4]. Teniendo en cuenta que la dieta cetogénica depende de la elaboración de un nivel determinado de cetonas, esto suponía que en las dietas en que se empleaba el aceite TCM como únicas grasas, podían incluirse carbohidratos a un nivel algo superior que en las dietas de la década de 1920, sin dejar de generar cetonas. Gracias a este descubrimiento, se pudo modificar la dieta cetogénica original para diseñar la llamada dieta cetogénica TCM, que era mucho más fácil de seguir, porque permitía mayor variedad de alimentos. La dieta Wahls Paleo Plus es, en realidad, una dieta cetogénica TCM modificada, porque se basa en gran medida en el aceite de coco y en la leche de coco con toda su grasa.

El público se interesó más por las dietas cetogénicas cuando, en 1994, Charlie Abrahams, de dos años de edad, hijo del director y guionista de cine Jim Abrahams, se curó de sus ataques epilépticos incontrolados después de haber seguido una dieta cetogénica. Esto llevó a la creación de la Fundación Charlie, dedicada a fomentar esta dieta y a sufragar las investigaciones. En 2011 ya existían más de setenta y cinco centros en los que se empleaba una dieta cetogénica para tratar la epilepsia refractaria. Además, los médicos estudian actualmente si las dietas cetogénicas pueden servir para tratar una variedad mucho más amplia de problemas de salud: el párkinson, la demencia, la esclerosis lateral amiotrófica, la migraña crónica, el autismo, el ictus y trastornos psiquiátricos[5]. También se han realizado investigaciones interesantísimas que dan a entender que las dietas cetogénicas son excelentes para combatir el cáncer activo, aunque esté avanzado[6].

Mis propias investigaciones y los experimentos que he realizado sobre mí misma se han centrado en el estudio de los posibles efectos sobre la esclerosis múltiple y otros trastornos neurológicos de una dieta rica en grasas TCM y baja en carbohidratos. Así se fue creando la dieta Wahls Paleo Plus. Es una dieta que, si la sigues de manera estricta, te lleva a un estado de cetosis nutricional moderada; pero contiene más carbohidratos que las dietas cetogénicas tradicionales, porque tiene en cuenta la importancia de incluir una aportación rica de hortalizas no feculentas para obtener densidad de nutrientes. Las hortalizas contienen carbohidratos, pero son las únicas fuentes de carbohidratos de la dieta, aparte de una cantidad reducida de bayas (frutas relativamente bajas en carbohidratos). Yo veo aquí un equilibrio ideal. La dieta ofrece todos los beneficios de la cetosis y de las grasas abundantes para la salud del cerebro, y de los carbohidratos bajos para reducir la inflamación y estabilizar el azúcar en sangre; pero, además, es más densa en nutrientes que otras dietas cetogénicas. La dieta Wahls Paleo Plus puede parecer extrema a algunas personas, pero quiero que entiendas que es mucho menos extrema que las dietas cetogénicas estándar, que son tan pobres en nutrientes que requieren tomar suplementos. La dieta Wahls Paleo Plus está pensada para que sea practicable en el mundo real. Seguirla es un reto, pero no es imposible ni mucho menos. Yo la sigo, y conmigo otros muchos Guerreros de Wahls, con resultados excelentes.

¿Estás en cetosis?

Cuando emprendas la dieta Wahls Paleo Plus, añadiendo más grasas y reduciendo todavía más los carbohidratos, puede que te preguntes si te encuentras en estado de cetosis nutricional. Cuando desarrollé la dieta Wahls Paleo Plus, empecé a elegir alimentos con índice glucémico bajo, y a comerlos de manera que les dieran una carga glucémica baja, reduciendo el consumo de vegetales feculentos cocinados, como las patatas, reduciendo la fruta hasta solo un tazón de bayas diario y tomándome un bote entero de leche de coco con toda su grasa cada día.

Para determinar si aquello daba resultado, empecé a medirme la presencia de cetonas en la orina con unas tiras reactivas. También tú puedes hacerlo si quieres saber si estás en cetosis. Cómprate en la farmacia unas tiras reactivas para medir la cetosis y sigue las instrucciones del paquete para detectar la presencia de cetonas en tu orina. Te recomiendo que te midas las cetonas siempre a la misma hora del día, como puede ser al levantarte o al irte a acostar, para obtener así lecturas consistentes. Hay otro sistema más preciso, pero también más caro, que es un aparato para medir el azúcar en la sangre que también mide las cetonas en la sangre.

Si tus células siguen quemando azúcar (carbohidratos), no tendrás cetonas en la orina. Yo aspiraba a tener algunas cetonas en la orina; no muchas, solo algunas. Basta cualquier indicio de cetonas para indicar que te encuentras en estado de cetosis, y

WAHLS ADVIERTE

Según algunos estudios, las dietas a base de triglicéridos de cadena media, entre las que figura la dieta Wahls Paleo Plus, se han asociado a efectos secundarios como diarrea, vómitos e hinchazón y dolores abdominales. Otros estudios han puesto de manifiesto que estos efectos secundarios se pueden reducir si se aumenta más progresivamente el contenido de triglicéridos de cadena media (como el aceite de coco) en la dieta. Esto significa que quizá te convenga irte metiendo en la dieta Wahls Paleo Plus poco a poco, en vez de tirarte de cabeza. También existe el riesgo teórico de que suba el colesterol. Informamos a los voluntarios que participan en nuestros estudios cínicos de que las dietas ricas en grasa de coco y bajas en carbohidratos pueden hacer subir el colesterol total y la lipoproteína de alta densidad (HDL por sus iniciales inglesas), que es el llamado «colesterol bueno»; pero también es probable que reduzcan, al mismo tiempo, el número de colesteroles oxidados, que son las partículas de colesterol más dañinas. (El colesterol oxidado es un parámetro distinto del LDL, lipoproteína de baja densidad. Consulta la sección de «Recursos» al final del libro). Yo no me inquieto mucho por esta subida del colesterol en mis pacientes, a los que es preciso curarles el cerebro. Teniendo en cuenta la reducción de la inflamación, propia del estado de cetosis nutricional, lo más probable es que se conserve una salud vascular fuerte. Existe un peligro verdadero para los niños y para los adultos hasta poco más de los 20 años de edad. Las personas de este grupo de edades que toman valproato no deben hacer dieta a base de triglicéridos de cadena media, ni tampoco la dieta Wahls Paleo Plus, pues la combinación puede provocar insuficiencia hepática, según algunos informes.

más no es necesariamente mejor. A mí no me hacía falta que el nivel fuera alto; solo quería ver si era capaz de inducirme al menos un nivel bajo de cetosis sin dejar de consumir mis verduras verdes y vegetales de color y ricos en azufre.

Cuando lo intenté, observé que a las cuarenta y ocho horas de seguir la dieta Wahls Paleo Plus la orina me indicaba unos niveles de cetona entre residuales y pequeños (de 5 a 40 mg/dl). Cuando seguí midiéndome las cetonas en la orina y limitando más el consumo de fruta, observé que los niveles de cetona fluctuaban entre moderados y altos (de 80 a 160 mg/dl). Me estaba comiendo 3 tazones de verduras verdes, 1 o 2 tazones de vegetales ricos en azufre y de 1 a 2 tazones de vegetales de color. Me pareció que me iba muy bien; pero opté por medirme las cetonas en sangre para estar segura. Y, en efecto, descubrí que las cetonas en sangre iban de 0,4 micromoles por litro a 3,0 micromoles por litro. La cetosis nutricional comienza al nivel de 0,5 micromoles por litro. Me encontraba en cetosis nutricional con frecuencia, aunque no siempre. Estaba contentísima. ¡Podía hacer una dieta muy densa en nutrientes, que me aportaría la nutrición que necesitaban mis neuronas cerebrales, al tiempo que mantenía la cetosis nutricional! Ahora que dispongo de más tiempo y experiencia, me encuentro en cetosis de manera regular.

Como también estaba consumiendo de 500 a 700 calorías en forma de aceite de coco o de leche de coco con toda su grasa, solo comía unos 175 g de carne al día, en vez de mis habituales 250 a 350 g, y de 6 a 9 tazones de hortalizas y bayas; pero estaba dando resultado, y seguía obteniendo una buena cantidad de antioxidantes. Cuando analizamos los micronutrientes que contenía mi dieta, seguía bastante por encima de la ingesta diaria recomendada en cuanto a vitaminas y la mayoría de los minerales, pero estaba un poco baja de calcio. Por lo tanto, tendría que

HABLAN LOS GUERREROS DE WAHLS

«Oí hablar de la doctora Wahls a mi dentista, que me contó que una persona de su familia se estaba tratando la esclerosis múltiple a base de dieta y obtenía resultados apreciables. Yo tengo esclerosis multiple primaria progresiva, artritis en la columna y en la cadera, espondilitis anquilosante, prolapso de la válvula mitral, depresión situacional, epilepsia y neuropatía. Cuando la EMPP se me extendió a los centros del habla, la conmoción que me produjo fue más allá de las limitaciones físicas.

Durante los tres primeros meses que pasé siguiendo esta dieta y tomando suplementos específicos, me mejoró el habla, que antes tenía gravemente alterada; se me aliviaron los temblores y pasé de hablar de manera ininteligible y sin aliento a hablar de nuevo de manera coherente. Sigo necesitando silla de ruedas para desplazarme a distancias largas, pero estoy haciendo una proporción mayor de las tareas domésticas, que había abandonado hacía más diez años; por ejemplo, estoy cocinando una o dos veces por semana. Soy capaz de limpiar y picar verduras, cosa que antes me agotaba, y ya no me quedo dormida mientras hago estas tareas. Antes, mi marido y mi hija me decían que me habían contado cosas y yo no las recordaba. He dejado atrás esos tiempos. Antes, con frecuencia pasaba días, e incluso semanas enteras, en que, después de muy poca actividad, dormía muchas horas. Ahora tengo mucha más energía y puedo hacer una vida más activa. Últimamente no suelo dormir siestas, y mi familia está muy

> impresionada por lo mucho que he avanzado; y yo también lo estoy. ¡Tengo esperanza y espíritu de lucha gracias a la doctora Wahls!».
>
> Yolanda M., Hercules, California (EE. UU.)

atender a comer alimentos ricos en calcio para asegurarme de obtener el suficiente, y bastante vitamina D.

Mídete las cetonas en la orina para observar la posibilidad de que te encuentres en estado de cetosis nutricional. Si no tienes ninguna cetona, deberás reducir todavía más los carbohidratos y aumentar el consumo de leche de coco, aceite de coco y/o ghee, hasta que empieces a ver niveles entre bajos y moderados de cetona en las tiras reactivas. Quizá tengas que eliminar por completo los vegetales feculentos, e incluso los crudos; o quizá puedas tolerar cantidades pequeñas de vez en cuando. Si prestas atención a las cetonas en tu orina, te servirán para regular mejor tu dieta.

Recuerda también que la grasa de coco rica en triglicéridos de cadena media te permitirá comer un poco más de carbohidratos sin perder el estado de cetosis. Por tanto, ¡sigue dándole a la grasa de coco!

En el estudio que estamos realizando actualmente, aplicamos la dieta Wahls Paleo Plus y estudiamos sus efectos sobre la calidad de vida, el nivel de fatiga y la capacidad de los pacientes para andar. Para aislar los efectos de la dieta de manera más efectiva, no aplicamos los demás aspectos del Protocolo Wahls, como la meditación, el masaje y la estimulación neuromuscular. (Puedes leer más sobre estos aspectos en la última parte del libro). Lo que hacemos, en cambio, es comparar entre sí la dieta Wahls, la Wahls Paleo Plus y los «cuidados habituales» sin intervención dietética. Los sujetos llevan un diario de comidas con el que se orientan para elegir los alimentos que cubran los objetivos del plan, y se analizan las cetonas en la orina a diario y en la sangre cada semana. Todavía no sabemos si los sujetos conseguirán mantener la cetosis nutricional con el mismo éxito que yo, aunque ¡yo espero que sí! Tampoco sé si la dieta Wahls funcionará tan bien como la Wahls Paleo Plus, aunque esperamos que esta dará mejores resultados. (Naturalmente, para eso mismo se investiga: para tener pruebas).

Los sujetos del estudio vienen una vez al mes a la clínica para hacerse análisis de sangre. Les medimos los niveles de glucosa e insulina, además de los de cetona. Al cabo de tres meses les hacemos pruebas para evaluar su capacidad de pensar y de andar, y su calidad de vida, además de una lista más amplia de indicadores de vitaminas. Poco después de que aparezca este libro, ya dispondré de un análisis más objetivo de los efectos de la dieta Wahls Paleo Plus y de los posibles mecanismos para la mejoría, en función de lo que esperamos descubrir.

Pero quiero que dispongas ahora mismo de la posibilidad de gozar de los beneficios de esta dieta. Si optas por probar la dieta Wahls Paleo Plus, habla con tu médico para que pueda seguir tu estado, hacerte análisis de sangre y controlar así tu reacción a esta manera nueva de comer.

¿Te conviene la dieta Wahls Paleo Plus?

Puede que estés convencido de que el camino Wahls es tu camino, pero ¿en qué nivel deberás quedarte? Los voluntarios que participan en mis pruebas clínicas deben ceñirse a unos parámetros concretos y seguir de manera estricta la dieta del estudio; pero los pacientes que acuden a mi consulta tienen posibilidad de elegir. ¿Quieren probar con la dieta Wahls o saltar directamente a la Wahls Paleo? ¿O creen que podría venirles bien probar la Wahls Paleo Plus? Yo informo bien a mis pacientes sobre lo que sabemos y lo que no sabemos sobre estos niveles distintos de la dieta, y les dejo que decidan por sí mismos cuál es el plan de dieta que les puede dar buenos resultados. Les hago recomendaciones; pero, en suma, los que deciden son ellos, y el que decides eres tú.

En general, sí que ajusto mis recomendaciones a los problemas de salud de la persona y a lo que está dispuesto a hacer, tanto ella como su familia. Cuanto más enferma está la persona, tanto más la animo a que pruebe la dieta Wahls Paleo, y cuando la adopta y se adapta a los cambios, la animo a que reflexione por sí misma. ¿Está satisfecha con su salud o podría mejorar más? Hablamos de los cambios dietéticos que quiere abordar a continuación. Cuando la persona ha conseguido adoptar plenamente la dieta Wahls Paleo, si todavía no se encuentra todo lo bien que quiere, puedo hablarle de la dieta Wahls Paleo Plus, sobre todo si sigue teniendo problemas a pesar de haber implementado del todo la Wahls Paleo. Algunos de estos problemas pueden ser los siguientes:

1. Neblina mental persistente.
2. Síntomas neuroconductuales persistentes tras una lesión traumática del cerebro.
3. Enfermedades neurodegenerativas, como la enfermedad de Parkinson, la esclerosis lateral amiotrófica y la enfermedad de Huntington.
4. Problemas neurológicos, como dolores de cabeza crónicos, ataques epilépticos y trastornos del movimiento.
5. Enfermedades psiquiátricas que no han manifestado una mejoría satisfactoria con la dieta Wahls Paleo.

HABLAN LOS GUERREROS DE WAHLS

«Cuando me diagnosticaron esclerosis múltiple, fue para mí una verdadera llamada de atención. Me alteró mucho ver cómo estaba decayendo cuando me encontraba en lo mejor de la vida. Cuando me dieron el diagnóstico, en noviembre de 2006, pesaba más de 125 kilos. A finales de aquel mismo año tenía que moverme con andador. Fue entonces cuando empecé a documentarme sobre la EM y sobre cómo puede verse afectada por diversos factores, como la nutrición y el ejercicio. Empecé a aplicar poco a poco mis descubrimientos en la vida diaria y progresé hasta que pude caminar con solo un bastón. En la primavera de 2011 dejé el bastón y había perdido más de 60 kilos. ¡Desde entonces he seguido mejorando! Había tomado la determinación de que no estaría ingresada en una residencia con 50 años, sin vida por delante. No soportaba la idea. Por eso me decidí, y sigo librando mi batalla contra la EM día a día. ¡Creo firmemente en la idea de seguir adelante! He tenido que aprender a hacer varias cosas de otra manera, pero no me importa. La EM no es una sentencia de muerte. Lo único que significa es que tendrás que luchar y que afrontar desafíos; pero también alcanzarás premios maravillosos si les das entrada en tu vida».

Pan J., Pecatonica, Illinois (EE. UU.)

6. Antecedentes familiares (o personales) importantes de cáncer.
7. Fatiga persistente.
8. Trastornos autoinmunes relacionados con el cerebro que no den muestras de mejoría con la dieta Wahls Paleo.
9. Obesidad, sobre todo si no se pierde peso con la dieta Wahls Paleo.

Quizá te sorprenda ver en esta lista la obesidad. Es un campo de estudio nuevo para mí. Durante los tres meses de mi primer estudio, observé una pérdida de peso rápido entre los sujetos que tenían obesidad o sobrepeso, y sin que estos dijeran que pasaban hambre.

Me encuentro ahora en las primeras etapas de planificación de unas pruebas médicas destinadas a estudiar los efectos de la dieta Wahls Paleo Plus sobre la obesidad. Estamos diseñando esta investigación, y pensamos proponer un estudio piloto a la Comisión Evaluadora Institucional de la Universidad de Iowa, con el que recogeríamos unos primeros datos piloto. Pensamos emplear la dieta Wahls Paleo Plus, controlando el nivel de hambre y de saciedad que sienten los participantes, los cambios de su calidad de vida, sus síntomas clínicos y los cambios de indicadores en sangre como los lípidos, la glucosa, la insulina y la hemoglobina A1c, así como indicadores de inflamación, como la proteína C reactiva (PCR, también llamada CRP), la homocisteína y las citoquinas. Queremos comparar la dieta Wahls Paleo Plus con el plan de control de raciones del Departamento de Agricultura de Estados Unidos que lleva el nombre de Mi Plato Sano y que se emplea en muchos programas de pérdida de peso. ¡Permanezcan a la espera de novedades en este campo!

Mientras tanto, si decides probar el plan Wahls Paleo Plus, no importa que vayas poco a poco. De hecho, prefiero que vayas poco a poco. En nuestras pruebas clínicas, los voluntarios adoptan el plan gradualmente, a lo largo de un período de tres semanas. Me parece que a la gente le resulta más fácil adaptarse si dejan que se vayan sobrerregulando (que aumenten) sus enzimas quemadoras de grasas, para que a sus mitocondrias les resulte más fácil quemar más grasa. Te sugiero que hagas lo mismo y que adoptes el plan a lo largo de un período de una a tres semanas (o más) si vienes de la dieta occidental estándar. Si has estado haciendo la dieta Wahls Paleo, es probable que puedas hacer la transición en menos tiempo.

Recuerda que yo misma he ido evolucionando en mis pautas de alimentación a lo largo de once años, adaptando mi manera de comer a medida que iba descubriendo más cosas sobre las necesidades de mi cerebro y sobre la nutrición en general. Te recomiendo que te pongas de acuerdo con tu familia y que empieces a hacer los cambios a un ritmo que ellos puedan aceptar. Ninguna dieta funciona si no la sigues con tesón; y es mucho más fácil adoptar estos cambios grandes si los vas implantando gradualmente y si toda la familia te acompaña en ese viaje.

Qué hay que hacer

Ahora que ya has entendido lo que es la dieta Wahls Paleo Plus, vamos a ver más de cerca lo que hay que hacer para seguir sus directrices. En esta última versión de la dieta se aplican los principios sin restricción alguna. Cumplirás todos los requisitos de la dieta Wahls y de la Wahls Paleo, a menos que se contradigan con las reglas de la Wahls Paleo Plus, en cuyo caso, estas tendrán prioridad. Aumentarás al máximo el consumo de vitaminas, minerales, antioxidantes y ácidos grasos, que son tan necesarios para tu cerebro, al tiempo que reduces al mínimo los azúcares que te pueden causar problemas en el intestino. Seguirás comiendo muchas frutas y hortalizas verdes, ricas en azufre y de colores vivos, aunque la cantidad se aproximará más bien a los 6 tazones (1440 ml), o puede que a 4 tazones (960 ml) si eres una mujer menuda, y no a los 9 tazones que se recomiendan en los niveles de la dieta Wahls y la Wahls Paleo. Seguirás comiendo carne ecológica o silvestre, incluidas las vísceras. Seguirás tomando algas y alimentos fermentados. La diferencia será que adaptarás las proporciones para tomar más grasa y menos carbohidratos, y que comerás con menor frecuencia. Cuando alcances el estado de cetosis nutricional, tu cuerpo empezará a quemar grasas de manera eficaz. Te adelanto que con la dieta Wahls Paleo Plus no pasarás tanta hambre y que no te resultará tan difícil comer solo dos veces al día.

A continuación puedes ver los aspectos concretos.

Primera parte: añadir más grasas, sobre todo aceite de coco y leche de coco con toda su grasa

Ha llegado el momento de que aumentes en serio el consumo de grasas, sobre todo en forma de aceite de coco o de leche de coco con toda su grasa (cuyas propiedades, como ya he explicado, te mantendrán en estado de cetosis aunque comas hortalizas y algo de fruta). Quiero que la mayor parte de tus calorías procedan de las grasas. Deberás comer la cantidad de proteínas suficiente para cubrir las necesidades dietéticas de tu cuerpo, pero no más. Las grasas, con un consumo de carbohidratos mínimo, se convierten en cetonas, que son fuentes excelentes de energía para las mitocondrias, para las neuronas celulares y para las células musculares. Has de aspirar a consumir una fuente de grasas de cadena media en cada comida. Entre todas las grasas, el aceite de coco será el que te aportará más cetonas. Si haces una dieta de 2000 calorías, serían 144 g de grasa, que te aportarían unas 1300 calorías. Una mujer media que consume 1790 calorías estaría comiendo 129 g de grasa, que le aportarían 1160 calorías. Recuerda: si al cabo de una semana de seguir la dieta Wahls Paleo Plus de manera plena no observas una presencia entre pequeña y moderada de cetonas en la orina, deberás aumentar el consumo de grasas tomando más aceite de coco, mantequilla de coco o leche de coco con toda su grasa, y reducir todavía más los carbohidratos.

Quizá te parezca difícil introducir en tu dieta tanta grasa de coco; pero el aceite de coco se puede añadir a los smoothies y se puede emplear para aderezar ensaladas y para guisar carnes y verduras. La leche de coco se puede añadir a las sopas y a otras recetas, tomarse con el café y con el té o beberse sola. Una cucharada de aceite de coco contiene tantas grasas de cadena media como 5 cucharadas ($^1/_3$ de tazón aproximadamente) de leche de coco. Cuidado: no confundas la leche de coco con el agua de coco. El agua de coco es el líquido transparente que se encuentra dentro de los cocos, y no contiene grasas. Asegúrate también de comprar la leche de coco con toda su grasa, no la variedad *light* o baja en grasas. La leche de coco con toda su grasa aporta 11 g de grasa total por cada ración de $^1/_3$ de tazón (unos 80 g), mientras que la *light* aporta solo 4,5 g con la misma cantidad. Otros derivados del coco que puedes incluir en la dieta son la crema natural (nata) de coco y la mantequilla de coco. La nata de coco contiene más grasas de cadena media que la leche de coco, y es más espesa. La mantequilla de coco, llamada a veces concentrado de crema de coco, es pulpa de coco seca y muy picada. Evita la «crema de coco», pues está edulcorada con azúcar.

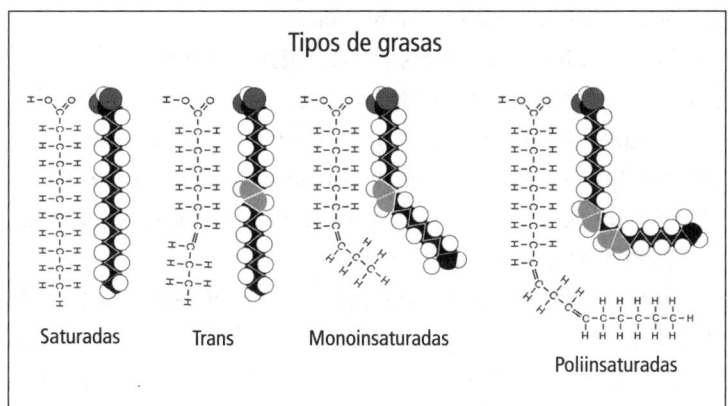

DATOS SOBRE LAS GRASAS

Tipos de grasas

Saturadas   Trans   Monoinsaturadas   Poliinsaturadas

En vista de la importancia que tienen las grasas en este nivel, vamos a estudiar algunas cosas más sobre ellas.

Las grasas son cadenas de átomos de carbono e hidrógeno, con dos átomos de oxígeno en un extremo. Vistas en tres dimensiones, la «espina dorsal» de carbono tiene una suave forma de zigzag. En los dibujos, sobre estas líneas, puedes ver las largas hileras de átomos de carbono, representados por el símbolo C. Lo mismo representa la línea negra con la línea blanca en zigzag, en el dibujo con bolas. Los átomos de hidrógeno se representan respectivamente con el símbolo H y con las bolas blancas. Las bolas de color gris oscuro son los átomos de oxígeno. Las de color gris claro son los enlaces atómicos dobles. Hay un enlace doble cuando un átomo de carbono no está unido a dos átomos de hidrógeno, sino solo a uno. Estos enlaces dobles son frágiles y corren mayor riesgo de oxidarse y de convertir la molécula en una grasa tóxica muy dañina para nuestros vasos sanguíneos. Los enlaces dobles modifican la forma de la grasa que emplean nuestras células para llevar a cabo los procesos biológicos de la vida. Recuerda que las grasas pueden ser de cadena larga, de cadena media o de cadena corta en función de cuántos átomos de carbono se hayan unido en la molécula.

Grasas saturadas. Las grasas saturadas tienen un átomo de hidrógeno en cada uno de los lugares disponibles de la molécula. Son muy estables al calor y no se convierten en peligrosas grasas oxidadas, que pueden ser muy dañinas. Las grasas animales y el aceite de coco son predominantemente grasas saturadas. Por su estabilidad, son las más adecuadas para cocinar.

Grasas trans. En las grasas mono y poliinsaturadas, lo habitual es que las moléculas tengan los átomos de hidrógeno único a un mismo lado de la cadena. Cuando están en lados opuestos de la cadena de carbono, se encuentran en la posición «trans», y entonces se trata de una grasa trans-saturada, llamada también simplemente «grasa trans». La posición «trans» distorsiona la molécula de grasa, cambia su forma y aumenta la probabilidad de que se oxide, con lo que se vuelve muy dañina para los vasos sanguíneos.

Grasas monoinsaturadas (GMI). Una grasa monoinsaturada es la que tiene un enlace doble con los átomos de hidrógeno a un mismo lado de la cadena de carbono. Así cambia la forma de la molécula, y esta grasa es útil para nuestras células. Sin embargo, el enlace es más vulnerable a la oxidación por el calor, con la que se convierte en una grasa trans dañina. Ejemplos de alimentos ricos en GMI son el aceite de oliva y las nueces, pero ambos contienen también GPI.

Grasas poliinsaturadas (GPI). Una grasa poliinsaturada (GPI) tiene más de un enlace doble, y su molécula tiene más distorsiones y alteraciones de su forma. Cuanto mayor es el número de enlaces dobles más vulnerable es la grasa al calor, que deshace los vínculos dobles, con lo que se crean grasas oxidadas, entre ellas las dañinas grasas trans. Por eso yo no recomiendo calentar ningún aceite vegetal ni guisar con él. (Hasta el propio aceite de oliva es una combinación de GMI y GPI). Cuando se calientan estos aceites, aumenta la probabilidad de que se rompan los enlaces dobles y se forme una molécula oxidada y dañina. Usa, más bien, el aceite de oliva frío en las ensaladas, y evita los aceites vegetales por completo si contienen principalmente GPI omega-6 (como los de maíz, soja, girasol, la mayoría de los aceites «vegetales» comerciales, etcétera), para mejorar así la proporción entre las grasas omega-6 y omega-3.

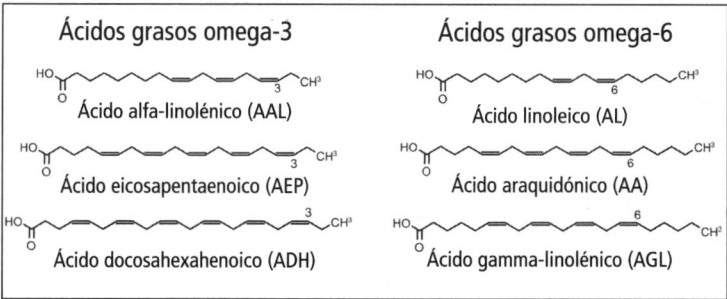

Ácidos grasos omega-3. En el capítulo anterior te presenté el concepto de los ácidos grasos esenciales; pero quizá te interese ver su aspecto. Como se aprecia en la ilustración, existen tres tipos de ácidos grasos omega-3: AAL, AEP y ADH. Todos los ácidos grasos omega-3 tienen un 3 en el lado derecho de su cadena; este número indica el tercer átomo de carbono contado desde el extremo distal de la molécula. Como recordarás, el AAL debe transformarse en el cuerpo en AEP y en ADH, por lo que es una fuente menos eficiente de ácidos grasos omega-3. (Es la fuente vegetal en alimentos como las semillas de lino y las nueces).

Si tienes un problema de autoinmunidad, de corazón o cerebral, es posible que te resulte más difícil elaborar los suficientes AEP y ADH a partir del AAL. Por este motivo, te conviene más obtener el AEP y el ADH directamente de fuentes naturales, como los animales de caza y otras carnes criadas con pastos, los huevos de gallinas que comen hierba (pero solo si puedes confirmar que no tienes intolerancia a los huevos) y el pescado silvestre, sobre todo el pescado azul. Este es uno de los motivos por los que expliqué en el capítulo anterior que no recomiendo el vegetarianismo.

Ácidos grasos omega-6. Los ácidos grasos omega-6 también son necesarios, pero la mayoría de la gente consume demasiados. Lo ideal es que tomes una proporción de ácidos grasos omega-6 y omega-3 de entre 1:1 y 1:3; pero la mayoría de la gente toma muchos más omega-6. El número 6 del término *omega-6* se refiere al enlace doble del sexto átomo de carbono contado desde el final de la molécula.

El ácido linoleico (AL) es un ácido graso omega-6 esencial, lo que significa que tu cuerpo no es capaz de elaborarlo por sí mismo; y es un precursor importante del ácido araquidónico (AA), que sirve para elaborar muchas moléculas transmisoras de señales del cuerpo. Son fuentes alimenticias del AA los aceites de semillas y frutos secos. Nuestros cuerpos pueden elaborar fácilmente AA a partir del AL, pero las grasas animales son una buena fuente directa de AA. Cuando la proporción entre AA y ADH se desequilibra demasiado hacia el AA, el cuerpo empieza a producir demasiadas moléculas inflamatorias, lo que conduce a un exceso de inflamación. La dieta occidental característica está muy desviada a favor del AL, por el uso de los aceites de semillas que se introdujeron hace setenta y cinco años.

El ácido gamma-linolénico (AGL) tiene una propiedad poco habitual en un ácido graso omega-6: reduce la inflamación indebida. Entre sus fuentes alimenticias figuran el aceite de borrajas, el aceite de onagra, el aceite de grosella negra y el aceite de cáñamo.

Segunda parte: bajar a 6 tazones, o incluso a 4

Teniendo en cuenta lo que se limitan los alimentos vegetales con muchos carbohidratos en la dieta Wahls Paleo Plus, ¿serás capaz de seguir comiendo tus tazones de hortalizas y frutas? A algunas personas les puede parecer un desafío mucho mayor, pues los alimentos vegetales que más les gustan son, precisamente, los que contienen féculas. Cuando yo hacía la dieta Wahls Paleo, me comía de 9 a 12 tazones de frutas y hortalizas al día. Ahora que hago la Wahls Paleo Plus, como más bien de 6 a 9 tazones al día (3 de los cuales siguen siendo de verduras verdes, por la importancia que tienen los vegetales sin fécula). Si eres una mujer pequeña, puedes bajar hasta solo 4 tazones. En este caso, come 2 tazones de verduras verdes, 1 tazón de vegetales ricos en azufre y 1 tazón de vegetales de colores vivos.

Tercera parte: eliminar todos los cereales, legumbres y patatas

En la dieta Wahls Paleo reduces el consumo de cereales sin gluten, de legumbres y de patatas a dos raciones por semana. Ahora ha llegado el momento de eliminarlos por completo. Esto puede parecerte contradictorio si has oído decir siempre que estos alimentos vegetales feculentos son sanos. Si bien es cierto que los cereales sin gluten —como el arroz integral y la quinoa—, las legumbres —como las lentejas y las judías negras— y las patatas contienen muchas vitaminas y minerales valiosos, no entran en la dieta Wahls Paleo Plus. Esto significa renunciar del todo a la leche de soja y a la de arroz (ahora beberás leche de coco con toda su grasa), así como a todos los derivados de la soja, incluidos los ecológicos o fermentados. Te centrarás en las proteínas animales y en los vegetales sin fécula.

Cuando tienes síntomas agudos y quieres generar el entorno más sanador para tus neuronas cerebrales y para tus mitocondrias, es importantísimo que reduzcas de manera drástica el consumo de carbohidratos, y los alimentos que acabamos de citar contienen demasiados carbohidratos, sencillamente. En la dieta Wahls Paleo Plus puedes elegir todavía entre otros muchos alimentos vegetales densos en nutrientes. Puede que los que eliminamos sean los que estás más acostumbrado a comer, pero esta es tu ocasión de abrirte a explorar nuevos alimentos. Para inspirarte, consulta las listas de alimentos al final del libro y las ideas de menús al final de este capítulo.

Cuarta parte: Limitar los vegetales feculentos a dos raciones por semana

Los vegetales con fécula contienen muchos carbohidratos, aunque no tantos como los cereales, las legumbres y las patatas. Pero ha llegado el momento de limitar el consumo de estos alimentos (tales como la calabaza de invierno, las zanahorias y las remolachas guisadas) a dos raciones por semana. Cuando comas vegetales feculentos guisados, tendrás que comerlos de una manera determinada: acompañándolos de más grasas y de algo de proteínas. Si a un vegetal feculento guisado le añades una cantidad generosa de grasa, como puede ser aceite de coco o ghee (mantequilla clarificada sin los sólidos de la leche), a tu cuerpo le resultará más fácil mantenerse en un estado de cetosis leve. Por fortuna, las hortalizas guisadas están riquísimas con grasa, y la grasa también ayuda a tu organismo a absorber más nutrientes. No olvides acompañar estas hortalizas guisadas con algo de proteínas.

Prefiero también que te comas los vegetales feculentos crudos. Prueba una ensalada de remolacha cruda, con aceite de oliva extraído por prensado en frío y zumo de limón recién exprimido, o hazte con un instrumento de cocina con el que puedas cortar la calabaza de invierno o las zanahorias como si fueran fideos, y disfrútalos con una salsa marinara cruda (hecha con aceite de oliva, tomates frescos y hierbas). Procura que esas ensaladas crudas o «fideos» crudos estén acompañados de grasas, como el aceite de oliva. Una ventaja más: ¡si te comes crudos los vegetales feculentos, puedes comerte todos los tazones que quieras! Los carbohidratos no se absorben con tanta facilidad, y podrás mantener la cetosis nutricional. No obstante, si al cabo de una o dos semanas no observas la presencia de cetonas en la orina al controlarla con las tiras, puede que tengas que tomar más leche de coco. Si sigues sin tener cetonas, quizá debas suprimir por completo el consumo de vegetales feculentos guisados. Si esto no da resultado, tal vez tengas que reducir, o incluso que eliminar, los vegetales feculentos crudos, para conseguir la cetosis nutricional.

Quinta parte: reducir las proteínas

También tendrás que reducir el consumo de proteínas a entre 175 y 350 g al día, en función de tu sexo y tamaño. Las células pueden tomar aminoácidos de las proteínas y convertirlas en azúcares para quemarlos en las mitocondrias. (Esto se llama técnicamente *gluconeogénesis*). Por tanto, si comes demasiadas proteínas, no alcanzarás el estado de cetosis nutricional. ¡Necesitas las proteínas suficientes para la vida, pero no tantas que las conviertas en azúcares!

Sexta parte: limitar la fruta a una ración al día, preferiblemente de bayas

La fruta contiene muchos carbohidratos; pero las frutas que contienen menos son, al mismo tiempo, las de mayor densidad nutricional. Ha llegado el momento de dejar las manzanas, los plátanos y las peras, por su contenido elevado de carbohidratos. (Aunque son unas frutas nutritivas y aptas para la dieta Wahls y la dieta Wahls Paleo, recordarás que no eran válidas para el cupo de los nueve tazones). Limitarás también el consumo de otras frutas de árbol y tropicales, y de melón y sandía. Céntrate, más bien, en las bayas. También te darán «color», pero sin tantos carbohidratos. Si te comes la fruta con un par de cucharadas de leche de coco con toda su grasa, reducirás todavía más la tasa de liberación del azúcar a la sangre, lo que te ayudará a mantenerte en el estado de cetosis nutricional. (¡Además, está muy rica!)

A algunas personas les resulta muy difícil reducir el consumo de fruta a este nivel, y yo mismo reconozco que a veces me como una naranja y sigo en estado de cetosis, siempre que la acompañe de mis grasas sanas. Quiero que evites, sobre todo, las frutas secas, las frutas en conserva y los zumos de fruta, por su mayor índice glucémico y su alto contenido de carbohidratos.

Séptima parte: comer solo dos veces al día, y ayunar al menos doce horas cada noche

Si solo comes dos veces al día y haces un ayuno de doce a dieciséis horas todas las noches, entre la comida de la noche y la comida de la mañana, tus mitocondrias prosperarán. El ayuno diario, a semejanza de los largos ayunos propios del invierno, potencian la eficiencia de las mitocondrias y animan a las células

¿Y SI PIERDES DEMASIADO PESO?

Hay personas que siguen la dieta Wahls, la Wahls Paleo o la Wahls Paleo Plus y que, aunque disfrutan de sus grandes beneficios, pierden demasiado peso. Esto se debe al efecto supresor del apetito de estas dietas, junto con el bajo consumo de carbohidratos, sobre todo en las personas que ya estaban más bien delgadas. Si a tu médico o a ti os parece que estás perdiendo demasiado peso, puedes volver a introducir más carbohidratos en tu dieta, comiendo más frutas y vegetales feculentos, incluso al nivel de la dieta Wahls Paleo Plus, en cantidades suficientes para detener la pérdida de peso o incluso para recuperar un poco. Añade poco a poco algunas frutas o vegetales feculentos hasta que se te estabilice el peso. No importa salir durante algún tiempo del estado de cetosis nutricional con el fin de alcanzar un peso sano. Te recomiendo que prepares dulce de azúcar Wahls (consulta la receta al final del libro) y lo comas cuando quieras hasta que hayas recuperado un peso saludable. Sigue comiéndolo en la cantidad que necesites para mantener el peso. Si con esto sales del estado de cetosis, tampoco importa. No nos interesa que estés falto de peso, insisto. Cuando se haya estabilizado tu peso, puedes reducir la cantidad de dulce de azúcar *(fudge)* que comes, para volver al estado de cetosis, siempre que mantengas el peso. A los pacientes que participan en nuestro estudio y que han perdido más peso del que nos interesaba les ha parecido un sistema muy rico y eficaz para manener el peso deseado. Este dulce de azúcar sin azúcar es delicioso y lleno en energía, pero se ciñe a los parámetros del Protocolo Wahls. Además, es un postre estupendo para servirlo a tus invitados sin dejar de cumplir en todos los sentidos con el Protocolo Wahls. ¡Come dulce de azúcar! (¿A que te gusta esta receta?).

a producir más mitocondrias por célula[7]. Tenemos el cuerpo preparado para esperar períodos largos de cetosis nutricional... ¡todos los inviernos, de hecho!

Aunque el ayuno es una práctica debatida, y yo no recomiendo los ayunos largos (no eres un oso en hibernación), existen indicios de que la restricción calórica o el ayuno intermitente tiene el efecto de invertir el deterioro asociado a la edad en modelos animales, y también puede invertir los trastornos cerebrales progresivos. Es probable que esto se deba a que mejora la eficiencia de las mitocondrias, además de aumentar el número de mitocondrias en cada célula, y a que el ayuno genera más hormonas del desarrollo nervioso, que estimulan el desarrollo de las neuronas cerebrales y el establecimiento de nuevas conexiones entre dichas neuronas[8]. Puedes conseguir este efecto ayunando un día sí y otro no; pero no hace falta que llegues tan lejos. Basta con que te limites a ayunar de doce a dieciséis horas cada día, cosa que puedes hacer de un día para otro, aprovechando las horas de sueño.

Comer solo dos veces al día no es tan difícil cuando te acostumbras a la dieta Wahls Paleo Plus, pues las dietas con cetosis nutricional tienden a suprimir el apetito (mientras que las dietas con muchos carbohidratos tienden a estimularlo). Cuando mantengas bien estable el nivel de azúcar en sangre, es fácil que descubras que solo sientes hambre cuando tu cuerpo necesita alimentos de verdad, y lo más probable es que esto solo les pase dos veces al día a la mayoría de las personas que se ciñen estrictamente a la dieta Wahls Paleo Plus.

A este nivel de la dieta viene bien ampliar el tiempo transcurrido entre comidas, pues cuando tu cuerpo no está digiriendo puede centrar su energía en curarse, en eliminar toxinas y en recalibrar los procesos bioquímicos en consonancia con tu nuevo nivel de nutrición. Es muy importante que dejes pasar un mínimo de doce horas entre la cena y el desayuno, para dar a tu cuerpo tiempo para llevar a cabo este trabajo tan importante. Si te resulta incómodo hacer solo dos comidas al día, sigue haciendo tres hasta que te sientas preparado para realizar el cambio. Si haces tres comidas al día, procura que una de las tres sea solo un smoothie, que tu cuerpo puede digerir con mayor rapidez. También es un buen sistema para consumir una gran parte de los vegetales y la fruta diarios. (¡No olvides añadirles leche de coco con toda su grasa!).

Nota: Preferiría que en esta etapa suprimieras por completo el alcohol, o que al menos lo reservaras solo para las ocasiones especiales. Si bebes alcohol, opta por una bebida baja en carbohidratos, como el vodka o el vino muy seco. La causa principal por la que te conviene reducir al mínimo el consumo de alcohol es que tu organismo empezará por metabolizar las calorías del alcohol antes que cualquier otra fuente de energía, incluidas las grasas. Además, tu hígado tiene que trabajar mucho para procesar el alcohol, y no te interesa sobrecargar al hígado sin necesidad cuando estás intentando curarte.

Cuanto más tiempo sigas practicando la dieta Wahls Paleo Plus, más fácil te resultará. A mí ya no me cuesta ningún trabajo. Sí te recomiendo que controles, al menos, las cetonas de la orina cuando hayas alcanzado un estado de equilibrio en la dieta. Así podrás evaluar tus opciones dietéticas y seguir por el buen camino. También te motivarás con los resultados mismos; por tanto, cuando vayas progresando con la dieta Wahls Paleo Plus, atiende a cómo te sientes y ve tomando nota de tus reacciones físicas y emocionales a ella en tu diario Wahls. Si te encuentras muy bien y notas mejoría en tus síntomas, ¡sigue adelante! Si en esta época de tu vida te resulta demasiado difícil, por motivos personales o familiares, no importa que vuelvas a la dieta Wahls Paleo de momento. Es mucho mejor esto que abandonarlo todo por completo. Sigue con firmeza, para que pueda darte resultados la dieta Wahls del nivel que sea.

En las páginas siguientes puedes ver un resumen de las reglas de la dieta Wahls Paleo Plus y un plan de comidas para siete días.

NIVEL 3: LA DIETA WAHLS PALEO PLUS

Al nivel de la dieta Wahls Paleo Plus seguirás aplicando todos los parámetros de la dieta Wahls Paleo, con las excepciones que aparecen a continuación. Come hasta que te sientas satisfecho, pero recuerda que tu objetivo es comer pocos carbohidratos, cantidades moderadas de proteínas y abundantes grasas. Una dieta compuesta de un 65 por ciento de grasas aproximadamente, con un contenido generoso de fuentes de grasas de cadena media, como el aceite de coco y la leche de coco con toda su grasa, servirá para mantener el estado de cetosis nutricional.

Come al menos 68 g al día de grasa de coco, ya sea tomando de 4 a 6 cucharadas de aceite de coco o de ¾ de bote a un bote entero (unos 420 ml), o incluso más, de leche de coco con toda su grasa. En todas las comidas, o cuando comas algo entre horas, puedes usar aceite de coco y leche de coco con toda su grasa, además de aceite de oliva no calentado o ghee a voluntad. Si pesas más de 68 kilos, lo más probable es que necesites tomar 700 o más calorías al día procedentes del aceite de coco o de la leche de coco. Si al cabo de una o dos semanas no te encuentras en estado de cetosis nutricional, quizá debas aumentar las cantidades de aceite de coco y de leche de coco con toda su grasa. NOTA: Ahora venden «leche de coco» en cartones (tetrabrik) en los supermercados, pero *no* es la misma que la leche de coco que viene en botes. Tiene mucha menos grasa y contiene aditivos y sustancias de relleno, y, en muchos casos, azúcar. Este no es el tipo de leche de coco que recomiendo. Busca la que tiene toda su grasa y viene enlatada. En las tiendas de productos hindúes o asiáticos también se encuentran algunas marcas en cartones; pero la leche de coco que compres no deberá tener más de dos o tres ingredientes. Las variedades que vienen en cartón y que no están edulcoradas pueden servir como sustitutos de los lácteos en la dieta Wahls y en la Wahls Paleo, pero no en la Wahls Paleo Plus.

- Los 9 tazones diarios de frutas y hortalizas se pueden reducir a 6 tazones (o incluso a 4 tazones, para una mujer menuda). Nada de patatas ni legumbres (tampoco soja ni sus derivados, como la leche de soja), y nada de cereales (tampoco los cereales sin gluten ni la leche de arroz). Si todavía necesitas tomar algo de leche, sigue tomando leche de coco con toda su grasa, no edulcorada.
- Limita el consumo de vegetales feculentos, como las remolachas y la calabaza de invierno guisadas, a un máximo de dos raciones por semana, acompañándolos siempre, como mínimo, con 1 cucharada de grasa y algo de proteínas. Si al cabo de dos semanas no te encuentras en estado de cetosis nutricional, quizá debas limitar todavía más el consumo de vegetales feculentos.
- Limita el consumo de fruta a 1 tazón al día, y es preferible que sean bayas. Cómelas siempre acompañadas de grasa, como la leche de coco. No consumas frutas de bote ni zumos de fruta, que contienen más azúcar.
- Reduce el consumo de proteínas a entre 175 y 350 g diarios, en función de tu sexo y tamaño.
- Haz solo dos comidas al día, dejando un intervalo de entre doce y dieciséis horas entre la cena y el desayuno. Si tienes que hacer tres comidas, no dejes de mantener ese ayuno de entre doce y dieciséis horas.
- Limita el consumo de alcohol a ocasiones especiales.

	Desayuno	Cena
Día 1	Smoothie: • 1 tazón de espinacas • 1 tazón de arándanos • 1 tazón de leche de coco con toda su grasa • 1 cucharadita de canela en polvo • 1 cucharada de levadura nutricional • ½ tazón de hielo 1 ración de ensalada de salmón* envuelta en hoja de berza (1 tazón) 1 ración de mezcla de remolacha y arándanos rojos* ¼ de tazón de encurtidos fermentados	1 ración de hígado encebollado con champiñones* ½ tazón de brócoli cocido 1 cucharadita de aceite de oliva virgen extra Ensalada: • 2 tazones de lechuga romana • 2 tazones de col china bok choy • ½ tazón de tomate • ½ tazón de pimientos verdes • 2 dientes de ajo • 1 cucharada de aceite de oliva virgen extra • vinagre balsámico al gusto • albahaca seca al gusto • 1 cucharada de semillas de girasol ¼ de tazón de kimchi Infusión Throat Coat® ½ tazón de leche de coco con toda su grasa (añadirla a la infusión si se desea)
Día 2	Smoothie: • 1 tazón de kale • 1 cucharadita de té verde en polvo • 1 cucharadita de cardamomo molido • ¾ de tazón de leche de coco con toda su grasa • ½ tazón de hielo 1 ración de paté de hígado* ½ tazón de nabo crudo en rodajas 1 tallo de apio mediano ½ tazón de té de kombucha*	1 ración de receta básica de carne y verduras a la sartén* (chuletas de cordero y brócoli) 1 cucharada de rábano picante Ensalada: • 3 tazones de espinacas • 2 tazones de kale • 5 rábanos medianos • ¼ tazón de zanahorias en rodajas • ¼ tazón de pepino en rodajas con piel • albahaca seca al gusto • 1 ½ cucharadas de nueces picadas • 2 cucharadas de aceite de oliva virgen extra • vinagre balsámico al gusto ¼ de tazón de chucrut fermentado ¾ de tazón (160 g) de fresas partidas en dos • 1 cucharada de leche de coco con toda su grasa 2 tazones de infusión Tension Tamer® • ½ tazón de leche de coco

	Desayuno	Cena
Día 3	1 ½ raciones de té de cúrcuma* 105 g de sardinas en conserva en salsa de tomate ½ tazón de zanahoria cruda en rodajas ½ tazón de perejil ½ tazón de rábano daikon 1 ración de mezcla de remolacha y arándanos rojos* con 2 cucharadas de aceite de coco ½ tazón de té de kombucha*	1 ración de receta básica de carne y verduras a la sartén* (corazón y hojas de mostaza) 1 ración de coles de Brusela, beicon y arándanos rojos* Ensalada: • 4 tazones de lechuga romana • 2 dientes de ajo • 1 cucharada de raíz de jengibre • orégano seco al gusto • 1 cucharada de aceite de oliva virgen extra • vinagre balsámico al gusto • 1 cucharada de semillas de girasol ¼ de tazón de kimbombó encurtido lactofermentado 1 tazón de cerezas infusión de manzanilla ½ tazón de leche de coco con toda su grasa
Día 4	1 ración de sopa de caldo de huesos y zanahoria* 1 ración de pollo al romero* 1 ración de hojas de remolacha con beicon* 40 g de almendras crudas remojadas ½ tazón de kvass de remolacha* mezclado con ½ tazón de agua	1 ración de estofado de marisco* (versión Paleo Plus) 1 tazón de calabaza moscada guisada 1 cucharada de aceite de oliva virgen extra Ensalada: • 4 tazones de bok choy • ¼ tazón de apio • 1 cucharada de semillas de girasol • 5 aceitunas negras medianas • 1 cucharada de raíz de jengibre • orégano seco al gusto • 1 cucharada de aceite de oliva virgen extra • zumo de lima al gusto 1 tazón de frambuesas infusión de hierbas ½ tazón de leche de coco con toda su grasa

	Desayuno	Cena
Día 5	1 ración de sopa de caldo de huesos y pimientos* 1 ración de receta básica de carne y verduras a la sartén* (hojas de berza y jamón) 1 ración de púdin de fruta* ½ tazón de té de kombucha*	1 ración de pollo a la argelina con espárragos* 1 tazón de arroz de coliflor* 1 cucharada de aceite de oliva virgen extra ¼ de tazón de chucrut fermentado Ensalada: • 4 ½ tazones de bok choy • ½ tazón de cilantro • ½ tazón de gajos de naranja frescos • ¼ tazón de pepinos en rodajas con la piel • 4 cucharadas de aceite de oliva virgen extra • zumo de lima al gusto infusión de hierbas ½ tazón de leche de coco con toda su grasa
Día 6	1 ½ raciones de sopa de caldo de huesos, coliflor y cúrcuma* Ensalada: • 3 tazones de kale • ½ tazón de rábanos • ½ tazón de pimientos amarillos dulces • ½ tazón de tomate • ¼ tazón de cebolla picada • 1 cucharada de aceite de oliva virgen extra • 1 ½ cucharadas de almendras picadas (puestas en remojo) • vinagre balsámico al gusto 100 g de salmón en conserva ½ tazón de kvass de remolacha* mezclado con ½ tazón de agua	1 ración de receta básica de carne y verduras a la sartén* (chuletas de cerdo y col lombarda) ¼ de tazón de kimchi 6 espárragos medianos Ensalada: • 2 tazones de espinacas • ½ tazón de pimientos rojos dulces • ½ tazón de pepinos en rodajas • ½ tazón de champiñones en rodajas • 1 cucharada de aceite de oliva virgen extra • zumo de limón al gusto 1 tazón de melón cantalupo 1 ración de cacao de taza*

LA DIETA WAHLS PALEO PLUS

	Desayuno	Cena
Día 7	1 ración de sopa de caldo de huesos y aguacate* ¾ de ración de de receta básica de carne y verduras a la sartén* (bistec y hojas de mostaza) 1 ración de mezcla de remolacha y arándanos rojos* 1 cucharada de aceite de oliva virgen extra ½ tazón de té de kombucha*	1 ración de sopa de leche de coco y pescado* 1 cucharada de jalapeños ¼ de tazón de kimchi Ensalada: • 3 ½ tazones de lechuga romana • albahaca seca al gusto • ¼ tazón de zanahorias en rodajas • 1 cucharadita de semillas de sésamo (crudas, puestas en remojo) • 1 cucharadita de aceite de oliva virgen extra • zumo de lima al gusto Mezcla de bayas: • ¼ tazón de fresas • ¼ tazón de moras • ¼ tazón de frambuesas • ¼ tazón de leche de coco con toda su grasa 1 tazón de infusión de manzanilla 75 ml de leche de coco con toda su grasa (añadirla a la infusión si se desea)

Tercera parte
MÁS ALLÁ DE LA COMIDA

Capítulo 8
REDUCIR LA CARGA TÓXICA

Has llegado lejos. Has estudiado la dieta Wahls y la has adoptado, para quedarte en ella quizá, o puede que hayas pasado de esta a la dieta Wahls Paleo, o incluso hayas llegado a la dieta Wahls Paleo Plus. Si sigues aplicando con firmeza los cambios dietéticos, es casi seguro que estés notando mejorías. Pero puedes hacer más cosas todavia. Puedes ir más allá. En esta parte del libro te daré algunas indicaciones que no están relacionadas directamente con la comida pero que forman parte del Protocolo Wahls. Para empezar, y primordialmente, vamos a hablar de las toxinas.

Ya no vivimos en el mundo de nuestros abuelos. A partir de la Segunda Guerra Mundial hemos aplicado extensamente la química para quitarnos trabajo y para enriquecer nuestras vidas de muchas maneras. Por desgracia, a causa de la contaminación del aire y del agua, de los pesticidas y otras sustancias químicas que se aplican a los productos agrícolas, de los conservantes y colorantes que se añaden a las bebidas y a los alimentos procesados, y de los alimentos mismos que sufren manipulaciones químicas (como los aceites hidrogenados y el jarabe de maíz de alta fructosa), muchas de esas sustancias químicas acaban dentro de nosotros, porque las comemos, las bebemos, las tocamos o las respiramos.

Las sustancias que entran en el cuerpo y no se producen en él de manera natural reciben el nombre de xenobióticos. Estas exotoxinas pueden trastornar las señales que se transmiten dentro de nuestras células y entre unas células y otras. Se está llevando a cabo un inmenso experimento que dura ya varias décadas, y las cobayas somos nosotros, la población, sin que lo sepamos. Nuestros entornos de vida, de trabajo y de recreo ya están cargados de toxinas; la Agencia de Protección Ambiental de Estados Unidos tiene catalogadas más de noventa mil.

Ya he hablado en capítulos anteriores de las toxinas químicas que se encuentran en nuestros alimentos, tanto vegetales como animales; pero los alimentos no son la única fuente de sustancias químicas de nuestro entorno. Vamos a levantar la vista de nuestros platos para contemplar la gran polución y contaminación que está presente en todos los aspectos de nuestras vidas: maderas tratadas con arsénico en los parques infantiles; pintura, alfombras, moquetas y muebles que emiten gases en nuestros propios hogares; residuos de plásticos; metales pesados en el agua potable, y contaminación aérea por las emisiones de las fábricas, de los vehículos y de las centrales eléctricas; ondas electromagnéticas, microondas y radiación de las wifis (que puede tener efectos biológicos sobre nuestras células). Nos llenamos la boca de mercurio en los empastes dentales; nos lavamos la ropa y nos untamos la piel con productos que contienen disruptores endocrinos que pueden afectar a las señales hormonales de nuestro organismo, y, para colmo, no comemos los nutrientes suficientes para ayudar a nuestros cuerpos a deshacerse de manera eficiente de las toxinas que ingerimos, que respiramos, que absorbemos y que nos aplicamos. ¡Es increíble que nos funcionen siquiera las mitocondrias!

Rachel Carson escribió en su libro histórico sobre el medio ambiente titulado *Primavera silenciosa*, publicado en 1962:

> Por primera vez en la historia del mundo, todos los seres humanos estamos sometidos al contacto con sustancias químicas peligrosas, desde el momento de la concepción hasta la muerte. En menos de dos décadas transcurridas desde su aparición, los pesticidas sintéticos se han esparcido tan a fondo por el mundo animado e inanimado que se encuentran prácticamente en todas partes[1].

Muchos estudios han observado relaciones entre diversas sustancias químicas del medio ambiente y múltiples problemas de salud, como las enfermedades neurodegenerativas, los trastornos del estado de ánimo, la diabetes, las enfermedades cardíacas crónicas y el cáncer[2]. (En mi sitio web puedes ver una tabla del Curso de Destoxificación del Instituto de Medicina Funcional, que aporta más detalles).

Para embrollar la cuestión todavía más, además de todas estas sustancias químicas del medio ambiente, nuestro cuerpo también produce toxinas. Las llamamos endotoxinas, porque proceden de nuestros propios procesos químicos. Pueden ser bacterias o pueden ser los residuos de diversas reacciones químicas. En circunstancias normales, las eliminamos de manera eficaz; pero si te faltan algunos de los elementos nutricionales necesarios para el funcionamiento regular de la máquina destoxificadora, puede costarte más trabajo eliminar tanto las endotoxinas como los xenobióticos. Parece que algunas personas soportan sin mayor problema la carga tóxica, tanto la externa como la interna; pero tú, en función de tu propensión genética, puedes ser especialmente sensible a las toxinas del entorno. La consecuencia es que la sinfonía bien afinada de la vida empieza

> **ALERTA PARA EL DIARIO WAHLS**
>
> Responde en tu diario Wahls a cualquiera de estas preguntas:
>
> - ¿Te preocupas por las toxinas?
> - ¿A qué toxinas consideras que has estado expuesto? ¿A alguna en especial, además de las habituales en cualquier habitante del mundo desarrollado? ¿Trabajas con sustancias químicas? ¿Trabajas en una granja, o vives cerca de alguna? ¿o de una fábrica?
> - Cuando hayas terminado de leer este capítulo, haz una lista de varias medidas con las que crees que podrías reducir tu exposición a los tóxicos.

a descabalarse. Si padeces esclerosis múltiple u otra enfermedad autoinmune, es muy probable que tengas, en efecto, una sensibilidad especial. La buena noticia es que, si bien no es posible hacer una vida completamente libre de toxinas, hay maneras de reducir al mínimo la exposición a ellas. Las dos cosas más importantes que debes hacer son las siguientes:

1. Aumentar al máximo el proceso natural de destoxificación de tu cuerpo.
2. Reducir al mínimo la exposición a los tóxicos.

Fomentar la eliminación natural de las toxinas

Muchos de mis pacientes dan positivo cuando se hacen análisis de metales pesados; y a mí me pasó lo mismo en su día. Las pruebas de laboratorio mostraron que sufría toxicidad por múltiples metales, y me destoxifiqué de manera natural por medio de mi protocolo dietético y con métodos de destoxificacion suaves, como las saunas, la arcilla, las algas de agua dulce, el kelp, los suplementos específicos (hablaré de todo ello en este mismo capítulo), hasta que mi cuerpo eliminó los metales tóxicos y mi salud mejoró notablemente. Dos años más tarde, los análisis de seguimiento mostraron que me había quitado de encima los excesos de metales pesados.

Muchas personas llaman «limpieza» al proceso de fomentar la eliminación de las toxinas. Aunque lo de «la limpieza» pueda sonar a moda, en realidad es una costumbre muy antigua, y en muchas culturas antiguas se practican ritos de limpieza. Estos ritos estaban asociados en muchos casos a la purificación o curación rituales: baños en aguas frías o termales, saunas, baños de barro, ayunos... Todos estos sistemas ayudan al cuerpo a limpiarse de impurezas para que funcione mejor.

Ahora sabemos más que nuestros antepasados sobre el cuerpo humano. Sabemos cuáles son los órganos concretos que trabajan para procesar las toxinas y eliminarlas. Los más trabajadores son:

- El hígado.
- Los riñones.
- Las glándulas sudoríparas.

Antes de que estudiemos el modo de fomentar el trabajo importante del hígado, de los riñones y de las glándulas sudoríparas, es importante que comprendamos cómo se produce la destoxificación en el cuerpo.

Como la mayoría de las toxinas son liposolubles, es preciso convertirlas en sustancias hidrosolubles para poder excretarlas con la bilis (por el hígado), con la orina (por los riñones) o con

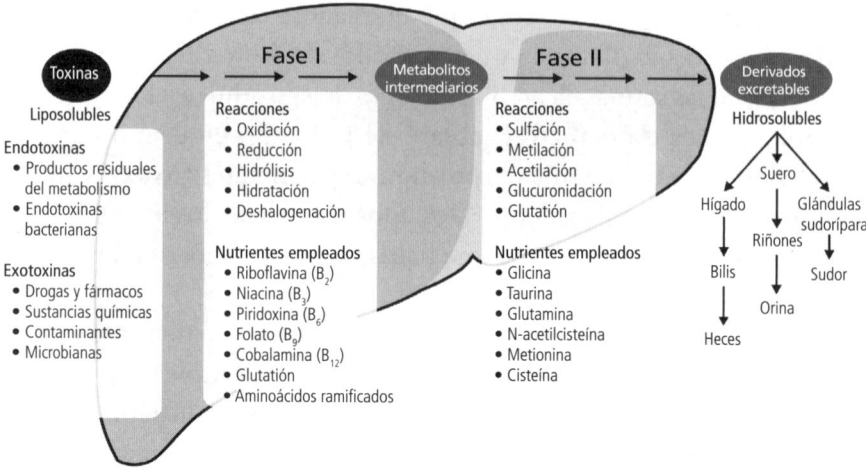

el sudor (por las glándulas sudoríparas). Este proceso tiene dos fases. En la primera, las toxinas se convierten en metabolitos reactivos por medio de procesos químicos como la oxidación, la reducción, la hidrólisis y la deshalogenación. En otras palabras, las toxinas se separan de la grasa y quedan libres en el cuerpo. La toxina está entonces más activa, y de hecho nos resulta más tóxica, al no estar atrapada en las células de grasa. Pero el cuerpo sigue un plan. En la segunda fase, las células adosan a la toxina recién activada una cadena molecular. Esta cadena puede ser otra estructura química, como un grupo sulfuro, un grupo metilo o un aminoácido específico. Así, la toxina se vuelve hidrosoluble y se puede excretar del cuerpo disuelta en agua. Si la toxina se convierte en el metabolito reactivo (primera fase) pero no se tranforma en hidrosoluble (segunda fase), puede llegar a ser más dañina para el cuerpo. A esto se debe que algunas personas tengan experiencias negativas en los tratamientos de destoxificación. Cuando las toxinas están dispuestas a salir, tenemos que ayudarlas a que salgan para que no sigan circulando por el organismo, liberadas de la grasa, en un estado en que pueden hacer más daño. Esto se consigue de varias maneras, y, por fortuna, no solo son sencillas, sino que lo más probable es que ya las estés practicando. La mejor forma de conseguirlo es comerte tus nueve tazones de verduras verdes y vegetales de color y ricos en azufre, además de algas marinas y vísceras, con lo que facilitas este proceso en dos fases y eliminas las toxinas de manera eficaz. Esta alimentación aporta a tu cuerpo todas las sustancias que requiere para procesar las toxinas hasta llevarlas a un estado en que se les pueda dar salida. Más concretamente, procura consumir en abundancia:

- Selenio y yodo (de las algas marinas).
- Zinc y coenzima Q (de las vísceras).
- Tioles (de las verduras verdes y de las ricas en azufre).
- Flavonoides (de los vegetales de colores vivos).
- Minerales (de la sal marina yodada y de las algas).
- Aminoácidos completos (de las proteínas animales o proteínas vegetarianas equilibradas, combinadas entre sí de modo que incluyan todos los aminoácidos necesarios, como expliqué en el capítulo 6 hablando de la dieta Wahls Paleo).

Puedes apoyar todavía más la labor de destoxificación de tu cuerpo tomando especias que la favorezcan todavía más, mejorando la eficiencia de las enzimas destoxificadoras en el hígado, los riñones y las glándulas sudoríparas (en parte porque influyen sobre qué genes de nuestro ADN se activan y desactivan). Las especias contribuirán a mantener el equilibrio adecuado de las enzimas destoxificadoras que están presentes para procesar y eliminar las toxinas a las que tenemos que hacer frente día a día.

Añade generosamente a tus alimentos las hierbas y especias siguientes:

- Áloe.
- Bardana.
- Pimienta de Cayena.
- Raíz de diente de león.
- Eneldo.
- Jengibre.

- Rábano picante.
- Perejil.
- Menta.
- Romero.
- Azafrán.
- Cúrcuma.

Otras sustancias que pueden ser eficaces para la destoxificación son la silimarina (que se encuentra en las semillas de cardo mariano que se usan para hacer infusiones o suplementos) y el Picnogenol o Pycnogenol (suplemento que se extrae de la raíz de pino marítimo, *pinus pinaster*; hablaré más de los suplementos en el capítulo siguiente).

Aunque la nutrición es importante, quiero que te plantees también otras estrategias magníficas para la destoxificación. Mis favoritas son las siguientes:

- **El sudor.** En muchas culturas se practican rituales de sudor, dentro de procesos de purificación. Las glándulas sudoríparas eliminan los metales pesados, los plásticos y los solventes de manera muy eficaz. La sauna dilata los vasos sanguíneos con el fin de refrigerar el cuerpo, y aumenta el bombeo del corazón. ¡Hasta es una alternativa al ejercicio aeróbico! (Hablaré más de ello en el capítulo siguiente, «Ejercicio y electricidad»). Pero muchas personas con esclerosis múltiple tienen gran intolerancia a las subidas de la temperatura corporal. No te metas en una sauna si no la toleras bien. Yo tuve que pasar seis meses de recuperación hasta que me repuse lo suficiente como

> **WAHLS ADVIERTE**
>
> Cuando una persona adopta mi dieta de la noche a la mañana, como hacen los participantes en nuestras pruebas clínicas, es habitual que sufran una experiencia de destoxificación, incluso cuando se adopta la dieta Wahls de manera gradual y a cualquiera de sus niveles, sobre todo si tienes una gran carga de toxinas, aunque los síntomas no serán tan molestos como con un cambio dietético repentino. Los síntomas de la destoxificación son consecuencia natural de la liberación de las toxinas del cuerpo. En la mayoría de los casos se puede aplicar el viejo dicho: «¡Mejor fuera que dentro!». Si estás preparado para los síntomas de la destoxificación, los reconocerás y no los tomarás por una exacerbación de tu enfermedad. Puedes tener los síntomas siguientes:
>
> - Reacciones en la piel semejantes al acné (debidas, probablemente, al bromo que se excreta por ella).
> - Dolores de cabeza.
> - Dolores corporales.
> - Malestar.
> - Agravamiento temporal de la fatiga.
> - Ansia marcada de azúcar y carbohidratos (subproductos de las levaduras y bacterias aficionadas al azúcar moribundas, que hacen todo lo que pueden para que sigas consumiendo muchos carbohidratos).
>
> La buena noticia es que estos síntomas de la destoxificación suelen empezar a aliviarse al cabo de un par de semanas en los participantes de nuestras pruebas clínicas. En mi consulta, digo a los pacientes que vayan reduciendo la comida mala y aumentando la

> comida buena a lo largo de una semana. Cuando se hace así, los síntomas de la destoxificación suelen ser menos molestos en general. ¡Y recuerda que, cuando los sientes, se debe a que está saliendo de ti todo lo malo!

para poder tolerar la sauna. Pero cuando pude soportar el calor, me compré una sauna de infrarrojos para mi casa. Está junto a la piscina de terapia Endless Pool donde nado todos los días. Dentro de mi protocolo de destoxificación, empecé por tomar una sauna cuatro días por semana.

- **El barro o arcilla.** Las arcillas se emplean desde hace miles de años para rejuvenecer la piel y la salud. Los baños de barro, aplicados a la cara o a todo el cuerpo, extraen los metales pesados, los disolventes y otras toxinas que están acumuladas en los tejidos grasos de la piel. Las mascarillas de barro (arcilla) arrastran las toxinas de la piel, incluso de manera más activa que el sudor. Cuando tomo una sauna, me pongo en la cara y en el cuerpo una mascarilla de barro mientras sudo, y después me doy una ducha fría. Puedes comprar productos para preparar mascarillas de barro o arcilla en las farmacias y tiendas de artículos de belleza. Se pueden adquirir diversos tipos de arcillas en los comercios de alimentos y artículos de salud, o por Internet. Elabora una pasta mezclando la arcilla con algas de agua dulce (consulta el punto siguiente) y con sal marina, aplícatela a la piel y déjala secar. Déjatela puesta media hora y después lávatela. Otra manera de emplear la arcilla es preparar en un barreño un baño para pies de arcilla diluida. (¡Después,

> **WAHLS ADVIERTE**
>
> Ten en cuenta que la arcilla, el kelp y las algas marinas no solo absorben las toxinas, sino que también pueden absorber los medicamentos de la sangre o los que tomes por vía oral. Si te estás medicando, informa a tu médico si piensas mejorar la destoxificación y sigue sus orientaciones sobre la mejor manera de conseguirlo sin interferir con tu medicación.

vierte el agua arcillosa en tu huerto o jardín, para que no te obstruya los desagües!). O bien prepara una mezcla de arcilla muy diluida en agua y ponte en remojo en la bañera de media hora a una hora. Si tienes la posibilidad de ir a algún spa o balneario donde administren baños de barro o arcilla, aprovecha esta eficaz terapia destoxificadora.

- **Algas de agua dulce.** Las algas de agua dulce y el kelp absorben las toxinas liberadas, evitando que se reabsorban en la sangre. No solo son buenas en tu dieta alimenticia, sino que también pueden sentarte bien aplicadas a la piel, con arcilla (como explicamos en el punto anterior) o en una mascarilla de algas.
- **El cepillado en seco de la piel.** Es una técnica sencilla que favorece la destoxificación a través de la piel. Solo tienes que frotarte o cepillarte suavemente la piel con un cepillo suave o con una toalla limpia y seca, en sentido circular, empezando por los pies y subiendo poco a poco hacia el corazón. Frótate una pierna y después la otra, y después el abdomen. A continuación, haz lo mismo con los brazos. Así eliminas suavemente las células cutáneas y facilitas la eliminación de toxinas por la piel. El proce-

so solo suele durar de cinco a diez minutos. Lo puedes hacer todos los días si quieres.

Reducir al mínimo la exposición a los tóxicos

Nos encontramos con toxinas en el entorno constantemente; pero entre las más intensas, y las más fáciles de controlar, se encuentran las que nos tocan la piel. La piel es el mayor de los órganos del cuerpo, y es importante para la eliminación de toxinas; pero mucha gente no suele ser consciente de que también se absorben toxinas del entorno por la piel. Piensa en todos los jabones, lociones, cremas solares y medicamentos que te has aplicado a la piel. Los absorbes y se introducen en tu organismo. Lee los envases. Para que sigas sano, tu hígado y tus riñones tendrán que procesar y eliminar todas las sustancias químicas que

---

WAHLS ADVIERTE

Se han relacionado los efectos estrogénicos ligeros de los plásticos, perfumes, disolventes y hormonas de los alimentos y los artículos de higiene personal con la menstruación temprana de niñas de hasta solo 7 años, con la reducción mundial del conteo de espermatozoides, con el aumento creciente de la disfunción eréctil en hombres de solo 20 a 30 años (problema frecuente en las consultas de atención primaria) y con la infertilidad de las mujeres por el síndrome de ovario poliquístico. También se los relaciona con el desarrollo de obesidad, síndrome metabólico y diabetes. Por eso se les llama «interruptores endocrinos». Estos compuestos interrumpen y confunden las señales hormonales de nuestras glándulas endocrinas.

figuran en la lista de componentes. El término *ecológico* también puede emplearse para algunos productos que te aplicas a la piel. Del mismo modo que comes alimentos ecológicos, elige también productos de uso cutáneo que sean ecológicos, o todo lo naturales que sea posible. Plantéate, además, cuántos productos tienes que usar verdaderamente. Si te bañas a diario, te lavas las axilas y las ingles con jabón y haces una dieta limpia, lo más probable es que no necesites muchos más productos de higiene personal. Ya olerás bien y tendrás buen aspecto de manera natural. Por ejemplo, quizá no te haga falta ponerte desodorante, que suele contener aluminio, metal pesado que se ha relacionado con la demencia, la enfermedad de Parkinson y las enfermedades neurodegenerativas. Si todavía quieres usar algún tipo de desodorante, busca una marca natural que no contenga aluminio. O te puedes echar un poco de bicarbonato sódico.

Otra fuente potente de toxinas es tu casa. Los productos de limpieza y los textiles domésticos te pueden exponer a diario a centenares de compuestos sintéticos que entorpecen el funcionamiento químico de las células, desequilibrando levemente en muchos casos tu sistema hormonal. Puedes reducir al mínimo la exposición a los tóxicos en tu vivienda limpiando tu entorno doméstico, y eso puede suponer una gran diferencia para tu carga interna de toxinas. He aquí algunas estrategias:

- Sustituye poco a poco las alfombras y moquetas, cortinas y ropa de cama sintéticas de tu casa por textiles y telas naturales. Estos textiles sintéticos pueden desprender sustancias químicas, que respiras con el aire durante años. Entre los textiles adecuados para el hogar se cuentan los de lana, algodón ecológico, cáñamo y bambú.
- Sustituye poco a poco todos los conglomerados, contrachapados, fibras de vidrio y tableros de fibra de los mue-

bles, armarios, paredes y suelos. Estos materiales pueden emitir compuestos tóxicos al aire del interior de tu casa. Sustitúyelos por maderas naturales sólidas y bambú.
- Pinta las superficies interiores solo con pinturas bajas en compuestos orgánicos volátiles (c. a.).
- Abre las ventanas para ventilar todo lo que puedas y reparte por la casa plantas verdes, que ayudarán a destoxificar el aire. Si tienes alergias, plantéate poner un limpiador de aire de buena calidad en tu dormitorio, donde pasas muchas horas de tu vida respirando hondo.
- Pásate a los limpiadores domésticos naturales o «verdes». La mayoría de las tareas de limpieza se pueden hacer a base de vinagre, bicarbonato sódico y agua oxigenada; o compra artículos de limpieza naturales. Limpia tu casa una vez por semana como mínimo, para mantener a raya a las bacterias y al moho.
- Sustituye todos los recipientes de plástico para guardar comida por otros de cristal. Lo puedes hacer de manera económica conservando los tarros de productos como los encurtidos y las salsas, y empleándolos para conservar la comida sobrante.
- Sustituye las sartenes de teflón por otras de acero inoxidable o de hierro esmaltado.
- Filtra el agua. Esto se puede hacer a muchos niveles; una simple jarra con filtro puede reducir las toxinas del agua del grifo. Pero es mejor un sistema por ósmosis inversa, pues es el único capaz de eliminar los diversos medicamentos que pueden haber llegado a tu agua potable. Es lo que tengo instalado en casa.

¿Y lo que tienes en la boca? Si tienes muchos empastes de amalgama de mercurio, estos emitirán cada día una pequeña

RESPONDO A LOS GUERREROS DE WAHLS

P: ¿Vendrá bien el Protocolo Wahls para el síndrome de ovario poliquístico, la endometriosis, la infertilidad u otros problemas hormonales, como el síndrome premenstrual y los sofocos?

A: Cuando empiezan a desconcertarse nuestras glándulas endocrinas, comienza a fallar la química de nuestras células. Estos cambios pueden dejar a las mujeres adultas con hormonas mucho más parecidas a las de los hombres, y a los hombres adultos con hormonas mucho más parecidas a las de las mujeres (es el caso del síndrome del ovario poliquístico, la disfunción eréctil, la obesidad, los problemas del estado de ánimo y la resistencia a la insulina). Los ovarios y los testículos elaboran las hormonas sexuales más potentes, que ponen en marcha y hacen desarrollar las características por las que las niñas se hacen mujeres y los niños se hacen hombres, a partir de la adolescencia. Las glándulas suprarrenales también elaboran hormonas sexuales en menor grado, y las grasas también producen hormonas sexuales. Además de esto, seguimos descubriendo pruebas de que muchos compuestos sintéticos (como los plásticos, los disolventes, los aceites aromáticos, etcétera) pueden encajar en los receptores de las hormonas sexuales y confundirnos la biología[3].

Las cuestiones hormonales pueden parecer un problema enorme; pero en muchos casos la respuesta es relativamente sencilla. La dieta puede cambiar muchísimo la situación de las mujeres que sufren el síndrome del ovario poliquístico y otros trastornos hormonales, como el síndrome premenstrual y los síntomas de la menopausia. Plantéate también si puede estar contribuyendo a tu desequilibrio hormonal la alteración hormonal que provocan los plásticos, los disolventes, los aceites aromáticos y los pesticidas. Además de todo esto, una intolerancia al gluten no diagnosticada puede ser un factor

> que contribuya a la endometriosis, al síndrome del ovario poliquístico y a los problemas de infertilidad. Muchos de estos trastornos están relacionados también con la resistencia a la insulina. La receta sería estabilizar el azúcar en sangre y bajar los niveles de insulina reduciendo el consumo de carbohidratos y la carga de toxinas del cuerpo.
> Cuanto más completamente puedas adoptar la dieta Wahls Paleo o la Wahls Paleo Plus, antes se te normalizará la insulina y también, probablemente, las proporciones entre las hormonas sexuales. Aparte de esto, come estrictamente alimentos ecológicos y haz lo que puedas para mejorar tus vías de destoxificación y reducir las disrupciones hormonales.

cantidad de vapores de mercurio que absorberás en tu organismo. Existe una correlación entre el número de empastes con mercurio que se tienen en la boca y la cantidad de mercurio que hay en el cerebro. Muchas personas optan por quitarse los empastes de mercurio, pero yo no lo recomiendo sin un previo estudio y consideración. Si los empastes de mercurio no se retiran como es debido, hasta es posible que se libere más mercurio en el organismo. Cuando el dentista perfora los empastes para quitarlos, el torno producirá más vapores de mercurio que puedes inhalar y reabsorber en tu cuerpo. Es importante acudir a un dentista que esté formado expresamente en el manejo seguro de los empastes de amalgama de mercurio, para que se reduzca al mínimo el peligro de aumentar la carga de este metal que se libera con el proceso. Busca a un profesional formado expresamente por la Academia Internacional de Medicina Oral y Toxicología.

Ten en cuenta que cada vez se extiende más entre los dentistas la costumbre de hacerse llamar holísticos, libres de mercu-

HABLAN LOS GUERREROS DE WAHLS

«Como yo sabía que tenía muchos empastes dentales de amalgama y una corona también de amalgama que me tendría que quitar un odontólogo, así como un «tatuaje de mercurio» [un tatuaje con tinta que contiene mercurio], seguí los consejos de la doctora Wahls y emprendí el proceso de medirme los niveles de mercurio. Me hice análisis de orina, sangre y pelo, y, huelga decirlo, tenía niveles elevados de mercurio en el cuerpo. En vista de que, tras haber seguido la dieta Wahls durante poco tiempo, habían mejorado notablemente los síntomas de mi esclerosis múltiple, emprendí inmediatamente el proceso de destoxificación del mercurio. Me hice retirar de la boca todo el mercurio y me destoxifico con regularidad por otros sistemas. Sigo haciéndome el cepillado corporal en seco; tomo suplementos, entre ellos arcilla bentonita y más vitaminas del grupo B. Como en abundancia algas y cilantro y, naturalmente, me aplico semanalmente un baño de pies y una mascarilla facial de arcilla bentonita azteca.

Me encantó aprender de la doctora Wahls todas las propiedades beneficiosas de las distintas hierbas, las especias y las infusiones. Todos los días me echo un poco de cardamomo a la infusión y añado cúrcuma al caldo de huesos».

Debra K., Accord, Nueva York (EE. UU.)

> **EL NUEVO CEPILLO DE DIENTES**
>
> Deja las pastas de dientes con flúor. O, mejor, deja todos los dentífricos comerciales. En su lugar, prueba lo siguiente. Deja en el cuarto de baño un poco de aceite de coco extraído por prensado en frío, pasa el cepillo de dientes por el aceite de coco y cepíllate con él. O también puedes poner en el cepillo unas gotas de aceite de oliva, de aceite de orégano o de aceite del árbol del té, que mantendrán a raya a las bacterias que contribuyen a la formación de placa dental. Otra posibilidad es lavarte los dientes con bicarbonato sódico. Aunque es un poco abrasivo para usarlo todos los días, utilizarlo para la limpieza dental un par de veces por semana también contribuirá a mejorar la destoxificación, pues aumentará la alcalinidad de la orina.

rio o biológicos, porque ya no ponen empastes con amalgama de mercurio. Pero muchos de estos dentistas no han recibido una formación avanzada en las técnicas para retirar el mercurio de manera segura. ¡Documéntate!

Otro problema dental es el empleo del flúor para reducir la caries, e incluso su presencia en el agua potable.

El flúor resulta tóxico para los huesos y para las neuronas del cerebro, y se ha relacionado con el descenso del cociente de inteligencia de los niños[4]. Es conveniente no emplear flúor para evitar la caries; más vale eliminar de la dieta la harina blanca y el azúcar y seguir el Protocolo Wahls, que te aportará la nutrición intensiva que necesitas para combatir de modo eficaz la caries dental.

La destoxificación no es muy difícil en términos generales, pero exige atención: alimentos puros, una vivienda limpia, productos y materiales limpios en tu piel y en tu entorno, y un cuidado sistemático del cuerpo para ayudarle a eliminar las toxinas como él sabe hacerlo. Esto es el complemento perfecto del plan de alimentación Wahls, y constituye una parte esencial del Protocolo Wahls.

Capítulo 9
EJERCICIO Y ELECTRICIDAD

Si ahora no tienes movilidad, y si sigues haciendo lo mismo que haces, sin cambiar, no tendrás movilidad en el futuro. Aunque parece evidente, muchas personas no lo suelen ver de esta manera. Creen que si ahora descansan, podrán moverse mejor más adelante; pero a medida que ese «más adelante» es cada vez más lejano, los músculos empiezan a degenerarse y todo el sistema físico se degrada. ¿Qué pasa si dejas un coche sin ponerlo en marcha durante años enteros? Con el tiempo, se acaba gripando, y entonces ponerlo en marcha será mucho más difícil que hacer girar una llave. Como las personas con esclerosis múltiple sufren fatiga cuando avanza la enfermedad, antes muchos médicos les decían que no hicieran ejercicio. Se creía que así se les reduciría la fatiga y les quedaría más energía libre para la vida cotidiana. Ahora sabemos que esto es un grave error. Múltiples estudios han mostrado que una gran variedad de sistemas de ejercicio, como el yoga[1], el entrenamiento de fuerza[2] y el entrenamiento aeróbico[3], son muy útiles para reducir la fatiga de las personas con EM y para mejorar su calidad de vida.

No voy a decirte que tengas que correr cinco kilómetros, ni dar una vuelta a la manzana andando. Cada persona es distinta.

Quizá seas capaz de hacer cosas que ya no están al alcance de otros que sufren esclerosis múltiple; pero también puede ser que otra persona con EM pueda hacer cosas que tú ya no. Solo podrás hacer lo que esté a tu alcance. Pero no debes dejar de hacer lo que sí está dentro de tus posibilidades. Tu destino no tiene por qué ser una espiral descendente que te lleve a la inmovilidad. El movimiento engendra movimiento, y el gasto de energía, bien practicado, produce más energía, no menos. La falta de movilidad no conduce más que a la inmovilidad.

Estás hecho para moverte

El ejercicio ha sido esencial para los miembros de nuestra especie desde sus comienzos mismos. Nuestros antepasados pasaron 2,5 millones de años desplazándose de diez a veinte kilómetros al día por término medio, y a veces corriendo con todas sus fuerzas para atrapar los alimentos o, más importante todavía, para huir de los depredadores o de los enemigos. Nuestros cerebros ya están programados para esperar este nivel de actividad. No solo eso: el cerebro necesita el ejercicio para desarrollarse y mantenerse. Quizá pienses que el ejercicio solo sienta bien a los músculos, al corazón y a los pulmones; pero lo cierto es que tiene un efecto directo sobre el cerebro y la médula espinal. El cerebro necesita, literalmente, del ejercicio para obtener los factores de crecimiento básicos para desarrollarse. El ejercicio estimula la liberación en el cerebro de determinadas hormonas que nutren a las neuronas hormonales (a saber, el factor de crecimiento nervioso y el factor de crecimiento neurotrófico derivado del cerebro), así como otros factores de crecimiento que estimulan también el desarrollo de las neuronas cerebrales y el establecimiento de más sinapsis o conexiones entre estas neuro-

> **WAHLS ADVIERTE**
>
> Antes de emprender un programa nuevo de ejercicio físico, y sobre todo si ahora no estás realizando ninguna actividad física, es importante que consultes a tu médico y te dé el visto bueno. Así podrás solicitar una evaluación de fisioterapia y tener claro cuáles son tus limitaciones sobre la base de tus factores de riesgo individuales.

nas[4]. Si no haces ejercicio, tu cerebro no recibirá este «baño» fundamental de hormonas del crecimiento, y tu cuerpo reaccionará podando las conexiones neuronales no utilizadas y creando menos conexiones nuevas. Tu cuerpo también dedicará menos tiempo a reparar esas zonas, y acabarás teniendo atrofia y pérdida de tamaño del cerebro. Correrás un riesgo cada vez mayor de sufrir pérdida temprana de memoria, deterioro de tus habilida-

> **ALERTA PARA EL DIARIO WAHLS**
>
> Lleva en tu diario Wahls un registro de la frecuencia con que haces ejercicio, durante cuánto tiempo y qué ejercicios concretos. Anota también cuándo no haces ejercicio y por qué. Tu diario Wahls puede ayudarte a establecer un compromiso. El hecho de escribirlo puede hacer que te resulte más fácil levantarte y hacerlo. Recuerda: por reducidos que sean tus movimientos, o por corta que sea la sesión de ejercicio, todavía cuenta, y es mejor que nada. Cuanto más hagas, más fácil te resultará. Anótalo todo, y así también podrás seguir la marcha de tus progresos a medida que vayas estando más fuerte en los meses venideros.

des sociales y un incremento de la irritabilidad, así como dificultades del estado de ánimo.

Los daños que produce la falta de ejercicio se van acumulando. La cantidad total de ejercicio que haces a lo largo de la vida repercute sobre tu riesgo de contraer alzhéimer. Las personas que han hecho menos ejercicio total en su vida tienen mayor riesgo de padecer demencia; y la teoría es que la falta de hormonas del crecimiento cerebral cuando no haces ejercicio puede contribuir al avance del alzhéimer. Y en lo que respecta a los trastornos del estado de ánimo, el ejercicio regular, ya sea aeróbico o de fuerza, es tan eficaz o más que los medicamentos de la familia del Prozac (fluoxetina) para tratar este tipo de trastornos, como la depresión[5]. En el conjunto del organismo, el ejercicio reduce también la excreción de citoquinas que producen inflamación excesiva[6]. En resumen, la poca o ninguna actividad física es muy negativa para tu bienestar.

Si no estás haciendo todavía ningún programa de ejercicios, es fundamental que emprendas alguno, y esto constituye una parte importante del Protocolo Wahls. Dentro de tu programa de ejercicios, deberás realizar estiramientos para los músculos acortados, entrenamiento del equilibrio, ejercicios de fuerza para construir músculo y puesta a punto aeróbica para mejorar la resistencia. No descuides el entrenamiento de fuerza, que es importante, porque es el que produce mayor incremento de los factores de crecimiento nervioso[7]. Te emplazo a que emprendas ahora mismo un programa de estiramientos y de puesta en forma, sea cual sea tu estado de salud. Te ayuda a proteger el cerebro, a mejorar el estado de ánimo y a reducir el riesgo de padecer enfermedades cardíacas, demencia, diabetes, obesidad y otros problemas de salud crónicos.

Cómo empezar

A muchas personas les resulta más fácil hacer ejercicio cuando establecen un compromiso. Esto se puede hacer de muchas maneras. Aunque yo siempre he sido activa, llevé durante años un calendario de ejercicios en el que anotaba lo que hacía todas las semanas, un breve resumen de mis ejercicios en unas pocas líneas de mi agenda semanal. Tú puedes hacerlo en tu diario Wahls. Es una manera de establecer un compromiso contigo mismo. También puedes plantearte hacer ejercicio con un amigo, o ir contando los ejercicios que haces a un amigo, al que, si dejas de informar, te preguntará por ello.

O puede que necesites algo más. Quizá tengas mayor motivación para hacer ejercicio si te comprometes con un entrenador personal profesional o con un fisioterapeuta. La ventaja de trabajar con un profesional es que cuentas con una persona capaz de evaluar tus progresos y de ajustar el programa de entrenamiento en función de dichos progresos. Si tienes algún problema de equilibrio o de movilidad, te recomiendo encarecidamente que consultes a un fisioterapeuta para que te haga una evaluación clínica. Puedes pedir a tu médico de cabecera que te derive a alguno. El fisioterapeuta puede evaluar cuáles son exactamente los músculos que tienes fuertes y débiles, tu flexibilidad, tu equilibrio, tu resistencia, y si debes trabajar para corregir algo en tu postura y tu manera de andar. Si no tienes discapacidades apreciables, consulta a un terapeuta o entrenador deportivo para que te evalúe, te diseñe un programa de ejercicios personalizado y, a partir de este, te entrene. Un buen fisioterapeuta o entrenador deportivo es capaz de diseñar un programa de ejercicios a tu medida y de ayudarte a marcar unos ejercicios concretos y a seguir tus avances. Lo más probable es que trabajes con el terapeuta o con el entrenador en su consulta o gimnasio, y también es fácil que te marque «deberes», ejercicios que puedes y debes hacer por tu cuenta entre una sesión y otra.

Aunque no tengas acceso a un profesional, puedes diseñar tu propio programa de ejercicios. Puedes hacer por ti mismo muchos ejercicios sencillos que van dirigidos especialmente a algunos de los problemas que causa la EM. Estos ejercicios pertenecen principalmente a cuatro categorías:

1. Estiramientos y alargamientos.
2. Equilibrio.
3. Fuerza.
4. Puesta en forma cardiovascular.

Recomiendo hacer a diario varios ejercicios de cada una de estas categorías, siempre que sea posible. O bien puedes ir rotando y hacer estiramientos un día, equilibrio al día siguiente, fuerza al otro y cardio al otro. Haz los cuatro con regularidad, a tu propio nivel y en la medida de tu capacidad, siguiendo el programa más equilibrado posible. Vamos a ver una a una estas categorías.

Los estiramientos

Los bailarines y los practicantes de artes marciales se centran por entero en mantenerse flexibles. Yo, que hacía taekwondo, debí haber dedicado tanto tiempo a estirarme como el que pasaba haciendo ejercicios de fuerza; pero no lo hice, y mientras tanto me iba quedando incapacitada.

A consecuencia de ello, se me acortaron los gemelos y los músculos isquiotibiales. He dedicado años de trabajo a volver a alargarlos.

A casi todos los que padecen esclerosis múltiple se les acortan los músculos, sobre todo los gemelos, los isquiotibiales (los de la parte posterior de los muslos) y los glúteos. Los espasmos musculares y la rigidez muscular también son habituales entre los pacientes de EM, debido en muchos casos a la falta de actividad. Los estiramientos regulares contribuirán a reducir mucho los espasmos y la rigidez; pero los estiramientos y los alargamientos te sentarán bien aunque no sufras estos problemas. Un programa regular de estiramientos puede reducir los espasmos y la rigidez muscular, y contribuir a reducir la movilidad de cualquier personas con EM. Los estiramientos también son claves para recuperar o mantener la amplitud normal de los movimientos, que es esencial para la movilidad. También pueden ayudar a reducir los problemas de calambres y espasmos en las piernas por la noche.

Si el médico te ha recetado baclofeno (Lioresal), que aumenta el neurotransmisor ácido gamma-aminobutírico (AGAB o GABA), puede que haya sido con la intención de reducir los espasmos y rigidez musculares asociados a la EM. Esto puede ser bueno para muchas personas, pero deberán combinarlo con un programa de estiramientos. Siguiendo un buen programa de ejercicios, la medicación puede llegar a ser innecesaria con el tiempo. Las investigaciones indican que la estrategia más eficaz para tratar y prevenir el acortamiento de los músculos y los espasmos y la rigidez es la combinación del baclofeno con un programa de estiramientos[8].

Los estiramientos que aparecen a continuación son los que recomiendo y los que hago yo misma. Las imágenes y las descripciones resumidas de los estiramientos siguientes, así como de los ejercicios de reeducación neuromuscular que encontrarás más adelante, en este mismo capítulo, están adaptadas a partir de materiales educativos del «juego de herramientas» *(Toolkit)* del Instituto de Medicina Funcional. Tu terapeuta puede sugerirte otros para hacer además o en lugar de estos.

1. *Estiramiento de sóleo y tendón de Aquiles*

Ponte de pie a unos 90 centímetros de una pared, con los dos pies plantados en el suelo. Apoya las manos en la pared. Adelanta el pie izquierdo, manteniendo los talones sobre el suelo. Inclina las caderas hacia la pared manteniendo recta la pierna derecha, para estirar la pantorrilla. Mantén la postura 10 segundos. Repítelo con la otra pierna. Hazlo un total de 10 veces con cada pierna.

2. *Estiramiento de isquiotibiales*

Siéntate en el suelo con las piernas rectas hacia delante y los pies apoyados en una pared. Pon las manos unidas tras la espalda, si puedes. (Si no puedes, apoya las manos en el suelo junto a

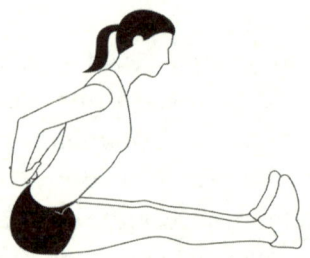

las caderas). Inclínate por la cintura y adelanta el tronco hasta que sientas tirantez en los isquiotibiales, los músculos de la parte trasera de los muslos. Mantén la postura 10 segundos. Vuelve a la vertical. Haz 10 estiramientos en total.

3. *Estiramiento de glúteos*

Para los glúteos (los músculos de las nalgas), tiéndete en el suelo de espaldas y llévate las rodillas al pecho. Hazlo con una sola pierna cada vez para que el estiramiento sea más intenso. Mantén la postura 10 segundos. Haz 10 estiramientos con cada pierna.

4. *Estiramiento de psoas*

El músculo psoas transcurre por delante de la cadera y se puede poner tenso, sobre todo si pasas mucho tiempo sentado. He aquí el modo de volver a estirarlo. Apoya la rodilla derecha

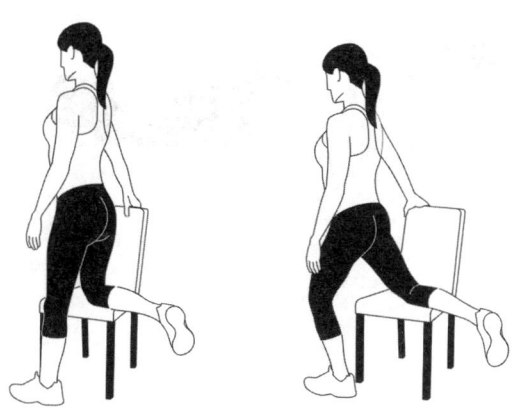

en una silla. Deberás tener la pierna izquierda recta, con el pie bien plantado en el suelo, junto a la silla. Flexiona despacio la rodilla izquierda hasta que notes un estiramiento por la parte delantera de la cadera derecha. No arquees la espalda. Mantén la postura 10 segundos. Repítelo por el otro lado. Haz 10 estiramientos por cada lado.

5. *Estiramiento de cuádriceps*

El cuádriceps es un conjunto de cuatro músculos de la parte delantera del muslo. Para estirarlos, tiéndete en el suelo boca abajo. Flexiona la rodilla izquierda. Echa hacia atrás el brazo izquierdo y agárrate la punta del pie o el tobillo. Tírate del pie hacia el trasero hasta que sientas que se te estira la parte delantera del muslo. Si no te alcanzas el pie, rodéalo con una bufanda o una toalla y tira de esta. Mantén la postura 10 segundos. Repítelo con la otra pierna. Haz 10 estiramientos con cada pierna.

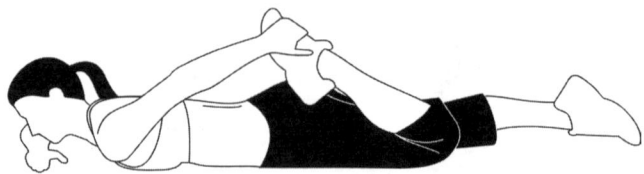

6. Erector spinae n.º 1

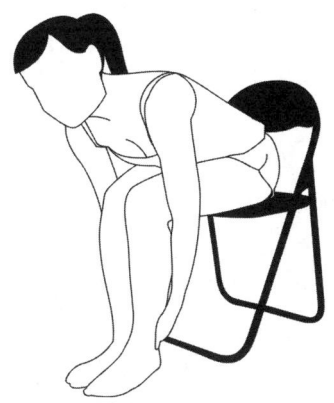

Los dos estiramientos siguientes son para los músculos erector spinae, que están en la espalda, alrededor de la columna. Para hacer el primero, siéntate en una silla e inclínate hacia delante. Extiende los brazos para rodearte las pantorrillas con las manos. Tira del cuerpo hacia el suelo. Mantén la postura 10 segundos. Relájate. Repítelo 10 veces.

7. Erector spinae n.º 2

Para hacer este ejercicio de estiramiento de la espalda, ponte en el suelo sobre las manos y las rodillas. Si te duele, hazlo sobre una esterilla de ejercicios acolchada, o incluso sobre la cama. Apoya las manos en la vertical de los hombros, y las rodillas bajo las caderas. Deja caer la espalda despacio mientras levantas la cabeza. No tires de la espalda hacia abajo; solo déjala

colgar. Mantén la postura 10 segundos. Mete el vientre y arquea la espalda hacia arriba. Mantén la postura 10 segundos y vuelve a la posición con la espalda recta. Repítelo 10 veces.

El equilibrio

El equilibrio suele llegar a convertirse en un problema para las personas con dificultades de movilidad. Los que padecen esclerosis múltiple y otros trastornos autoinmunes también pueden sufrir pérdida de sensibilidad en las piernas o en los pies, o mareos y pérdida de propiocepción (es decir, que no tienen una idea clara de dónde están las cosas en el espacio; por ejemplo, cuando no te das cuenta de donde tienes el pie exactamente). Con la edad vamos perdiendo la capacidad de percibir dónde estamos en el espacio, aunque estemos sanos en general. La EM, o cualquier otra enfermedad que afecte al cerebro y a los músculos, puede acelerar la pérdida de este tipo concreto de consciencia.

Puedes prevenir esta pérdida o retrasarla practicando el entrenamiento de equilibrio. Tu fisioterapeuta te puede dar ejercicios concretos; pero una manera fácil y sencilla de empezar es ponerte sobre un solo pie durante todo el tiempo que puedas. Cuando empecé a hacer ejercicio de equilibrio, lo hacía en el pasillo de mi casa, de modo que pudiera apoyarme fácilmente en una u otra pared para recobrar el equilibrio. Levantaba un pie y empezaba a contar. Aspiraba a aguantar el mayor tiempo posible sobre una sola pierna. Ahora llego al medio minuto con cada pierna, y he pasado a hacer algunas posturas de pilates y de yoga.

Este es un primer ejercicio excelente para cualquier persona con problemas de equilibrio. Empieza en el pasillo o ante la encimera de la cocina, para poderte apoyar cuando te falle el

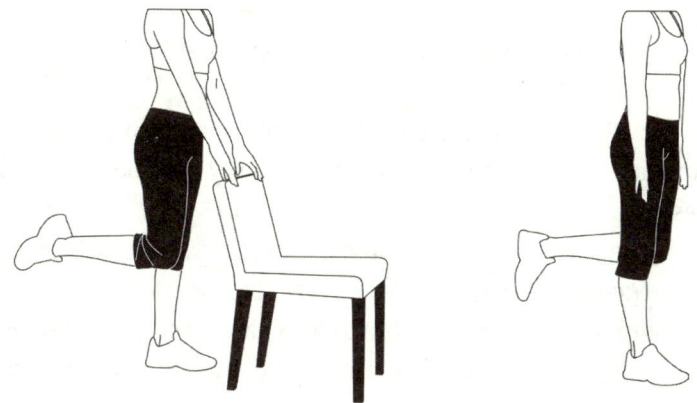

equilibrio. Te recomiendo que aspires a llegar a sostenerte sobre una sola pierna durante medio minuto, o incluso un minuto entero. Cuando hayas alcanzado este objetivo, puedes pasar a un ejercicio más avanzado manteniéndote en equilibrio sobre un pie mientras extiendes el brazo hacia delante. También puedes probarlo con los ojos cerrados, pero ¡asegúrate de tener algo a mano para agarrarte si empiezas a caerte! Toma siempre medidas de seguridad cuando hagas ejercicios de equilibrio.

La práctica regular de ejercicios de equilibrio puede ayudarte muchísimo a recuperar el sentido de dónde están las cosas en el espacio, y también puede librarte de sufrir caídas, con sus posibles resultados de lesiones graves. Si quieres hacer ejercicios de equilibrio con más estructura y orientación, piensa en apuntarte a una clase de yoga para principiantes, o para personas con problemas de salud; incluso existe el «yoga en silla». El yoga tiene muchas posturas que representan un ejercicio de equilibrio excelente, y a todos los niveles.

> **RESPONDO A LOS GUERREROS DE WAHLS**
>
> P: ¿Por qué con la esclerosis múltiple se me ponen morados los pies, se me hinchan y los siento tan mal, y qué puedo hacer al respecto?
> R: La sangre regresa al corazón por las venas. El flujo de la sangre que regresa de las piernas y de los brazos depende de la contracción de los músculos de dichas extremidades. Cuando los brazos o las piernas se debilitan, hay menos bombeo muscular en las venas. Entonces la sangre tiende a retroceder, y por eso se produce la hinchazón y amoratamiento. La situación se agrava por la presencia de más moléculas inflamatorias en la sangre. Hay dos medidas útiles para reducir el amoratamiento y la hinchazón. La primera es contraer más los músculos de los brazos o de las piernas. Viene bien hacer más ejercicio con los músculos de los pantorrillas o las piernas, o aplicarles estimulación eléctrica. También puede ayudarte a descargar al corazón la sangre excesiva el pasar tiempo con los brazos o las piernas elevados por encima del corazón. La segunda medida es reducir las moléculas inflamatorias y mejorar la fluidez de la sangre comiendo más vegetales ricos en azufre. También te pueden sentar bien más vegetales de colores vivos y verduras verdes. He observado mejorías en este sentido, tanto en nuestras pruebas clínicas como en mi consulta.

Los ejercicios de fuerza

Tu prioridad siguiente son los ejercicios de fuerza. La pérdida de fuerza es una causa importante de las caídas y lesiones, y tanto más de la pérdida acelerada de movilidad. Los ejercicios de fuerza se oponen a este efecto aprovechando la capacidad natural del cuerpo a adaptarse a todo lo que se hace con él.

Si ya hacías ejercicio con regularidad, puede que hayas notado que pierdes fuerza regularmente con el paso del tiempo (aunque con el Protocolo Wahls deberías poder invertir esta tendencia).

Yo había hecho ejercicio diario durante décadas, antes de que me diagnosticaran la esclerosis múltiple. Cuando recibí el diagnóstico, supe que los ejercicios de fuerza y la natación me ayudarían a mantener la movilidad; pero, a pesar de mis ejercicios diarios, iba perdiendo fuerza poco a poco. Tuve que dejar las mancuernas de cinco kilos y cambiarlas por otras de cuatro kilos, y con el tiempo tuve que ir bajando hasta los dos kilos y medio. Pero no me dejé arredrar por esto. Seguí haciendo ejercicios de fuerza para combatir el deterioro.

Cada paciente es distinto, pero existen algunas dificultades que parece que persiguen con insistencia a los pacientes de EM. Un problema de fuerza que solemos ver es la debilidad en los músculos de las piernas que levantan la punta del pie al andar. Este fue uno de mis primeros signos claros, cuando Jackie, mi mujer, advirtió que yo arrastraba el pie tras una caminata larga. Esto suele hacer que la persona tropiece con los dedos de los pies al adelantar la pierna, y es una causa común de caídas y lesiones. Reforzar los músculos flexores del tobillo y de los dedos de los pies puede mejorar mucho la estabilidad. Dispones de varios sistemas para cobrar fuerza en estos músculos por tu cuenta:

1. Simplemente, levanta la punta del pie y apunta con él hacia el techo, levantándolo todo lo que puedas. Este es un ejercicio sencillo para empezar.
2. Cuando domines bien lo anterior, ponte sobre los talones, levantando del suelo la punta de los pies, apoyando la mano en la pared para mantener el equilibrio. Mantén

la postura diez veces, o hazlo a lo largo del día cuando te acuerdes.
3. Cuando lo anterior te cueste menos, podrás empezar a caminar por el pasillo sobre los talones, levantando la punta de los pies, sin dejar de apoyarte en la pared para mantener el equilibrio.

Probablemente tengas otros músculos debilitados que debas entrenar; le pasa a la mayoría de la gente. Trabájalos también. Es importante que te prepare un programa concreto de ejercicios de fuerza un terapeuta o un entrenador, porque este puede elaborarte el programa a la medida de tus necesidades personales. Si sigues teniendo una relativa movilidad, te recomiendo que te busques una clase de ejercicio en grupo que se ciña a tus intereses y a tus horarios. Habla con el instructor o instructora, explícale tus problemas de salud y debate con él cómo llevaría tu participación en la clase. Son especialmente buenos el tai chi, el yoga y el pilates, por el entrenamiento de fuerza y de equilibrio que suponen.

Si no haces nunca ejercicios de fuerza, tu cuerpo creerá que tus células musculares no tienen importancia, y no les asignará recursos. Si haces ejercicios de fuerza, estarás obligando a trabajar a las células musculares hasta el agotamiento, incluso deteriorándolas un poco. Tu cuerpo es experto en reparaciones celulares, y reparará estas células durante las veinticuatro horas siguientes, reconstruyéndolas de modo que soporten un poco más el trabajo como reacción a tus ejercicios. Por eso te interesa hacer los ejercicios de fuerza cada dos días: necesitas un día entero para recuperarte y para que tu cuerpo te vuelva más fuerte como reacción a tu esfuerzo.

Al principio quizá no necesites ese plazo de recuperación cuando hagas ejercicio. Si estás muy débil, lo más probable es que empieces por ejercicios aeróbicos, más que de fuerza. Si no trabajas tanto como para dañarte las células musculares, no te hará falta que pasen veinticuatro horas para repararlas. No obstante, cuando vayas estando más fuerte, podrás hacer más trabajo de fuerza. Tu terapeuta o tu entrenador te dirán cuándo estás trabajando los músculos lo suficiente como para tener que hacer los ejercicios solo cada dos días.

Además de los que hemos descrito más arriba, existen muchos más ejercicios para ganar fuerza que puedes hacer en casa y que te ayudarán a no arrastrar los pies, como por ejemplo los que se hacen con pesos o bandas elásticas. Te recomiendo seriamente que pidas orientación a un fisioterapeuta o a un entrenador cualificado, que podrá prepararte un programa personalizado a la medida de tus necesidades.

La reeducación neuromuscular

Antes de que pasemos a los ejercicios de puesta en forma cardiovascular, quiero hablarte de un tipo de ejercicios en los que se combinan el entrenamiento del equilibrio y el de fuerza. Se llaman «reeducación neuromuscular». Los ejercicios de reeducación neuromuscular ayudan a coordinar el cerebro con el cuerpo, y por eso son muy útiles para la personas con problemas de movilidad y de propiocepción.

Cuando hagas estos ejercicios, irá mejorando poco a poco tu resistencia, lo que te vendrá bien para el corazón, y puede servirte para alcanzar el punto en que seas capaz de realizar ejercicios cardiovasculares. Los ejercicios de reeducación consisten en mantenerte en equilibrio sobre una pelota de pilates mientras haces determinados movimientos con suavidad y con cuidado. Si no cuentas con una pelota de ejercicio o pelota de pilates, es posible que en tu gimnasio las haya y las puedas usar allí. Tampoco son caras, y se encuentran fácilmente en las tiendas de artículos deportivos.

Haz todos los ejercicios de las páginas siguientes inclinando un poco la pelvis para estabilizar la baja espalda antes de realizar cualquier movimiento.

1. *Flexión*

De rodillas tras la pelota, rodéala con ambos brazos, uniendo las manos por delante y entrelazando los dedos. Haz rodar el cuerpo poco a poco sobre la pelota, y realiza suaves movimientos hacia delante y hacia atrás. Esfuérzate por mantener el equilibrio mientras haces este movimiento con mucha suavidad. (Si sientes cualquier dolor, déjalo. No te fuerces más allá de lo que puedas hacer con comodidad mientras mantienes el equilibrio).

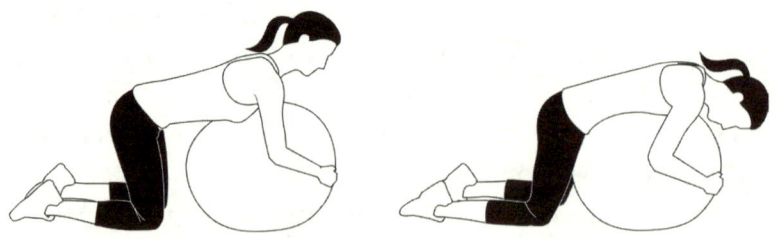

2. *Extensión*

Ponte en cuclillas con la pelota a tu espalda y apoya la espalda en ella. Haz rodar el cuerpo poco a poco sobre la pelota. Levanta los brazos sobre la cabeza mientras haces un movimiento suave de vaivén hacia delante y hacia atrás. (Si sientes algún dolor, déjalo. No te fuerces más allá de lo que puedas hacer con comodidad mientras mantienes el equilibrio).

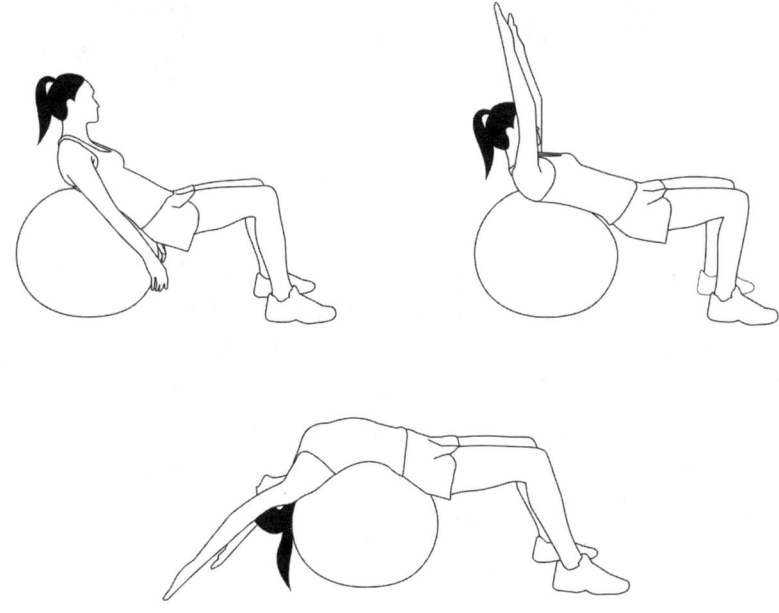

3. *Flexión lateral*

Arrodíllate con la pelota a la derecha y apoya el brazo derecho en la pelota para equilibrarte. Extiende la pierna izquierda hacia la izquierda. Haz rodar el cuerpo despacio sobre la pelota.

Extiende el brazo libre por encima de la cabeza. Repite el ejercicio por el otro lado. (Si sientes algún dolor, déjalo. No te fuerces más allá de donde puedas llegar con comodidad mientras mantienes el equilibrio).

4. *Levantamiento de pierna sentado*

Siéntate sobre la pelota con las rodillas dobladas en ángulo recto. Oscila hacia arriba y hacia abajo, rebotando en la pelota, despacio primero y después con más energía, mientras mantienes el equilibrio. Después, levanta los pies alternativamente, manteniendo el equilibrio. Cuando hagas esto con facilidad, levanta alternativamente las piernas y extiéndelas paralelas al suelo. ¡Mantén el cuerpo erguido!

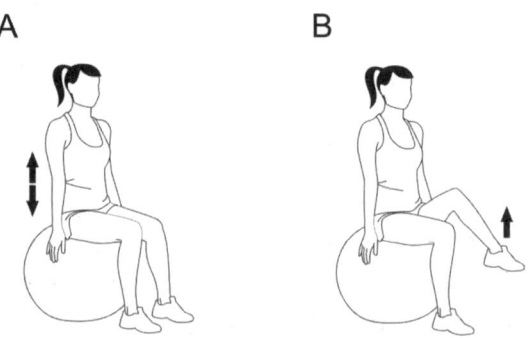

5. El puente boca abajo

Arrodíllate en el suelo ante la pelota. Rueda sobre la pelota hasta que la tengas bajo el vientre. Apoya las manos en el suelo, por delante de la pelota. Mantén las puntas de los dos pies apoyadas en el suelo con los pies separados unos sesenta centímetros. Extiende un brazo en paralelo al suelo, sin levantar del suelo la otra mano. Baja el brazo que has extendido, y después extiende el otro brazo, en paralelo al suelo. A continuación, extiende una pierna en paralelo al suelo; vuélvela a su sitio y extiende la otra del mismo modo. Cuando esto te resulte relativamente fácil, prueba a extender a la vez un brazo y la pierna del lado opuesto, paralelos al suelo. Mantén cada postura mientras cuentas hasta diez.

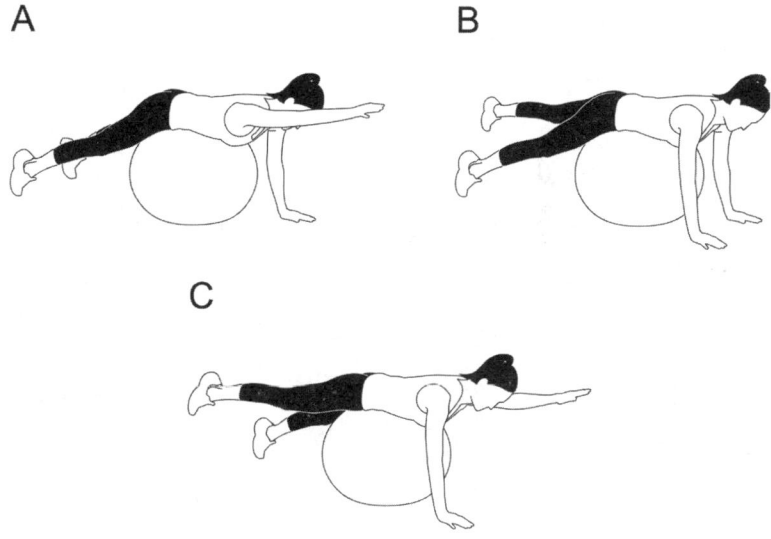

6. *El puente boca arriba*

Siéntate sobre la pelota. Camina con los pies y rueda sobre la pelota hasta que la tengas entre los omoplatos, con el cuerpo paralelo al suelo. Levanta los pies alternativamente, como si estuvieras caminando un poco. Después, levanta los brazos alternativamente, extendiéndolos sobre la cabeza, paralelos al suelo, mientras sigues haciendo el movimiento de marcha. Cuando esto te resulte más fácil, prueba a extender a la vez una pierna y el brazo opuesto, manteniendo la postura mientras cuentas hasta diez. Repítelo con el brazo y la pierna del otro lado.

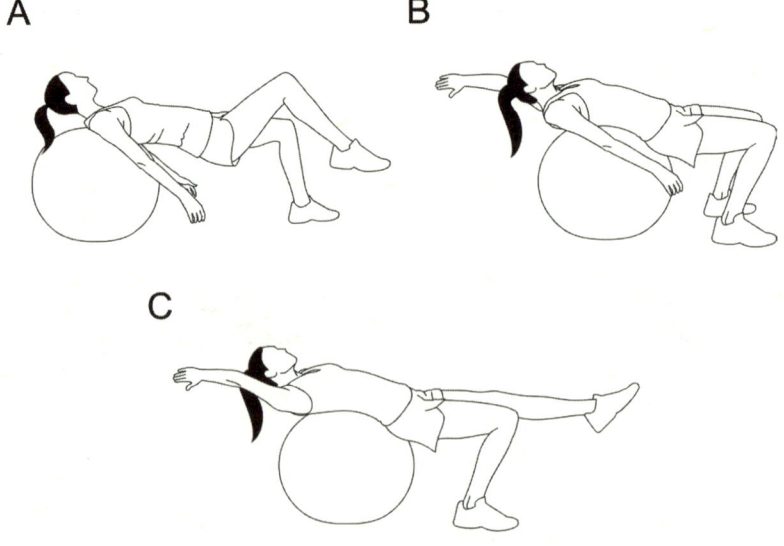

7. Abdominales

Da solidez a tu parte central con esta versión de los abdominales sobre suelo. Siéntate sobre la pelota y rueda hacia delante hasta que tengas apoyada la zona posterior de las costillas. Con los brazos extendidos hacia delante, haz el movimiento del ejercicio de abdominales llevando las manos a las rodillas. Si esto te resulta demasiado difícil, apoya la pelota en una zona más baja de la espalda. Cuando seas capaz de hacerlo, prueba a realizar los abdominales con los brazos cruzados sobre el pecho. El nivel más avanzado consiste en realizar abdominales con los brazos tras la cabeza, como se muestra en la ilustración. Ten cuidado de no forzar el cuello cuando hagas este ejercicio. Procura mantenerlo relajado, de modo que todo el esfuerzo provenga de tus músculos abdominales. Si sigues sintiendo tensión en la espalda, desplázate más aún hacia atrás para tener la pelota más abajo todavía.

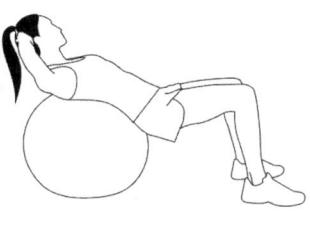

8. *Superman*

Apoya las plantas de los pies en la pared, con las rodillas en el suelo (o sobre una colchoneta). Apoya el vientre en la pelota. Mantén la cabeza baja. Empuja poco a poco la pared y forma una línea recta con el tronco y las piernas. Mantén la postura diez segundos. Rueda hacia atrás de nuevo. Vuelve a probar, extendiendo los brazos ante tu cuerpo en la postura de Superman volando, formando una línea recta desde las manos hasta los pies. Mantén la postura diez segundos y vuelve a rodar hacia atrás. Para realizar el ejercicio en su nivel más avanzado, haz un movimiento de natación, como si estuvieras nadando al estilo *crol*, alternando los brazos al levantarlos sobre la cabeza.

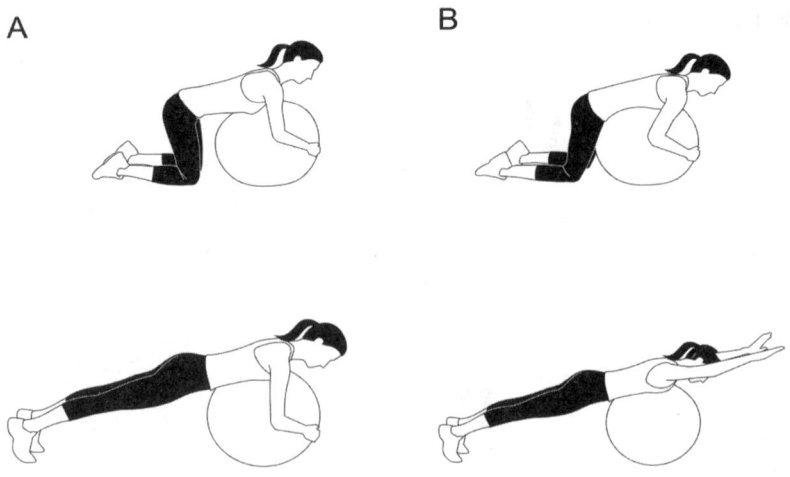

La puesta en forma cardiovascular

Cuando hablamos de hacer ejercicio, lo primero que piensa mucha gente es en el ejercicio cardio. Y el ejercicio cardiovascular o cardio es importante, pero quiero poner de relieve que, para las personas con problemas de movilidad, tienen la misma importancia los estiramientos y los ejercicios de equilibrio y de fuerza, así como algunos ejercicios específicos de reeducación neuromuscular.

La puesta en forma cardiovascular beneficia al cuerpo de manera distinta de la del resto de los ejercicios, pues intervienen en ella el corazón y los pulmones. No obstante, lo que para una persona puede ser una sesión vigorosa de ejercicio cardiovascular puede no suponer apenas esfuerzo alguno para otra; por eso es difícil determinar con exactitud qué es lo que debes hacer; solo puedo recomendar que sea algo que no te haga daño pero que te suba las pulsaciones cardíacas, que te haga respirar más deprisa que en estado de reposo e incluso que te haga sudar.

Los entrenamientos aeróbicos fueron parte de mi vida desde siempre. Solía correr hasta que tuve que ir más despacio por un dolor de cadera misterioso. Hice ciclismo y más tarde esquí de fondo. Adquirí unos esquíes con ruedas y empecé a esquiar por asfalto. Solía llevarme a mis hijos, y los arrastraba tras de mí en un trineo de ruedas o con esquíes. Jackie y yo los llevábamos en rutas ciclistas fáciles por los bosques, y cuando tuvieron edad también les enseñamos a hacer esquí de fondo.

Pero no tardé en darme cuenta de que ya no era capaz de hacer esquí de fondo con las técnicas de avance más rápidas. Me sentí molesta conmigo misma, pensando que me estaba volviendo vieja y estaba perdiendo la forma, a pesar de que llevaba desde mis tiempos de estudiante levantándome de madrugada para hacer ejercicio antes de ponerme a trabajar, sin faltar un solo día durante años. Cuando me diagnosticaron por fin la esclerosis múltiple, me sentí justificada en parte. No había sido por pereza; mi pérdida de capacidad para el ejercicio tenía un motivo.

Pero seguí adelante, porque sabía que era importante que hiciera ejercicio a diario si quería seguir andando. Durante cierto tiempo caminé despacio veinte minutos, cuesta arriba, en una cinta de correr; pero después se me hizo imposible. Entonces descubrí la natación.

La natación es un ejercicio aeróbico excelente para la puesta en forma de las personas con esclerosis múltiple y otros problemas de movilidad. En el año 2002 instalé en mi casa una Endless Pool, y tengo que agradecer a mi madre que me animara a gastarme el dinero necesario. Me recordó que era importantísimo que yo conservara la salud y la resistencia. Si la piscina podía servir para ello, el gasto valía la pena. La Endless Pool es una piscina con un aparato que genera una corriente de agua. Es como una cinta de correr, pero para nadar. (Puedes ver más información en la sección de «Recursos», al final del libro). Yo nadaba todos los días y hacía una tabla de ejercicios con mancuernas. He llegado a aficionarme a nadar en agua fría, sobre todo a última hora del día, de modo que no caliento el agua de la piscina. Nado en agua a 18 °C y me sumerjo poco a poco, dejando que el cuerpo se me acostumbre al frío. (Esto no es para todos: ¡la mayoría de las personas necesitan agua templada, o al menos a más de 18 grados!). El agua fría me baja la temperatura corporal, y me parece que esto me ayuda (al menos, a mí) a dormir con sueño más profundo y más reparador. Empiezo nadando a crol, con gafas y tubo de respirar (esnórquel), para no tener que preocuparme por la técnica de respiración ni de estirar el cuello. Nado de quince a treinta minutos a última hora del día, y después paso un rato haciendo estiramientos.

Quizá no te sea posible instalar una piscina en tu casa, pero en muchas comunidades y barrios hay centros recreativos con piscina, y en muchos gimnasios privados también las hay. Aunque no sepas nadar, puedes probar a caminar por el agua. El agua ofrece resistencia, pero también amortigua las articulaciones, y así se puede hacer ejercicio con menor riesgo de lesiones. Conozco a muchos pacientes que «andan por el agua» y hacen así un buen ejercicio aeróbico.

Otras opciones son las clases de ejercicios aeróbicos en piscina, también llamados gimnasia acuática o *aquagym*, que suelen forzar menos el cuerpo que las de ejercicios aeróbicos sobre suelo. Y si el agua verdaderamente no es lo tuyo, haz algo distinto. Camina sobre una cinta de correr, con barras para agarrarte si tienes problemas de equilibrio, o prueba con una máquina elíptica o con una bicicleta fija. También son buenas opciones las máquinas del ejercicio de remo y las bicicletas de ejercicio con asiento tipo butaca. Muchos de mis pacientes van a clases de yoga y de pilates suaves, que se pueden adaptar a diversos niveles y grados de capacidad y que les aportan estiramientos, ejercicio de fuerza y un componente aeróbico, con aplicación del peso corporal y del equilibrio. Las clases de artes marciales y de tipo CrossFit también aportan fuerza, resistencia y equilibrio, pero requieren unos niveles de fuerza y resistencia que no están al alcance de muchas personas con EM.

Pon en juego lo que tienes ahora mismo. Si solo eres capaz de caminar hasta la esquina de tu calle y volver, ya es un punto de partida. Si eres capaz de hacer cinco minutos de bicicleta fija, ya es un punto de partida. Cualquier cosa es mejor que nada. Quiero reiterar una vez más la importancia de que trabajes con un fisioterapeuta para que evalúe tu fuerza muscular, flexibilidad, equilibrio y modo de andar, para que te prepare un programa de ejercicios personalizado que cubra todas tus necesidades. Pero puedes empezar hoy mismo. Puedes empezar a hacer funcionar los músculos ahora mismo. ¿Para qué perder más tiempo? Si haces algún tipo de ejercicio de puesta en forma cardiovascular la mayoría de los días, o al menos tres días por semana, durante el tiempo que puedas aguantar, ya estarás progresando.

La vibración corporal

Otro ejercicio que me ha llegado a gustar, en el que se combina la fuerza con el equilibrio, y que tiene también un componente aeróbico, es la vibración corporal total. Descubrí la vibración corporal total tras leer un nuevo estudio del doctor Richard Shields sobre la máquina de vibración corporal total.

La vibración corporal total se basa en el principio de que, cuando nos ponemos sobre una plataforma vibratoria, nuestros músculos hacen centenares de ajustes pequeños por minuto como reacción a los cambios de posición. Nuestro cuerpo también se ve obligado a percibir dónde estamos en el espacio, y envía centenares de mensajes por minuto al cerebro, lo cual es estupendo para la propiocepción. Todos los mensajes que entran y salen del cerebro estimulan la liberación de hormonas en él (de la familia de hormonas del crecimiento cerebral que estimulan la reparación de las neuronas y la construcción de conexiones, de las que he hablado al principio de este capítulo). También se estimula tu cuerpo para liberar hormonas en el músculo, que fomentan a su vez el desarrollo muscular y la reparación de los músculos, tendones y huesos.

El doctor Shields está estudiando los efectos de la vibración corporal total sobre la conservación de la fuerza muscular y la masa ósea en los individuos paralizados. Según los artículos científicos publicados, la vibración corporal total ha ayudado a las

> **HABLAN LOS GUERREROS DE WAHLS**
>
> «Llevo siete años en una silla de ruedas. En 1995 me diagnosticaron esclerosis múltiple remitente recurrente, pero hacia 2002 o 2003 se convirtió en EM progresiva secundaria. Además de la EM, me han operado tres veces de neuralgia del trigémino. Emprendí la dieta Wahls hace unos trece meses, pero solo la he llevado de manera muy estricta de seis meses a esta parte, más o menos.
> Desde que comencé con la dieta se me ha empezado a relajar la mano derecha, que tenía totalmente agarrotada, con el puño cerrado, desde el 2001, y he podido reducir los analgésicos a menos de la mitad de los que tomaba. Antes de hacer la dieta solo aguantaba de pie un minuto, agarrada a algo, y caminaba con andador unos seis metros. Ahora estoy de pie siete minutos y camino 50 metros. Hacía e-stim, pero ahora empleo dos veces al día una máquina de vibración corporal total, que es estupenda como masaje y para la circulación. Sigo teniendo esperanza y pidiendo en mis oraciones que algún día pueda volver a caminar y a conducir, y doy gracias a Dios a diario por haber conocido esta dieta».
>
> Patricia O., Gainesville, Florida (EE. UU.)

personas en baja forma física o que han perdido masa ósea a mejorar la fuerza muscular y la masa ósea[9]. También la han empleado los cosmonautas rusos y los astronautas estadounidenses para estimular el desarrollo de los músculos y los huesos y aumentar así su preparación para los viajes espaciales. Los deportistas han adoptado la vibración corporal total. Los estudios clínicos han mostrado que la vibración corporal total puede aportar algunos beneficios limitados en el sentido de mejorar la densidad y la resistencia ósea de las personas con poca densidad mineral en los huesos o que están bajas de forma física[10].

Esto me despertó la curiosidad cuando oí hablar de ello, y decidí probarlo. Elegí el modelo Vibra Pro 5500. Acordé con mi fisioterapeuta un programa de entrenamiento de fuerza con vibración corporal total tres veces por semana. Empecé con pocas oscilaciones por segundo, para que mi cuerpo tuviera que soportar unas fuerzas gravitacionales mínimas. Después, gradualmente y muy despacio, fui aumentando el tiempo de duración de cada ejercicio y el número de oscilaciones por segundo. Lo ideal es que busques una clínica o un gimnasio donde tengan una máquina de vibración corporal total, para poder probarlo, y que tu fisioterapeuta o entrenador te ayude a diseñar un programa específico para la vibración corporal total a la medida de las necesidades de tu cuerpo. No te recomiendo que hagas esto por tu cuenta, al menos mientras no hayas entendido plenamente cómo se usa la máquina, y mientras no cuentes con un plan diseñado específicamente para ti. Y las máquinas no son baratas; su precio va de los 1200 a los 13 000 dólares o más. Puedes ver más información en la sección de «Recursos» de este libro.

La e-stim

Quizá recuerdes que dije en la introducción de este libro que descubrí la estimulación eléctrica, o e-stim, leyendo un informe sobre un trabajo de investigación, y me interesó el modo en que se estaba empleando esta terapia con personas que habían perdido la movilidad. Convencí a mi terapeuta para que me dejara someterme a una sesión de prueba, y vi que me sentaba muy bien para recuperar la fuerza y la movilidad. Desde entonces, la he incorporado en el Protocolo Wahls, y creo que es una herramienta útil para invertir la atrofia muscular y la pérdida de movilidad.

Una sesión de e-stim no es la experiencia más agradable del mundo. Algunas personas son más sensibles que otras, y algunas lo consideran francamente doloroso. Debe practicarse *además* del ejercicio, no en lugar del ejercicio. Pero, a pesar de estos inconvenientes, con la e-stim y el ejercicio puedes desarrollar más músculo que solo con el ejercicio.

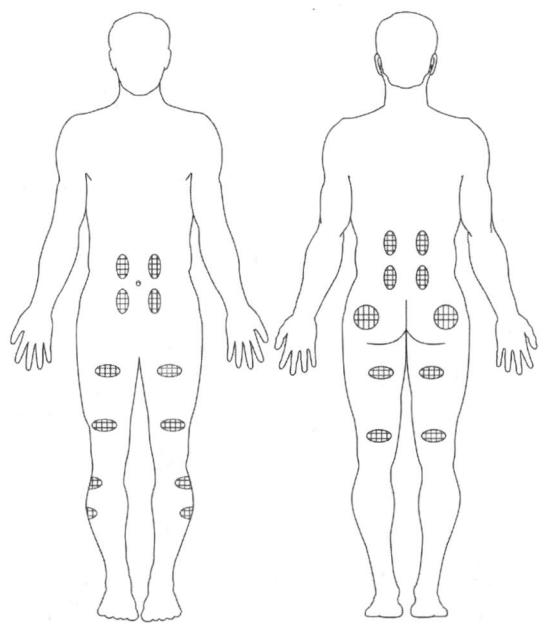

Estos son los puntos motores donde me ponía los electrodos para estimular los músculos que mi terapeuta había indicado que estaban débiles. Ten en cuenta que mi fisioterapeuta me ayudó a ubicar los electrodos y a comprobar cuál era el músculo que se estaba estimulando, para confirmar que la ubicación era correcta y estimulaba el grupo muscular deseado. Como todos somos distintos, lo habitual será que cada persona deba ajustar la posición de los electrodos para que afecten al grupo muscular deseado.

La e-stim, cuyo nombre completo es «electroestimulación muscular» o «estimulación neuromuscular eléctrica», consiste en aplicar pequeños impulsos de corriente eléctrica a los nervios que suelen transmitir a los músculos la orden de contraerse. Para enviar esta corriente, el terapeuta aplica electrodos en zonas determinadas de la piel y los conecta a la máquina por cables que transmiten los impulsos eléctricos. Los fisioterapeutas tienen acceso a estos equipos, aunque tú mismo puedes comprarte por Internet máquinas de e-stim y emplearlas en tu casa para reducirte el dolor. (Consulta siempre a un fisioterapeuta o a un entrenador deportivo para determinar dónde debes aplicarte los

LAS HERRAMIENTAS DE WAHLS

Los electrodos de la e-stim se aplican con unas almohadillas adhesivas reutilizables y desechables. Los electrodos reutilizables son autoadhesivos y pueden durar entre diez y treinta aplicaciones, en función del cuidado con que los trates y de lo bien que te limpies la piel. También puedes emplear electrodos Carbonflex, que no tienen gel adhesivo, sino que emplean tiras elásticas de compresión o calzones y calcetines de compresión para sostener los electrodos en su lugar. Los electrodos Carbonflex se pueden reutilizar durante más de un año, y hay que humedecerlos con agua para que conduzcan la electricidad sin demasiada resitencia (dolor). He empleado los electrodos Carbonflex durante años con buenos resultados. Cuanto mayores son los electrodos, menos molesta es la corriente. He empleado electrodos de ocho y diez centímetros de diámetro, porque los grandes resultan más cómodos. El coste de los materiales oscilará entre los 20 y los 90 euros al mes, en función del número de sesiones que se tomen al día.

electrodos, y para trazar un programa que se dirija específicamente a tus necesidades personales. De esta manera, es posible que puedas usar tu propia máquina por tu cuenta).

Los primeros que emplearon la e-stim fueron los deportistas, para recuperarse en menos tiempo de las lesiones y de las intervenciones quirúrgicas. Pero la estimulación eléctrica puede brindar grandes beneficios, no solo a los pacientes de EM, sino a cualquiera que haya perdido forma muscular por cualquier causa relacionada con la salud. Se ha estudiado y se ha observado que la e-stim mejora la calidad de vida y la movilidad de las personas con insuficiencia cardíaca avanzada[11], enfermedades pulmonares crónicas[12], artrosis[13] y artritis reumatoide[14]. Se ha empleado más recientemente para ayudar a las víctimas de ictus a recuperar la movilidad (hasta cinco años después de la lesión)[15], y ha mejorado la movilidad en personas con parálisis cerebrales: el funcionamiento de piernas, brazos y manos afectadas[16]. Nosotros hemos sido los primeros en publicar resultados del ejercicio combinado con estimulación neuromuscular eléctrica en el marco de la esclerosis múltiple[17].

La e-stim es útil para muchos aspectos de la EM. Se puede emplear para mejorar el estado físico general, pero resulta especialmente útil aplicarla a zonas debilitadas concretas. Por ejemplo, algunos aparatos de e-stim como el WalkAide y el Bioness comunican una corriente eléctrica al nervio que llega hasta el músculo que levanta el pie por el tobillo, con lo que resulta más fácil andar sin tropezar con la punta del pie. Las investigaciones han demostrado la utilidad de estos aparatos para mejorar la velocidad y la resistencia al andar[18]. La marca Bioness también ofrece aparatos que estimulan los músculos del muslo y que mejoran la movilidad de la mano.

Otra aplicación para la que se ha aprobado el uso de la e-stim es el tratamiento de los problemas de incontinencia uri-

CÓMO CONSEGUIR TRATAMIENTO CON E-STIM

Puede que no te resulte fácil conseguir que te traten con e-stim, por el motivo siguiente: las autoridades sanitarias no aprueban el uso de la e-stim para enfermedades concretas. Para que así fuera, los fabricantes de los aparatos tendrían que realizar pruebas clínicas para cada una de las enfermedades cuya aprobación se buscase. Esto costaría millones por cada enfermedad, y sería prohibitivo.

Lo que hacen, en cambio, los fabricantes de los aparatos médicos es solicitar la aprobación de las autoridades sanitarias para su uso en trastornos musculares más generales, como los espasmos musculares (consulta la lista al final de esta página). Las autoridades sanitarias estadounidenses han autorizado los diversos aparatos de electroterapia para venta sin receta, unos, y para venta con receta otros. Los aparatos de venta sin receta tienen menos potencia y solo se pueden emplear para la tonificación muscular. Los aparatos de venta con receta solo se pueden utilizar bajo la supervisión de un profesional autorizado, como puede ser un fisioterapeuta, y su uso está aprobado para las indicaciones siguientes:

1. Espasmos musculares.
2. Prevención de la atrofia por falta de uso.
3. Relajación de los espasmos musculares.
4. Reeducación muscular.
5. Estimulación postquirúrgica de los músculos de las pantorrillas para prevenir los trombos sanguíneos.
6. Mejorar la amplitud de los movimientos.

Si tu enfermedad no se parece expresamente a las aplicaciones autorizadas de la e-stim, puede que te cueste que tu médico o tu fisioterapeuta te receten este tratamiento. Lo que no comprenden muchos médicos y fisioterapeutas es que existen cada vez más investigaciones que apoyan el empleo de la e-stim para ayudar a las personas a mejorar su fuerza y su resistencia.

Localiza los dos artículos científicos siguientes, imprímelos y enséñaselos a tu médico o terapeuta: «La estimulación neuromuscular eléctrica y las intervenciones dietéticas para reducir la carga oxidativa en un paciente de esclerosis múltiple progresiva secundaria conducen a mejorías notables de movilidad: informe de caso clínico» y «La rehabilitación con estimulación neuromuscular eléctrica conduce a mejorías funcionales de la ambulación en pacientes con esclerosis múltiple progresiva secundaria y progresiva primaria: informe de casos clínicos». Puede ser útil que enseñes al profesional que te trata diversas publicaciones científicas revisadas por pares, para justificar que te recete una sesión de prueba. Puedes encontrar copias de artículos relevantes en mi sitio web, www.thewahlsprotocol.com, en el apartado «Recursos comunitarios» (después de haberte registrado para recibir el boletín semanal por e-mail). También puedes recordar a tu médico o fisioterapeuta que el uso de la estimulación neuromuscular eléctrica está aprobado para la atrofia muscular. Si estás bajo de tono y tienes espasmos o dolores musculares, es probable que se te hayan atrofiado los músculos. No obstante, lo más probable es que todavía tengas que pagarte de tu bolsillo la estimulación neuromuscular eléctrica, pues la mayoría de los seguros médicos no la cubren.

naria y fecal[19]. La falta de control de la vejiga y del colon se puede producir con la EM y con otros muchos trastornos autoinmunes y neurológicos, e incluso simplemente con la edad avanzada. Puede ser útil hacer los ejercicios de Kegel (practicar la contracción del músculo para cortar el flujo de la orina); pero ahora es posible emplear una sonda vaginal o rectal para aplicar un estímulo eléctrico a los músculos pertinentes. Si tienes problemas de incontinencia, te puede resultar muy útil hacer los ejercicios de Kegel combinados con la electricidad. La buena noticia es que este tratamiento está aprobado por las autoridades sanitarias y lo cubren muchos seguros médicos, a diferencia de otras muchas aplicaciones de la e-stim. (Consulta el recuadro «Cómo conseguir tratamiento por e-stim» en las páginas 378-379). En la sección de «Recursos», al final de este libro, hay más información sobre los aparatos que he empleado yo personalmente. Tu terapeuta puede disponer de otros con los que tenga mayor experiencia.

Empleo de la e-stim

Si quieres estudiar el empleo de los estímulos eléctricos como ayuda en tus ejercicios físicos, deberás tener en cuenta lo siguiente:

- **Todavía tendrás que hacer ejercicio.** La e-stim no sustituye al ejercicio. Es una manera de sobrecargar el ejercicio de tus músculos, para que tengas la posibilidad de generar más tejido muscular. Si consigues recuperar un buen nivel de fuerza y equilibrio, seguramente te convendría ir dejando de aplicarte la e-stim poco a poco y basarte únicamente en los ejercicios de fuerza y de resistencia. Así lo hacen los deportistas, y de momento solo estamos realizando estudios con pacientes de esclerosis múltiple, de modo que no contamos con estudios publicados sobre el uso a largo plazo de la electroestimulación muscular ni de la electroestimulación funcional. La electroestimulación funcional es una manera alternativa de emplear la e-stim, en la que la corriente eléctrica se aplica con impulsos regulares para producir un movimiento funcional, como puede ser el que tendrían tus músculos al montar en bicicleta. Pero puedes seguir entrenándote con la e-stim si te gustan los resultados que te produce, y así lo hacen algunos deportistas. Cualquiera de los dos planteamientos es válido.

- **Debe orientarte un profesional.** Tendrás que hacer varias sesiones de formación en la consulta de un terapeuta para aprender a manejar el aparato. Existen muchas marcas y aparatos disponibles. Tu terapeuta o entrenador puede emplear los aparatos Empi, como el Continuum que uso yo (ver la sección de «Recursos»), o puede disponer de varios aparatos distintos. Deberá ofrecerte una serie determinada de ejercicios para reforzar los músculos, y puedes preguntarle qué ejercicios debes hacer mientras estás estimulando cada grupo muscular concreto. Cuando vayas teniendo más fuerza, es probable que el terapeuta te mande ejercicios más avanzados, y que también aumente la duración y la intensidad de la e-stim. Todo esto depende mucho del individuo. Te recomiendo encarecidamente que acudas a un terapeuta para que te evalúe y diseñe un programa específico para ti. En nuestras pruebas clínicas, el ejercicio y las sesiones de e-stim se diseñan a la medida de cada participante concreto. No empleamos un mismo protocolo para todos, porque cada

LAS HERRAMIENTAS DE WAHLS

La e-stim se ha combinado también con los aparatos para ejercicios deportivos. La empresa Restorative Therapies (www.restorative-therapies/ms) produce una bicicleta fija con estimulación eléctrica funcional (EEF). Mediante el uso de electrodos se estimulan los músculos de los brazos y de las piernas para que empujen unos pedales y mantengan la fuerza y la resistencia. Los primeros estudios en este sentido pretendían determinar el modo de aplicar el ejercicio de bicicleta con EEF para ayudar a las personas paralizadas a conservar la fuerza muscular y ósea y su calidad de vida. Los primeros pacientes a los que dirigió la empresa el desarrollo de sus productos fueron los que tenían lesiones de médula espinal. En un pequeño estudio piloto realizado sobre cinco pacientes con EM progresiva primaria o secundaria, los investigadores observaron que los pacientes toleraban el ejercicio de bicicleta con EEF y que hacían tiempos más rápidos caminando ocho metros, y obtenían mayores puntuaciones en cuanto a calidad de vida total. La empresa anuncia que ya hay 580 pacientes que usan alguna de sus bicicletas fijas. Ahora, algunos médicos emplean las bicicletas con EEF para ayudar a los pacientes con esclerosis múltiple[20].

También nosotros estamos realizando una pequeña prueba médica con las bicicletas fijas con EEF, aquí en la Universidad de Iowa, y vamos a presentar solicitudes de ayudas a la investigación a los Institutos Nacionales de la Salud, con el propósito de llevar a cabo un estudio mucho más amplio. En nuestro estudio comparamos la eficacia de diversos protocolos de entrenamiento. De momento vamos observando que los pacientes toleran bien el ejercicio de bicicleta con EEF, y los resultados nos satisfacen. Es probable que los ejercicios de bicicleta fija con EEF sean beneficiosos para mejorar la fuerza y la resistencia, pero las autoridades sanitarias no han autorizado todavía estas bicicletas como tratamiento para la esclerosis múltiple. Puedes ponerte en contacto con la empresa Restorative Therapies para preguntarles si existe cerca de tu lugar de residencia alguna clínica donde se esté empleando la bicicleta fija con EEF, o consultarles si te pueden dejar una durante un período de prueba para ver si podría beneficiarte. (Obtener la aprobación de las autoridades sanitarias es un proceso costoso, para el que se exigen dos pruebas clínicas, realizadas, como mínimo, en dos centros distintos, con resultados estadísticamente significativos. Unos estudios de este tipo cuestan millones).

persona tiene sus propias necesidades concretas, y es un profesional quien te puede ayudar a determinar cuáles son las tuyas.
- **Es posible que no toleres la terapia.** Antes de que te embarques en la terapia de e-stim, es probable que hagas una sesión de prueba en la que un terapeuta determinará si puedes tolerarla. No todas las personas son capaces de tolerar las sensaciones eléctricas. En nuestras pruebas clínicas, a un par de participantes les resultaban demasiado dolorosas las sensaciones eléctricas; pero un 80 por ciento o más son capaces de soportar la corriente eléctrica suficiente para producir una contracción fuerte.

Cuando el terapeuta se haya asegurado de que sabes usar el aparato de electroterapia sin peligro, podrás emplearlo por tu cuenta y en tu casa; pero mantente en contacto con tu terapeuta. Si la e-stim te da resultado, puedes optar por comprarte tu propio aparato. Este deberá ser portátil y a pilas. Los aparatos de

> **WAHLS ADVIERTE**
>
> Si crees que pudieras estar embarazada, sé prudente. No te estimules nunca el abdomen ni los glúteos si existe una posibilidad, por remota que sea, de que pudieras estar embarazada. ¡La corriente eléctrica cerca del útero puede afectar al desarrollo del feto y producir malformaciones! Además, **nadie debe emplear una máquina de e-stim para el tórax, el cerebro o el cuello.** No uses la máquina de e-stim si tienes implantado un aparato electrónico, como un marcapasos, o una bomba de infusión de fármacos, como una bomba de baclofeno para la espasticidad.

e-stim suelen tener de dos a cuatro canales, lo que equivale a decir que pueden estimular de dos a cuatro músculos en cualquier momento dado. Los aparatos que tienen la potencia suficiente para ayudar a desarrollar los músculos, y no solo para tonificarlos, se deben comprar con receta. Cuestan entre los 100 y los 1200 dólares o más.

Márcate objetivos; comienza por poco y ve subiendo. Si tienes ocasión de probar esta terapia, la práctica habitual es estimular los músculos concretos que tengas debilitados, durante quince minutos al día si quieres prevenir la atrofia muscular y de cuarenta y cinco minutos a una hora si quieres fortalecer el músculo. Por eso me marqué la meta personal de ir alargando el tiempo paulatinamente, para poder estimular cada uno de mis grupos musculares débiles durante una hora al día. Debemos advertir que para los participantes en nuestros estudios que estaban muy incapacitados tuvimos que reducir el tiempo de e-stim a los cinco minutos por músculo, para ir avanzando poco a poco en función de la tolerancia de cada persona.

Tienes que mover el cuerpo para poder vivir tu vida y no quedarte limitado por tu enfermedad. Es triste y frustrante no poder hacer lo que hacías antes, sobre todo cuando no puedes acompañar a tu familia en las actividades que a ellos les interesan. No obstante, las personas que te quieren no desean más que estar contigo. Esto es lo importante. En vez de encerrarte en ti mismo, sal y muévete todo lo que puedas. Cualquier mínimo ejercicio es bueno para tu cuerpo y te ayuda a seguir en contacto con tu vida; y con el Protocolo Wahls irás progresando de manera regular.

Capítulo 10
¿QUÉ PASA CON LOS FÁRMACOS, LOS SUPLEMENTOS Y LA MEDICINA ALTERNATIVA?

Mientras se sigue el Protocolo Wahls se pueden tener en cuenta otras muchas terapias considerables. A buena parte de mis pacientes les interesan los suplementos que deben tomar, y yo puedo decir bastante al respecto. Otra posibilidad es la medicina alternativa. ¿Deberás probar, además, tratamientos alternativos?, y, en tal caso, ¿qué dirá tu médico de formación convencional? Yo también puedo decir bastante al respecto; pero lo primero de lo que quiero hablar en este capítulo es de *la medicación que ya estás tomando*. Puede que ya lo estés pensando. Si el Protocolo Wahls te va a mejorar, podrías dejar de tomar todos esos fármacos, ¿no?

No tan deprisa.

Tu medicación

Muchos pacientes míos se emocionan con el Protocolo Wahls, y eso es bueno. La emoción genera motivación y ayuda a la persona a seguir adelante con la dieta, aunque le resulte un desafío. Pero muchas de estas personas también se impacientan bastante con los fármacos o la medicación que ya están tomando. Quieren que el Protocolo Wahls mejore su salud (y se la mejorará); pero corren demasiado, y a veces dejan de tomarse la medicación, con la esperanza de que el Protocolo Wahls «se lo arreglará todo» en cuestión de semanas. La cosa no funciona así.

Es posible que con el Protocolo Wahls empieces a sentirte mejor casi de inmediato; pero si estás tomando medicación que te han recetado, ¡no debes interrumpir tu terapia! Esto es muy importante. No dejes ninguna medicación ni cualquier otra intervención médica que estés siguiendo ahora mismo, solo por haber comenzado el Protocolo Wahls. Las consecuencias podrían ser desastrosas.

El Protocolo Wahls tarda varios meses en reajustar las funciones biológicas y en poner en marcha el proceso de construcción; y, a partir de entonces, tu organismo deberá empezar a curar los daños que ya se han producido. Si interrumpes el tratamiento ahora, es muy posible que sufras otra recaída o que te pongas peor antes de empezar a mejorar. Entonces te desanimarías, te desalentarías y sería más fácil que abandonaras por el camino. Tu familia y tus amigos te dirían: «¿Lo ves? No funciona. Es una pérdida de tiempo, de trabajo y de dinero. Vuelve a tratarte como antes». No me cansaré de repetirlo; por eso te lo voy a resaltar en un recuadro:

> ¡Debes seguir tomando la medicación para tus trastornos físicos y psicológicos!

En mis pruebas clínicas no hacemos que los pacientes interrumpan ningún tratamiento, y tú tampoco debes interrumpirlo. Sigue el Protocolo Wahls *además de* lo que estés tomando y haciendo ahora para tratarte; respira hondo y ten paciencia.

Durante los tres años siguientes irás construyendo un nuevo yo, molécula a molécula bien hecha. Te mejorarán la energía y el ánimo. Es probable que mejore también tu tensión arterial, el peso, el colesterol y el azúcar en sangre (si eres diabético). Cuando puedas ver y percibir los indicios evidentes de que ha mejorado tu salud, porque podrás caminar más lejos y hacer más cosas, y tendrás más energía, entonces habrá llegado el momento de estudiar si puedes reducir la medicación paulatinamente, hasta suprimirla del todo o no, siempre bajo la supervisión de tu médico. He aquí algunos motivos más para plantearte reducir la medicación cuando estés asentado sólidamente en el Protocolo Wahls:

- Porque estás tomando Provigil y no puedes dormir por la noche, dado que el medicamento te produce insomnio.
- Porque estás tomando medicación para la hipertensión y ahora tienes la tensión arterial demasiado baja.
- Porque estás tomando medicación para el colesterol y ahora lo tienes demasiado bajo (por debajo de 200).

Si te pasa alguna de estas cosas, no tomes ninguna medida por tu cuenta. Consulta al médico que te está recetando la medicación. Por ejemplo, tu médico de cabecera te puede estar recetando medicación para el colesterol y la tensión arterial, y cuando vea que mejoran ambos valores, es probable que pueda irte reduciendo la medicación poco a poco, hasta llegar a suprimirla por completo incluso.

Sobre la cuestión del Provigil para reducir la fatiga, consulta a tu neurólogo.

Pero ¿y los fármacos inmunosupresores? Esta cuestión es más compleja. El neurólogo puede reconocer que tu enfermedad se ha estabilizado. Es posible que no se te aprecien lesiones nuevas en la resonancia magnética. (Lo más probable es que las lesiones que ya tienes se te queden para siempre). No obstante, tu médico puede atribuir el éxito a los medicamentos y no al Protocolo Wahls.

Entonces te surge la cuestión de qué debes hacer. ¿Sigues tomando la medicación inmunosupresora o la vas suprimiendo? Por desgracia, yo no cuento con investigaciones que te puedan orientar en este sentido. Es algo que deberás hablar con tu médico de cabecera y con tu neurólogo. Lo único que puedo hacer es contarte mi propia experiencia. Uno de los fármacos que tomaba para la fatiga asociada a la esclerosis múltiple era el Provigil. Cuando llevaba solo un mes comiendo a mi nueva manera, ya se me había reducido mucho la fatiga. Al cabo de tres meses estaba durmiendo menos de cuatro horas cada noche. El Provigil es un estimulante (por eso se suele recetar para la fatiga), y a mí me había mejorado tanto el cerebro que el efecto estimulante del medicamento no me dejaba dormir. Ya no estaba fatigada, pero tampoco dormía. Estaba claro que había llegado el momento de dejar la medicación, y mi neurólogo estuvo de acuerdo.

A los seis meses, cuando empecé a montar en bicicleta, dije a mi neurólogo que ya no quería seguir con el fármaco antirreumático modificador de la enfermedad que estaba tomando (CellCept), pero que volvería a tomarlo si se me agravaban de nuevo los síntomas de la EM. Él me propuso que tomara la mitad de la dosis durante la semana siguiente; después, la mitad de esta dosis reducida durante otra semana, y a las dos semanas, dejé de tomarlo por completo. He seguido bien desde entonces, a pesar de que llevo más de cinco años sin tomar ningún fármaco modificador de la enfermedad.

Muchos médicos están muy dispuestos a trabajar contigo en este sentido cuando vas mejorando; pero, por desgracia, no todos están abiertos a las posibilidades de los cambios del estilo de vida. Si no recibes el apoyo que deseas o que te parece que necesitas, te recomiendo que te busques a un médico practicante de la medicina funcional para que te ayude a decidir cómo abordar la cuestión de los fármacos inmunosupresores. El practicante de la medicina funcional puede estar más abierto a atribuir tu mejoría a los cambios de estilo de vida. Yo, en mi consulta, he conseguido suprimir los fármacos inmunosupresores que tomaban algunos pacientes para tratarse trastornos autoinmunes; pero esto fue siempre bajo mi supervisión directa.

Lo que veo en mi consulta de medicina interna es que, cuando los pacientes adoptan plenamente la dieta Wahls, cada vez que vuelven a la consulta tienen un aspecto más sano y más rejuvenecido. Veo constantemente cómo desciende su presion arterial y el azúcar en sangre, cómo mejora su estado de ánimo y su memoria, y muchas cosas más. A medida que tus células vayan estando más sanas, es probable que también sanen tus órganos. A medida que tienes los órganos más sanos, es probable que tú, toda tu persona, tengas más energía, más vitalidad y más días buenos y sensaciones buenas en tu vida.

Cuando estés mejor, tendrás claro cuándo ha llegado el momento de empezar a negociar con tu médico la posible reducción gradual de los medicamentos, a modo de prueba. La mayoría de los médicos apreciarán también los cambios, y puede que estén más que dispuestos a ayudarte a organizar tu vida, nueva y más sana. Te animo a que tú mismo opines sobre cuál es la medicación que quieres suprimir en primer lugar. Plantéate empezar por los fármacos que tienen una lista más larga de efectos secundarios y que te aportan menos beneficios inmediatos. Cuanto más puedas ir reduciendo los fármacos que te producen efectos secundarios desagradables, y que ya no te aportan beneficios, mejor será tu calidad de vida. Pero recuerda: se tardan años en reparar los daños que se han ido acumulando a lo largo de toda una vida.

Si estás tomando fármacos antirreumáticos modificadores de la enfermedad y quieres irlos reduciendo, consulta el prospecto que acompaña al medicamento (o búscalo por Internet) y lee todos sus efectos secundarios. Después, comenta con tus médicos cuántos de tus problemas de salud actuales pueden deberse a la medicación que estás tomando con receta. Orienta así las conversaciones con tus médicos sobre cuáles son los medicamentos que quieres empezar a reducir (muy gradualmente) para ver si puedes dejar de tomarlos cuando tu mejoría de salud lo justifique.

Los suplementos

Infundir al cuerpo, a las células y a las mitocondrias los nutrientes esenciales para que funcionen de la mejor manera posible constituye una parte trascendental del Protocolo Wahls. Esto se consigue principalmente por la dieta, con los nueve tazones de frutas y hortalizas; con la carne y el pescado ecológicos, criados con pastos o silvestres, según los casos; con las algas marinas, las vísceras, los alimentos fermentados, el aceite de coco y todas las demás cosas que recomiendo que vayan a parar a tu batidora, a tu olla, a tu ensaladera y, en definitiva, *dentro de ti*.

Pero ¿no sería muchísimo más fácil tomarse unas vitaminas y ya está?

Las vitaminas y los minerales funcionan conjuntamente para facilitar los procesos químicos de las células, y por eso deben estar equilibrados. Pero es mucho mejor (e incluso más fácil) conseguir este equilibrio por medio de los alimentos, como ya dije en capítulos anteriores. (Repasa mi explicación más detallada de este punto en el capítulo 5, «Dominar la dieta Wahls»).

Dicho esto, sí que creo que en casos de carencias, los suplementos pueden ser útiles para algunas personas, tomados *además de los nueve tazones* y del resto de los alimentos requeridos en función del nivel de la dieta Wahls que se esté siguiendo. Si optas por tomar suplementos, consulta antes a tu médico de cabecera siempre. Existen determinadas enfermedades para las que pueden estar contraindicados ciertos suplementos, y hay determinados medicamentos con los que pueden reaccionar otros suplementos. Esto no siempre te lo dirá el prospecto del suplemento ni el de la medicación.

Además, te recomiendo seriamente que empieces a tomar un solo suplemento cada vez. Lleva en tu diario Wahls un registro de cómo te sientes; anota cualquier cambio que aprecies en tus síntomas, y atiende sobre todo a cualquier síntoma en la cabeza o en el vientre, y a las erupciones cutáneas. Si empiezas a tomar varias cosas a la vez y tienes problemas, no sabrás cuál ha sido la causa del problema ni qué otra cosa te estaba sentando bien. Vale la pena tener paciencia y añadir las cosas de una en una. Si al cabo de una semana no has tenido ningún problema, puedes añadir otro suplemento si quieres. Aquí tendrás que hacer de detective y prestar atención a cómo reaccionas al introducir cada suplemento.

Es muy importante que comprendas que cada persona es distinta, con su conjunto propio y singular de enzimas que dirigen la química de su vida. Un suplemento que da buen resultado a otra persona con EM podría no dártelo a ti, y a la inversa. Nuestras necesidades y nuestras tolerancias son muy particulares. Por eso no me es posible presentar un programa de suplementos (ni de dieta, ni de ejercicios) que pueda dar buenos resultados a todas las personas. Siempre habrá las que tengan dificultades para procesar determinados alimentos y determinados suplementos, y otras que necesiten una dosis superior a la media.

Teniendo en cuenta todo esto, lo cierto es que, además de tu medicación, existen algunos suplementos que te pueden sentar muy bien. Entre ellos se cuentan la vitamina D, los ácidos grasos esenciales (incluido el ácido gamma-linoleico), la vitamina E y el grupo de la vitamina B (metil B_{12}, metil folato y vitaminas del complejo B, como la tiamina, la riboflavina, la niacina, la pantetina y la piridoxina). Además de estos, también te recomiendo que te plantees tomar kelp, algas de agua dulce y enzimas dietéticas. Cubriré cada uno de estos suplementos en este capítulo.

Consulta siempre a tu médico si debes tomar alguno de estos suplementos o todos ellos. Te recomiendo que empieces por hacerte un análisis de vitamina D. Algunas personas toman también un suplemento multivitamínico/multimineral. Pero estos tienden a provocar muchos más problemas de náuseas y alteración gastrointestinal. Por este motivo, no suelo recomendarlos a mis pacientes.

Vamos a hablar primero de cómo asegurarnos de que los suplementos que tomas te están dando buenos resultados en vez de sentarte mal.

Los análisis anuales

Si estás tomando suplementos, es importante que te hagas una vez al año un conteo sanguíneo completo (CSC), unas pruebas de la función hepática y unas pruebas de la función renal, para asegurarte de que no estás teniendo reacciones tóxicas que te comprometan el hígado, los riñones ni la médula ósea (la fábrica de la sangre) por los suplementos que tomas o por los contaminantes que puedan contener estos. También recomiendo otros análisis de laboratorio anuales para controlar a los pacientes con antecedentes familiares o personales de problemas cerebrales, de corazón u otros trastornos complejos de salud, y atender a la presencia de indicios inquietantes. Las pruebas y análisis siguientes te las deberá poder encargar tu médico de cabecera sin problemas. He incluido los intervalos de referencia que empleo yo y las intervenciones que suelo recomendar a mis pacientes, aunque tu médico de cabecera puede trabajar con intervalos e intervenciones un poco distintos. Tú eres único, y quizá deban afinarse las recomendaciones sobre la base de tus circunstancias personales de salud. Para hacerte estos análisis, solo tienes que solicitarlos a tu médico antes de acudir a la consulta.

Análisis	Intervalo de referencia para el Protocolo Wahls	Intervención
Conteo sanguíneo completo (CSC), calcio, creatinina y alanina aminotransferasa (ALT)	Valores normales para el inrtervalo de referencia (el intervalo de referencia es el que el laboratorio define como normal, basado en los valores del 97 por ciento de la población)	Estos son unos análisis de seguridad para cerciorarte de que tu organismo está soportando y procesando bien los suplementos. Si los análisis se vuelven anormales, tendrás que interrumpir toda la medicación no esencial y hacerte otro análisis al poco tiempo para asegurarte de que te estás normalizando.
25–hidroxi vitamina D (vitamina D25–OH)	50–100 ng/ml (nanogramos/mililitro) o 150–250 nmol/l (nanomoles/litro)	Sube o baja la dosis de vitamina D según el nivel. Si la vitamina D está por encima del intervalo de referencia, comprueba el nivel de calcio para asegurarte de que no se ha elevado. Si se ha elevado, seguramente te indicarán que debes recibir atención urgente o inmediata.
Folato y vitamina B_{12}	En el cuartil superior del intervalo de referencia del laboratoratorio	Interpretar con referencia a la homocisteína (ver homocisteína, abajo).
Homocisteína	4 a 6,5 micromoles/litro	Si es bajo, come más proteínas. Si es alto, pasa a las formas metilo del folato (metilfolato) y de la B_{12} (metil B_{12}). (Observa que en las presentaciones más baratas del folato y de la B_{12} no se ha añadido el grupo metilo). También, un complejo de vitamina B como el B-100. Si sigue alto después de optimizar el folato y la B_{12}, consulta a un practicante de la medicina funcional.

Análisis	Intervalo de referencia para el Protocolo Wahls	Intervención
PCR de alta sensibilidad	Menos de 1,0 mg/l (miligramos/litro) = riesgo bajo (ideal) 1 a 3 mg/l = riesgo intermedio Superior a 3 mg/l = riesgo elevado	Si es alto, come más hortalizas y bayas. Si sigue alto después de consumir de 9 a 12 tazones al día, consulta a un practicante de la medicina funcional.
Lípidos en ayunas	Proporción triglicéridos/colesterol HDL por debajo de 3	Una proporción superior a 3 indica probable resistencia a la insulina. Reduce el consumo de carbohidratos y pásate a la dieta Wahls Paleo o a la Wahls Paleo Plus. Puede indicar necesidad de más aceite de pescado.
Colesterol HDL (colesterol bueno)	Colesterol HDL superior a 60 mg/dl (miligramos/decilitro)	Si el HDL es inferior a 60, reduce los carbohidratos, aumenta las hortalizas, las bayas y el aceite de pescado, y haz más ejercicio.
Colesterol total	Más de 160 mg/dl (preferiblemente más de 200 para el funcionamiento óptimo del cerebro, aunque no conocemos el nivel máximo superior para el funcionamiento cerebral ideal; 300 puede ser excesivo o no serlo). Nota: si una persona tiene enfermedad coronaria o cerebrovascular, los médicos procurarán que el colesterol no le suba de 200.	Si el colesterol es de 200 o menos, reduce o elimina la medicación contra el colesterol. Si no tomas tal medicación, aumenta el consumo de colesterol, tomando ghee, por ejemplo.
Hormona estimulante de la tiroides (HET o TSH) y tiroxina libre (T4 libre)	HET (TSH), 0,30-5,00 micro UI/ml (unidades internacionales por mililitro); T4 libre en intervalo normal según laboratorio de referencia	La HET (TSH) se suele analizar a los que padecen fatiga. Se debate si el límite superior de la HET (TSH) debe ser 3,0 en vez de 5,0. Si la HET (TSH) está fuera del intervalo de referencia, comprobar la T4 libre; si esta también está fuera del intervalo de referencia, está indicado el tratamiento para hiper o hipotiroidismo.
Hemoglobina A1c	Menos de 5,2 por ciento	La hemoglobina A1c se suele analizar en caso de diabetes. Está muy correlacionada con el nivel de oxidación de azúcar del colesterol LDL. Si la hemoglobina A1c es superior al 5,2 por ciento, reduce el contenido de carbohidratos en tu dieta.

Vitamina D

Los niveles bajos de vitamina D se asocian a tasas más elevadas de recaída y a las incapacidades más graves, y sus niveles más altos se asocian a los niveles más elevados de movilidad[1]. Además, los niveles bajos de vitamina D se asocian a tasas más elevadas de enfermedades autoinmunes, de problemas de salud mental y de cáncer[2]. Por este motivo, te recomiendo encarecidamente que controles tu nivel de vitamina D y que tomes como prioridad el tenerlo dentro de un intervalo óptimo.

El modo más natural y eficaz de obtener vitamina D consiste, simplemente, en exponer la piel al sol. La vitamina D es interesante, pues en realidad su efecto se parece en parte al de una hormona. Elaboramos la vitamina D a partir del colesterol como consecuencia de las radiaciones ultravioleta del sol que nos llegan a la piel. Cuando sucede esto, el hígado y los riñones transforman la vitamina D, dándole una forma más activa, y esto permite a nuestras células leer de manera más eficaz las instrucciones del ADN.

Por desgracia, pasamos muchas horas bajo techo, a diferencia de nuestros antepasados, que recibían una exposición continuada al sol, con incremento gradual a lo largo de las estaciones del año y el consiguiente aumento de los niveles de vitamina D y de la pigmentación de la piel durante el verano. Piensa cómo vivían y cómo salían adelante nuestros antepasados del Paleolítico. Pasaban casi todo el tiempo al aire libre. Aunque solían dormir en lugares cubiertos, de día salían y tomaban el sol, miles de años antes de que se inventaran los factores de protección solar.

Nuestra vida es muy distinta. Pasamos casi todo el tiempo bajo techo. En verano nos molesta el calor y la humedad del exterior, porque no estamos acostumbrados y nos sentimos más a gusto con el aire acondicionado. Incluso durante el buen tiempo, la mayoría de los habitantes de las sociedades desarrolladas han dejado de practicar actividades recreativas al aire libre y prefieren los entretenimientos digitales. Los médicos, y sobre todo los dermatólogos, nos recomiendan que nos pongamos lociones de protección solar antes de salir al aire libre. Naturalmente, no quiero que te quemes la piel; pero uno de los problemas que ocasionan los protectores solares, sumado a todo el tiempo que pasamos bajo techo, es que muchos niños y la mayoría de los adultos siguen con carencia de vitamina D al final del verano, en la época en que deberían tener acopiados unos niveles lo bastante altos para que les duraran todo el invierno.

Los protectores solares bloquean la luz en las frecuencias que necesita nuestra piel para elaborar vitamina D, a saber, en el intervalo ultravioleta B. La consecuencia son los niveles bajos crónicos de vitamina B, que aumentan el riesgo de contraer infecciones, cáncer de pulmón, mama, colon y próstata, enfermedades cardíacas, problemas autoinmunes, partos precoces, toxemia gravídica, esquizofrenia, dificultades de aprendizaje y otros problemas de salud mental.

El intervalo de referencia del análisis de vitamina D en el laboratorio (es decir, el nivel que debes tener de vitamina D según un análisis en el laboratorio que te encargará tu médico) suele ser de entre 20 y 70 ng/ml (nanogramos por mililitro). A veces se indica un intervalo de referencia de 30 a 70 ng/ml. En vista de este intervalo, muchos médicos consideran que estás bien con 31 ng/ml; pero con un nivel tan bajo de vitamina D, la persona sigue corriendo un riesgo cuadruplicado de sufrir problemas de autoinmunidad y cánceres, en comparación con otra persona con un nivel superior. En las sociedades de cazadores y recolectores, y en otras que viven al sol todo el día, se observan valores que oscilan entre los 80 y los 120 ng/ml. Es probable que este nivel sea el más acorde con una salud óptima.

> **MÍDETE TÚ MISMO LA VITAMINA D**
>
> Puedes pedir a tu médico que te haga análisis del nivel total de vitamina D y que te haga saber la cifra concreta, y no solo una nota que diga que es «normal». O bien puedes pedir un kit para medírtela en casa, y más información acerca de los efectos de la vitamina D sobre la salud, al Vitamin D Council (Consejo de la Vitamina D), en www.vitamindcouncil.org. Puedes encargarles uno o varios kits que contienen todo lo que necesitas para darte un pinchazo en el dedo y una tarjeta para recoger la muestra de sangre en seis círculos. La dejas secar y envías la tarjeta al laboratorio. Este laboratorio está plenamente acreditado, y recibirás una carta con los resultados, así como consejos generales sobre el intervalo de referencia.

En mi consulta, basamos nuestro intervalo de referencia en las necesidades de una madre lactante para poder ofrecer a su hijo la suficiente vitamina D en la leche materna: 55 ng/ml o más. Nuestro intervalo de referencia es de 50 a 100 ng/ml totales de 25-OH vitamina D. Yo digo a mis pacientes que el valor ideal es de 80 ng/ml. Sin embargo, en mi práctica clínica observo que una gran mayoría (más del 90 por ciento) están por debajo de los 30 ng/ml, a menos que trabajen al aire libre tomando el sol todo el día, con los brazos y las piernas, o todo el tórax, al descubierto, o que estén tomando rayos ultravioleta con regularidad. Las gentes de color, que tienen la piel pigmentada y viven más lejos del ecuador que sus antepasados, en climas templados o fríos, tienden a padecer deficiencias mayores.

¿Qué puedes hacer tú al respecto? Aumentar la dosis de vitamina D por la piel (tomando el sol o rayos ultravioleta) o por el sistema digestivo (tomando suplementos) tiene sus ventajas y sus riesgos; pero mi primera recomendación es que sigas a la naturaleza y elabores más vitamina D por medio de la piel.

Vitamina D del sol

Exponer la piel al sol es el sistema natural que empleaban nuestros antepasados para obtener la vitamina D suficiente, y a ti te puede dar buenos resultados. A diferencia de tomar suplementos de vitamina D, que te pueden provocar una sobredosis (hablaré de esto en seguida), tu piel no va a elaborar demasiada vitamina D. No se conocen casos de intoxicación vitamínica (niveles excesivos) por la exposición al sol, y hay estudios que muestran que cuando se alcanzan niveles de vitamina D superiores a los 50 ng/ml por medio de la piel se obtiene un funcionamiento inmunitario superior al que se puede lograr por medio de suplementos. Con el sol elaborarás la vitamina D de la manera más adecuada y que te aportará los mayores beneficios.

Pero esto significa que tendrás que pasar algún tiempo tomando el sol o en una cabina de rayos ultravioleta. ¡Más polémica! Sí, yo recomiendo la luz para elaborar vitamina D, aunque sea la luz de una cabina vertical u horizontal de rayos ultravioleta. El punto clave es ir aumentando gradualmente el tiempo de exposición, para no acabar produciéndote quemaduras. Cuando te expones al sol lo suficiente para haber tomado un leve tono rosado, sin sufrir quemaduras en la cara, los brazos o las piernas, tu piel habrá elaborado 20 000 UI (unidades internacionales) de vitamina D. También existen pruebas de que tomar el sol en la piel produce efectos inmunitarios positivos, con independencia de los niveles de vitamina D[3].

Por todo esto, yo tomo rayos ultravioleta una vez por semana durante el invierno, en una cabina horizontal, con luz ultra-

RESPONDO A LOS GUERREROS DE WAHLS

P: ¿Aporta el Protocolo Wahls beneficios concretos para la osteoporosis, la osteopenia y la osteoartritis?
R: Sí. La osteoporosis y la osteopenia están muy relacionadas con un largo historial de carencia de vitamina D y de dieta muy glucémica, que tiende a absorber calcio de los huesos. Si a esto se le añade una vida cada vez más sedentaria, el cuerpo tiene muy pocos incentivos para volver a poner calcio en los huesos. Reducir los alimentos muy glucémicos, comer más caldo de huesos, optimizar los niveles de vitamina D hasta tenerlos entre 50 y 100 ng/ml y, lo más importante de todo, hacer más ejercicio con carga de pesos, contribuirá a recuperar el calcio en los huesos. También se puede aliviar la artritis tomando una o dos tazas de caldo de huesos al día, para que las células cuenten con los materiales necesarios para mantener y reparar el cartílago y los ligamentos de la zona de las articulaciones. También es reparador para las articulaciones comer tres tazones al día de vegetales con azufre, así como hacer ejercicio con regularidad. La dieta Wahls también contribuye a reducir la inflamación que está dañando las articulaciones, y aporta los nutrientes que necesitas para poner en marcha las reparaciones.

violeta B (UVB) en el intervalo de longitudes de onda de 280 a 313 nanómetros, que es la frecuencia que interviene en los primeros pasos de la elaboración de la vitamina D. Sé que estarás pensando que tomar luz ultravioleta se asocia a una tasa mayor de cáncer de piel y melanoma. Los cánceres de piel de células escamosas y células basales no suelen tener metástasis ni extenderse a zonas distantes. En general, es fácil tratarlos con solo extirpar el cáncer de piel. El melanoma, que es un cáncer de las células productoras de melanina (el pigmento de la piel) sí se puede metastatizar, y es mucho más agresivo y peligroso, e incluso mortal; pero se da con mayor frecuencia en las zonas del cuerpo que no están expuestas al sol. Ten en cuenta lo siguiente: en las sociedades de cazadores y recolectores, cuyos miembros toman el sol todos los días, todo el año, no se aprecia una tasa especialmente elevada de cáncer de piel ni de melanoma. La exposición constante, la ausencia de quemaduras y la dieta densa en nutrientes pueden ser factores que expliquen por qué tienen un riesgo de cáncer aparentemente mucho más bajo que el nuestro.

Naturalmente, deberás sopesar todos estos factores, y si tienes antecedentes familiares de cáncer de piel o melanoma, quizá sea mejor que tomes suplementos. Pero si te agrada la idea de obtener la vitamina D de una fuente más natural, te recomiendo que tomes el sol, siempre y cuando no llegues a sufrir quemaduras.

Los suplementos de vitamina D

Los niveles bajos de vitamina D se asocian a riesgos mayores de agravamiento de los síntomas de la esclerosis múltiple y a tasas mayores de recaída[4]. Por ese motivo te recomiendo que te midas anualmente el nivel de vitamina D y que trabajes con tu médico para optimizarte dicho nivel. Tomar suplementos de vitamina D además de tomar el sol, o en lugar de ello, también tiene sus ventajas y sus inconvenientes. Si tomas suplementos, corres el riesgo de que tu nivel de vitamina D suba hasta un grado peligroso (superior a los 150 ng/ml), lo que te podría producir un exceso de calcio en la sangre, lesiones en los riñones e incluso psicosis. Esto se debe a que la vitamina D es liposolu-

> **CONTRIBUIR A QUE FUNCIONE MEJOR LA VITAMINA D**
>
> Para que los suplementos de vitamina D funcionen con eficacia, también debes tomar vitamina K_2, más concretamente vitamina K_2MK7. Las bacterias del intestino elaboran vitamina MK7 a partir de la vitamina K_1 de las verduras verdes. También está presente en las vísceras, en el aceite de hígado de bacalao fermentado y en el aceite de mantequilla rico en vitaminas procedente de vacas criadas con pastos (busca las versiones de estos aceites libres de caseína). Procura comer estos alimentos en abundancia si estás tomando suplementos de vitamina D. Si ya estás siguiendo la dieta Wahls, no tendrás problemas para comerlos.

ble. Las vitaminas liposolubles pueden hacer más daño por sobredosis que las vitaminas hidrosolubles, porque las hidrosolubles (las vitaminas B y C) se excretan por los riñones, mientras que las liposolubles se conservan en la grasa, donde pueden acumularse y alcanzar niveles excesivos.

Las sobredosis de vitamina D son poco frecuentes, pero pueden darse. Por eso tiene tanta importancia que te hagas un análisis del nivel de vitamina D y que sigas controlándolo con regularidad, para saber que estás en el intervalo ideal y que no estás alcanzando un nivel excesivamente alto. Si estás tomando más de 2000 UI de vitamina D al día, te recomiendo que te hagas un análisis del nivel de vitamina D cada tres meses hasta que lo hayas llevado al intervalo de referencia, y que, a partir de entonces, sigas comprobando el nivel una o dos veces al año para confirmar que sigues dentro del intervalo de referencia.

Aunque tus necesidades de suplementos dependen de la latitud en que vives, del grado de pigmentación de tu piel y del tiempo que pasas al aire libre sin protector solar, muchas personas que viven y trabajan bajo techo necesitan tomar entre 4000 y 8000 UI de vitamina D al día durante los meses de invierno, cuando no la pueden elaborar, y entre 2000 y 4000 UI al día durante los meses de verano, cuando pueden salir al aire libre y tomar el sol lo suficiente como para ponerse morenos, con lo que elaborarán la vitamina D necesaria para mantener un nivel saludable.

Ten en cuenta que he citado una gama amplia de dosis, por lo que el riesgo de sobredosis tóxica de vitamina D sigue siendo real. Otro problema es que cuando aumentamos el consumo de vitamina D en forma de suplementos podemos producir una insuficiencia relativa de vitaminas A, K y E en las células, si no aumentamos también la aportación de estas vitaminas. Puede ser muy beneficioso comer hígado, verduras verdes, frutos secos y aceite de hígado de bacalao fermentado para obtener estas vitaminas liposolubles.

Además, la cantidad de vitamina D que deberás tomar por vía oral dependerá, en parte, de la eficiencia de las enzimas que administran la producción y el empleo de la vitamina D en tus células. Son los llamados polimorfismos de nucleótido único (conocidos por sus iniciales inglesas como SNP, que suele leerse «snip»), que gestionan la vitamina D. Si tienes varios «snips» relacionados con la vitamina D, quizá no seas capaz de utilizar la vitamina D de manera tan eficiente, y es probable que necesites una dosis más elevada que otras personas que no tienen este problema. He aquí un motivo más por el que es importante que controles mediante análisis tu vitamina D en sangre para saber si has alcanzado el nivel deseado. Sea cual sea tu caso personal, deberás controlarte los niveles en sangre para determinar la dosis con precisión. Yo, personalmente, no solo me bronceo la piel, sino que tomo más vitamina D_3 en forma de suplementos de vitamina D y de aceite de hígado de raya fermentado, y me mido los niveles con regularidad.

El calcio

Teniendo en cuenta que en la dieta Wahls Paleo y en la dieta Wahls Paleo Plus se consume menos calcio que en la dieta Wahls (unos 950 mg, 750 mg y 1450 mg, respectivamente), te recomiendo que consideres la posibilidad de tomar 250 mg de citrato de calcio (E-333i), una o dos veces al día, en función de tu sexo, de tu edad y de la dieta que estés haciendo. La ingesta diaria recomendada de calcio para los hombres y mujeres menores de 50 años es de 1000 mg de calcio elemental. Para las mujeres de más de 50 años y para los hombres de más de 71, la ingesta diaria recomendada es de 1200 mg. Es importante comer alimentos ricos en calcio de manera intencionada y regular (por ejemplo, las espinas del salmón en conserva, así como almendras, bok choy y hojas de berza), pero los suplementos son una póliza de seguros. El calcio se presenta en los suplementos principalmente en forma de carbonato y de citrato. Yo prefiero el citrato de calcio, porque se puede tomar con la comida o sin ella, y se corre menor riesgo de sufrir hinchazón, gases o estreñimiento que con el carbonato de calcio. El carbonato de calcio es más barato, pero hace falta bastante ácido gástrico para absorberlo (y el ácido gástrico se va reduciendo a partir de los 50 años). Además, es importante tener en cuenta que para absorber calcio del intestino de manera eficiente hace falta vitamina D; por eso es importante que vigiles tu nivel de vitamina D, como he dicho antes. El porcentaje de calcio que absorbas dependerá de la cantidad total de calcio elemental que consumas de una vez. A mayor cantidad, menor será el porcentaje de absorción. La absorción es máxima con dosis de hasta 500 mg, y las dosis superiores a los 500 mg se han relacionado con efectos más adversos.

El magnesio

El magnesio puede ser muy útil para reducir los espasmos musculares, para aliviar el síndrome de las piernas inquietas y para mejorar el sueño. (Explicaré algo más sobre esto en el capítulo siguiente, «Gestión del estrés»). Las hojas verdes son una fuente estupenda de magnesio. Si decides tomar más magnesio, puedes tomar de 350 a 400 mg de magnesio elemental por vía oral cada día, siempre que te funcionen normalmente los riñones; pero no tomes más de esta cantidad sin consultar con tu médico para asegurarte de que no estás abusando del magnesio. El óxido de magnesio, también llamado «magnesia», es la presentación más económica; pero el glicinato de magnesio es la forma que absorben mejor las células.

Los ácidos grasos esenciales (ácidos grasos omega-3 y ácido gamma-linoleico)

El suplemento siguiente que puedes plantearte tomar con regularidad es el ácido graso omega-3. Ya he hablado de estos ácidos grasos esenciales en relación con la carne de ganado criado con hierba y el pescado silvestre (y también cuando traté de los problemas del vegetarianismo); pero, aunque estés comiendo estos alimentos, quizá no estés absorbiendo los suficiente ácidos grasos omega-3.

Existen dos ácidos grasos omega-3 muy importantes: el ADH y el AEP. Tu cerebro necesita ácido docosahexaenoico

> **WAHLS ADVIERTE**
>
> El consumo de aceites de pescado puede prolongar el tiempo de coagulación. Por ello, no incluimos en nuestro estudio a ninguna persona que esté tomando fármacos anticoagulantes, como el Coumadin, el Plavix o la aspirina. Si estás tomando medicación anticoagulante, es esencial que consultes con tu médico de cabecera cuántos y qué ácidos grasos omega-3 puedes consumir con seguridad. Si estás tomando aceite de pescado, no tomes, además, aceite de linaza o de cáñamo sin consultar antes a tu médico para asegurarte de que no estás aumentando el riesgo de sufrir hematomas y hemorragias. (Observa que las semillas molidas de lino o de chía que tomas para que te aporten fibra contra el estreñimiento no te causen problemas). En mi consulta, cuando un paciente está tomando anticoagulantes, consulto al médico que se los ha recetado para ver si estaría dispuesto a reemplazarle los medicamentos anticoagulantes por dosis altas de aceite de pescado, que surten el mismo efecto. Unas veces es adecuado y otras no lo es.

(ADH) para elaborar mielina. El ácido eicosapentaenoico (AEP, también llamado EPA) es muy útil para reducir la inflamación. ¡Entenderás que estos compuestos pueden aportar grandes beneficios a cualquier persona con EM o con otro trastorno autoinmune!

En nuestro estudio, hacemos que los sujetos tomen aceite de pescado refinado por destilación molecular, para aumentar su consumo de AEP y de ADH. Es un recurso sencillo para normalizar las tomas para los fines de una prueba clínica. Sin embargo, se ha demostrado que el consumo de alimentos ricos en AEP y ADH es más eficaz que tomar suplementos de aceite de pescado para elevar los niveles de dichos ácidos en sangre. Lo mejor es comer pescado silvestre; pero si no puedes obtener o comer el suficiente, sería adecuado tomar un suplemento.

Existe otro sistema interesante para obtener los beneficios de ambas opciones, recurriendo a un método de suplementación que han empleado las sociedades tradicionales de las regiones septentrionales durante centenares de generaciones: hacen fermentar los aceites de hígado de pescado, con lo que estos aceites se vuelven todavía más ricos en nutrientes y en las vitaminas liposolubles A y D, y en menor grado en las K y E. Este producto conserva los aceites esenciales del pescado todavía mejor que los congelados o enlatados. La empresa Green Pasture (www.greenpasture.org) ofrece varios preparados tradicionales de aceite de hígado de bacalao y de hígado de raya fermentados.

Pero si no puedes o no quieres tomar aceite de hígado de pescado fermentado, todavía pueden venirte bien los suplementos de aceite de pescado purificado. Teniendo en cuenta los riesgos de contaminación por mercurio, te recomiendo que busques aceites de pescado muy concentrados, refinados por destilación molecular, como el Ultimate Omega de Nordic Natural o los omega-3 AEP y ADH de Solgar. Ambos contienen unos 950 mg de ADH y AEP, en conjunto, en cada cápsula. Si optas por esta vía y tomas el aceite de pescado refinado por destilación molecular (en lugar del aceite de hígado de bacalao fermentado), deberás tomar también vitamina E en forma de tocoferoles mixtos o de tocotrienoles, de 200 a 400 mg al día. (Ten presente que 1 mg equivale aproximadamente a 1,5 UI al día; en algunos suplementos aparecen indicadas las cantidades en UI, unidades internacionales, en vez de en miligramos). Sin la vitamina E adicional, aumentarán las probabilidades de que las grasas omega-3 se oxiden rápidamente en la sangre, con lo que se pierden muchos de sus beneficios.

Lo ideal es que pidas a tu médico que te haga un perfil lípido, que incluirá un análisis de ácidos grasos esenciales, para conocer la proporción entre ácidos grasos omega-6 y omega-3 en tu sangre. Este análisis mide la proporción entre AA (ácido araquidónico) y AEP (ácido eicosapentaenoico, también llamado EPA por sus iniciales inglesas). El objetivo es alcanzar una proporción de entre 1,5 y 3. Si no consigues que te midan la proporción AA:AEP, no te preocupes. A mí tampoco me la miden en mi hospital. Me hago un perfil de lípidos en ayunas y procuro optimizar el nivel de HDL como medida indirecta de la proporción AA:AEP. También te interesa que te hagan la prueba de hemoglobina A1c para conocer lo oxidado que tienes el colesterol LDL, y un PCR (proteína C reactiva, o CRP) muy sensible para medir el nivel de inflamación. El objetivo es que el HDL esté por encima de 60, con un nivel de PRC de menos de 1 y una hemoglobina A1c de menos de 5,2 %.

Estos son los números que busco en mi consulta y lo que significan:

- Cuando los triglicéridos están por encima de 100, o hay una proporción de triglicéridos a HDL superior a 3, es que el nivel de insulina es demasiado alto. Recalco entonces la necesidad de reducir más el consumo de carbohidratos/azúcares y de tomar más ácidos grasos omega-3. Animo a la persona a que adopte la dieta Wahls Paleo, o a que la siga de manera más estricta, o a que pase a la dieta Wahls Paleo Plus. Nota: esta proporción es menos fiable para las personas de raza negra. En estos casos, es mejor medir los niveles de insulina y de glucosa para evaluar al mismo tiempo la sensibilidad a la insulina.
- Si mis pacientes tienen el HDL por debajo de 60, lo tomo como una indicación más de que deben tomar más suplementos de aceite de pescado.

- Si la hemoglobina A1c está por encima del 5,2 %, indico a la persona que reduzca el consumo de carbohidratos y que los sustituya por más grasas sanas, y también que se plantee pasarse a la dieta Wahls Paleo o a la dieta Wahls Paleo Plus.
- Si un paciente me dice que sangra por la nariz o que tiene hematomas con facilidad, esto suele deberse a la mayor dilución de la sangre. Le suprimo el aceite de pescado durante una semana, para que siga tomándolo después a la mitad de la dosis.
- El nivel de PCR deberá estar por debajo de 1,0.

Las vitaminas B

Mucha gente toma suplementos de vitamina B, porque las vitaminas del grupo B, entre ellas la vitamina B_1 o tiamina, la B_2 o riboflavina, la B_3 o niacina, la B_5 o ácido panténico, la B_6 o piridoxina, la B_7 o biotina, la B_9 o ácido fólico y la B_{12} o cobalamina, desempeñan muchas funciones importantes para el buen funcionamiento de las células. En nuestras pruebas clínicas queremos contar con información más concreta. Yo siempre mido los niveles de folato, vitamina B_{12} y homocisteína de los participantes al comienzo del estudio. También los mido regularmente en mi consulta de traumatología de cráneo y en la de medicina general, en el caso de los pacienrtes con antecedentes familiares o personales de problemas cerebrales (neurológicos o psicológicos) o de corazón (enfermedad coronaria, valvulopatías o arritmias). Quiero, más concretamente, que los niveles de folato y de vitamina B_{12} se encuentren en el cuartil superior (en la parte más alta) del intervalo de referencia propuesto.

Pero ¿qué debes hacer tú? Pide que te midan los niveles de

HABLAN LOS GUERREROS DE WAHLS

«En 2008 me diagnosticaron esclerosis múltiple, y un análisis de cabello demostró que tenía niveles elevados de plomo. Por esa época, los análisis de sangre me indicaban exposición a la tuberculosis, niveles bajos de proteínas en sangre y niveles altos de citoquina. Entre mi intolerancia al gluten y a los lácteos, mis predisposicines genéticas y los desencadenantes del estrés, mi cuerpo no era capaz de destoxificarse ni de curarse por sí mismo.

Descubrí a la doctora Wahls, empecé a seguir sus pautas y, después de haber sido vegetariana durante diez años, comencé a introducir la carne en mi dieta poco a poco y a tomarme un suplemento de coenzima Q y vitamina D a diario. Los días que no como pescado ni semillas de lino me tomo 15 mililitros de aceite de pescado con alto contenido de AEP y ADH. Lo complemento con smoothies de plátano, kiwi y arándanos con lecitina, acaí en polvo, proteínas de cáñamo en polvo, mezquite en polvo, té verde en polvo, cacao en polvo o en nibs (puntas de cacao tostado), espirulina, clorela, polen de abejas y aceite de linaza. La dieta Wahls satisface mi deseo de comer grasas buenas y verduras mucho mejor que otras dietas. Me orienta y me incentiva, porque ahora sé que estoy comiendo para mejorar la vaina de mielina de las neuronas, para equilibrar los niveles de ácido gamma-aminobutírico y para restaurar las mitocondrias. Desde hace un año no tengo recaídas ni me trato con fármacos. He notado mejorías en mis niveles de energía y cognitivos, menos neblina mental, mejor equilibrio, pérdida de peso, visión más clara, menos migrañas,

> mejor digestión, la piel más limpia y el pelo y las uñas más lustrosos. ¡He podido volver a correr! Mi neurólogo me dijo hace poco que no tengo ningún indicio de incapacidad. Estoy contentísima de poder mantenerme sana por mí misma. Es una labor intensa, pero también es un acto inmenso de amor hacia mí misma».
>
> Nissa P., Tasmania (Australia)

folato, de vitamina B_{12} y de homocisteína. Tu objetivo es tener los niveles de folato y de B_{12} cerca de la parte superior del intervalo normal. Debes tener el nivel de homocisteína entre 4 y 6,5 micromoles por litro. Si tienes baja la homocisteína, es probable que debas tomar más proteínas. Si, por el contrario, la tienes elevada, toma más vitaminas del grupo B, metil B_{12} y metil folato. Si sigue alta después de haber optimizado los niveles de folato y de B_{12}, deberás consultar a un médico formado en medicina funcional, que podrá evaluarte y orientarte mejor para optimizar tu homocisteína.

La coenzima Q

La coenzima Q es importante para la eficiencia de las mitocondrias. Forma parte de la cadena de transporte de los electrones en las mitocondrias que genera el ATP (consulta el capítulo 1, «La ciencia de la vida, la enfermedad y tú»). Cuando nos hacemos mayores, y sobre todo a partir de los 50 años, nos resulta más difícil elaborar coenzima Q suficiente, y los medicamentos que tomamos también suelen comprometer nuestra capacidad para elaborarla. Se ha administrado a dosis que van desde los

> **WAHLS ADVIERTE**
>
> Ten en cuenta que todas las vitaminas y suplementos que tomes deben proceder de un fabricante que emplee buenos procesos de elaboración y cuyos productos hayan sido puestos a prueba por un tercero que confirme que no están contaminados con plomo ni con algún otro metal pesado, y contengan verdaderamente lo que afirma el fabricante. La empresa ConsumerLab.com realiza análisis independientes de vitaminas y suplementos y publica calificaciones de los productos en función de su pureza. Puedes acceder a los resultados de sus análisis a cambio de una pequeña cuota anual. Creo que vale la pena este gasto para saber cuáles son los productos más seguros y fiables.

100 a los 200 mg, dos veces al día, para tratar la insuficiencia cardíaca[5], y a dosis de 300 a 600 mg dos veces al día para el párkinson[6]. Yo no dispongo de estudios sobre el uso de la coenzima Q con pacientes de esclerosis múltiple. En vista de que los estudios sobre su uso en la insuficiencia cardíaca y en el párkinson se realizaron empleando una única intervención, es probable que fuera eficaz una dosis menor, encuadrada en un programa completo de apoyo nutricional (como es el Protocolo Wahls). Por eso, en nuestras pruebas clínicas administramos solo 200 mg en total de coenzima Q al día. Si comes corazón (que es la fuente más rica de coenzima Q) e hígado (que también es buena fuente) tres veces por semana, también absorberás más coenzima Q, creatina, ácido lipoico y otros nutrientes fundamentales para las mitocondrias. Por otra parte, si estás tomando fármacos de la familia de las estatinas, consulta a tu médico la posibilidad de tomar suplementos de coenzima Q.

Las algas de agua dulce

Ya hablé de las algas marinas en el capítulo 6, «La dieta Wahls Paleo», porque estas son verdaderos alimentos funcionales, más que suplementos. Pero hay un alimento similar, las algas de agua dulce, que se parecen más a un suplemento. Por eso hablaré de ellas aquí.

A semejanza de las algas marinas, las paredes de las células de las algas de agua dulce también se combinan molecularmente con los metales pesados, los plásticos, los disolventes y otras toxinas, lo que permite darles salida con las heces. Pero a diferencia de las algas marinas, que crecen en agua salada, las algas de agua dulce se cultivan en estanques de agua dulce (la clorela y la espirulina) o crecen en estado silvestre (las Klamath verdiazul). Estos tres tipos de alga son fuentes poderosas de vitaminas, minerales y proteínas, y todas ellas las han empleado como alimento diversas sociedades tradicionales durante miles de años. Puedes tomar las algas de agua dulce en forma de cápsulas o en polvo. Yo he empleado los tres tipos, y creo que es más beneficioso ir rotando las tres. Busco algas de agua dulce ecológicas y procedentes de Maine (EE.UU.), Canadá o Noruega. (Evito las de Japón por el peligro de radiaciones).

Las algas de agua dulce tienen un sabor muy verde. La clorela y la espirulina saben algo mejor que las algas verdiazules. Naturalmente, si las tomas en cápsulas, no notas el sabor. Toma las algas por la mañana, ya que a muchas personas las estimula durante varias horas. Si las tomas por la tarde, es más fácil que te cueste dormir por la noche. Cuando estés suplementando tu dieta con algas de agua dulce, atiende a cómo te sientes. Hay personas a las que llegan a apetecerle mucho las algas y les van muy bien, mientras que a otras les producen náuseas o les sueltan el vientre. Si no te sientan bien, no las tomes. Por otra parte,

> **WAHLS DE VIAJE**
>
> Cuando estoy de viaje, me puede resultar difícil obtener todas las verduras verdes y los vegetales ricos en azufre que quiero tomar en mi dieta. Los días que no puedo comer la cantidad habitual de frutas y hortalizas, suelo tomarme una dosis adicional de algas de agua dulce. Cuando me tomo las algas, pongo la espirulina, la clorela o la Klamath verdiazul en un vaso pequeño con agua para prepararme lo que yo llamo cariñosamente «mi whisky verde», y me lo bebo rápidamente, de un trago. Otros consejos para los viajes:
>
> - Cuando voy de viaje me suelo llevar hígado deshidratado *(charqui de hígado)* para asegurarme de que mi dieta no pierde densidad de nutrientes.
> - Pido vegetales, carnes a la parrilla y ensaladas con limón o con vinagre balsámico, y bayas cuando las hay.
> - Evito las salsas, los aderezos y las sopas, pues muchas suelen contener gluten y productos lácteos.

yo suelo descansar de las algas de vez en cuando y las dejo de tomar durante una semana al mes. Lo hago en parte porque encargo cada vez medio kilo de un tipo determinado de algas y las tomo hasta que se me acaban. Si me estuviera tomando solo un par de cápsulas al día, o si fuera rotando a diario el tipo de algas que tomo, no tendría necesidad de tomarme el descanso. Es el mismo motivo por el que quiero que rotes las verduras verdes que comes: nos sientan muy bien, pero todas contienen alguna toxina. Si las vas rotando, obtendrás mayores beneficios con menor riesgo. Por tanto, ve rotando las algas de agua dulce que tomas, o bien tómate descansos de vez en cuando. Yo me tomo una cucharadita de espirulina o de clorela, o ½ cucharadita de verdiazules, porque estas últimas son más potentes. En verano, cuando estoy comiendo más verduras frescas y más variadas, dejo de tomar las algas de agua dulce, y vuelvo a tomarlas en otoño, cuando se me han terminado las verduras del huerto.

Las enzimas digestivas

Nuestros cuerpos modernos tienen que soportar una carga pesada. No solo debemos digerir alimentos cocinados, cuyas enzimas se han destruido por el calor, sino que tendemos a hacer dietas alimenticias con alto contenido de azúcar y de carbohidratos, que obligan a trabajar más a nuestras enzimas digestivas. Con el paso de los años en estas condiciones, el páncreas se agota y ya no es capaz de producir la cantidad óptima de enzimas digestivas para los alimentos que consumimos. Aunque ya recomendé en el capítulo 6, «La dieta Wahls Paleo», que añadas a tu dieta alimentos fermentados, los suplementos de enzimas digestivas pueden ayudar a tu cuerpo a digerir mejor los alimentos cocinados.

Los suplementos de enzimas digestivas se pueden tomar de varias maneras. Puedes tomarte una o dos cápsulas con las comidas, para sustituir una parte de las enzimas que se destruyen con el cocinado, o bien puedes tomarte de una a tres cápsulas con el estómago vacío, entre media hora y una hora antes de comer. Este segundo método es preferible, porque al estar tu estómago vacío absorberá las enzimas y obtendrá unos beneficios todavía mayores.

Yo me tomo dos cápsulas de enzimas (la marca que tomo es la Vitälzȳm, de World Nutrition; me han venido muy bien y las recomiendo encarecidamente) a primera hora de la mañana, y otras tantas al acostarme, con el estómago vacío; pero hasta llegar a estas dosis fui subiendo poco a poco. Te recomiendo que empieces tomando una sola cápsula y vayas aumentando la dosis de manera gradual y observando cómo te sienta. Cuando compres enzimas digestivas, comprueba que el producto contenga, como mínimo, proteasa, bromelaína, amilasa y lipasa. Las enzimas digestivas pueden potenciar el efecto de los medicamentos anticoagulantes de la sangre, y deberás emplearlas con cuidado si estás tomando medicación, sobre todo anticoagulantes del tipo que sea, incluido el aceite de pescado. Es un motivo más para ir variando las dosis muy poco a poco.

La fibra dietética adicional

Si empiezas a tener problemas de estreñimiento, te sugiero que tomes más fibra. Puedes tomar semillas de lino recién molidas o semillas de chía para preparar más pudin de fruta e ir adaptando la dosis hasta obtener el efecto deseado. A mí me parece preferible esto a tomar cápsulas de fibra. No obstante, si no te da resultado, puede que necesites más fibra. Lo que se pretende es que tomes la fibra suficiente para mover el vientre dos o tres veces al día... ¡sin llegar a hacértelo en los pantalones! Busca productos de fibra soluble, elaborados a partir de cáscara de psyllium (llantén indio), inulina, semillas de chía o semillas de lino molidas.

Resumen de los suplementos

En la tabla siguiente se indican las dosis típicas de los suplementos que yo suelo recomendar; pero consulta siempre a tu médico o profesional de la sanidad antes de empezar a tomar nuevas vitaminas o suplementos.

Suplemento	Dosis diaria máxima (salvo otra indicación del médico, basada en la evaluación personal)
Vitamina D	Variable: controla los niveles en sangre y toma la cantidad que te recomiende tu médico.
Citrato de calcio	250 mg de calcio elemental una o dos veces al día, si haces la dieta Wahls Paleo o la dieta Wahls Paleo Plus
Magnesio	300 a 400 mg de glicinato de magnesio al día
Ácido docosahexaenoico (ADH), ácido eicosapentaenoico (AEP), aceite de pescado o aceite de hígado de bacalao fermentado	2 g de ADH/AEP, o 2 g de aceite de pescado, o 2 g de aceite de hígado de bacalao fermentado
Mezcla de tocotrienoles de vitamina E, o mezcla de tocoferoles	400 mg, si estás tomando aceite de pescado o ADH/AEP
Complejo multivitamínico de vitamina B, perferiblemente B-100 (más potente)	1 tableta
Metil B_{12} (forma preferible a una más económica de B_{12}, cianocobalamina)	1000 µg (Deja que se disuelva despacio bajo la lengua y así se absorberá con más eficiencia en la sangre que si la tragas)
L-metilfolato (ácido levomefólico)	1000 µg
Coenzima Q	200 mg
Algas de agua dulce (en cápsulas o en polvo)	2 a 8 cápsulas o hasta 1 cucharadita de polvo (½ cucharadita si son Klamath verdiazules)
Enziomas dietéticas: proteasa, bromelaína, amilasa y lipasa	4 cápsulas o más con el estómago vacío; puede interactuar con los anticoagulantes
Fibra (semillas de lino o semillas de chía recién molidas; es mejor dejarlas en remojo 24 horas, molerlas y batirlas)	Cantidad necesaria para evacuar el vientre con facilidad 2 veces al día

Suplementos opcionales

Existen algunos suplementos más que se suelen ofrecer para las personas con problemas cerebrales como autismo, esclerosis múltiple, neuropatía, párkinson, pérdida de memoria y trastornos del estado de ánimo. Como puede que hayas oído hablar de ellos o que hayas pensado tomarlos, te daré mi opinión al respecto. Advierte que muchos de estos mismos compuestos se ofrecen para las personas con insuficiencia cardíaca y diabetes. Estos suplementos no forman parte del Protocolo Wahls, pero puedes plantearte tomarlos, sobre todo si no estás progresando después de seguir el protocolo escrupulosamente. (Consulta a tu médico de cabecera siempre que empieces a tomar algún suplemento, forme parte o no del Protocolo Wahls).

- **Zinc, hierro y cobre.** Es importante que mantengas los niveles de zinc, hierro y cobre dentro de sus intervalos óptimos, ni demasiado bajos ni demasiado altos. El exceso de cobre y de hierro y la carencia de zinc, en conjunto o por separado, se han asociado a un riesgo mayor de padecer trastornos neurodegenerativos como el párkinson y el alzhéimer[7]. El aumento del nivel de cobre se puede deber, en parte, a las tuberías de cobre por las que llega el agua a las casas, o por el empleo de suplementos que contienen cobre. El exceso de hierro se puede producir por el uso de suplementos que lo contienen, o por cocinar con sartenes y ollas de hierro fundido. Como la asimilación del cobre se asocia al zinc, para reducir el riesgo de tener exceso de cobre o carencia de zinc puede bastar con evitar los suplementos con cobre (que suele estar presente en los suplementos vitamínicos y multiminerales) y tomar zinc a niveles bajos, como 30 mg al día o tres veces por semana. Si piensas tomar zinc con regularidad, también debes pensar en mantener un nivel constante, procurando no sobrepasarlo y producir una carencia de cobre. Como el hierro es un cofactor necesario para muchas enzimas del cerebro, es preciso mantener un nivel de hierro óptimo. Por este motivo, toda suplementación con hierro deberá vigilarse midiendo los niveles para asegurarse de que no te suben demasiado. Es mejor comer vísceras tres veces por semana (son ricas en minerales) que tomar suplementos, pues así es menos probable que tengas problemas por exceso o por defecto. Este es otro de los motivos por los que creo que es más seguro comer alimentos densos en nutrientes que la suplementación sin seguir los niveles de las vitaminas o minerales concretos.

- **Otros suplementos para el cerebro y el corazón.** Además de los suplementos que ya he recomendado en este capítulo, otros que se suelen emplear en la medicina funcional para apoyar los procesos de las neuronas cerebrales son el ácido lipoico, la carnitina y la creatina. Cualquiera de estos, o todos ellos, te pueden sentar bien o no. Se ha observado que el ácido lipoico, a dosis entre 300 y 600 mg al día, es útil para tratar las lesiones nerviosas dolorosas en la diabetes[8]. El ácido lipoico (600 mg) combinado con la carnitina (1000 mg) y con niveles variables de coenzima Q (de 100 a 600 mg dos veces al día; véase el apartado anterior) se emplean para el párkinson[9]. También se ha observado que la combinación del ácido lipoico, las vitaminas del grupo B y la coenzima Q tiene un efecto protector en diversos modelos animales con problemas cerebrales asociados al fallo de las mitocondrias[10] y a la insuficiencia cardíaca[11]. Advierte que hay dos vísceras, el hígado y el corazón, que son fuentes excelentes de vitaminas B muy disponibles, de creatina y de carnitina, así como de coenzima Q. Todos ellos se encuentran también en las sardinas, las ostras, los mejillones y las almejas y en los riñones, en formas que el cuerpo absorbe y utiliza mejor que las versiones sintéticas que se encuentran en los suplementos comerciales. Así tampoco tendrás que preocuparte tanto de si el suplemento puede haberse contaminado con metales pesados o con disolventes, por haberse cultivado en terrenos contaminados o durante el proceso de fabricación. Prefiero que te gastes el dinero en comprar alimentos y en cultivarlos.

- **Potenciador del ayuno.** Cuando ayunes, aunque solo sean las doce a dieciséis horas diarias que se recomiendan en la dieta Wahls Paleo Plus, puedes tomar un suplemento de resveratrol, que estimulará todavía más los cambios positivos en las mitocondrias[12]. Puedes obtener resveratrol de fuentes naturales tomando bayas de color negro como las de aronia y las moras, el zumo de uvas moradas y el vino tinto, o puedes tomarlo en forma de suplemento en una dosis de 250 mg, una vez al día.
- **N-acetilcisteína (NAC).** Toma de 500 mg a 1 gramo al día. Se admiten dosis mucho más altas de NAC para su empleo en envenenamientos agudos y en sobredosis de Tylenol, y para reducir el riesgo de daños en los riñones por el contraste intravenoso que se emplea en radiología. Cuando me preocupa la destoxificacion de un paciente determinado, puedo recomendarle de 500 mg a 1 g diario de NAC como apoyo adicional a su destoxificación.
- **Cúrcuma.** Esta especia de color anaranjado que se em-

plea en cocina contribuye a reequilibrar las enzimas destoxificadoras de fase 1 y de fase 2 en el hígado y en los riñones. Yo suelo tomar cúrcuma (de ½ a 1 cucaradita al día, desleída en agua y bebida de un trago, o con leche de coco a modo de infusión), y recomiendo que tomen infusión de cúrcuma determinados pacientes que necesitan más apoyo para su destoxificación.
- **Compuestos orgánicos con azufre.** Se administran a veces, como suplementos para apoyar a las enzimas destoxificadoras y reducir el riesgo de cáncer y la inflamación excesiva, el sulforafano, indol-3-carbinol (I3C) y el diindolilmetano (DIM)[13]. Todos ellos están presentes en la familia de vegetales a la que pertenecen las coles; por eso, en la dieta Wahls se comen a diario tres tazones de vegetales ricos en azufre.
- **Suplementos antioxidantes.** Esta serie de suplementos se suelen emplear para potenciar la destoxificación, reducir la inflamación, optimizar los niveles de homocisteína o mejorar el perfil de colesterol. Muchos practicantes de la medicina funcional recomiendan añadir algunos cuando se requieren medidas adicionales, basándose en la evaluación de la persona. He elaborado una lista de los suplementos, indicando entre paréntesis los alimentos que son fuente de cada uno de los compuestos, con lo que verás que la dieta Wahls ya esta diseñada para aumentar al máximo la aportación de estos nutrientes importantes: el resveratrol (pieles de vegetales y bayas negras), ácido elágico (bayas), quercetina (té verde, cebollas y bayas), galato de epigalocatequina (té verde y yerba mate), extracto de ajo añejo (vegetales de la familia del ajo), hidroxitirosol (aceite de oliva no calentado) y anticianinas (hortalizas y bayas moradas y negras).

RESPONDO A LOS GUERREROS DE WAHLS

P: ¿Por qué ha simplificado la lista de suplementos desde su primer libro, *Minding my Mithochondria (Cuidando de mis mitocondrias)*?

R: Desde que escribí *Cuidando de mis mitocondrias* he aprendido mucho y he visto y realizado muchas investigaciones más. Hay una cosa que me ha quedado muy clara: lo mejor es individualizar el protocolo. He visto más problemas de náuseas, dolores abdominales y diarrea en los pacientes que tomaban una larga lista de suplementos. Por este motivo, en mi consulta empiezo con la lista más resumida que he indicado en este capítulo, compruebo los resultados de los análisis, elaboro una historia clínica cuidadosa, examino al paciente y después le hago recomendaciones personalizadas. A partir de este punto será más probable que lo que se añada tenga efectos positivos, y se reducirán los peligros de efectos secundarios. Y emplear menos suplementos también reduce costes. Recomiendo a todos los Guerreros de Wahls que comentéis con vuestro profesional de la sanidad los suplementos que queréis tomar, para que este decida si vale la pena considerarlos en vuestras circunstancias, y que vigiléis cuidadosamente vuestras reacciones a cada nuevo suplemento. Introducidlos de uno en uno y cambiad las dosis poco a poco. Mientras tanto, ¡procurad obtener casi toda vuestra nutrición a partir de los alimentos, en la medida de lo humanamente posible!

- **Extracto de ajo añejo.** Se ha demostrado que reduce el estrés oxidativo, mejora la función endotélica y el flujo de la sangre[14], gracias a los componentes con azufre propios de los vegetales de la familia del ajo. Claro que podría bastarte con comer más ajo, sin más.

- **Aglutinantes de toxinas: zeolita y arcilla.** Algunos practicantes de la salud integral ofrecen diversos compuestos aglutinantes de las toxinas, como la arcilla bentonita o la zeolita. Estos compuestos hacen el efecto de un papel atrapamoscas, pues absorben las toxinas que el hígado convirtió de liposolubles en hidrosolubles y excretó a la bilis. Las toxinas se adhieren a la arcilla o a la zeolita, y así no podrás volver a absorberlas en la sangre, y las excretarás. Pero también absorben metales nutrientes, como el zinc y el magnesio. Por tanto, si las vas a tomar por vía interna, consulta antes a tu médico.
- **Suplementos para las articulaciones.** Estos suplementos suelen emplearse como apoyo a las articulaciones para las personas con enfermedades degenerativas de articulaciones o artritis reumatoide. Entre ellos se cuentan la glucosamina, la condroitina y el metilsulfonilmetano (MSM). Las mejores fuentes alimenticias de estos compuestos son el caldo de huesos hecho con huesos de articulaciones, las patas de pollo y los vegetales ricos en azufre.

Recuerda, por último, que los suplementos específicos pueden ser muy beneficiosos, sobre todo si los niveles de homocisteína se mantienen altos; pero ten en cuenta que la dieta Wahls está pensada para aumentar de manera natural tu consumo de estos nutrientes.

Tratamientos complementarios y alternativos

Yo soy médica internista de formación convencional y ejerzo en un centro académico. Por eso, quizá no sea de extrañar que, antes de recibir mi diagnóstico, viera con escepticismo la

> **ALERTA PARA EL DIARIO WAHLS**
>
> Si decides probar cualquier terapia nueva, lleva en tu diario Wahls un registro detallado de cómo te sientes antes de comenzar el tratamiento, de lo que esperas que mejorará y de durante cuánto tiempo vas a probar el nuevo tratamiento para decidir si te sienta bien o no; por ejemplo, tres meses. Pon un aviso en tu diario Wahls en el día en que deberás reevaluar cómo te va, y anótalo también en tu calendario. Después, toma notas semanales sobre cómo te encuentras. Cuando llegue la fecha en que tienes que reevaluar cómo te encuentras, contarás con alguna información adicional para decidir si el nuevo tratamiento te está sirviendo o no. A veces tenemos que interrumpir la nueva medida para darnos cuenta de lo bien que nos estaba sentando.

medicina alternativa y complementaria. Creía que la gente estaba tirando mucho dinero con esas terapias alternativas de eficacia no demostrada..., hasta que yo misma me vi con una enfermedad progresiva que no tiene cura.

Cuando me documenté, encontré muchos estudios que mostraban que los pacientes de esclerosis múltiple y de otras enfermedades autoinmunes siguen tratamientos de medicina complementaria y alternativa, normalmente en combinación con sus tratamientos de medicina convencional. ¿Cómo no iba a considerar yo misma esta opción, en vista de que me quedaban tan pocas opciones?

Fue entonces cuando empecé a estudiar la medicina alternativa. Sin embargo, la estudiaba con ojos de médica formada en la medicina convencional. Todo lo leía buscando alguna lógica, y a veces la encontraba. No siempre, pero algunas veces sí.

Cuando encontraba pruebas, tenía la mente abierta. Existen muchas modalidades de medicina alternativa que no tienen base científica. Aquí es donde debes tener cuidado. Cuando estudiaba las terapias alternativas, me preguntaba si en aquel tratamiento en cuestión estaban equilibrados de manera responsable los posibles beneficios con los posibles daños, aunque el tratamiento no estuviera aprobado por las autoridades sanitarias. ¿Estaba apoyado por investigaciones? ¿Tenía sentido desde el punto de vista científico? Antes de que pruebes cualquier cosa nueva, te recomiendo que te formules las preguntas siguientes:

1. ¿Cuáles son los riesgos? Deberán ser mínimos. Por ejemplo, pasarte dos semanas sin comer gluten para ver cómo reacciona tu cuerpo supone muy poco riesgo o ninguno.
2. ¿Cuánto beneficiará a la enfermedad concreta que padezco? ¿Existe alguna prueba de que será beneficioso, o de que ha sentado bien a otras personas que padecían mi enfermedad concreta? ¿Existen estudios en publicaciones científicas revisadas por pares? Yo lo compruebo en *pubmed.gov.*
3. ¿Cuánto beneficiará a mi salud general (o cuánto la puede empeorar)? ¿Existen pruebas de que ha surtido este efecto en otras personas?
4. ¿Cuánto me costará hacer esto? ¿Con qué frecuencia? ¿Necesitaré supervisión para probarlo? ¿De qué tipo? ¿Hay alguna manera de medir si está surtiendo efecto?
5. ¿Tiene algún sentido el mecanismo por el que se supone que actúa? ¿Diría un médico o un científico que es imposible, que es improbable, o que en realidad es muy posible?
6. ¿Puedo hacerlo fácilmente por mi cuenta o con el apoyo de mi familia?

7. ¿Cómo decidiré si está mejorando mi calidad de vida o la de mis familiares de tal modo que me interese seguir adelante con ello?

Aunque la terapia que te estés planteando no supere todas las pruebas, puede que te animes a probarla. Cada uno tenemos nuestro propio nivel de tolerancia a los riesgos. Algunas personas prefieren esperar a que se hayan llevado a cabo las pruebas clínicas a las que debe someterse un fármaco o un tratamiento quirúrgico para obtener la aprobación de las autoridades sanitarias. Si así es como te sientes cómodo, esta será la opción apropiada para ti. (¡A pesar de lo cual, todavía te conviene leer el prospecto de los medicamentos que te recetan, para conocer sus posibles efectos secundarios!). Otros prefieren no esperar y no les importa buscar cosas nuevas con las que intentar mejorar su calidad de vida, aunque todavía no esté demostrada su eficacia. Pero sí que te recomiendo que valores los tratamientos nuevos de acuerdo con la lista de preguntas que acabas de leer, y que te traces un plan que te sirva para decidir si la medida te está sentando bien. Te recomiendo que hagas lo mismo con todos los tratamientos nuevos que emprendas (estén aprobados por las autoridades sanitarias o no). Lleva un registro de tu marcha y no ocultes a tu médico de cabecera lo que estás haciendo.

La lista de posibles terapias alternativas es larga; pero hay algunas que me parecen especialmente libres de riesgos y que pueden ser útiles para la EM, los trastornos autoinmunes y otras enfermedades crónicas, así como para otros problemas del cerebro. Existen otras terapias alternativas que no he incluido en la lista por restricciones de espacio.

Terapias alternativas de bajo riesgo

- **Reiki / *healing touch* / toque terapéutico.** Esta es una forma de terapia en la que se manipula la energía, supuestamente, para que se desplace mejor por el cuerpo, favoreciendo el equilibrio y la curación. En el reiki, el *healing touch* o el toque terapéutico se emplean contactos leves, o solo de proximidad, para interactuar con el biocampo de energía del cuerpo. Se llama *biocampo*, en este contexto, al campo débil de energía electromagnética que rodea el cuerpo humano. Con el desarrollo de la mecánica cuántica, han podido crearse los instrumentos necesarios para medir y monitorizar estos campos. Es la misma mecánica cuántica que permite construir los escáneres de resonancia magnética que ahora son esenciales para obtener imágenes del cerebro. Las técnicas del reiki, del *healing touch* y del toque terapéutico interactúan con la energía biológica de la persona, y la persona que administra la terapia emplea su propia energía para prestar apoyo a la que recibe el tratamiento. Las terapias de biocampo se están incluyendo en los centros de tratamiento del cáncer, y se ha observado que resultan útiles clínicamente para reducir el dolor y mejorar la calidad de vida, y ahora se está observando que mejoran la función de las células inmunitarias[15].
- **Terapias de movimiento.** En este grupo figuran actividades como el yoga, el pilates y el taichí. En estos tres estilos de movimiento hay estiramientos, equilibrio, entrenamiento de fuerza y consciencia de la posición en el espacio. Por tanto, todos son excelentes para mejorar las conexiones entre tu cerebro y tu cuerpo. Yo practico el yoga y el pilates dentro de mi entrenamiento matu-

tino. También he ido a clases de taichí. Te recomiendo cualquiera de estas terapias, siempre que puedas encontrar a un instructor bueno y con experiencia. Otra opción es que empieces a aprender tú mismo en casa con un DVD. La ventaja de contar con un instructor o instructora es que te puede ayudar mucho a aprender a hacer bien los movimientos, adaptándolos a las posibilidades actuales de tu cuerpo, y ayudándote a avanzar en la práctica de la actividad a medida que mejoran la fuerza y el equilibrio. (Para ver algo más sobre estos ejercicios, y todos en general, repasa el capítulo 9, «Ejercicio y electricidad»).

- **Masaje.** Supone la manipulación del cuerpo por otra persona, como también sucede en la reflexología. Nuestra piel está llena de receptores que envían información al cerebro. El contacto que sentimos puede contribuir a reducir el número de moléculas inflamatorias y a devolver un equilibrio más óptimo a la función hipotalámica-pituitaria-suprarrenal[16]. En otras palabras, el masaje te puede poner a cero los niveles de hormonas del estrés. Yo no pude tolerar durante años esta terapia, pues hasta el masaje más leve me producía dolor. Pero ahora me sienta muy bien, incluso el más vigoroso y de tejidos profundos. Me relaja y me deja una sensación profunda de calma y de satisfacción. Si puedes recibir terapia de masaje con regularidad, no dejes de hacerlo. Si lo único que puedes hacer es frotarte tu propia piel y darte automasajes, o si cuentas con un amigo o familiar dispuesto a hacerlo, podrás asimismo disfrutar de muchos beneficios. Aunque te den masajes, te recomiendo que también pases algún rato al día frotándote la cara, las orejas, las manos y los pies.

- **Reflexología.** Este es el arte de aplicar presión sobre puntos concretos de los pies para reducir los síntomas y mejorar la funcionalidad de un órgano. Los estudios realizados con reflexología en casos de esclerosis múltiples han puesto de manifiesto sus beneficios para reducir el dolor y la fatiga[17].

La lista siguiente es de terapias que tienen aparejado un riesgo algo mayor, pero que podrías plantearte.

Terapias alternativas de riesgo moderado pero que pueden ser beneficiosas

- **Manipulación quiropráctica.** Muchas personas con esclerosis múltiple tienen lesiones en la médula espinal cervical. Si las vértebras cervicales no están bien alineadas, pueden estar sometiendo a presión a la médula espinal. La manipulación quiropráctica, bien practicada, puede reducir la mala alineación y aliviar la presión. En un estudio realizado sobre manipulaciones quiroprácticas del cuello con 44 pacientes con esclerosis múltiple y 37 pacientes con párkinson, publicado en la revista especializada de quiropráctica *Journal of Vertebral Subluxation Research*, un 91 por ciento de los pacientes de EM y un 92 por ciento de los de párkinson mejoraron[18]. Si tienes lesiones cervicales, te puede venir bien que te evalúe un quiropráctico, pero elige a un profesional con buena reputación y que tenga experiencia tratando a pacientes de tu enfermedad.
- **Acupuntura.** La acupuntura es una terapia que se practica insertando agujas finas en puntos predeterminados

del cuerpo. Los acupuntores estudian dónde están estos centros de energía y cuáles se pueden estimular para resolver problemas concretos. La acupuntura, además de con agujas, se puede aplicar por estimulación nerviosa de puntos determinados, para mejorar el flujo de la energía o *chi* a lo largo del cuerpo y así reducir los síntomas y mejorar su funcionalidad. En dos estudios en los que se investigó el uso de la acupuntura para tratar la fatiga en el entorno de la esclerosis múltiple, se observaron beneficios. En uno de ellos, 20 sujetos que tenían fatiga que no se les había aliviado con fármacos se sometieron a doce sesiones de acupuntura. A 15 de los 20 se les redujo la fatiga de manera clínicamente significativa[19]. En otro estudio realizado sobre 31 pacientes con EM remitente recurrente, a los que se les administraron medicamentos inmunorreguladores y acupuntura, o una terapia fingida (un placebo), en el grupo que recibió acupuntura activa se dieron más reducciones del dolor y de la depresión que en el grupo placebo[20].

- **Terapia de campos electromagnéticos pulsantes.** Las fuerzas magnéticas pueden ejercer efectos biológicos sobre nuestras células, debido en parte a la mejora del flujo de los electrones por la cadena de transporte de estos en las mitocondrias que están en un campo magnético, mejora que está documentada. Se han realizado varios estudios menores y no controlados en los que se han observado los beneficios de los campos electromagnéticos pulsantes (CEMP) en el marco de la EM. Últimamente se ha realizado un estudio aleatorio, doble ciego (lo que significa que ni el paciente ni el investigador sabían quién estaba recibiendo el tratamiento activo) y controlado con placebo, llevado a cabo en dos centros distintos, dirigido a examinar el efecto de los CEMP sobre la esclerosis múltiple. En este estudio, los sujetos recibían cuatro semanas de terapia; después pasaban un «período de lavado», y a continuación dos semanas de la otra terapia. Realizaron el estudio 117 sujetos. Se observó una mejoría significativa de la fatiga y de la calidad de vida general en los sujetos que se habían tratado con el aparato activo (el que administraba verdaderamente CEMP, a diferencia del falso o «aparato placebo» que se empleó también en el estudio). No se observaron beneficios sobre el control de la vejiga[21]. En otro estudio con CEMP, en el que se aplicó la terapia BEMER de «regulación de la energía bioelectromagnética», treinta y siete sujetos participaron aleatoriamente por el sistema doble ciego en una serie de doce semanas de tratamientos reales o placebos, y después del primer tratamiento controlado y aleatorio se les hizo un seguimiento de tres años. También en este caso se asoció el tratamiento con CEMP a una reducción de la fatiga y a una mejora de la calidad de vida, tanto en el estudio a corto plazo como en el seguimiento a largo plazo[22].

- **Destoxificación / limpieza o lavado de colon / quelación.** Hay muchos practicantes de la sanidad que aspiran a mejorar las vías de destoxificación de los riñones, el hígado y las glándulas sudoríparas. Algunos aplican fármacos por vía intravenosa para dar salida a las toxinas. El peligro en potencia de la destoxificación intravenosa es que extraiga del cuerpo más toxinas de las que son capaces de procesar el hígado, los riñones y las glándulas sudoríparas, con lo que las toxinas volverán a transferirse a sus lugares de depósito en los lípidos (las grasas) del cuerpo, incluido el cerebro. Por ese motivo recomiendo mucha cautela con cualquier estrategia intravenosa de destoxificación. Otras estrategias de destoxificación (aparte de las que comenté en el capítulo 8, «Reducir la carga tóxica») son las limpiezas de colon o hidroterapia de colon, que consiste en lavar el colon con agua o con otros líquidos. Aunque las autoridades sanitarias regulan los aparatos que se emplean para introducir el líquido en el colon, no regulan la práctica en sí. La medicina convencional no atribuye ningún valor científico a las limpiezas de colon. Yo no encuentro ningún estudio científico sobre las limpiezas de colon en PubMed.gov, ni tengo ninguna experiencia con los lavados de colon, ni personal ni con mis pacientes. Por eso no puedo darte ninguna opinión sobre sus beneficios ni sobre sus posibles daños. La terapia de quelación intravenosa es cara, y puede ser peligrosa si no se lleva a cabo de manera correcta. Trabaja con un médico preparado y titulado, para no sufrir los posibles daños que te puede causar extraer las toxinas demasiado rápido para que las puedan metabolizar tu hígado y tus riñones. Cuando sucede esto, las toxinas pasan de la grasa del vientre a la del cerebro... ¡y eso no es bueno!

Por último, existen algunos planteamientos que yo no recomiendo.

Terapias alternativas que no recomiendo

- **Colorterapia, cristaloterapia y aromaterapia.** En realidad, estas terapias son inofensivas y no tienen nada de malo. Si las empleas en el contexto de tus prácticas de meditación, para reducirte el nivel de estrés o para

dormir mejor, no dejes de usarlas. No tienen ningún peligro. Pero no he encontrado ninguna publicación científica revisada por pares en que se presenten pruebas de su eficacia ni se recomiende su uso específico para las enfermedades autoinmunes (aunque reconozco que pueden existir tales estudios y que yo no los haya encontrado).
- **Terapias con veneno de abeja o de escorpión, y con otras toxinas biológicas.** Se ha informado de que estas terapias han tenido una utilidad notable para ciertos individuos, en estudios no controlados sobre la esclerosis múltiple y otros trastornos autoinmunes; pero los resultados de los estudios aleatorios y controlados han sido inciertos en el mejor de los casos[23]. He optado por no aplicar estas terapias por el riesgo significativo de reacciones adversas.
- **Terapia con células madre.** Este tratamiento médico conlleva riesgos significativos y costes elevados. Se han publicado unos cuantos estudios que apoyan sus beneficios. No obstante, me figuro que estos beneficios no serán permanentes si no se abordan los factores ambientales subyacentes (dieta, toxinas, intolerancias alimentarias, desequilibrio hormonal, etcétera).
- **Terapia de liberación (angioplastia para los vasos bloqueados) para la insuficiencia venosa cerebroespinal (IVCE).** Ya he tratado de esto cuando comenté la labor del doctor Paolo Zambini, que estudió a los pacientes que tenían bloqueos en las venas que descargan la sangre del cerebro[24]. La terapia de liberación es una intervención quirúrgica costosa, con riesgos significativos, y también en este caso me figuro que los beneficios que aporte no serán permanentes si no se abordan los factores ambientales subyacentes (dieta, toxinas, intolerancias alimentarias, desequilibrio hormonal, etcétera). Pero com-

prendo por qué se pueden plantear esta intervención las personas que sufren incapacidades graves.

Afrontar una enfermedad puede ser difícil y descorazonador, sobre todo cuando tienes la impresión de que no estás progresando. No obstante, los tratamientos no demostrados y arriesgados no son la solución. Sigue adelante con los planteamientos sólidos y razonables que alimentan tus células y te ayudan a repararte y a curarte. No dejes la medicación y consulta a tu médico de cabecera para que te aplique estos conceptos de manera individualizada. Si sigues proporcionando a tus células los materiales que necesitan para llevar a cabo como es debido la química de la vida y para eliminar las toxinas que obstaculizan esta química, tus células empezarán a repararse a sí mismas.

Capítulo 11
GESTIÓN DEL ESTRÉS

El estrés, tanto el físico como el emocional, es necesario para la vida. Yo me crie en una granja, y todo el trabajo manual que hacía sometía mis huesos a una carga que me proporcionó una densidad ósea excelente. Cuando los seres humanos estamos en un entorno sin gravedad que nos tire de los huesos y de los músculos, nuestros cuerpos empiezan a perder fuerza y a atrofiarse. Del mismo modo, nuestros cerebros tienen que pasar por el estrés del aprendizaje y de la adaptación a los cambios para producir las hormonas (los factores de crecimiento nervioso) que nutren a las células cerebrales y las hacen desarrollar conexiones nuevas. Sin este estrés, nuestros cerebros producen menos factor de crecimiento nervioso y empiezan a atrofiarse.

El estrés es una adaptación que se remonta a nuestros antepasados del Paleolítico, que necesitaban ese empujón de energía de las glándulas suprarrenales para huir de los depredadores o para atrapar a sus presas para la cena. La descarga de adrenalina y la subida del cortisol que nos provoca el estrés físico o emocional nos agudiza la vista y el oído y mejora la fuerza y la resistencia musculares. Así tenemos más probabilidades de huir y de sobrevivir.

Esto también tiene aplicación en nuestras vidas modernas. Una estallido de energía, de presión, de actividad y de aprendizaje, seguido de relajación, es la manera más sana de aprovechar el estrés. Te puede servir para saltar rápidamente cuando está a punto de atropellarte un coche, para hacer una buena sesión de entrenamiento, para aprender un idioma o a tocar un instrumento musical, o para recordar lo que tienes que hacer mañana, y después relajarte pensando: «¡Ya pasó todo! ¡Qué alivio!».

Pero el estrés debe ser agudo, no crónico. El estrés agudo crónico, que no va seguido de ese período de recuperación tan importante, es antiadaptativo y daña el cuerpo y el cerebro. Se supone que nuestros cuerpos, después de haber sentido estrés, metabolizan rápidamente (es decir, procesan y eliminan) las hormonas del estrés que circulan por el sistema, para que podamos volver a un estado seguro de «reposo». Pero cuando nuestras glándulas suprarrenales están soltando constantemente hormonas de estrés, no podemos volver a ese estado de seguridad tan importante. A consecuencia de ello, nuestros procesos químicos (nuestro metabolismo) se trastornan y se produce un exceso de inflamación en el cuerpo y en el cerebro. Tenemos mayores probabilidades de contraer obesidad y diabetes, se nos obstruyen las arterias (aterosclerosis), tenemos problemas de salud mental, contraemos trastornos autoinmunes y hasta sentamos las condiciones ideales para el desarrollo de células cancerosas. El estrés crónico desgasta el cuerpo y agota todos tus recursos internos, apartándolos de su labor de construcción y de curación. El hecho mismo de tener una enfermedad crónica te produce un estado de estrés crónico.

Tu sistema nervioso autónomo

La respuesta fisiológica del estrés es un proceso complejo; pero podemos estudiarlo desde el punto de vista del sistema nervioso autónomo. Llamamos así al conjunto de nervios que conectan el cerebro con el cuerpo y que nos ayudan a determinar si nos sentimos seguros o inseguros en un momento dado. Esto tiene gran importancia para tu salud, pues el sistema nervioso autónomo gobierna también todos los procesos automáticos del cuerpo, como la digestión, la respiración y los latidos del corazón.

Se llama sistema parasimpático la parte del sistema autónomo que transmite la información de que estás seguro y todo marcha bien. Cuando tiene el mando el sistema parasimpático, tus células saben que están seguras y que pueden dedicarse a las tareas propias de la vida; es decir, a digerir los alimentos, elaborar hormonas, retirar toxinas y construir proteínas para crear células nuevas, apoyar a tus células inmunitarias, reparar los daños y crecer.

El sistema nervioso autónomo tiene otra parte que interviene cuando no estás a salvo y te encuentras sometido a una amenaza importante. Esta parte se llama sistema nervioso simpático. Cuando toma el mando el sistema nervioso simpático, cambia todo. El trabajo de vivir se frena en seco, incluida la digestión, la producción normal de hormonas, la destoxificación y la construcción de proteínas. Tus células cambian de marcha y disponen el cuerpo para que realice solo dos tareas posibles: huir o luchar contra el atacante.

Para ello, dos glándulas del cuerpo cambian de táctica, las suprarrenales y la tiroides. Puedes compararlas con la liebre y la tortuga, respectivamente. Las glándulas suprarrenales son la liebre. Ante una amenaza, responden rápidamente, suben las revoluciones del metabolismo inmediatamente y segregan hormonas del estrés, como la adrenalina, la noradrenalina y el cortisol. Estas hormonas aceleran tu ritmo cardíaco, te agudizan la visión y desvían la sangre del abdomen a los músculos para que puedas correr más deprisa y más tiempo. También elevan tus niveles de azúcar e insulina en la sangre, para que dispongas de más energía para correr. Todo esto resulta muy eficaz... durante un rato. Cuando ha pasado la amenaza, nuestros cuerpos metabolizan o disgregan rápidamente las hormonas del estrés, y recuperamos un estado de seguridad en el que seguimos digiriendo los alimentos y llevando a cabo con normalidad la química de la vida.

La tiroides, por su parte, mira a más largo plazo. Ajusta el metabolismo en función de lo que estén haciendo las suprarrenales. Si hay amenazas frecuentes, el metabolismo puede empezar a subir las revoluciones cuando está al ralentí, para asegurarse de que el motor está preparado para ponerse en marcha en cualquier momento. Pero si las suprarrenales están soltando constantemente hormonas del estrés y no llegan a calmarse, porque el cerebro no les transmite nunca las señales que les indican que la amenaza ya pasó, y si la tiroides cree que el motor tiene que estar acelerado constantemente, entonces no disfrutamos de esos períodos de recuperación que son trascendentales. Si seguimos así, las glándulas suprarrenales se agotan con el tiempo y pierden sus reservas. Llegado este punto, la persona empieza a sufrir fatiga suprarrenal, que viene a producir la clásica sensación de agotamiento de la fatiga crónica. Desde el punto de vista de la medicina convencional, puede parecer que las glándulas suprarrenales están funcionando de manera «normal», pero la reserva suprarrenal está en peligro. Tu organismo hará todo lo que pueda para que te siga funcionando el metabolismo. Cuando las suprarrenales ya no son capaces de darte energía, la tiroi-

HABLAN LOS GUERREROS DE WAHLS

«Tengo una lesión cerebral traumática debida a un accidente de bicicleta que sufrí en 2008. A consecuencia de ello he tenido epilepsia, afasia, problemas cognitivos, pérdida de memoria, depresión aguda y vértigos, y no he podido seguir ejerciendo mi profesión de enfermera pediátrica. Algunos años después de mi accidente me sentí impulsada a comer muchas verduras verdes, frutas y salmón, y mi médico me recomendó que fuera a ver a la doctora Wahls. Desde que emprendí su dieta, hace tres años, he notado muchas mejorías. Entre ellas, he podido reducir a la mitad la medicación antidepresiva, porque sufro menos depresión, y ha aumentado mi claridad mental. El ejercicio me encanta y lo necesito; por ello, hago ejercicios cardio o de fuerza casi a diario. Todos los días medito y duermo la siesta; me dan un masaje una vez al mes y practico la respiración profunda siempre que estoy estresada. Estar en contacto con la naturaleza y pasar ratos tranquilos a solas son verdaderas necesidades para mí. También aprovecho mis conocimientos de medicina para compartir con otras personas mi historia de supervivencia. Creo que todas estas cosas me han ayudado, e impartir charlas cuando me es posible ha sido una experiencia maravillosa».

Bridgid R., Coralville, Iowa (EE. UU.)

des toma el relevo en la tarea de mantener alta la energía y el metabolismo; pero cuando la tiroides tampoco es capaz de sostener tu estrés continuo, empieza a fallar. Por entonces, lo más probable es que estés sintiendo una fatiga profunda.

A estas alturas tienes descabaladas las hormonas, y esto puede causarte problemas generalizados en el cerebro y en todo el cuerpo. Además, el estrés crónico también puede dañarte el revestimiento de todos los vasos sanguíneos, incluidos los del cerebro y los del corazón, y el revestimiento de los intestinos, produciéndote permeabilidad en los vasos sanguíneos, en el cerebro y en el intestino, lo que supone un riesgo mayor de que contraigas problemas autoinmunes o de que se te agraven los que ya padeces. Sencillamente, nuestras células no están hechas para funcionar a largo plazo de esta manera, bañadas constantemente en niveles elevados de hormonas del estrés.

La relación entre el estrés y la resistencia a la insulina

Además de los daños que sufren los vasos sanguíneos y los niveles hormonales, el estrés puede conducir también a una inflamación generalizada, debida a un estado peligroso y cada vez más extendido que se llama resistencia a la insulina. El proceso funciona así. Como ya he dicho, las hormonas del estrés aumentan notablemente la tensión arterial, la frecuencia cardíaca y los niveles de azúcar e insulina en sangre. Pero cuando se está dando un aumento constante de las hormonas del estrés en el cuerpo, el resultado es una sobreelevación crónica del azúcar en sangre, con el consiguiente aumento crónico de los niveles de insulina para tener controlado ese azúcar de la sangre. Una de las tareas principales de la insulina es retirar el azúcar de la sangre para mantener un nivel seguro. La insulina lleva el azúcar a las células musculares y, lo que es más importante, a las de grasa, sobre todo las que nos rodean el vientre: la grasa visceral. El problema es que la grasa visceral es muy activa hormonalmente y produce muchas citoquinas (pequeñas moléculas de proteínas que actúan como hormonas), que aumentan notablemente la inflamación en la sangre y en el cerebro. Cuanto más azúcar hay en el torrente sanguíneo, ya sea por hacer una dieta con muchos carbohidratos o por la elevación crónica del cortisol (o, generalmente, por las dos cosas a la vez), lo más probable es que la persona estresada y comedora de azúcar desarrolle resistencia a la insulina.

Cuando llega a suceder esto, el páncreas reacciona elaborando cada vez más insulina, lo que conduce a su vez a la acumulación de más grasa visceral, que producirá más citoquinas inflamatorias y más hormonas responsables de acelerar la inflamación en la sangre. Para agravar todavía más las cosas, estos cambios tienen también el efecto de aumentar la propensión de la persona a comer carbohidratos, con lo que se da todavía más impulso a este ciclo vicioso, que es como una espiral descendente. Combatir la inflamación haciendo una dieta con muchos carbohidratos es como echar gasolina a un incendio mientras el bombero (tu médico) intenta apagarlo con el agua de la manguera (la medicina convencional). Mientras mantengas altos los niveles de insulina, estarás dificultando mucho la tarea de apagar el incendio de la inflamación. Ataca el problema de raíz, reduciendo las hormonas del estrés por medio de las técnicas de gestión del estrés de las que vamos a hablar en este capítulo, *a la vez que* reduces el consumo de carbohidratos (para lo cual es ideal la dieta Wahls Paleo).

Si las «puertas» de las células de los músculos y de los órganos empiezan a resistirse a dejar paso a la glucosa, de manera que esta se queda en la sangre a pesar de que la insulina se es-

> **MÍDETE LA SENSIBILIDAD A LA INSULINA**
>
> Un indicador sencillo de la sensibilidad a la insulina es la proporción de triglicéridos/colesterol HDL (colesterol bueno) en sangre en ayunas. Una proporción superior a 3 indica resistencia a la insulina, y que el nivel de insulina es demasiado elevado. Ten en cuenta que esta proporción tiene menor valor predictivo para las personas de raza negra. Si te encuentras en este grupo, pide a tu médico que te mida la glucosa en sangre junto con un nivel de insulina, para comprobar tu resistencia o tu sensibilidad a la ella. La mejor manera de mejorar los niveles de insulina es reducir la demanda de producción de insulina haciendo una dieta rica en proteínas y en grasas sanas y muy baja en carbohidratos. La dieta Wahls Paleo y la Wahls Paleo Plus cumplen estos requisitos a la perfección: ambas son bajas en carbohidratos intencionadamente y reducen mucho o eliminan por completo el consumo de vegetales feculentos y de las frutas más feculentas y dulces.

fuerza por darle salida, dichas «puertas» se irán quedando cada vez más «bloqueadas» con el tiempo. Como los niveles altos de azúcar son peligrosos, el organismo se pone en estado de alerta y el páncreas bombea todavía más insulina. La persona con resistencia a la insulina necesita tener mucha más en la sangre que una persona sana para poder mantener un nivel normal de azúcar. Si esto te pasa a ti, puede que te diagnostiquen el llamado síndrome metabólico, que se considera precursor o señal de aviso de que puedes contraer diabetes. Si sigues por el camino que llevas, el páncreas acabará siendo incapaz de mantener tu nivel de azúcar dentro de los niveles seguros. La consecuencia es la diabetes. El azúcar empezará a rebosarte a la sangre, y tus vasos sanguíneos y tus neuronas cerebrales sufrirán daños tremendamente mayores. Es frecuente que las personas sufran diabetes durante muchos años sin que se la diagnostiquen, y mientras tanto no dejan de deteriorarse los nervios y las neuronas cerebrales.

Además del riesgo patente de diabetes, la resistencia a la insulina esta asociada también a tasas más elevadas de problemas cerebrales, como la apoptosis (muerte de las neuronas cerebrales), mayores lesiones de los nervios (como la dolorosa neuropatía diabética) y la formación de más ovillos de proteínas amiloides característicos del alzhéimer. Esto se debe a que la insulina interfiere con la enzima que suele deshacer estos ovillos de proteínas dañinos[1]. La grasa visceral produce citoquinas, que aumentan la inflamación en la sangre y en el cerebro, con lo que se agravan los problemas de autoinmunidad. La resistencia a la insulina también es un factor importante en el desarrollo de la aterosclerosis, el síndrome de ovario poliquístico (causa importante de infertilidad), el hirsutismo (vello facial en las mujeres), la disfunción eréctil y los niveles bajos de testosterona en los hombres. La resistencia a la insulina altera profundamente las hormonas y el metabolismo de muchas maneras[2].

En suma, cada vez se reconoce más la relación de la resistencia a la insulina con un mayor riesgo de sufrir daños en el cerebro, en los nervios y en los vasos sanguíneos, con el desarrollo de la demencia precoz y con el desbarajuste de las hormonas sexuales. ¡Nada de esto te conviene!

La gestión del estrés a la manera Wahls

Tú sabes que el estrés te sienta mal. La cuestión es cómo puedes conseguir que tus hormonas del estrés vuelvan al estado de reposo o de «ralentí», para que se pueda recuperar tu cuerpo y se pueda normalizar la química de tu organismo entre los momentos de sano estrés.

Por fortuna, la gestión del estrés constituye una parte importante del Protocolo Wahls, y no es una tarea difícil. La verdad es que produce unas sensaciones fantásticas. Lo único que tienes que hacer es quitar el mando al sistema nervioso simpático y dárselo al parasimpático, para que se transmitan las señales que indican que estás libre de peligros. Esto reduce la necesidad de producir hormonas del estrés y porporciona a tus pobres glándulas suprarrenales un respiro.

¿Cómo lo consigues?

Hay muchas maneras de reducir el estrés. Elige entre todas las actividades posibles la que más te agrade. Te recomiendo que hagas varias veces al día alguna actividad que te alivie el estrés; puede ser, por ejemplo, una cosa por la mañana y otra por la tarde o por la noche. Estas actividades son todas cosas que no harías ni podrías hacer en una situación de emergencia. ¿Te pondrías a meditar con los ojos cerrados en una situación de emergencia? ¿Te pasearías por un parque, arreglarías tu jardín o escribirías en tu diario en tal situación? Claro que no. Estas actividades incitan al cerebro a transmitir a las suprarrenales la señal de que se pueden volver a relajar. Estás meditando; por tanto, todo debe marchar bien. Esta señal contribuye a invertir la serie de reacciones en cascada que produce el estrés en el cuerpo, y con el tiempo y algo de práctica puedes llegar a volver a tu estado normal.

He aquí algunas ideas; y no olvides mi receta: ¡dos al día!

- **Estar en contacto con la naturaleza.** Caminar o correr al aire libre, tomando el aire y el sol, rejuvenece muchísimo y es una buena manera de quitarse el estrés, sobre todo si pasas mucho tiempo bajo techo y tenso.
- **La jardinería y la horticultura.** La jardinería y la horticultura son muy beneficiosas. Son un ejercicio suave; estás al aire libre y al sol, produciendo más vitamina D, y en medio de la naturaleza. Además, estarás haciendo algo productivo: adornas tu jardín o cultivas tus propios alimentos. Esta labor produce también un marcado efecto calmante.
- **El ejercicio.** Cualquier tipo de ejercicio (aeróbico, de fuerza, estiramientos) puede servir para aliviar el estrés. Consulta el capítulo nueve, «Ejercicio y electricidad».
- **La meditación y la oración.** Hablaré más adelante de la meditación y de la oración, en este mismo capítulo; solo apuntaré aquí que la meditación se puede practicar a ratos breves, varias veces al día.
- **Llevar el diario.** Escribe en tu diario Wahls acerca de los problemas que tienes que afrontar o que has tenido en el pasado. Dedica un mínimo de cuarenta y cinco minutos a la semana a escribir acerca de tus inquietudes y tus luchas más profundas. Nadie más tiene por qué ver tu diario. No es preciso que releas lo que has escrito, y deberás escribir con tinta, sin hacer enmiendas ni correcciones. Esto es lo que se llama escritura libre, y te ayuda a ver tus vivencias de una manera nueva. Esta práctica contribuye a que el cerebro envíe menos energía a las glándulas suprarrenales a través del sistema nervioso simpático. La consecuencia es que tienes menos adrenalina y menos cortisol en el sistema, con lo que funcionan mejor tus células inmunitarias y mejora tu salud. Sigue es-

cribiendo en tu diario varios minutos al día, o un cuarto de hora tres veces por semana.
- **El trato regular con un grupo de personas que te apoyen.** A las personas que cuentan con un grupo de compañeros que las apoyan les resulta más fácil adoptar conductas favorables para su salud. El doctor Mark Hyman llevó a cabo un trabajo con la iglesia Saddleback, de Lake Forest, en el estado de California. Hyman instruyó a los feligreses, enseñándoles a adoptar conductas sanas para combatir la obesidad y la diabetes, y el éxito fue enorme[3]. El doctor impartió a esta congregación enseñanzas sobre la medicina funcional y la dieta; pero, al parecer, lo que más efecto surtió fueron los pequeños grupos de apoyo que formaron los feligreses para ayudarse mutuamente. Te propongo que hagas algo parecido tú mismo. Búscate un grupo de apoyo de personas que piensen como tú y verás como se reduce tu estrés.
- **Meditar sobre tu propósito superior.** Descubrir cuál es tu propósito superior, más allá de tu yo, puede aportarte una calma interior y una sensación de sentido y orientación en la vida que te dará confianza y te curará. (Consulta el capítulo 3, «Empezando a centrarte»).
- **Perdonar.** La persona que se guarda el rencor por las injusticias y malos tratos sufridos tiene que llevar encima esa carga.
- **El yoga.** El yoga, con su atención a la respiración y a las posturas, también reduce las hormonas del estrés. Existen muchos tipos, desde los más enérgicos a los más meditativos. Casi todas las personas pueden encontrar una variedad de yoga que les guste.
- **El masaje.** Nuestra piel quiere que la toquen, que le den masaje. Si bien el masaje de tejidos profundos aporta

HABLAN LOS GUERREROS DE WAHLS

«Además de hacer ejercicio y respiración profunda a diario, paso tiempo en la naturaleza todos los días, y a veces medito durante diez minutos. También me ha venido bien para el cerebro aprender muchas técnicas de cocina nuevas. Uno de los progresos que he hecho desde que emprendí la dieta Wahls y me jubilé ha sido que he vuelto a tomar clases de piano. Tocar el piano es un ejercicio terapéutico para mi mano izquierda, que ha empezado a funcionarme mejor, algo estupendo, porque soy zurda. Tocar el piano también me sienta bien para la cognición, y he llegado a apreciar mejor la música. ¡También esto es bueno para mi cerebro!

Soy unitaria universalista, como la doctora Wahls, y ¡estoy rodeada de una comunidad maravillosa de amigos! Me aportan mucho consuelo, fuerza, seguridad y amor. No me dedico a sentir lástima de mí misma ni a pensar en mis problemas de salud. Aunque mi activismo está limitado ahora por mi bajo nivel de energía, sigo en contacto con los grandes problemas de nuestro mundo y mantengo una visión global. Pero no dejo de llevar los platos que preparo yo misma a las comidas comunitarias tan frecuentes en mi vida social, dentro del movimiento unitario universalista».

Toni C., Cave Creek, Arizona (EE. UU.)

muchos beneficios de salud contrastados[4], es difícil recibir a diario un masaje administrado por un profesional. En nuestras pruebas clínicas enseñamos a los participantes a administrarse un automasaje sencillo dentro de su rutina diaria. Pueden aplicarse un aceite esencial (como el de pomelo, lavanda o sándalo) o un aceite rico en omega-3 (como el de nuez), o hacerlo sin ningún aceite. Les pido que empiecen aplicándose masaje a la planta del pie derecho y a todos los dedos del pie. Deberá presionarse con los dedos de la mano, con toda la firmeza que se desee, la planta y el arco del pie, y aplicarse después un masaje a los dedos. Se repite el proceso con el pie izquierdo. Después, con ambas manos, se aplica un masaje suave a los músculos de la pantorrilla y del muslo, tirando hacia el corazón. Así se favorece el retorno del fluido linfático hacia el corazón. Después se aplica un masaje a la palma de la mano derecha y a los dedos de dicha mano. Se hace lo mismo sobre la mano izquierda. A continuación, se da masaje al brazo, con movimientos hacia el corazón. Se masajean los lóbulos de ambas orejas, entre los dedos, y después se recorre todo el lóbulo y la oreja. Después se da masaje a la frente, a los pómulos y a la barbilla. Por último, se masajea el cuero cabelludo. Date este automasaje todas las noches antes de acostarte o al levantarte.
- **Los baños con sulfato de magnesio.** La subida crónica de las hormonas del estrés produce agotamiento de los minerales, sobre todo del magnesio. Por eso pueden resultar tan calmantes los baños con sulfato de magnesio (también llamado sal de Epsom). Ayudan a reducir las hormonas del estrés y empiezan a reponer el magnesio.

La importancia del sueño para la gestión del estrés

El sueño tiene una importancia increíble para la gestión del estrés, sobre todo en el caso de las personas con trastornos autoinmunes. A muchas personas estresadas les cuesta trabajo dormir aunque padezcan fatiga. Muchos estudios han dejado bien sentada la relación entre la calidad y duración del sueño y la salud[5], y teniendo en cuenta que entre las personas con esclerosis múltiple son más frecuentes los trastornos del sueño que en la población general, y que el síndrome de las piernas inquietas es frecuente entre los pacientes de EM[6], vale la pena que abordemos el problema ahora mismo.

El sueño es un elemento importante para el mantenimiento de la salud de todos los mamíferos. Tenemos que dormir. Es necesario para la vida. Si no dormimos, el cerebro se desorganiza, sufrimos alucinaciones y psicosis y quedamos incapacitados. El sueño también es imprescindible para nuestros cuerpos. En el transcurso de las ocho o nueve horas de sueño que nos pide nuestra biología, nuestro cuerpo consume menos energía, porque no tiene que moverse, ni digerir, ni tener pensamientos racionales. Así le queda mucha más energía disponible para dedicarla a eliminar toxinas, a elaborar hormonas y a combatir las infecciones. Cuando no dormimos lo suficiente, nuestros cuerpos pueden no ser capaces de llevar a cabo estas tareas importantes, y aumentan las posibilidades de que suframos diversos problemas por exceso de toxinas, inflamaciones o desequilibrios hormonales.

Yo no solía dormir mucho, ni siquiera cuando tenía la fatiga propia de la EM. Solía complacerme en pensar que era capaz de funcionar con normalidad con solo cinco o seis horas de sueño. Esto era en la época en que yo me dedicaba a leer publicaciones científicas por la noche, cuando mi familia estaba ya acostada.

Solía dedicar una noche por semana a dormir mucho, a veces hasta diez horas, y luego volvía a no sentir gran necesidad de dormir. Cuando supe lo fundamental que es el sueño para los procesos biológicos normales, empecé a replantearme mi estrategia y a modificar mis hábitos de sueño para poder dormir de siete a nueve horas cada noche con regularidad. Aunque tú tengas la impresión de que estás bien con menos de siete horas de sueño cada noche, tu cuerpo estará pagando un precio elevado. Estarás corriendo un riesgo mucho mayor de sufrir ataques cardíacos, obesidad, diabetes, pérdida temprana de memoria y problemas de autoinmunidad. Tus células necesitan que duermas para que puedas gozar de una salud óptima.

El sueño es una actividad tan natural que puede parecer raro que tantas personas tengan problemas con él. Pero tampoco tiene por qué extrañarnos tanto, si pensamos en nuestra manera de vivir. Hacemos muchas cosas que nos dificultan dormir bien por la noche. He aquí algunas de las más comunes y lo que puedes hacer tú al respecto para dormir mejor:

- **La cafeína.** La gente suele tomar bebidas con cafeína a lo largo del día para compensar su falta de energía (debida, en muchos casos, a la mala alimentación), y esa cafeína puede perdurar horas enteras en el organismo, manteniendo despierta a la persona aunque haya llegado la hora de dormir. Algunas personas son mucho más sensibles que otras a los efectos de la cafeína. Para dormir mejor, no tomes bebidas con cafeína a partir de las 11 de la mañana, y sustitúyelas por la noche por una infusión de manzanilla, sola o con otras hierbas.
- **El alcohol.** Muchas personas suelen tomar alcohol por la tarde y por la noche «para relajarse». Pero el alcohol pue-

> **EL SULFATO DE MAGNESIO**
>
> El sulfato de magnesio, también llamado sal de Epsom, es una ayuda excelente para la relajación. Date regularmente un baño caliente o tibio con sulfato de magnesio disuelto en el agua. Un baño de veinte o treinta minutos de duración, inmediatamente antes de acostarte, te relajará, y el sulfato de magnesio también puede servirte de apoyo en los procesos de destoxificación del cuerpo, además de aportarte magnesio y azufre.

de afectar a la calidad del sueño durante la noche. En el Protocolo Wahls prefiero limitar el consumo de alcohol dejándolo en «ocasional» (hasta tres copas por semana). Tomar alcohol con mayor frecuencia puede afectar a la salud de las neuronas cerebrales. Además, el consumo de alcohol aumenta las probabilidades de despertarse en plena noche con dificultades para conciliar el sueño de nuevo. Por este motivo, no tomes alcohol durante las dos o tres horas previas a acostarte.

- **Las pastillas para dormir.** La gente suele usar diversos fármacos para inducir el sueño (pastillas para dormir, como las Ambien, u otros preparados pensados para distintos usos, como el Benadryl o el Nyquil). Estos medicamentos afectan también al ciclo normal del sueño, y no deben usarse más de tres días seguidos. Se ha observado en muchos estudios que los individuos que usaban benzodiazepinas o antihistamínicos (los fármacos más comúnmente utilizados como pastillas para dormir) corrían mayor riesgo de sufrir caídas y fracturas de cadera[7]. No merece la pena, desde luego.

- **Las horas de sueño irregulares.** Muchas personas trasnochan demasiado o se acuestan a horas distintas cada noche. También hay mucha gente que se queda delante de los aparatos electrónicos hasta muy tarde, con el ordenador o viendo la televisión. Queremos terminar de hacer o de ver algo y tendemos a darle más importancia que al sueño. De este modo confundimos a nuestros cuerpos. Si te marcas y sigues rigurosamente una rutina para acostarte (como puede ser tomarte siempre una taza de manzanilla, escuchar música relajante, darte un baño caliente, y después meditar, rezar, leer o escribir en tu diario antes de acostarte), tu cuerpo se habituará a relajarse y te inducirá al sueño de manera natural.
- **Hacer ejercicio de noche.** Hacer ejercicio aeróbico a lo largo del día puede llegar a ayudarte a dormir mejor por la noche; pero hacerlo poco antes de acostarse puede dificultar el sueño a algunas personas por su efecto estimulante.
- **El estrés.** La mayoría de las personas tenemos elevadas de manera crónica las hormonas del estrés, que nos mantienen en estado de alerta y nos dificultan conciliar y mantener el sueño. ¡Gestiona tu estrés!

Algunos consejos más para conciliar el sueño:

- La taurina es un aminoácido que contiene azufre; se encuentra en el pescado y potencia la producción de ácido gamma-aminobutírico (AGAB o GABA). Los suplementos de taurina (500 mg) y unas tazas de manzanilla pueden contribuir también a inducir el sueño. Antes de dormir, medita, reza o escribe en tu diario.
- Anota las cosas que quieres abordar en los próximos días o elabora una lista de tareas para el día siguiente. Así

evitarás despertarte en plena noche lleno de inquietud por lo que tienes que hacer o pensando que no se te debe olvidar tal o cual cosa. Cuando lo tienes anotado por escrito, puedes tranquilizar la mente.
- Aplícate un masaje con aceite de lavanda en la cara, orejas, manos y pies en cuanto te acuestes.
- Procura dormir de ocho a nueve horas cada noche. ¡Te parecerá increíble lo bien que te sentirás cuando adquieras este hábito!

La melatonina

Una buena parte de nuestra capacidad para dormir bien por la noche depende de la capacidad del cerebro para elaborar melatonina, la hormona producida por la glándula pineal y que es esencial para el ciclo de sueño y vigilia. Tu cerebro segrega melatonina (que elabora a partir de la serotonina) cuando el mundo que te rodea se oscurece, y el aumento de la melatonina está asociado a tardar menos en conciliar el sueño. Tardarás mucho menos en dormirte si tienes un repunte de melatonina en el cerebro cuando cae la noche y empieza a haber oscuridad.

El problema es que nuestras formas de vida actuales están en conflicto con el ciclo de la melatonina. Por ejemplo, usamos luz artificial, que confunde al cerebro. ¿Es el sol? ¿Es de día? Tu cerebro no lo sabe. Por otra parte, la melatonina es una molécula con poderoso efecto antioxidante y antiinflamatorio. ¡Te interesa tenerla en abundancia en el cerebro! He aquí algunas cosas que puedes hacer para contribuir a regular el ciclo de la melatonina:

- Sal a la luz del día por la mañana o a mediodía, y pasa al menos media hora viendo el cielo azul o las nubes para

que tu retina reciba la dosis de luz azul natural que ayudará a tu cerebro a desencadenarte el ciclo de la melatonina.
- Acuéstate poco después de que anochezca, preferiblemente entre las 8 y las 10 de la noche.
- Al caer el día, ponte unas gafas amarillas para bloquear las longitudes de onda azules de la luz. A aquellos de mis pacientes que tienen problemas de sueño les recomiendo que usen gafas que bloqueen el espectro de la luz azul a partir de la puesta del sol. Puedes ponértelas hasta dos horas antes de acostarte. Así corriges la exposición de tus ojos a la luz natural y, por tanto, de tu cerebro, con lo que se potenciará la producción de melatonina, pues el espectro azul de la luz es el que reprime el repunte de la melatonina. Yo me suelo poner gafas de baja luz azul cuando estoy despierta en mi casa, trabajando, después de la puesta del sol. En función de la estación del año, me puedo poner las gafas unos minutos o varias horas antes de acostarme.
- Ponte un antifaz de dormir para que veas solo oscuridad cuando estás en la cama. Como muchas personas con EM tienen problemas de equilibrio, te puede convenir dejar encendida alguna luz de color amarillo para no caerte por la noche si tienes que levantarte. Cuando te levantes, ponte las gafas amarillas para no estimular la retina con el espectro de la luz azul.
- Aunque el modo más eficaz de potenciar la melatonina es controlar la exposición a la luz, también puedes tomarla por vía oral. Tómate 1 mg de melatonina de una a tres horas antes de irte a dormir. Consulta a tu médico cuál puede ser tu dosis máxima. Es más conveniente limitar el consumo de la melatonina a ocasiones intermi-

SI TIENES EL SÍNDROME DE LAS PIERNAS INQUIETAS

El síndrome de las piernas inquietas (SPI) es un trastorno que provoca al que lo padece el impulso incontrolable de mover las piernas, sobre todo a última hora del día, cuando la persona se está relajando, o por la noche, cuando intenta dormir. El SPI puede venir acompañado de dolor, calambres, espasmos, sensaciones de descarga eléctrica, picores, comezón o la impresión de que andan «bichos» sobre las piernas. También puede caracterizarse por la necesidad intensa de mover las piernas sin llevar aparejada ninguna sensación especial en ellas. A veces puede afectar a los brazos, pero lo más común es que se limite a las piernas.

Aunque el SPI primario es idiopático, lo que quiere decir que no tiene causas conocidas, se ha observado en mayor proporción en las personas que padecen enfermedades autoinmunes, así como en las que tienen trastornos neurológicos como el párkinson y la neuropatía periférica, y otras dolencias como la diabetes, la enfermedad tiroidea, la fibromialgia y el trastorno de déficit de atención con hiperactividad. El mecanismo que provoca las piernas inquietas está relacionado con una caída del nivel del neurotransmisor dopamina en el cerebro. Los niveles de dopamina caen al anochecer, lo que nos permite dormir; pero ese descenso de la dopamina también puede desencadenar los síntomas del SPI.

El mayor problema del SPI, además de lo molesto que es, y de que a veces es doloroso, es que puede impedir gravemente el sueño. La frecuencia del síndrome de las piernas inquietas aumenta con la edad, pero también pueden tenerlo jóvenes y adolescentes. El tratamiento que propone la medicina convencional es recetar medicamentos que potencian la dopamina disponible para contrarrestar el efecto, y/o benzodiazepinas por la noche para que la persona duerma mejor. (Con esto se aumenta el peligro de sufrir caídas, y el de dependencia y adicción a las benzodiazepinas). Yo prefiero aplicar planteamientos alternativos y complementarios, entre ellos aportar el suficiente hierro, vitaminas del grupo B, ácidos grasos omega-3, magnesio, calcio y oligoelementos. Todo ello lo tendrás en cantidades suficientes con la dieta Wahls, la dieta Wahls Paleo o la Wahls Paleo Plus.

También puedes probar a aplicar a las piernas, al acostarte, ungüentos de mentol o de alcanfor. Los ungüentos como el Vicks VapoRub, el bálsamo de tigre y el Biofreeze dan a la pierna una suave anestesia tópica y contribuyen a calmar la inquietud. Vuélvetelo a aplicar las veces necesarias.

Por último, también puede resultar útil potenciar la capacidad de tu cerebro para elaborar ácido gamma-aminobutírico, tanto para el síndrome de las piernas inquietas como para ayudar al cerebro a calmarse, con lo que te resultará más fácil conciliar el sueño. Además de los suplementos de taurina, de los que ya hemos hablado en este capítulo, otro compuesto que potencia la capacidad del cerebro para elaborar ácido gamma-aminobutírico es la n-acetilcisteína (NAC, de 200 mg a 2 g). También pueden ser útiles en casos extremos los medicamentos que potencian el ácido gamma-aminobutírico y se administran con receta, como el baclofeno y la gabapentina. Muchas personas que padecen EM ya toman alguno de estos compuestos, en todo caso, por la rigidez o espasticidad muscular (el baclofeno) o los dolores (la gabapentina). Subiendo un poco la dosis se puede resolver, quizá, el problema de las piernas inquietas. Consulta a tu médico la posibilidad de que te dé una dosis mayor en tu caso.

tentes y a corto plazo. La verdadera solución para corregir los niveles de melatonina es controlar la exposición a la luz.

Es sorprendente el efecto tan profundo que pueden tener el estrés y la falta de sueño sobre el cuerpo; pero lo tienen, en efecto. Gestiona de manera activa ese estrés y toma estas importantes medidas para disfrutar de ocho a nueve horas de sueño completo y profundo cada noche, y habrás dado un paso adelante inmenso en tu proceso de curación, pues tu cuerpo contará con el entorno bioquímico y con el tiempo indispensable para llevar a cabo los múltiples procesos sutiles y generales de reparación celular, de corrección y de elaboración que necesita.

Capítulo 12
LA RECUPERACIÓN

Ya has llegado muy lejos. Has trabajado para seguir la dieta Wahls; puede que te hayas quedado en ella, o quizás hayas pasado a la dieta Wahls Paleo, o tal vez incluso hayas probado la Wahls Paleo Plus. Has introducido cambios en tu rutina. Puede que estés haciendo más ejercicio, que estés gestionando el estrés y que ya duermas mejor. Ha llegado el momento de que respires un poco y te detengas a contemplar hasta dónde has llegado. Es tu oportunidad para evaluar tus progresos. ¿Has mejorado más de lo esperado? ¿Vas por el buen camino? ¿O no estás viendo los resultados que esperabas?

Si estás viendo unos resultados espectaculares, ¡me alegro muchísimo por ti! Si aprecias unos resultados medianamente positivos, sabrás que vas por el buen camino. Si todavía no has notado ningún resultado, en este capítulo te ayudaré a determinar qué debes hacer a continuación. La gente es impaciente, y las personas que padecen enfermedades crónicas son más impacientes todavía: ¡quieren estar bien! Al menos, quieren estar bien hasta el momento en que pierden la esperanza de llegar a sentirse mejor algún día.

¡No pierdas la esperanza! La recuperación es un proceso muy personal, pero yo la he presenciado muchas veces: en mi consulta de traumatología craneal, en la de atención primaria e incluso en mi propia familia. Cuando pronuncio conferencias, muchos de los asistentes dan testimonio de su propia recuperación. ¿Y yo? Yo ando. Voy en bicicleta. Trabajo. Disfruto de mi familia. Estoy escribiendo un libro. Me parece increíble hasta dónde he llegado.

Grandes esperanzas

Muchos de mis pacientes tienen puestas grandes esperanzas en la dieta Wahls, y muchos de ellos las ven realizadas. Pero hay otros que progresan muy despacio y pueden llegar a sentirse tremendamente frustrados. Ven cómo me recuperé yo y quieren obtener esos mismos resultados; pero yo tuve que seguir un camino larguísimo. No abandones la esperanza.

Siempre hay esperanza. Estamos renovando constantemente nuestras células y las moléculas que las componen. El revestimiento de tu intestino se renueva por completo cada semana o dos. La piel tarda aproximadamente un año en renovarse, y las células del hígado y de los riñones, de uno a tres años. Las células de los vasos sanguíneos (las células endoteliales) se están reparando constantemente. El aislamiento de mielina que rodea los nervios del cerebro y de la médula espinal, y todos los que recorren tu cuerpo, tarda de siete a diez años en renovarse. Las células musculares del corazón necesitan quince años para renovarse. Los minerales de los huesos y dientes, veinte años[1]. Está pasando ahora mismo, dentro de ti. Tus células están sustituyendo a diario moléculas y mitocondrias, están renovando las mitocondrias, creando otras nuevas y reconstruyéndose. El proceso puede ser rápido o lento, pero está en marcha.

No obstante, cada uno de nosotros cuenta con una combinación personal de vulnerabilidades genéticas, por el combinado

> ### HABLAN LOS GUERREROS DE WAHLS
>
> «En 1985 me diagnosticaron esclerosis múltiple remitente recurrente, y en 2004, esclerosis múltiple progresiva secundaria. Empecé a seguir la dieta Wahls en junio de 2012, después de que me hablara de ella mi madre. Tengo la sensación de que mi enfermedad no ha avanzado, sino que se ha detenido. Antes andaba con dos bastones, pero ahora solo llevo uno. Además de haber mejorado mi equilibrio, noto que tengo mucha más fuerza y energía y que camino más aprisa. Hago a diario ejercicios en agua y estiramientos, y también recibo tratamientos de e-stim y de reiki. En cuanto a la dieta, me encanta comer frutas y hortalizas ecológicas, y me divierte buscar recetas nuevas que se ciñan al Protocolo Wahls. Estoy en una fase temprana de mi recuperación, pero sé que me esperan cosas magníficas en el futuro».
>
> Debra F., Napa, California (EE. UU.)

de enzimas eficientes e ineficientes de que disponemos, gracias al ADN de nuestros padres. Si tienes más enzimas ineficientes, bastarán pocas agresiones para que te sobrevenga la enfermedad, y tendrás que trabajar más para invertir el proceso. Tu ritmo de curación variará en función de quién seas y de cómo estés hecho.

Esta puede ser una buena ocasión para que vuelvas a cumplimentar el Cuestionario de Síntomas de Salud que rellenaste en tu diario Wahls cuando emprendiste el protocolo. Puede que hayas progresado más de lo que crees. Cuando uno empieza a sentirse mejor, es fácil que olvide lo mal que se sentía. Tú eres una persona única y singular, y no puedo darte un calendario exacto de tus avances; pero sí que te puedo indicar algunos valores medios en función de lo que he visto en mi propia consulta, entre mis seguidores, y en las consultas de otros colegas míos que practican la medicina funcional:

- **Más energía.** Lo primero que suele mejorar es la fatiga. Son muchos los que empiezan a notarlo al cabo de pocas semanas; casi todos, en los tres primeros meses. Esto suele ir acompañado de una mejoría del estado de ánimo y de la motivación.
- **Mayor movilidad.** El incremento de la movilidad suele tardar más tiempo y es menos previsible. Muchos empiezan a apreciar una mejora de la movilidad, aunque sea leve, en un plazo de seis meses; pero puedes llegar a tardar un año o más en notar que andas mejor. A lo más que pueden aspirar otros es a frenar el deterioro constante, lo cual ya es una victoria. Las dificultades para andar pueden deberse a diversas causas. Puede ser un problema de la parte del cerebro que percibe el equilibrio, o problemas de los músculos de las piernas o del tronco, falta de coordinación, debilidad generalizada y difusa, o dolores. Además, también influye mucho lo importantes que sean los daños que has sufrido, la gravedad de tu incapacidad, en qué medida has adoptado el Protocolo Wahls y qué carga tienes de bioquímica truncada, toxinas, desequilibrio hormonal y predisposición genética. Un paciente mío empezó a correr, y otro ya hacía pesas, al cabo de solo seis meses de seguir el Protocolo Wahls. Otros han mejorado en energía, memoria y estado de ánimo, pero no tanto respecto a su capacidad para andar, aun al cabo de un año. Una paciente me dijo que, aunque seguía sin poder andar, y de hecho había perdido alguna funciona-

lidad más durante el último año, las pérdidas sucedían mucho más despacio, y se encontraba claramente mejor en otros sentidos, entre ellos la energía, la capacidad de pensar y el estado de ánimo. Esto representaba un éxito enorme para ella.
- **Mejoría de la diabetes.** Las personas con diabetes (que suelen tener exceso de peso) que emprenden la dieta Wahls Paleo me comunican más adelante que están perdiendo peso sin pasar hambre y que tienen más energía de la que habían disfrutado desde hacía años. En muchos casos vemos que desciende el nivel de azúcar en sangre hasta el intervalo normal en un plazo de dos semanas, con lo que se puede ir reduciendo gradualmente la medicación que necesita el paciente para controlar el azúcar. Teniendo en cuenta que tu nivel de azúcar en sangre mejorará rápidamente cuando adoptes el Protocolo Wahls (a veces, en cuestión de días, y como máximo en cuestión de dos o tres semanas desde la adopción completa del protocolo), es fundamental que consultes al médico que te trata la diabetes y que te midas regularmente el azúcar para ajustar la medicación a medida que vayas mejorando. Los azúcares se normalizan tanto más deprisa cuanto más plenamente adoptan los pacientes la dieta y el protocolo.
- **Mejora de la tensión arterial.** La hipertensión arterial se produce porque las proteínas que deben dar elasticidad a los vasos sanguíneos se oxidan y se vuelven rígidas por los niveles elevados de inflamación y de azúcar e insulina en la sangre. Cuando adoptes la dieta y el protocolo, estas proteínas oxidadas y rígidas se irán sustituyendo por otras flexibles y bien hechas. Vemos en los pacientes una mejora regular de la tensión arterial en

un período de tres años, y menor necesidad de medicación, que hasta se les llega a suprimir del todo en muchos casos.
- **Mejora de los síntomas de enfermedades cardíacas.** Los pacientes que tienen enfermedades cardíacas (y que suelen tener sobrepeso, y en muchos casos son diabéticos) anuncian que pierden peso, que tienen más energía y mejores niveles de lípidos. Las causas raíces del bloqueo de las arterias también son el nivel elevado de inflamación en la corriente sanguínea, el colesterol oxidado por la abundancia de azúcar en la dieta y los niveles elevados de inflamación y de estrés por el mal funcionamiento de las mitocondrias. Todos estos valores mejoran con el Protocolo Wahls. Las personas con insuficiencia cardíaca suelen tomar medicación que obstaculiza la capacidad del organismo para elaborar ubiquinona (coenzima Q), que es un elemento crucial para el músculo cardíaco. Es esencial ayudar a mejorar sus niveles de coenzima Q, de vitamina B y de minerales. Resulta extremadamente beneficioso para las personas que tienen enfermedades cardíacas ayudarles a mejorar su tensión arterial y el nivel de azúcar en sangre, el de insulina y la inflamación, y favorecer el buen funcionamiento de las mitocondrias. Lo habitual es que los pacientes sientan una energía notablemente mayor en un plazo de tres a seis meses; a veces es cuestión de semanas.
- **Menos molestias abdominales.** Las personas que tienen problemas autoinmunes como la artritis reumatoide o la enfermedad inflamatoria intestinal declaran que sienten menos molestias abdominales y más energía tras seguir el Protocolo Wahls, generalmente en un plazo de tres meses. Es habitual que los pacientes con molestias abdo-

minales crónicas, que van desde el colon irritable hasta la enfermedad inflamatoria intestinal, experimenten un alivio espectacular de sus dolores abdominales cuando renuncian al gluten y a los lácteos. Algunos notan una mejoría notable al cabo de dos semanas, pero otros van mejorando poco a poco a lo largo de tres o de seis meses. La gran mayoría afirman que se les han reducido apreciablemente las diarreas y los dolores de vientre, que les suelen desaparecer por completo en un plazo de dos semanas.
- **Pérdida de peso.** He observado repetidas veces que las personas con sobrepeso van perdiendo peso con regularidad y sin apenas pasar hambre cuando adoptan cualquiera de las dietas Wahls. La pérdida de peso comienza ya en la primera semana de implementación completa de cualquiera de los tres planes de dieta, y se suele mantener hasta que la persona ha recuperado un índice de masa corporal normal (es decir, un peso sano), que suele coincidir con lo que pesaba a los veinte años de edad o poco más adelante.
- **Mejoría de la intensidad y frecuencia de los dolores de cabeza.** En nuestra sociedad actual, los dolores de cabeza son un trastorno común que incapacita a la persona que los sufre. Muchos de mis pacientes y seguidores que tenían dolores de cabeza crónicos y diarios descubren que la causa primera de estos era una intolerancia al gluten o a la caseína que no tenían diagnosticada. En mi consulta recomiendo que se haga el experimento de someterse a una dieta sin gluten y sin caseína durante dos semanas o un mes, para ver si se reduce la frecuencia de los dolores de cabeza. Al final del período, pido al paciente que haga una comida de prueba con gluten. Una semana más tarde

le pido que haga otra comida de prueba, esta vez con lácteos. En casi todos los casos se van reduciendo gradualmente la frecuencia y la intensidad de los dolores de cabeza, que suelen llegar a desaparecer con la dieta Wahls Paleo, y la comida de prueba con gluten desencadena una recaída. La comida de prueba con lácteos desencadena una recaída en un 80 por ciento de los casos. De este modo, los pacientes quedan convencidos y se deciden a prescindir por completo del gluten, y en muchos casos de los lácteos también. Esto representa, además, una oportunidad para poner a prueba otros alimentos que han dejado de tomar, y determinar así si les producen reacciones. También pido a los pacientes que lleven un diario de alimentos y síntomas, en el que anotan todo lo que comen cada día y sus ingredientes, y si tienen dolor de cabeza en las setenta y dos horas siguientes. A partir de estos datos, buscamos pautas, y en muchos casos encontramos causas múltiples de intolerancia o alergia alimentaria.

- **Menor irritabilidad.** La irritabilidad es otro problema bien conocido por cualquier persona que haya tenido cualquier tipo de problema psicológico o neurológico, incluidas las lesiones cerebrales traumáticas, estrés postraumático, depresión y trastornos autoinmunes que afectan al cerebro. Tenemos cerca de cien mil millones de neuronas cerebrales con más de cien billones de conexiones entre ellas. Si hemos sufrido una lesión cerebral traumática, estrés psicológico grave o inflamación aguda del cerebro por esclerosis múltiple o por otro problema autoinmune, algunas de las conexiones entre las neuronas se sobrecargan o se rompen. Por ello, las neuronas cerebrales se intercomunican menos. Las personas pueden tener neuronas cerebrales dispuestas a arrojarse a un combate mortal por nada, solo para proteger a la persona; y si esas neuronas no se intercomunican, quedan sin «supervisión», y están mal informadas de si una situación dada es verdaderamente grave o si están provocando una reacción desmesurada. (La verdad es que si no estamos todos en la cárcel por pelearnos con todos los que nos salen al paso es porque en nuestro cerebro se produce una intercomunicación constante que nos refrena). Las personas que sufren irritabilidad y que emprenden el Protocolo Wahls me suelen decir que las cosas empiezan a irles mejor, habitualmente en un plazo de noventa días desde la adopción de los cambios de estilo de vida: los niños no les resultan tan molestos, les suele ser más fácil llevarse bien con los demás en el trabajo y no riñen tanto con sus cónyuges. Estas son grandes mejoras de la calidad de vida.

Detectar los errores en el Protocolo Wahls

Si no has mejorado tanto como quisieras, ha llegado el momento de que evalúes lo que estás haciendo. Una posible explicación de un repunte de los síntomas o de una falta de progreso es la exposición a nuevos alérgenos en potencia en los alimentos, a mohos, estrés, toxinas o infecciones. Si obtienes 40 puntos o más en el Cuestionario de Síntomas de Salud, es probable que la sobrecarga de toxinas sea un factor que contribuye a tus problemas de salud. Repasa el capítulo que trata de la destoxificación y piensa a qué puedes haber estado expuesto. Las personas que obtienen puntuaciones altas en el cuestionario suelen tener problemas con las toxinas o con su eliminación; por desgracia, esto suele ser bastante común entre personas con trastornos cerebrales de cualquier tipo, obesidad o diabetes. Otra causa en potencia es el exceso de hormonas del estrés, debido a la existencia de conflictos no resueltos y de otros factores de estrés. Recuerda que los niveles altos de cortisol estropean el entorno curativo.

Pero el problema más común que suelo observar en mis pacientes cuando no mejoran, o cuando su mejoría es demasiado lenta, es, sin duda, el incumplimiento. Lo que pasa a veces es que, al principio, los pacientes se ilusionan y cumplen la dieta perfec-

---

ALERTA PARA EL DIARIO WAHLS

Es difícil mantener la motivación cuando estamos rodeados de tentaciones por todas partes. Para que no pierdas de vista lo que estás haciendo, sobre todo si tus progresos son más lentos de lo que quisieras, es fundamental que lleves un registro de tu actividad diaria, incluyendo lo que comes y si estás cumpliendo los objetivos de la dieta Wahls, la Wahls Paleo o la Wahls Paleo Plus.

Anotar en tu diario Wahls tu plan dietético y tus síntomas te ayudará, además, a tenerlo todo organizado, pues seguirás atento a las directrices propias del nivel de dieta que estás haciendo y al grado en que estás cumpliendo esos requisitos. Puede ser también una gran fuente de inspiración. Cuando tengas un día malo, recuerda cuánto has avanzado, repasando tu primer Cuestionario de Síntomas de Salud o leyendo lo que escribiste acerca de lo que comías, cómo te sentías, cuánto te movías y las cosas que hacías cada día en el pasado. Tu diario Wahls es un sistema de apoyo; aprovéchalo al máximo. Si no lo estás escribiendo todo, estás desperdiciando una oportunidad magnífica.

tamente. Pero, con el tiempo, puede resultarles difícil seguirla de manera estricta, sobre todo si uno se siente mejor y piensa que eso le permite tomarse las cosas con más libertad. Cuando te sientas mejor, estarás tentado a incumplir la dieta. También puedes estar tentado a incumplirla si no te sientes mejor y si te parece que es demasiado trabajo a cambio de nada. En cualquiera de los dos casos, quizá vayas introduciendo clandestinamente los «alimentos reconfortantes» de toda la vida, que eliminaste cuando emprendiste la dieta, porque no te das cuenta de que si te va tan bien es precisamente porque has estado cumpliendo las reglas con tanto cuidado; ¡o que, si no te va bien, es porque no has llegado nunca a ceñirte estrictamente a las reglas!

En algunos casos, las personas recaen en los malos hábitos de una manera tan gradual que no lo advierten. Una pequeña excepción por aquí, un caprichito por allá y, de pronto, tienes una recaída. En la consulta, consideramos que el Cuestionario de Síntomas de Salud es positivo si va mejorando poco a poco o está por debajo de 20. Pero debo decirte también que, cuanto más tiempo pasa la persona en mi programa, más probable es que le baje la puntuación hasta casi llegar a cero. Si la puntuación del Cuestionario empieza a subir, o si se queda estabilizada y deja de descender, consultamos al paciente o al voluntario que participa en el estudio hasta qué punto está cumpliendo fielmente la dieta que le corresponde. Suele suceder casi siempre que las personas a las que les suben las puntuaciones nos reconocen que han estado aflojando y tomando alimentos no permitidos en su dieta. Una mujer creía que, si se tomaba doce raciones de frutas y hortalizas al día, podía comer pizza y helado en la salida semanal con su grupo de amigas. Sería maravilloso que pudieran compensarse las cosas de esta manera, claro está; pero, en su caso, esas pequeñas licencias le estaban impidiendo avanzar. Cuando dejó la pizza y los helados y volvió a cumplir la dieta al cien por cien (la dieta sin gluten y sin lácteos, en su caso), mejoró su energía.

Si te resulta difícil no incumplir tu plan de alimentos, no flaquear en los ejercicios o convencerte de que debes gestionar el estrés, recuerda que no se trata de «hacer una cosa sin que te pillen». El Protocolo Wahls está pensado para ayudarte, no para imponerte unas restricciones. Es tu billete a una vida mejor. Teniendo esto en cuenta, repasa mentalmente tus dos últimas semanas y pon una X en los recuadros correspondientes si tu respuesta a las preguntas es afirmativa.

☐ ¿Has ido dando entrada en tu dieta a cereales con gluten? ¿Has tomado gluten en las dos semanas pasadas, aunque solo haya sido una vez? Esto puede provocar una reacción importante a las personas con intolerancia al gluten.

☐ ¿Has estado comiendo azúcar? Hasta los azúcares naturales, como el azúcar sin refinar, la miel y el jarabe de arce auténtico alimentan a las bacterias y levaduras malas de tu intestino.

☐ ¿Estás tomando productos lácteos? ¿Un poco de queso de vez en cuando?

☐ ¿Has estado comiendo huevos, pensando que, ya que están en la «dieta paleo normal» no te pasaría nada, aunque puede que tengas intolerancia a ellos?

☐ ¿Te estás comiendo de verdad los nueve tazones llenos de hortalizas y frutas? Si haces la dieta Wahls Paleo Plus, ¿estás comiendo los seis tazones de hortalizas y frutas, como mínimo?

☐ ¿Repartes bien las frutas y hortalizas entre verduras de hoja verde, vegetales ricos en azufre y hortalizas y frutas de color vivo, o estás comiendo muchas más frutas de color que otras cosas?

- ☐ ¿Estás tomando las suficientes proteínas animales? Recuerda que debes tomar al menos 175 g al día, y es mejor que sean más bien 350 g. En la dieta Wahls Paleo debes tomar de 250 a 600 g.
- ☐ ¿Estás comiendo principalmente vegetales ecológicos y carne criada con pastos, ecológica, o pescado silvestre? (Los aditivos químicos y otras impurezas que contienen tus alimentos podrían estar entorpeciendo tu recuperación, aunque tomes los nutrientes suficientes).
- ☐ ¿Estás cumpliendo todas la reglas del nivel de dieta que has elegido?
- ☐ ¿Estás cocinando solo con aceite de coco y grasa animal, como indica el protocolo?
- ☐ ¿Estás consumiendo las grasas suficientes? Si haces la dieta Wahls Paleo Plus, ¿estás tomando el suficiente aceite de coco o leche de coco a diario?
- ☐ ¿Has dejado de tomar la medicación de manera prematura? (Quizá puedas dejar de tomarla con el tiempo; pero no debes interrumpirla hasta que tu médico y tú determinéis que estás preparado para ello).
- ☐ ¿Has tenido algún disgusto emocional y has caído en otros malos hábitos porque estabas alterado?
- ☐ ¿Tienes tensiones no resueltas con tu familia, tus amigos o tus compañeros de trabajo, que te produzcan estrés?

Nadie es perfecto. Todos cometemos errores y tomamos malas decisiones. A veces incumplimos la dieta o dejamos de tomarnos las medicinas porque tenemos la esperanza de que estamos mejor y de que ya no hemos de esforzarnos tanto. Evaluarte regularmente de esta manera te resultará utilísimo y muy revelador dentro del seguimiento constante de tus progresos. Así continuarás siendo responsable de tu propia salud y podrás contar para ello con un registro de los casos en que las cosas dejan de funcionar. Te animo a que cumplimentes el Cuestionario de Síntomas de Salud todos los meses durante un año y atiendas a las puntuaciones para ir siguiendo tus progresos. Siempre que adviertas un repunte de la puntuación total sabrás que ha llegado el momento de que vuelvas a examinar en qué medida estás cumpliendo con todo el protocolo.

Si apreciaste unos primeros progresos pero te has estancado, puede que haya llegado el momento de que pases al nivel de dieta siguiente. Si estás haciendo la dieta Wahls, plantéate avanzar a la Wahls Paleo. Si con esta no estás obteniendo los resultados rápidos que deseas, puede que haya llegado el momento de pasarte a la Wahls Paleo Plus.

Lo que puede hacer por ti un médico practicante de medicina funcional

Si estás siguiendo cuidadosamente el Protocolo Wahls y todavía no aprecias los resultados que deseas, puede que haya llegado el momento de que consultes a un médico especializado en medicina funcional, capaz de evaluarte de una manera muy individualizada, algo que no puedes conseguir tú solo con un libro. El practicante de medicina funcional se planteará la visión más amplia posible de tu salud. Para realizar su primera evaluación, lo más probable es que te haga cumplimentar varios cuestionarios detallados sobre la historia de tu vida, desde el momento en que estabas en el útero materno. Tendrás que responder a preguntas sobre las diversas infecciones, vacunas, exposiciones a las toxinas y problemas de salud que te han llevado hasta este punto de tu vida.

Después de repasar estos datos, el médico te formulará más preguntas y te hará una exploración física. El paso siguiente es atender a los diversos problemas de salud que has tenido y ver cómo encajan en el cuadro general del funcionamiento de tu cuerpo. El practicante de medicina funcional tendrá en cuenta siete fisiologías generales:

1. La producción de energía (cómo funcionan tus mitocondrias).
2. La asimilación (cómo digieres y cómo absorbes los nutrientes).
3. La defensa y reparación (cómo y qué tal funcionan tus células inmunitarias y cuál es el estado de salud de los «viejos amigos» que viven en tus intestinos, en tu nariz y en tu piel).
4. La biotransformación y la eliminación (qué tal procesas y eliminas los compuestos dañinos que se encuentran en tus células, entre ellos los desechos que producen las células al realizar las labores de la vida, y las sustancias tóxicas que absorbes por la piel, los pulmones y los intestinos).
5. La comunicación (con cuánta eficacia se pueden comunicar tus células entre sí por medio de las hormonas, los neurotransmisores y otras moléculas que transmiten señales).
6. La integridad estructural (la de las cosas pequeñas, como las membranas celulares, y la de las cosas grandes, como los músculos, los ligamentos y los huesos).
7. El transporte de los fluidos por el cuerpo (la sangre y la linfa).

El médico practicante de medicina funcional también querrá hacerse cargo de tus conductas personales relacionadas con la salud, que son la base fundamental de la salud o de la enfermedad. Son las mismas cosas que has estado afinando y optimizando al implantar el Protocolo Wahls: (1) sueño y relajación, (2) ejercicio y movimiento, (3) nutrición, (4) estrés y resistencia, y (5) relaciones personales. Cuando haya completado todo, el practicante de medicina funcional te contará a ti, a su vez, cómo encajan tus problemas en la matriz general, cuáles son los factores de riesgo antecedentes (tus vulnerabilidades genéticas), cuáles son tus factores desencadenantes y qué es lo que está manteniendo activas tus enfermedades, probablemente. Esta información ayudará al médico a explicarte dónde encajan tus diversos problemas de salud, dentro de las siete fisiologías, y de qué modos positivos o negativos contribuyen, probablemente, tus conductas de salud a tu estado actual.

Una vez completada la matriz, el médico de medicina funcional y tú trazaréis juntos un plan de avance. Si estás siguiendo el Protocolo Wahls, ya estarás haciendo muchas de las cosas que te puede recomendar la medicina funcional; pero esta evaluación individual y cuidadosa puede decirte mucho más acerca de cómo puedes beneficiarte tú en concreto, como ser único que eres, de una orientación adicional y específica.

Mientras progresas, seguirás teniendo al lado al médico de medicina funcional, que te ayudará a introducir ajustes en tu plan sobre la base de tus reacciones personales al estilo de vida, los suplementos y vitaminas, y otros cambios y recomendaciones. Si eres uno de los casos difíciles que no reaccionan lo suficientemente bien a la dieta Wahls, este será tu mejor plan para progresar más deprisa.

Pruebas de medicina funcional que puedes considerar

Una de las ventajas de acudir a un profesional de la medicina funcional es que te dará acceso a determinados tipos de pruebas y análisis que no suelen llevarse a cabo en la medicina convencional. Entre los tipos de pruebas que puede solicitar y evaluar un profesional de la medicina funcional[2] se cuentan los siguientes:

Análisis genéticos

Los análisis genéticos suelen constituir un verdadero embrollo desde el punto de vista ético cuando se emplean para predecir si puedes padecer una enfermedad concreta, como la enfermedad de Huntingon o la fibrosis quística, o si tienes el gen que aumenta el riesgo de contraer cáncer de mama. Pero no estoy hablando de este tipo de análisis genético. Me refiero, más bien, a los que determinan la eficiencia de algunas de tus enzimas para administrar la química de tus células, sobre todo las enzimas que intervienen en la eliminación de las toxinas y en la elaboración de los neurotransmisores cerebrales. Cuando sabes cuáles de tus enzimas no son óptimas, puedes recurrir a opciones de dieta o tomar vitaminas o suplementos para suplir a esas enzimas menos eficaces y reducir el riesgo de sufrir diversos problemas de salud, como los trastornos cerebrales y cardíacos, la sobrecarga tóxica e incluso el cáncer.

Yo he acudido a laboratorios asociados a la empresa Genova Diagnostics para que me hagan evaluaciones genéticas que me ayuden a entender mis propios riesgos genéticos. Pero los análisis genéticos no te lo dicen todo. Te pueden decir, por ejemplo, qué enzimas tienes mutadas, aunque no necesariamente qué tal funcionan. Pero puedes suponer que los genes mutados son menos eficaces (lo que suele suceder en muchos casos, aunque no siempre), y esto puede resultarte útil para entender con qué vitaminas y suplementos lo puedes compensar.

Evaluación de la carga tóxica

A la persona que tiene un problema autoinmune que no remite puede resultarle muy útil conocer la carga de toxinas que tiene en el cuerpo. Esto se suele hacer con una recogida de la orina de veinticuatro horas, tomando un agente de provocación para hacer salir a las toxinas de la grasa donde están almacenadas. En función de las circunstancias clínicas, el análisis puede ser para medir los metales pesados, los disolventes o los pesticidas. Es frecuente que la persona padezca, además, una vulnerabilidad genética de las toxinas destoxificadoras, que exacerba el efecto tóxico. Si la persona está intoxicada, deberá decidirse a continuación si se la debe someter a una destoxificación larga y lenta o a una retirada más rápida de las toxinas por medio de la quelación, bajo la supervisión directa de un médico preparado y titulado como especialista en la gestión de terapias de quelación.

Análisis nutricional

Es posible hacer una evaluación completa de tu estado nutricional en cuanto a tus niveles de vitaminas, minerales, grasas esenciales y antioxidantes, y observar la eficiencia con que son capaces de generar energía tus mitocondrias, la capacidad de tus neuronas cerebrales para producir moléculas de neurotransmisores y cómo produces la mielina, así como otros detalles nutricionales. Los análisis de este tipo son útiles para ver cómo funcionan tus factorías químicas personales y dónde tienes los bloqueos (las enzimas no eficientes). El médico especializado en medicina funcional puede indicarte, a continuación, los alimentos, las vitaminas y los nutricéuticos (plantas medicinales) que pueden ayudarte a desbloquear los procesos bioquímicos no

> **HABLAN LOS GUERREROS DE WAHLS**
>
> «Hace seis semanas que seguimos el Protocolo Wahls. Mi marido, de 57 años, tiene síntomas de párkinson y lo trata un neurólogo desde julio de 2011. En solo seis semanas, estos síntomas han retrocedido de manera significativa; lo más espectacular ha sido que ha recuperado el equilibrio y su capacidad de andar con normalidad. Su asma desapareció en una semana, y le hemos notado mejoría en la tensión arterial, el habla, el sueño, los niveles de energía y el estado de ánimo. Al cabo de cinco semanas empezamos a reintroducir alimentos, siguiendo la rotación de cuatro días, y vimos que los boniatos no daban problemas, pero que los lácteos sí, en cuestión de horas: alteración digestiva general, dolores de cabeza, habla confusa y congestión/goteo nasal y de garganta. ¡Es maravilloso! Seguiremos sin tomar cereales, ni legumbres, ni lácteos, y ciñéndonos al resto de la dieta Wahls hasta que hayan desaparecido todos los síntomas. ¡Gracias, doctora Wahls! ¡Esto es muy emocionante!».
>
> Dorothy W., Filadelfia, Pensilvania (EE. UU.)

eficaces. Esto puede ser una buena alternativa a recurrir a los análisis genéticos para identificar cuáles son las enzimas que no te funcionan con eficacia. En la sección «Recursos» puedes ver una lista de laboratorios que ofrecen análisis nutricionales.

Tu salud gastrointestinal

Quizá debas hacerte una evaluación completa de tu funcionamiento gastrointestinal. Una primera evaluación sería el análisis de ADN de tus heces, que te daría una indicación de las bacterias, levaduras y parásitos que viven en tus intestinos. Muchos laboratorios elaboran también análisis de sensibilidad a los nutricéuticos y fármacos más comunes, con el fin de tratar a los alborotadores que pueden estar contribuyendo a tus problemas.

Otros laboratorios llevan a cabo cultivos y exámenes microscópicos para detectar las levaduras, las bacterias y los parásitos. Lo esencial es encontrar un centro con amplia experiencia, pues la mayoría de los médicos convencionales no suelen acceder a laboratorios con experiencia en la evaluación de la disbiosis (el desequilibrio microbiano). En la evaluación completa de la salud gastrointestinal revisarán también las enzimas de la digestión y la producción de ácidos en el estómago.

Alergias e intolerancias alimentarias

Si necesitas un análisis de laboratorio para convencerte tú mismo o convencer a un familiar tuyo de que debes o debe renunciar al gluten, a los productos lácteos o a otros posibles alimentos que están produciendo problemas, entonces lo que te cueste el análisis de alergia e intolerancia alimentaria será un dinero bien gastado. Como yo no puedo conseguir estos análisis en el organismo para el que ejerzo, la Administración de Veteranos, tengo que convencer a los pacientes para que se abtengan de tomar durante un mes gluten, lácteos, huevos y soja, y evaluar después cómo se encuentran; pero si tú tienes acceso a análisis de alergias alimentarias y quieres ir por ese camino, pide a tu médico de medicina funcional que te recomiende los mejores. Muchos médicos convencionales no creen que estos análisis sean precisos ni que estén relacionados con ningún indicio clínico de alergia. Pero hay un buen motivo para hacerse los análisis: muchas personas tienen reacciones a los alimentos con retraso. Aunque la mayoría de las reacciones a los alimentos se producen en un plazo de setenta y dos horas, hay ocasiones en que la reacción puede aparecer al cabo de siete a catorce días. Si después de haber adoptado la dieta Wahls Paleo o la Wahls Paleo Plus sigues teniendo problemas, puede resultarte útil hacerte una evaluación de alergias alimentarias de algún tipo y eliminar los alimentos a los que eres sensible. Puede que se trate de alimentos de los que no habías sospechado siquiera.

La evaluación de las alergias alimentarias se puede llevar a cabo de diferentes maneras, cada una con sus inconvenientes propios:

- **La dieta de eliminación.** La piedra de toque para saber si tienes una alergia o intolerancia alimentaria es llevar a cabo una dieta de eliminación, que consiste, en esencia, en que haces un ayuno supervisado y después, empezando por aquel con menos probabilidades de ser problemático, vas introduciendo los alimentos uno a uno cada dos días, o en algunos casos cada tres días. Durante este tiempo vas llevando un diario detallado de síntomas alimentarios, y te tomas el pulso antes y después de comer cada uno de los alimentos nuevos. Todo alimento que te suba las pulsaciones cardíacas o que te produzca algún síntoma problemático, como el dolor o la fatiga, pasa a la lista de sospechosos y se elimina de la dieta durante seis meses, para ponerlo a prueba de nuevo pasado ese plazo. Es difícil que consigas hacer todo esto por tu cuenta, y resulta

> **EL TEST DEL PULSO**
>
> Otra estrategia que puedes probar para determinar tu intolerancia o alergia a los alimentos y a otras proteínas que ingieras es el Test del Pulso[3]. El Test del Pulso lo creó el alergólogo doctor Arthur F. Coca. Es un test fisiológico en el que se observa si aumenta el pulso o las pulsaciones cardíacas después de exponerte a un alimento o a algún elemento del entorno. Para hacértelo, deberás tomarte el pulso cada dos horas, durante tres días, para determinar cuáles son tus ritmos cardíacos mínimos y máximos, mientras tomas nota de todo lo que comes y de todo lo que entra en contacto con tu piel. Llevar a cabo el Test del Pulso quizá sea algo pesado, pero puede ser una herramienta muy útil si estás dispuesto a tomarte la molestia de registrar los datos y de buscar las pautas.

más eficaz bajo la supervisión de un dietista o nutricionista, o de un médico especializado en medicina funcional, porque así tendrás menos probabilidades de saltarte la dieta, con lo que alterarías por completo los resultados.
- **La dieta de eliminación modificada.** Otro planteamiento consiste en hacer una dieta en la que se eliminan los alimentos que suelen producir alergia o intolerancia por lo general: el gluten, los lácteos, los huevos, la soja, el maíz, las patatas, los tomates, la berenjena, los pimientos, los cítricos, los cacahuetes, los moluscos y mariscos y el pescado. Comes alimentos estrictamente ecológicos, para evitar los transgénicos y las toxinas. Al cabo de seis meses, vas poniendo a prueba estos ingredientes, uno a uno, atendiendo a las reacciones. Las reacciones pueden consistir en dolores de cabeza, fatiga, molestias abdominales,

> **WAHLS ADVIERTE**
>
> Muchas personas me consultan sobre las pruebas de intolerancia al gluten, y se sorprenden de que yo no recomiende determinarla con un análisis de sangre que puede pedir el médico de cabecera. No lo aconsejo, porque el resultado negativo del análisis no descarta la intolerancia al gluten, y aunque es probable que tu médico te diga que puedes comer gluten, en realidad no debes. El análisis no vale lo que cuesta, y hasta te puede retrasar la curación. He visto a muchas personas cuya salud mejoraba notablemente después de dejar el gluten, a pesar de que el análisis de intolerancia al gluten les había dado un resultado negativo.

erupciones, síntomas de alergia, asma o acné. A medida que te vas curando los intestinos y dejas de tenerlos permeables, algunas de tus intolerancias pueden reducirse hasta el punto de que podrás comer el alimento problemático una vez a la semana sin consecuencias (pero si vuelves a consumirlo a diario será probable que vuelvas a desarrollar problemas con ese alimento).

- **El análisis de sangre.** Una posibilidad de análisis de sangre es hacerte el Test Alcat (test de reacción de los leucocitos a los alimentos), que ofrece la empresa Cell Science Systems. Este test puede evaluar las reacciones retrasadas a 350 alimentos distintos y determinar las intolerancias alimentarias (a diferencia de las alergias, que son una reacción inmediata mediada por la inmunoglobulina IgE). Otra posibilidad es medirte los niveles de inmunoglobulina IgG o IgA en sangre como reacción a diversos alimentos. Dado que un 2 por ciento de la población no elabora una cantidad normal de IgA, si el test te da negativo, antes de confiar en este resultado deberás medirte también los niveles de IgA para asegurarte de que eres capaz de producir una cantidad adecuada. Consulta la sección de «Recursos».

- **El análisis de heces.** Puedes hacerte el que yo llamo familiarmente «análisis de caca», para los grupos de alimentos más comunes. Este análisis es más sensible que el de sangre, porque los anticuerpos anormales producidos por reacción a los alimentos se segregan en las heces antes (a veces, años antes) de que puedan detectarse en la sangre. Pero en este test se detectan menos alimentos. Puedes hacerte un análisis de heces por tu cuenta y sin receta médica encargándolo a EnteroLab, pero no te lo cubrirá el seguro. Otra ventaja de estos análisis de heces es que EnteroLab hace análisis genéticos para determinar si tienes los genes que te ponen en peligro de desarrollar intolerancia al gluten, y también pueden analizar la intolerancia a los lácteos, al *Saccharomyces cerevisiae* (levadura de cerveza), a los huevos, a la soja y a las solanáceas (patatas, tomates, berenjenas y pimientos). Además, es menos probable que el análisis de heces arroje un falso negativo.

Las infecciones

Estamos acostumbrados a concebir una infección como una enfermedad aguda provocada por un virus, una bacteria, un hongo o un parásito. Nuestras células inmunitarias atacan al agente infeccioso y se desencadena una guerra. Si ganamos la guerra, nuestras células inmunitarias despejan la infección y recuperamos la buena salud. Si perdemos la guerra del todo, nos morimos.

Pero existe una situación intermedia. Cuando nuestras células inmunitarias son incapaces de despejar la infección por completo, esta puede seguir a bajo nivel, como un rescoldo mal apagado. Por ejemplo, las personas que tienen irritadas las encías (les sangran cuando se cepillan los dientes con energía) padecen una infección de bajo nivel del tejido de las encías, que puede aumentarles la inflamación y las probabilidades de desarrollar una enfermedad autoinmune, enfermedades cardíacas, ictus, diabetes y otras dolencias crónicas[4]. A medida que va decayendo nuestra vitalidad, tenemos más posibilidades de infectarnos con alguna otra cosa. Si nuestras células inmunitarias carecen de la nutrición adecuada, o si están afectadas por demasiadas toxinas, vivirán diversos alborotadores en nuestro intestinos, se confundirán las señales hormonales y tendremos los leucocitos menos capacitados. Cualquiera de estos factores vuelve nuestras células inmunitarias menos eficaces para despejar la infección. Además, en cuanto la persona tiene debilitado el sistema inmunitario por sufrir alguna de estas infecciones crónicas (o sobrecrecimientos bacterianos en los intestinos), tiene más propensión a padecer una coinfección por un segundo organismo o varios[5].

Si sigues padeciendo fatiga y síntomas cerebrales, te puede resultar muy útil hacerte una evaluación general en busca de estos tipos de infecciones o coinfecciones crónicas, sobre todo si el Protocolo Wahls no te está resolviendo problemas tales como la fatiga crónica, que puede deberse a una infección vírica (como la del virus Epstein-Barr, del herpes 6 y del herpes simple) o a una infección bacteriana (como la de la *Borrellia burgdorferi* o borreliosis de Lyme, la clamidia y la *Bartonella*)[6]. El médico especializado en medicina funcional te puede evaluar la posibilidad de que padezcas estas infecciones clínicas silenciosas. Si tienes, en efecto, una infección o coinfección con varios organismos, el practicante de la medicina funcional te puede tratar con nutricéuticos, con fármacos o con una combinación de ambos, en función del tipo de infección y de tu estado de salud personal. Algunos protocolos requieren años enteros de tratamiento para despejar las infecciones, sobre todo si los agentes infecciosos son múltiples; por eso será esencial que encuentres a alguien dotado de experiencia considerable en la evaluación y tratamiento de las infecciones crónicas.

El equilibrio hormonal

Las hormonas son las moléculas que emplean nuestras células para comunicarse y para regular el funcionamiento de las demás células del cuerpo. Las hormonas indican a otras células que deben trabajar más y más deprisa, o las avisan de que ha llegado el momento de relajarse y desacelerarse. Cuando las hormonas están bien afinadas, tu cuerpo funciona como una hermosa sinfonía; pero cuando se desequilibran, tu salud decae.

Entre los signos claros de desequilibrio hormonal se cuentan la fatiga, la neblina mental y la irritabilidad. Cuando las hormonas están desequilibradas, las células inmunitarias se vuelven menos eficaces y puedes quedar más vulnerable a las infecciones y al cáncer. Las personas con desequilibrio hormonal también pueden tener muchas más probabilidades de desarrollar un trastorno autoinmune.

Todo lo que haces afecta a tus hormonas, y a la inversa: tus hormonas afectan a todo lo que haces. Los científicos no dejan de descubrir nuevos niveles de comunicación hormonal en nuestro organismo, que transmiten, a su vez, múltiples niveles de información que contribuye a mantener la concentración adecuada de potasio, sodio, calcio, magnesio y otros minerales en nuestra sangre y en nuestras células. Para mantener un equilibrio hormonal óptimo debes prestar apoyo a las glándulas que segregan las hormonas (más especialmente a la pituitaria, las suprarrenales, la tiroides, los ovarios y los testículos), para que cada una de estas glándulas cuente con una buena reserva.

A la mayoría de las personas les bastaría con adoptar el Protocolo Wahls para conseguir este equilibrio; pero si tú sigues teniendo problemas, puede que necesites una evaluación más completa del juego mutuo de tus suprarrenales, tiroides, pituitaria y hormonas sexuales para conocer los desequilibrios hormonales persistentes que puedas sufrir, y poder corregirlos. Consulta a un médico especializado en medicina funcional y que tenga experiencia en equilibrio hormonal, para que te haga pruebas hormonales más avanzadas y te trace un programa más natural, pero específico para ti, de nutrientes, suplementos y medicación, en caso necesario, para atacar tu problema. El practicante de medicina funcional entenderá tu desequilibrio hormonal dentro del marco general de tu fisiología y de tus conductas de salud personales; así te podrá ofrecer un tratamiento más amplio y más individualizado a la vez.

Estos son los análisis y pruebas primarias que te pueden hacer en una clínica de medicina funcional. En general, no los cubren los seguros de salud, en muchos casos porque no están aprobados por las autoridades sanitarias. Estos análisis pueden costar desde varios cientos hasta muchos miles de euros, si quieres investigar todos los desequilibrios en potencia; por eso, el médico practicante de medicina funcional te recomendará, probablemente, solo los análisis que te estén indicados sobre la base de tu matriz de medicina funcional, y te ayudará a determinar cuáles son los más importantes para que te los hagas primero.

En mi práctica clínica, yo me baso en una historia clínica cuidadosa y evaluaciones de laboratorio que puedo solicitar a través de mis departamentos de patología convencionales. Después, nos centramos en potenciar al máximo todas las conductas favorables para la salud según el Protocolo Wahls. A los pacientes que desean seguir adelante con las pruebas más completas que he descrito los remito a otro practicante de medicina funcional de la misma población para que se las lleve a cabo. Veo resultados maravillosos sin necesidad de análisis avanzados; pero estos pueden resultar muy útiles a veces, cuando la persona no responde a pesar de haber adoptado plenamente el Protocolo Wahls.

Cómo encontrar a un practicante de medicina funcional

Muchos practicantes de medicina funcional proceden de las filas de los profesionales de la medicina convencional: médicos, osteópatas, enfermeras y enfermeros titulados, nutricionistas y dietistas titulados, y otros. Para encontrar a un practicante de medicina funcional, visita el sitio web del Instituto de Medicina Funcional, en www.functionalmedicine.org, y ve a «Recursos de Medicina Funcional». Una vez ahí, ve a «Buscar un practicante de medicina funcional». Te aparecerá una lista de profesionales que han llevado a cabo el curso de formación titulado «Aplicación de la medicina funcional en la práctica clínica». El Instituto de Medicina Funcional está preparando un programa de titulación para los individuos que han realizarlo una formación adicional y que han superado un examen. Los individuos que superen el programa tendrán el título de Practicante Titulado de Medicina Funcional. Es una titulación relativamente nueva, y los primeros titulados son de 2014; por lo tanto, la lista irá creciendo con el tiempo.

Cuando dispongas de algunos nombres, visita a varios, si es que cuentas con más de una opción. Haz algunas preguntas al practicante para llegar a conocerlo y saber si te sentirás a gusto trabajando con él o con ella. Puedes preguntar:

1. ¿Dónde y cuándo se formó en medicina funcional?
2. ¿Qué porcentaje de su práctica profesional corresponde a la medicina funcional?
3. ¿Evalúa y trata los problemas relacionados con la carga elevada de toxinas, alergias alimentarias, problemas del microbioma gastrointestinal (el ecosistema de bacterias, levaduras y parásitos que viven en nuestros intestinos) o problemas con las bacterias, levaduras y parásitos dañinos?
4. ¿Está concertado con los seguros médicos? (Nota: la mayoría de los practicantes de la medicina funcional no están concertados con los seguros médicos, porque estos no les remunerarían todo su tiempo. Las valoraciones y evaluaciones son costosas y llevan mucho tiempo, y algunos practicantes, como yo misma, pueden preferir no hacer muchos análisis, sino centrarse en un estudio cuidadoso de la historia clínica, en la exploración física y en la intervención en el estilo de vida).

Si no encuentras a nadie a tu gusto que se encuentre en la base de datos del Instituto de Medicina Funcional, todavía puedes buscar a profesionales de la salud con experiencia o interesados por la medicina integrativa. Habla con el profesional de las cuestiones de la carga tóxica, las alergias e intolerancias alimentarias, el microbioma (que vive en tus intestinos), la digestión y la asimilación, y las hormonas, para determinar si es un profesional bien preparado y con conocimientos sobre esos campos. Los naturópatas y los quiroprácticos titulados suelen atender más a la nutrición que los médicos y los osteópatas. De hecho, reciben una formación más completa sobre cuestiones de nutrición que la mayoría de los médicos convencionales, y son capaces de realizar estas evaluaciones completas y de tratar a los pacientes a base de alimentos y de nutricéuticos. Son profesionales de la sanidad a los que bien puedes tener en cuenta.

Si sigues sin encontrar a nadie, adopta el Protocolo Wahls consultando a tu médico. Muchos médicos de cabecera están más abiertos que los especialistas a las posibilidades de la dieta y de las intervenciones en el estilo de vida, y también están dispuestos a aprender sobre los distintos planteamientos curativos, sobre todo para trastornos crónicos, como las enfermedades autoinmunes, que no responden al tratamiento convencional. Los mejores médicos se basan en una buena historia clínica, en una exploración física a fondo y en análisis de laboratorio básicos. Puedes ayudar a tu médico de cabecera a que te haga esto mismo.

Este es el Protocolo Wahls, en toda su sencillez y en toda su complejidad. Ahora te toca a ti hacer de él lo que quieres que sea. Puedes limitarte a adoptar la dieta Wahls. Puedes llegar hasta la dieta Wahls Paleo Plus. Puedes incluir un programa de ejercicios, técnicas de limpieza, suplementos, medicina alternativa, gestión del estrés y, por supuesto, el diario Wahls. Puedes recabar o no los servicios de un practicante oficial de medicina funcional; pero el resultado total es este: ahora tienes *tú* el control de tu propia salud. Tu futuro, tus progresos, tu felicidad incluso, dependen de ti. Tu destino está en tus manos, y saberlo es maravilloso y te da mucha fuerza. Espero que lo aproveches al máximo.

Tu futuro puede estar lleno de salud, esperanza, vitalidad y conexión. Yo te he dado las herramientas. Ahora te toca a ti usarlas.

Epílogo
EL FINAL DE MI HISTORIA, EL PRINCIPIO DE LA TUYA

Ya conoces la historia de mi deterioro. Sabes que me libré de mi silla de ruedas. Ahora, quiero terminar de contarte la historia. Cuando mi cuerpo empezó a curarse, yo no entendía del todo lo que me estaba pasando. A pesar de los cambios vertiginosos, seguía sin considerar la posibilidad de estarme recuperando. Hacía años que había aceptado que las personas con esclerosis múltiple progresiva secundaria no mejoran. No se me ocurría pensar que pudieran proseguir las mejorías que notaba. Solo al cabo de seis meses de inversión de mis síntomas me atreví a preguntarme si sería posible la recuperación.

Empecé a acariciar el sueño de volver a montar en bicicleta. El fin de semana del Día de la Madre de 2008 me sentía tan bien y había recuperado tanta movilidad que decidí probar a subirme en una bicicleta. Fui al garaje, me puse un casco y me dirigí hacia mi bicicleta. Cinco años antes, cuando empecé a usar silla de ruedas, se la había dado a mi hijo, Zach. Ahora pensaba si estaría lista para volver a usarla. Bajé el asiento, me abroché el casco y empecé a sacar la bicicleta del garaje.

Mis chicos me oyeron trastear allí y acudieron a investigar. Zach me quitó la bicicleta y llamó a gritos a Jackie para que me lo impidiera. Nos miramos unos a otros. Dije a Jackie que si ella creía que yo no estaba preparada, desistiría. Su respuesta fue ponerse su casco de ciclista, tomar su bicicleta y decir a Zach y a Zebby que corrieran a mi lado.

Tomamos posiciones. Jackie dio la señal de que no venía tráfico. Di la primera pedalada. La bici tembló, pero no me caí. Mis chicos me seguían, corriendo y dando gritos de alegría. Mientras Jackie y yo dábamos la vuelta a la manzana en bicicleta, me rodaban las lágrimas por las mejillas. Cuando me detuve, Zach, Zebby Jackie y yo nos abrazamos en corro, llorando. Tenía un nuevo futuro por delante. Y la prueba: había montado en mi bicicleta. Mi deterioro continuo ya no era la regla. Estaba reescribiendo mi futuro, y ¡quién sabía hasta dónde podía llegar! Siempre que cuento esta anécdota se me saltan las lágrimas. Fue milagrosa para mí, y siempre lo será.

Los médicos y los científicos no suelen creer en los milagros. En realidad, que yo me levantara de esa silla de ruedas no fue un milagro desde el punto de vista científico, aunque a mí me lo pareció entonces. Levantarme de la silla de ruedas y subirme a una bicicleta no eran más que hechos asociados a la capacidad de mi cuerpo para recuperar la fuerza y la salud. Aunque quizá no entendamos plenamente todos los datos, son hechos científicos, y mi equipo está trabajando mucho para desvelarlos. Esta es la base de las pruebas clínicas que hemos emprendido con el fin de entender los mecanismos en que se fundamenta la eficacia del Protocolo Wahls y a quién puede ayudar más.

Ya hemos publicado nuestro primer trabajo, en el que describimos los datos preliminares sobre los diez primeros sujetos con esclerosis múltiple progresiva secundaria que mostraron una significativa reducción de la fatiga desde el punto de vista estadístico (y desde el clínico, lo que es más importante). Hicimos que todos nuestros sujetos practicaran el protocolo durante doce

EPÍLOGO

meses, y ahora estamos recogiendo los resultados en cuatro trabajos más, en los que describimos sus cambios en cuanto a fatiga, ambulación, equilibrio, cognición, estado de ánimo, situación nutricional, biomarcadores en sangre y observaciones en la resonancia magnética. Tenemos otro estudio en el que se comparan los resultados de la dieta Wahls, de la dieta Wahls Paleo Plus y de los tratamientos habituales. Estamos realizando otro en el que ponemos a prueba los efectos del ejercicio y de la estimulación eléctrica por sí solos, para poder determinar en qué proporción se pueden atribuir los beneficios a la dieta y en cuánta a los ejercicios y a la estimulación eléctrica.

Los colegas científicos siempre acogen las ideas nuevas con escepticismo y con entusiasmo. Nuestros trabajos tendrán la misma suerte. Tendremos defensores y detractores. Pero seguiremos trabajando, presentando nuestros trabajos, solicitando ayudas a la investigación y reuniendo fondos a través de la Fundación Wahls para llevar adelante nuestra labor y ampliarla. Si quieres convertirte en miembro del equipo y hacer un donativo al Fondo de Investigación Wahls (Wahls Research Fund), puedes ver en el apéndice más detalles sobre cómo apoyar a nuestro equipo de investigación.

Es dificilísimo recabar fondos para financiar investigaciones, y en la actualidad se conceden menos de un 2 por ciento de las solicitudes de ayudas a la investigación. Los investigadores deben acompañar de datos preliminares las solicitudes si quieren tener la más mínima esperanza de que se las concedan. Puedo decirte que la entidad sin ánimo de lucro Direct-MS, que ha visto los datos preliminares de nuestras dos últimas solicitudes de fondos, ¡ha mostrado gran interés por nuestro trabajo y ha concedido fondos a mi laboratorio para que ampliemos nuestras investigaciones! Tenemos pensados varios experimentos señeros más, dirigidos a poner a prueba la capacidad del Protocolo Wahls para intervenir en otros trastornos de salud crónicos. También estamos probando un protocolo nuevo que solo atiende a la dieta, y tenemos en marcha otro estudio sobre los efectos del ejercicio y la estimulación eléctrica de los músculos, por sí solos, para determinar qué proporción de los beneficios se debe a los ejercicios y a la estimulación eléctrica y cuánta a la dieta y a todas las demás intervenciones. Los resultados preliminares son interesantísimos... ¡Permanece atento a las noticias que irán saliendo!

También sigo comprometida con la educación pública. He creado un sitio web y boletines de noticias; he grabado mis conferencias y las he pronunciado por todo el país. Hago seminarios por Internet, entrevistas, acudo a programas de radio y de televisión. No veo la hora de que mis colegas me imiten. Sí, seguiré con las investigaciones para entender estas cosas con mayor profundidad, y publicaré los resultados en revistas científicas revisadas por pares; pero también seguiré enseñando a la gente en persona, para que nadie tenga que esperar a conocer una información como esta. Los descubrimientos científicos son un proceso largo y complejo, y muchas veces pasan de veinte a treinta años hasta que un tratamiento de éxito demostrado se convierte en práctica clínica aceptada o en el tratamiento de elección. ¿Por qué esperar a que la práctica clínica aceptada se ponga al día, si es *hoy* cuando quieres empezar a dar la vuelta a tu salud, aplicando elementos que puedes controlar y que son de sentido común, como los alimentos que comes y lo que decides hacer cada día? Que sea el público quien decida si quiere recuperar su propia salud aprendiendo a adoptar las muchas conductas maravillosas que se contienen en el Protocolo Wahls. Que sea el público quien decida si el Protocolo Wahls les da resultado, a ellos mismos y a sus seres queridos. No quiero que tengas que esperar a los resultados de los estudios para probar las medidas de sentido común y de bajo riesgo que representa el Protocolo Wahls.

Soy consciente de que no todos los que acuden a mi consulta o participan en mis pruebas clínicas obtienen beneficios. No todos serán capaces de adoptar el Protocolo Wahls en su totalidad, y no todos serán capaces de levantarse de la silla de ruedas. Pero ¿y si tú sí pudieras? ¿Y si tú te levantas? El Protocolo Wahls ya ha invertido los síntomas debilitadores de centenares de personas. ¿Por qué no vas a ser tú uno de ellos?

Todo el mundo puede potenciar al máximo su funcionamiento. El máximo de una persona puede ser muy distinto del de otra; pero tú puedes llegar a *tu* máximo. Puede que tengas una enfermedad asociada a un deterioro progresivo y constante, como la enfermedad de Huntington o la esclerosis lateral amiotrófica. Es posible que el Protocolo Wahls no sea capaz de devolverte toda la salud; pero si lo sigues puedes alcanzar el funcionamiento máximo posible. Estamos aprendiendo todos los días cosas nuevas sobre el cuerpo y la enfermedad; sin embargo, yo ya sé lo siguiente: cuando te alías con lo que la naturaleza quiere para ti, cuando retiras los obstáculos a tu funcionamiento bioquímico y restauras lo que les falta a tus mitocondrias y a tus células, puedes maximizar tu salud bioquímica a nivel celular, para optimizar tu vida, sea cual sea tu problema de salud. A mí el protocolo Wahls me ha devuelto la vida. Dale la oportunidad de que restaure la tuya.

LISTADO DE SINÓNIMOS

Achicoria (radicheta, escarola)
Aguacate (avocado, palta, cura, abacate, cupandra)
Aguaturma (pataca, tupinambo, alcachofa de Jerusalén, castaña de tierra, batata de caña)
Albaricoque (damasco, chabacano, arlbérchigo, alberge)
Alforfón (trigo sarraceno)
Alubias (judías, frijoles, mongetes, porotos, habichuelas)
Apio nabo (apionabo, apio rábano)
Arándanos rojos (cranberries)
Azúcar glas (azúcar glacé)
Azúcar mascabado (azúcar mascabada, azúcar moscabada, azúcar de caña)
Beicon (bacón, panceta ahumada)
Batata (camote, boniato, papa dulce, chaco)
Bayas asai (fruto palma murraco o naidi)
Bok choy (col china, repollo chino, pak choy)
Brócoli (brécol, bróculi)
Calabacín (zucchini)
Calabaza (zapallo, ayote, auyamas, bonetera)
Caqui (kaki)
Carambola (tamarindo, fruta estrella, cinco dedos, vinagrillo, pepino de la India, lima de Cayena, caramboleiro, estrella china)
Cebolleta (cebolla verde, cebolla de invierno, cebolla de verdeo, cebolla inglesa)
Chirivía (pastinaca, zanahoria blanca)
Cilantro (culantro, coriandro, alcapate, recao, cimarrón)
Col (repollo)
Colinabo (rutabaga, nabo de Suecia)
Desnatado (descremado)
Diente de león (achicoria amarga, amargón, radicha, panadero, botón de oro)
Echinacea (equinácea)
Frambuesa (sangüesa, altimora, chardonera, mora terrera, uva de oso, zarza sin espinas, fragaria, churdón)
Fresa (frutilla)
Gambas (camarones)
Guindilla (chile)
Guisante (arveja, chícharo, arbeyu)
Hierba de trigo (wheat grass)
Hierbabuena (batán, hortelana, mastranzo, menta verde, salvia, yerbabuena)

Jicama (nabo)
Judía verde (ejote, chaucha, vainita, frijolito, poroto verde)
Judías (frijoles, alubias, porotos, balas, caraotas, frejoles, habichuelas)
Linaza (semillas de lino)
Lombarda (col morada, col lombarda, repollo morado)
Mandarina (tangerina, clementina)
Mandioca (yuca, casava, tapioca)
Mango (melocotón de los trópicos)
Mantequilla (manteca)
Melocotón (durazno)
Menta (mastranto)
Mostaza parda (mostaza oriental, china o de India)
Nabo (rábano blanco)
Nectarina (briñón, griñón, albérchigo, paraguaya, berisco, pelón)
Nueces pecanas (nueces pacanas, nueces de pecán)
Papaya (fruta bomba, abahai, mamón, lechosa, melón papaya)
Patata (papa)
Pepino (cogombro, cohombro, pepinillo)
Pimentón (páprika, paprika, pimentón español)
Pimienta de cayena (chile o ají en polvo, merkén, cayena)
Pimiento (chile o ají)
Piña (ananá, ananás)
Pipas (semillas o pepitas de girasol)
Plátano (banana, cambur, topocho, guineo)
Plátano macho (plátano verde, plátano para cocer, plátano de guisar, plátano hartón)
Pomelo (toronja)
Quinoa (quínoa, quinua, quiuna, juba, jiura)
Requesón (queso blando)
Remolacha (betabel, beterrada, betarraga, acelga blanca, beteraba)
Rúcula (rúgula)
Salsa de soja (salsa de soya, shoyu)
Sandía (melón de agua, patilla, aguamelón)
Sésamo (ajonjolí, ejonjilí, ajonjolín, jonjolé)
Sirope (jarabe)
Tabasco (salsa picante)
Tomate (jitomate, jitomatera, tomatera)
Yaca (panapén, jack)
Zumo (jugo)

LAS RECETAS DE WAHLS

Adoptar cualquiera de los planes de la dieta Wahls es todo un desafío. Al reducir o eliminar el consumo de cereales y de lácteos, tenemos que reinventarnos los desayunos, sin los cereales, las tortitas, el pan y los huevos tan típicos del desayuno americano normal. Te recomiendo que empieces el día con un smoothie que te proporcione una parte de los nueve tazones de vegetales, y proteínas de alta calidad. En el apartado siguiente te orientaré sobre el modo de crear smoothies para toda tu familia. Experimenta con los sabores.

Smoothie básico

Puedes hacerte un smoothie con cualquier cosa válida para tus nueve tazones, sobre todo con las verduras verdes. Para empezar, a casi todos nos hace falta el dulzor de la fruta para disimular el amargor de las verduras. La leche de soja, de almendra o de coco también suaviza bien el sabor. Las leches que vienen en cartón suelen tener calcio añadido, que viene bien, pues al reducir el consumo de lácteos estarás absorbiendo menos de este

nutriente esencial. Consulta siempre las indicaciones nutricionales del envase para comprobarlo.
Te recomiendo que empieces con la proporción siguiente:

- 1 parte de verduras verdes.
- 2 partes de fruta o de zumo de fruta, o 2 tazones de leche de soja orgánica (solo en la dieta Wahls), de leche de coco o de otra leche de frutos secos, no edulcorada a ser posible.
- Añade agua y hielo, y combínalo todo en una batidora de alta velocidad hasta obtener la consistencia deseada.

Existen incontables combinaciones para smoothies: combina la col kale, hojas de berza, lechuga romana, hojas de remolacha o cilantro, con arándanos, fresas, uvas, gajos de naranja, piña y mango, así como otras hortalizas como el brócoli o el pepino. Con las remolachas sale un smoothie de color magenta brillante. Cuando te vayas acostumbrando más al sabor de los smoothies verdes, podrás ir variando las proporciones, hasta llegar a poner cantidades aproximadamente iguales de verduras y frutas, o pasar a usar solo verduras acompañadas de una leche vegetal válida. También puedes añadir proporciones mayores de leche de coco. Al acompañar las verduras con grasas se les reduce el amargor, y también se reduce el índice glucémico de la fruta del smoothie. Yo, personalmente, siempre uso leche de coco con toda su grasa, de bote, para preparar los smoothies y las sopas y para añadirlo a las infusiones.

También puedes poner en tus smoothies algunos añadidos nutritivos inesperados. Las especias como la canela, el cardamomo, el jengibre o la nuez moscada también sirven para reducir el amargor y para aportar más beneficios nutritivos. A mí me gusta añadir de 1 a 2 cucharadas de levadura nutricional, que es una bomba de vitaminas del grupo B, minerales y ARN. ¡Qué buena es! Usa levadura nutricional siempre que puedas, en los smoothies o espolvoreándola sobre los vegetales. Es enormemente nutritiva. La levadura que contiene es *Sachharomyces cerevisiae* desactivada. Se cree que la *Saccharomyces cerevisiae*, a pesar de estar inactiva, reprime a la *Candida albicans* dañina que puede proliferar cuando se hace una dieta rica en carbohidratos. La levadura nutricional produce a veces dolores de cabeza a algunas personas. Si te causa algún tipo de molestia, suprímela.

Mis fuentes de proteínas en el desayuno suelen ser: carne que sobró de la cena de la noche anterior, paté de hígado o arenques encurtidos. Así me puedo preparar desayunos fáciles y en poco tiempo. Cuando yo hacía todavía tres comidas al día, mi almuerzo era, en esencia, una repetición del desayuno. Me llevaba un termo con una parte del smoothie de la mañana y algunas sobras de la noche anterior. Fácil y rápido también.

COMIDAS DE SARTÉN

Al caer el día, cuando Jackie y yo nos hemos pasado toda la jornada trabajando, solemos cenar un comida de sartén. En mi casa suelo ejercer yo de cocinera, y cuando llego prefiero comer algo cuya preparación no requiera más de veinte minutos. En contadas ocasiones como platos que exijan más tiempo. Las comidas de sartén cumplen todas las condiciones: son platos sencillos, con proteínas animales, muchos vegetales y especias sabrosas. Estos platos se preparan en una sartén puesta al fuego, y en general tardan menos en prepararse que lo que tarda en estar lista una pizza congelada. En la sartén grande que tenemos en casa pongo aceite de coco y algo de vino o vinagre, salteo cebollas o champiñones y añado carne. Como a mí me gusta la carne menos hecha que al resto de mi familia, pongo mi trozo tres o cuatro minutos después de los demás. Dos minutos antes de que haya terminado de hacerse toda la carne, añado otras verduras, y ya está. Casi siempre tengo preparada la comida en cuestión de un cuarto de hora, y la sirvo directamente de la sartén. Al hacerlo y servirlo todo en una sola sartén, hay menos cacharros que lavar.

Antes de que te dé las instrucciones básicas, he aquí algunos principios generales que debes tener en cuenta:

- Los animales criados y recebados con pastos se han alimentado de hierba hasta que se sacrifican. Deberán ser tu primera opción. Los animales criados con pastos y recebados con cereales se engordaron con cereales durante sus seis últimas semanas de vida, con lo que la proporción de ácidos grasos omega-6 y omega-3 se desvía en sentido desfavorable; pero su carne sigue siendo preferible a la de cría convencional.
- El pescado de criadero se alimenta con cereales, con lo que contiene un nivel mucho más elevado de ácidos grasos omega-6 que el pescado silvestre. Busca pescado silvestre.
- El ajo y demás miembros de la familia de la cebolla, y los de la familia de las coles, contienen azufre. Este azufre se estabiliza cuando se machaca y se corta la planta. Por eso, si estás cocinando con estos vegetales, machácalos, pícalos o córtalos y déjalos reposar de cinco a quince minutos antes de cocinarlos. Así perderás una proporción menor de los antioxidantes ricos en azufre al cocinar.
- Algas marinas: recuerda que ¼ de cucharadita de kelp en polvo equivale a 1 cucharadita de dulse en copos. Puedes usar una u otra en las recetas indistintamente, y te animo a que emplees algas marinas variadas para ob-

tener los máximos beneficios de salud. Es mejor alternar entre el kelp y el dulse que tomar la misma alga todos los días. *Recuerda que es importante que introduzcas las algas marinas y las de agua dulce en tu dieta de manera gradual.* Si empiezas a comer demasiadas de repente, pueden provocarte problemas de tiroides. Déjate guiar por tu gusto y ve aumentando la cantidad gradualmente. Cuando te hayas acostumbrado, toma hasta 1 ración al día. Las cantidades indicadas son opcionales, y siempre puedes prescindir de las algas marinas en cualquier receta; pero procura tomarlas al menos varias veces por semana, tal como se recomienda en la dieta Wahls Paleo. Recomiendo añadir algas marinas porque las hojas de berza, y todas las hortalizas de la familia de las coles, compiten ligeramente con la absorción del yodo en las células inmunitarias y en todas las glándulas endocrinas, incluida la tiroides.

- Vinagres: el vinagre balsámico me gusta. Es verdad que tiene más azúcar, pero también contiene más oxidantes y flavonoides que otros vinagres. Otros vinagres que me gustan especialmente son el de manzana no pasteurizado ni filtrado, con su «madre» o «SCOBY» (siglas que en inglés definen a una colonia simbiótica de bacterias y levaduras; estos términos se refieren a la colonia bacteriana que transforma el alcohol fermentado en ácido acético para producir el vinagre). Prueba también el vinagre de vino, el de arroz y el de coco. No dudes en experimentar con otros vinagres. También puedes sustituir el zumo de cítricos por vinagre en cualquier receta.
- La sal marina contiene oligoelementos, pero no contiene yodo. Si cocinas con sal marina, añade bastantes algas marinas. Yo uso sal marina yodada.

- La pimienta negra y otras especias favorecen la salud celular; usa especias y experimenta con otras nuevas.
- Para conseguir platos más nutritivos, cocina a temperaturas más bajas. Cuando cocines al fuego, mezcla la grasa de cocina con agua, vino o vinagre para que la temperatura sea más baja.

No dudes en modificar estas recetas, adaptando los aderezos a tu gusto y empleando las carnes y los vegetales que estén disponibles en tu comunidad y que se aprecien más en tu cultura. Es mucho mejor que emplees las verduras propias de tu lugar de residencia que col kale u hojas de mostaza de importación. Ve rotando las variedades que tengas disponibles y prueba combinaciones nuevas. La magia consiste en comer alimentos frescos, de temporada y locales. Como decía mi madre, las recetas no son más que sugerencias. Estas son mis sugerencias para que prepares comidas sencillas.

Receta básica de carne y verduras a la sartén
PARA 4 RACIONES

El principio básico de esta receta tan versátil es guisar carne en una sartén con aceite de coco, vinagre y especias, y añadirle verduras en los dos últimos minutos. Las acelgas, las hojas de mostaza, las espinacas y la mayoría de las verduras verdes las suelo picar, pero la kale la suelo añadir entera, porque es muy agradable ir cortando sus hojas con el cuchillo de carne mientras vas comiendo. Haz experimentos con los diversos tipos de proteínas animales, cortes de carne y aderezos que te gusten, y no olvides ir rotando las diversas verduras para multiplicar sus beneficios para la salud. Si las verduras verdes te saben amargas, añade hasta

2 cucharadas soperas de vinagre o de zumo de lima o de limón. El amargor se debe a la alcalinidad del alimento; por eso se suele aliviar con un poco de líquido ácido. Con esta receta da buen resultado cualquier combinación de carne y verduras verdes. A Zebby le gusta especialmente el salmón con verduras guisadas, mientras que a Zack le gusta mucho el bistec de carne, y ha llegado a preferir comerlo casi tan poco hecho como yo. A Jackie y a mí nos parece que el corazón sabe como un *filet mignon* muy fino. Es una fuente estupenda de ubiquinona o coenzima Q. (Otra fuente más potente todavía son los sesos, pero poca gente los come actualmente). Nuestro carnicero local nos sirve corazones de bisonte, y son maravillosos. Procuramos comer corazón una vez por semana. Mi bisabuela sabía bien que el corazón, el hígado y los riñones son parte fundamental de la alimentación de una familia. Prefiero guisar carne suficiente para que sobre, y poder preparar un desayuno rápido y sencillo con las sobras.

Las proporciones básicas son las siguientes:

1 cucharada sopera de aceite de coco
Tus aderezos favoritos, al gusto (¡experimenta!): ajo (añádelo con las verduras), jengibre, hierbas aromáticas frescas o secas (albahaca, romero, tomillo, etc.), especias secas (comino, polvo de curry, chile en polvo, cúrcuma, pimentón e incluso canela)
1 a 2 cucharadas soperas de vinagre y/o zumo de cítricos: vinagre de manzana, vinagre balsámico, zumo de limón o de lima, vinagre de vino tinto
1 cucharadita de kelp ecológico en polvo, como el de Starwest Botanicals (opcional)
1 cucharadita de sal marina yodada
450 a 900 g de carne o de pescado: beicon sin nitratos (guisado antes de la fuente principal de proteínas, y habiendo reti-

rado de la sartén la grasa sobrante), jamón, ternera, pollo, cerdo, salmón, cordero, corazón, hígado

6 a 7 ½ tazones (1440 a 1800 ml) de verduras verdes y otros vegetales: brócoli, hojas de berza, kale, hojas de mostaza, espinacas, grelos, coles, zanahorias, berenjenas, setas, cebollas

❖ Pon aceite de coco en una sartén grande, que se mantendrá tapada, a fuego medio. Añade los aderezos, el vinagre, el kelp en polvo y la sal. Añade la carne o el pescado y déjalo a fuego lento hasta que esté hecho a tu gusto. Ten en cuenta que la carne estará más dura cuanto más hecha esté. Yo la dejo 5 minutos, porque me gusta poco hecha. Añade las verduras y deja que se haga de 1 a 2 minutos más. Yo corto la carne en tiras finas antes de servir. Si está demasiado poco hecha para el gusto de algunos, puedes volver a poner las tiras en la sartén un minuto más para que quede bien pasada.

Pollo a la argelina / Vegetariano a la argelina
PARA 4 RACIONES

A mi hija y a mí nos gusta ir a un restaurante argelino que está en Elkader, en Iowa, y llegamos a la conclusión de que debíamos dar un toque argelino a nuestro repertorio culinario. Se tarda algo más en preparar que los platos de sartén básicos, pero ¡está delicioso! Esta es una receta flexible que puedes hacer vegetariana si quieres. La puedes tomar con la dieta Wahls (acompañándola de quinoa con pimiento rojo), con la dieta Wahls Paleo (con arroz de coliflor, calabaza espagueti, calabaza de invierno, ñames o col salteada) o con la dieta Wahls Paleo Plus (sustituyendo las judías verdes por espárragos).

4 dientes de ajo picados
650 g de pollo, con su piel (Puedes usar pechugas, muslos o muslitos. Omítelo para preparar la versión vegetariana.)
1 bote de 410 g de tomates picados
2 tazones (480 ml) de puerros, en rodajas
1 tazón (240 ml) de caldo de huesos (ver receta en página 510; si eres vegetariano, usa caldo de verduras o agua)
1 pimiento banana dulce (pimiento de encurtir) mediano en rodajas
1 zanahoria mediana en rodajas
1 cucharada sopera de aceite de coco
2 cucharadas soperas de cúrcuma molida
1 cucharadita de canela en polvo
1 cucharadita de cominos en polvo
1 cucharadita de alga kelp ecológica en polvo, como la de Starwest Botanicals (opcional)
½ cucharadita de sal marina yodada
4 tazones (960 ml) de judías verdes (dieta Wahls o dieta Wahls Paleo) o 4 tazones de espárragos (dieta Wahls Paleo Plus)
2 tazones (480 ml) de cilantro picado, separados los tallos de las hojas

❖ Pica el ajo y déjalo reposar 15 minutos antes de usarlo, para que se estabilice el azufre. Pon en una cazuela grande el ajo, el pollo, los tomates, los puerros, el caldo de huesos, el pimiento, la zanahoria, el aceite de coco, las especias, el kelp en polvo y la sal, a fuego medio. Cuando cueza, déjalo a fuego lento 15 minutos. Añade a la cazuela las judías verdes o los espárragos y los tallos de cilantro picados y déjalo otros 5 minutos a fuego lento. Añade las hojas de cilantro picadas, revolviendo, justo antes de servir.

Pollo al romero
PARA 8 RACIONES

El pollo y el romero se combinan de maravilla. Puedes cultivar romero fácilmente en tu jardín o en jardineras.

6 dientes de ajo picados
2 cucharadas soperas de romero fresco picado
900 g de muslitos de pollo troceados con la piel, o cualquier otro corte del pollo.
1 berenjena mediana en rodajas
450 g de champiñones en rodajas
2 zanahorias grandes en rodajas
2 cucharadas soperas de vinagre destilado
1 cucharada sopera de aceite de coco
½ cucharadita de kelp ecológico en polvo, como el de Starwest Botanicals (opcional)
½ cucharadita de sal marina yodada

❖ Pica el ajo y déjalo reposar 15 minutos. Mete el romero bajo la piel del pollo. Pon en una sartén grande el ajo, el pollo, la berenjena, los champiñones, las zanahorias, el vinagre, el aceite de coco, el kelp en polvo y la sal. Déjalo 20 minutos a fuego lento y sírvelo.

Hígado encebollado con champiñones
PARA 4 RACIONES

Esta receta está adaptada de un libro que tenía mi bisabuela, el *Compendio de cocina y libro del saber*, de 1890, que incluye un capítulo entero sobre el uso de vísceras como el hígado, el corazón, los sesos, las mollejas (glándula timo) y los riñones. Puedes empezar por comer higadillos de pollo, más suaves que otros tipos de hígado. Esta receta también la puedes preparar al horno, a 120 °C de una a dos horas, que es mi manera favorita de preparar el hígado. Para ello se disponen las tiras de beicon entre las de hígado, que están a su vez sobre un lecho de cebollas y champiñones. Solemos hacer de más y aprovechar el sobrante para preparar paté de hígado, que me tomo de desayuno.

225 g de beicon sin nitratos
225 g de champiñones en rodajas
1 cucharadita de kelp ecológico en polvo, como el de Starwest Botanicals (opcional)
450 g de cebollas picadas
750 g de higaditos de pollo
1 cucharada sopera de vinagre balsámico
½ cucharadita de sal marina yodada

❖ Fríe el beicon en una sartén grande. Retira toda la grasa sobrante. Añade los champiñones, el kelp y las cebollas, y déjalo de 3 a 5 minutos a fuego medio-bajo. Añade los higaditos, el vinagre y la sal. Déjalo de 2 a 3 minutos a fuego medio. Deja los higadillos poco hechos, porque muy pasados se ponen duros.

Paté de hígado
2 RACIONES

Aunque el paté de hígado no es un plato de sartén propiamente dicho, lo incluyo aquí porque siempre que preparo hígado encebollado procuro que sobre lo suficiente para hacer después una tanda de paté. Cuando comemos hígado encebollado, este paté de hígado me sirve de proteína a la mañana siguiente. Nos gusta sobre todo con nabo, colinabo, rábano o colirrábano en rodajas. También está bien con apio.

¼ *de tazón (60 ml) de aceite de oliva, aceite de coco o ghee*
¼ *de tazón (60 ml) de vinagre balsámico (o de vinagre de manzana Bragg)*

❖ Toma el hígado encebollado con champiñones sobrante (como la mitad de la receta anterior) y ponlo con aceite y vinagre en una procesadora de alimentos. Procésalo hasta que esté bien batido. Si te parece demasiado espeso, añade más agua o vinagre para que tenga una consistencia semilíquida, como de pudin. Guárdalo en la nevera.

Pizza Wahls
PARA 1 RACIÓN

A mi familia le costaba trabajo renunciar a la pizza. Aunque es posible encontrar pizzas sin gluten, resulta mucho más difícil encontrarlas sin gluten y sin lácteos. Zebby y Jackie suelen comer pizza mientras yo sigo guardando la dieta **Wahls Paleo Plus**. He aquí un ejemplo de cómo puedes preparar una base de pizza a partir de tortillas de maíz sin gluten. Añádeles unas cuantas hortalizas, la carne que prefieras y un queso sin lácteos como el Daiya (www.daiyafoods.com), y ya está. Sírvela con una ensalada grande y ya tienes un «alimento reconfortante» que os facilitará un poco la transición a tu familia y a ti. No dejes de leer los envases de los productos sin gluten para cerciorarte de que son sin gluten, sin lácteos y (a ser posible) sin huevo.

Nota: las cantidades que se expresan en esta receta son para dos tortillas de maíz de 15 cm de diámetro; pero si quieres prepararte tu propia versión para varias personas sobre una base de pizza o una tortilla de maíz sin gluten más grande, añade más ingredientes al gusto. Es importante aplicar a la pizza las cantidades óptimas de queso Daiya para obtener los mejores resultados. Estas son las cantidades con las que me han salido las mejores pizzas: tortilla de maíz sin gluten de 25 cm = 110 g de queso Daiya; de 30 cm = 140 a 170 g; de 35 cm = 225 g; de 40 cm = 280 g; de 45 cm = 340 g. Si te agrada la comodidad de la pizza congelada, Daiya también elabora actualmente pizzas congeladas sin lácteos ni gluten.

2 tortillas de maíz de 15 cm (o tortillas de harina sin gluten)
¼ de tazón (60 ml) de salsa de pizza (que no contenga azúcar ni gluten)
125 g de carne picada, salteada
¼ de tazón (60 ml) de pimientos rojos dulces picados
¼ de tazón (60 ml) de cebolla picada
¼ de tazón (60 ml) de aceitunas negras sin hueso y cortadas
¼ de tazón (60 ml) de espinacas
1 diente de ajo picado
175 g de queso de soja (en las tiendas de alimentos de salud y en los supermercados normales se encuentran sustitutos del queso no lácteos)

❖ Pon las tortillas de maíz sobre una bandeja grande. Extiende sobre las tortillas la salsa de pizza y la carne. Añade a cada tortilla los pimientos, la cebolla, las aceitunas, las espinacas y el ajo. Cúbrelo todo con el sustituto de queso sin gluten ni lácteos. Ponlo al horno a 190 grados, de 5 a 10 minutos o hasta que se funda el queso. O bien, puedes pasar las pizzas por una tostadora, o ponerlas en una sartén grande cubierta y dejarlas a fuego medio hasta que se funda el queso, que suele tardar de 2 a 3 minutos. Saca con cuidado las pizzas del horno, de la tostadora o de la sartén, y sírvelas

Rawmesan
PARA 16 RACIONES

Esta es una receta vegana que tiene un sabor muy parecido al del queso parmesano. (Naturalmente, puedes tomarla con tu Pizza Wahls o tus hortalizas guisadas aunque no seas vegano).

½ tazón (120 ml) de levadura nutricional
½ tazón (120 ml) de nueces picadas
½ cucharadita de sal marina yodada

❖ Combina los ingredientes en una procesadora de alimentos y procésalos con sucesivos impulsos cortos hasta que la mezcla se parezca al queso parmesano.

CALDO DE HUESOS

Caldo de huesos
PARA CANTIDADES VARIABLES, EN FUNCIÓN DEL AGUA EMPLEADA

El caldo de huesos se conserva tres días en la nevera, en tarros de vidrio cerrados herméticamente, o tres meses en el congelador. Cuantos más huesos pongas en la olla, más tiempo deberás dejarla a fuego lento para que aumente el contenido de colágeno y minerales del caldo. Los huesos de rodilla y las patas de pollo aportan mucha gelatina y colágeno. Yo procuro tomarme de 1 a 2 tazones al día, sobre todo en invierno.

Agua (filtrada con filtro común o por ósmosis inversa), la que baste para llenar la olla común o la eléctrica de cocción lenta)
1 cebolla, picada
3-4 dientes de ajo
2-4 cucharadas soperas de vinagre de manzana (1 cucharada sopera por cada litro de agua que se añade es un buen punto de partida)
1 cucharadita de kelp en polvo, o 1 cucharada sopera de dulse en copos (opcional)
½ cucharadita de pimienta negra
½ cucharadita de sal marina yodada
Huesos (los de rodilla de vaca dan muy buen resultado)
4 patas de pollo (opcional, pero recomendado)
Cualquier vegetal que tengas en la nevera y que se esté empezando a pasar

❖ Calienta el agua hasta que hierva o esté a punto de hervir y añade todos los ingredientes. Déjalo a fuego lento desde 4 horas hasta 2 días enteros. Si suben a la superficie sustancias espumosas, retíralas y deséchalas. Cuando lo retires del calor, déjalo enfriar. Cuela el caldo para retirar los vegetales y los huesos.

Sopa de caldo de huesos y aguacate
PARA PREPARAR UNOS 600 ml

Con esta receta prepararás una rica sopa, densa y cremosa. Si está demasiado espesa, solo tienes que añadirle más caldo o agua.

2 tazones (480 ml) de caldo de huesos (ver la receta en pág. 510)
⅓ de bote de leche de coco con toda su grasa

1 aguacate pelado y sin el hueso
2 dientes de ajo machacados
1 cucharadita de jengibre fresco rallado

❖ Combina todos los ingredientes. Pásalos por una batidora de alta potencia hasta que estén bien batidos. Puedes optar por calentar la sopa, aunque también está riquísima en frío.

Sopa de caldo de huesos y zanahoria
PARA 1 RACIÓN

1 tazón (240 ml) de caldo de huesos (ver receta en página 510)
⅓ de bote de leche de coco con toda su grasa
½ tazón (120 ml) de zanahorias crudas o cocidas
1 cucharadita de jengibre fresco picado
½ cucharadita de cúrcuma molida

❖ Pon el caldo de huesos a punto de hervor a fuego medio. Añádele los demás ingredientes. Redúcelo todo a puré con una Vitamix u otra batidora de alta potencia.

Sopa de caldo de huesos, coliflor y cúrcuma
PARA 1 RACIÓN

1 tazón (240 ml) de caldo de huesos (ver receta en página 510)
⅓ de bote de leche de coco con toda su grasa
½ tazón (120 ml) de floretes de coliflor crudos o cocidos
1 diente de ajo picado
½ cucharadita de cúrcuma molida

❖ Pon el caldo de huesos a punto de hervor a fuego medio. Añádele los demás ingredientes. Redúcelo todo a puré con una Vitamix u otra batidora de alta potencia.

Sopa de caldo de huesos y pimientos
PARA 1 RACIÓN

1 tazón (240 ml) de caldo de huesos (ver receta en página 510)
½ tazón (120 ml) de pimientos rojos picados
⅓ de bote (o más) de leche de coco con toda su grasa

❖ Pon el caldo de huesos a punto de hervor a fuego medio. Añádele los demás ingredientes. Redúcelo todo a puré con una Vitamix u otra batidora de alta potencia.

EL PODER DEL CALDO DE HUESOS

La gente que padece artritis se gasta mucho dinero en caros suplementos para las articulaciones. Entre estos figuran sustancias como la glucosamina, el sulfato de condroitina y el metilsulfonilmetano (o MSM, otro compuesto con azufre). La gente también se gasta mucho dinero en inyecciones de ácido hialurónico para las articulaciones. Yo prefiero un planteamiento más natural. Puedes conseguir todas estas sustancias que refuerzan las articulaciones y los huesos, y otras más, haciéndote tu propio caldo de huesos y tomándolo a diario. Los huesos para caldo que llevan cartílago y tendones aportan todavía más glucosamina, que beneficia a los huesos y a las articulaciones. Los que contienen mucha médula tienen más grasa ADH, que también te sienta muy bien, como ya he dicho.

Sopa de leche de coco y pescado
PARA 4 RACIONES

Esta es una receta que gustará a toda la familia. Es muy fácil adaptarla a cualquier combinación de pescado o marisco, o incluso de aves.

6 tazones (1440 ml) de caldo de huesos (ver receta en pág. 510)
1 bote de 380 g de leche de coco con toda su grasa
1 cucharadita de kelp ecológico en polvo, como el de Starwest Botanicals (opcional)
½ cucharadita de sal marina yodada
5 tazones (1200 ml) de col china bok choy picada
3 tazones (720 ml) de brócoli picado
1 zanahoria mediana en rodajas
225 g de hongos shiitake en rodajas
1 cucharada sopera de jengibre en rodajas finas
675 g de salmón
2 cucharadas soperas de zumo de lima

❖ Pon en una cazuela grande el caldo, la leche de coco, el kelp en polvo, la sal, los vegetales y el jengibre. Si quieres que la sopa tenga más caldo, añádele más agua. Ponlo a punto de hervor. Añádele el salmón y el zumo de lima. Dale un hervor. Retira la cazuela del calor y déjala reposar 10 minutos antes de servir.

Sopa de marisco y tomate
PARA 4 RACIONES

Esta sopa es maravillosa, y el azafrán le da un punto estupendo. En mi casa alternamos esta receta con la sopa de leche de coco y pescado. Ambas gustan muchísimo a Zach y a Zebby, y ninguna de las dos se tarda mucho en preparar.

4 tazones (960 ml) de caldo de huesos (receta en pág. 510)
1 botella de 500 ml de jugo de almejas
1 bote de 410 g de tomates picados
4 dientes de ajo
1 tazón (240 ml) de pimiento rojo dulce picado
1 tazón (240 ml) de pimiento amarillo dulce picado
1 puerro cortado en rodajas
1 cucharadita de kelp ecológico en polvo, como el de Starwest Botanicals (opcional)
½ cucharadita de sal marina yodada
⅛ de cucharadita de azafrán
225 g de vieiras
225 g de gambas

❖ Pon el caldo, el jugo de almejas, los tomates, el ajo, las verduras, el kelp en polvo, la sal y el azafrán en una olla grande, a fuego medio. Cuando haya roto a hervir, déjalo 5 minutos a fuego lento. Añade las vieiras y las gambas. Dale un hervor. Retira la olla del fuego, déjalo reposar de 5 a 10 minutos y sírvelo.

Sopa de kale y salchichas / sopa vegetariana de kale
PARA 4 RACIONES

Esta receta resulta especialmente adecuada para las comidas de invierno. A Zach le gusta con kale y salchicha, pero da buen resultado con cualquier verdura de hoja verde. Puedes prepararla con salchichas de cualquier tipo que te gusten, o suprimir las salchichas por completo si quieres hacerla vegetariana.

8 tazones (1920 ml) de caldo de huesos (receta en pág. 510, o sustituirlo por caldo de verduras si eres vegetariano)
4 tazones (960 ml) de col kale (col rizada) picada
2 tazones (480 ml) de boniato
1 tazón (240 ml) de cebolla picada
1 pimiento banana dulce (pimiento de encurtir), cortado en rodajas
1 cucharadita de kelp ecológico en polvo, como el de Starwest Botanicals (opcional)
½ cucharadita de sal marina yodada
4 salchichas bratwurst (si eres vegetariano, suprímelas o sustitúyelas por 2 tazones —480 ml— de judías carillas, de bote o cocidas a partir de las secas, pero puestas antes en remojo para reducirles las lectinas/fitatos)
1 bote de 380 g de leche de coco con toda su grasa

❖ Pon en una olla normal o en una olla eléctrica de cocción lenta el caldo, los vegetales, el kelp en polvo y la sal. Añade las salchichas y déjalo a fuego lento durante 30 minutos como mínimo; o añade las judías carillas, que estarán tiernas al cabo de 30 minutos si se pusieron en remojo previamente. Saca las salchichas, córtalas en rodajas y vuelve a añadirlas a la olla. Añade la leche de coco, revuelve la sopa y sírvela.

Chiles rojos con judías
PARA 4 RACIONES

Puedes poner en la mesa una botellita de salsa picante de Louisiana o de cualquier otra marca que prefieras, para que cada comensal se sazone el chile dejándolo todo lo picante que quiera. Jackie lo prefiere mas suave, pero a Zebby y a mí nos gusta picante. Zebby es, seguramente, la más aficionada al picante de todos. El picante de la salsa procede de la capsaicina, que se ha empleado como tratamiento tradicional de los dolores neurológicos crónicos. Si pones en remojo las judías el día anterior y las haces germinar, se acortará el tiempo de cocción y les habrás reducido también las lectinas y los fitatos.

8 tazones (1920 ml) de caldo de huesos (ver receta en pág. 510)
450 g de carne de bisonte picada
1 tazón (240 ml) de cebolla picada
1 bote de 425 g de judías negras (frijoles) escurridas
2 botes de 175 ml de pasta de tomate
1 zanahoria mediana en rodajas
1 jalapeño picado
1 cucharadita de chile en polvo
1 cucharadita de kelp orgánico en polvo, como el de Starwest Botanicals (opcional)
½ cucharadita de sal marina yodada

❖ Pon todos los ingredientes en una cazuela. Déjalos 30 minutos a fuego lento.

Estofado de marisco
PARA 4 RACIONES

Este estofado está estupendo con ostras o vieiras, y puedes variarlo para adaptarlo al nivel del Protocolo Wahls que estés siguiendo. Para preparar la versión adecuada para la dieta Wahls Paleo, duplica la cantidad de mariscos, sin variar el resto de la receta. Para la dieta Wahls Paleo Plus, pon 450 g de mariscos y suprime la calabaza moscada.

1 bote de 380 g de leche de coco con toda su grasa
2 tazones (480 ml) de caldo de pollo (o de caldo de huesos —ver la receta en pág. 510—, o comprado en tienda)
450 g de champiñones en rodajas
1 cebolla grande, picada
2 tazones (480 ml) de calabaza moscada (calabaza butternut), cortada en dados (suprimirla para la dieta Wahls Paleo Plus)
1 cucharadita de kelp ecológico en polvo, como el de Starwest Botanicals (opcional)
½ cucharadita de sal marina yodada
450 g de ostras o de vieiras (900 g si haces la dieta Wahls Paleo)
2 tazones (480 ml) de coliflor picada
1 tazón (240 ml) de cilantro fresco picado

❖ Pon en una olla la leche de coco, el caldo, los champiñones, la cebolla, la calabaza moscada, el kelp en polvo y la sal. Ponlo a fuego lento hasta que la calabaza esté casi tierna, de 5 a 10 minutos. Añade las ostras o vieiras y la coliflor, vuelve a ponerlo a punto de hervor suave y retira la olla del calor. Deja reposar el estofado 10 minutos. Incorpora el cilantro, revuélvelo y sírvelo. Agrega a cada plato pimienta molida gruesa al gusto.

ENSALADAS

Suelo recomendar las ensañadas, pero su contenido nutricional puede variar mucho en función de las hortalizas, frutas, frutos secos, semillas, fuentes de grasa y carnes que les pongas. En general, te recomiendo que te llenes bien el plato de verduras de hoja frescas y crudas de todos los tipos, y que piques y le añadas otras hortalizas que puedas tener (pepinos, zanahoria, rábanos, pimientos, champiñones, cebolletas o lo que quieras; pero procura incluir vegetales ricos en azufre para equilibrar las verduras). Báñalo todo con aceite de oliva de prensado en frío y un chorrito de zumo de limón recién extraído o de vinagre, y añádele alguna proteína animal, que puede ser carne de vacuno, de pollo, o pescado.

Ensalada de salmón o de pollo
PARA 3 RACIONES

Estas ensaladas con carne pueden servir de primer plato, de guarnición o de complemento. Si la preparas con salmón, búscate un bote de salmón silvestre que contenga también las espinas. Al incluir en la ensalada las espinas, aumentarás notablemente el consumo de calcio. Sírvela con pan o galletas sin gluten. A mi hija le gusta mucho comerla envuelta en hojas de berza. Puedes hacer las hojas de berza al vapor durante un minuto para emplearlas en vez de tortas de pan de envolver. Si prefieres, puedes calentar un poco la ensalada al fuego para comerla tibia. Es una comida fácil que puedes preparar con alimentos de los que siempre tienes en la despensa.

1 bote de 415 g de salmón, escurrido, o 4 pechugas de pollo asadas, sin piel (unos 350 g)
½ cebolla pequeña picada
1 diente de ajo picado
¼ de tazón (60 ml) de apio picado
¼ de tazón (60 ml) de perejil picado
2 cucharadas soperas de salsa de cacahuete sin gluten
⅓ de cucharadita de kelp ecológico en polvo, como el de Starwest Botanicals (opcional)
¼ de cucharadita de sal marina yodada

❖ Pon el salmón en un cuenco y machácale las espinas. Si estás haciendo la receta con pollo, corta las pechugas en trozos del tamaño de un bocado. Pon el salmón o el pollo con la cebolla, el ajo, el apio, el perejil, la salsa de cacahuete, el kelp en polvo y la sal en un procesador de alimentos y procésalos a impulsos intermitentes hasta que la mezcla alcance la textura que deseas. También puedes picarlo todo y mezclarlo a mano.

COMPLEMENTOS

Llamo complementos a platos vegetales que puedes poner en la mesa como acompañamiento. Algo que he descubierto es que al añadir beicon a un plato se reduce el amargor de los vegetales, y a Zach y a Zebby les gustan más así. Y nos alegramos mucho más cuando descubrimos el beicon sin gluten ni nitratos.

Verduras verdes con beicon
PARA 3 RACIONES

La receta da buen resultado con cualquier verdura verde.

4 lonchas de beicon sin nitratos, cortados en trozos del tamaño de un bocado
6 tazones (1440 ml) de verduras picadas (hojas de remolacha o de mostaza, o cualquier otra verdura verde)
3 dientes de ajo picados
1 cucharada sopera de vinagre balsámico
1 cucharadita de kelp ecológico en polvo, como el de Starwest Botanicals (opcional)
½ cucharadita de sal marina yodada

❖ Fríe el beicon. Conserva toda la grasa. Añade a la sartén las verduras, el ajo, el vinagre, el kelp en polvo y la sal. Sigue guisando hasta que estén blandas las verduras. Sírvelo.

Coles de Bruselas, beicon y arándanos rojos
PARA 4 RACIONES

De niña no me gustaban mucho las coles de Bruselas, pero ahora a Jackie y a mí nos encantan. El secreto es no pasarlas mucho, porque se ponen amargas. Los arándanos rojos son un complemento muy agradable desde el punto de vista visual y del sabor, y las almendras añaden algo más de calcio a la receta. Es un plato fácil y rápido de preparar.

4 lonchas de beicon sin nitratos
4 tazones (960 ml) de coles de Bruselas partidas en dos
1 tazón (240 ml) de arándanos rojos frescos, enteros
¼ de tazón (60 ml) de cebolla picada
2 cucharadas soperas de vinagre balsámico
1 cucharadita de kelp ecológico en polvo, como el de Starwest
  Botanicals (opcional)
¼ de tazón (60 ml) de almendras crudas picadas (puestas
  en remojo, si haces la dieta Wahls Paleo o la Wahls Paleo
  Plus)

❖ Fríe el beicon. Retira la mitad de la grasa (o déjala toda si quieres aumentar tu consumo de grasas sanas). Añade a la sartén las coles de Bruselas, los arándanos rojos, la cebolla, el vinagre y el kelp en polvo. Cubre la sartén y déjalo dos minutos a fuego lento. Añade las almendras picadas al servir.

Puré de nabos
PARA 4 RACIONES

450 g de nabos
½ tazón (120 ml) de levadura nutricional
½ tazón (120 ml) de cebolinos picados
4 dientes de ajo picados
2 cucharadas soperas de aceite de coco
1 cucharadita de kelp ecológico en polvo, como el de Starwest Botanicals (opcional)
¼ de cucharadita de sal marina yodada
¼ de cucharadita de pimienta negra molida

❖ Lava los nabos y córtalos en trozos del tamaño de un bocado. Ponlos en una cesta de hervir al vapor y hiérvelos hasta que estén tiernos; tardarán de 5 a 10 minutos en función del tamaño de los trozos. Cuando los nabos estén tiernos, ponlos en un cuenco con el resto de los ingredientes y redúcelos a puré con un pisapatatas. (También puedes pasar la mezcla por una procesadora de alimentos, procesándola con impulsos intermitentes hasta que alcance la textura deseada). Añade a las raciones individuales más pimienta negra picada gruesa, al gusto.

Col lombarda salteada
PARA 4 RACIONES

Mi madre era muy aficionada a la lombarda, y acostumbró a toda nuestra familia a comerla salteada.

2 cucharadas soperas de aceite de coco
4 tazones (960 ml) de col lombarda picada

1 ½ *cucharadas soperas de jengibre fresco en rodajas*
1 *cucharada sopera de vinagre balsámico*

❖ Calienta el aceite de coco en una sartén a fuego medio. Añade la lombarda, el jengibre y el vinagre. Saltea de 2 a 4 minutos.

Quinoa y pimientos rojos
PARA 4 RACIONES

Esta receta le gusta mucho a Zebby. La basamos en un plato que ponen en un restaurante argelino de Elkader, en Iowa.

1 *tazón (240 ml) de quinoa*
1 ½ *tazones (360 ml) de agua*
1 *tazón (240 ml) de pimiento rojo picado*

❖ Pon la quinoa en remojo 10 minutos y lávala cuidadosamente para quitarle la piel (esta contiene un revestimiento amargo llamado saponina), o hazla germinar dejándola de 6 a 24 horas en remojo, y lávala después. Vuelve a echarla a la cazuela, añade el agua, tapa y déjala 10 minutos a fuego lento. Añade los pimientos rojos y deja otros 5 minutos a fuego lento. Retira del fuego y deja reposar en la cazuela otros 5 minutos. Ahueca con un tenedor, y sirve.

Arroz de coliflor
PARA 4 RACIONES

1 coliflor mediana

❖ Corta la coliflor en pedazos que quepan por el tubo de la procesadora de alimentos (a menos que prefieras rallarla a mano). Pon la coliflor en una cesta de hervir al vapor, dentro de una olla grande al fuego. Hazla al vapor de 2 a 4 minutos. Monta en la procesadora de alimentos la cuchilla de rallar. Pasa por el aparato la coliflor al vapor, con sus tallos y hojas. Este es un sustituto magnífico del arroz. También puedes pasarla por la procesadora para hacer puré de coliflor, que se puede comer como el puré de patatas. Esta es una alternativa a las patatas: tiene pocos carbohidratos y un gran sabor; acompaña bien a cualquier plato con rica salsa y no hace subir los niveles de insulina.

Calabaza espagueti
PARA 4 RACIONES

1 calabaza espagueti (alcayota) grande

❖ Haz agujeros en la calabaza para que pueda salir el vapor. Ponla al horno a 190 °C durante una hora, o en una olla eléctrica de cocción lenta, a temperatura baja, durante 10 horas. La calabaza está hecha cuando se le puede atravesar fácilmente la piel con un tenedor de trinchar. Parte la calabaza en dos, extráele las semillas y deséchalas. Saca la pulpa, que tendrá aspecto de fideos, y sírvela.

Boniato o calabaza de invierno
½ A 1 BONIATO O CALABAZA POR RACIÓN, EN FUNCIÓN
DEL TAMAÑO

❖ Cortar la hortaliza en trozos y ponerla al vapor de 10 a 15 minutos, o hasta que se le atraviese fácilmente la piel con un tenedor de trinchar. Ponerla en una fuente y servirla.

Mezcla de remolacha y col lombarda
PARA 1 RACIÓN

Esta receta la puedes hacer de dos maneras. Puedes emplear el jengibre recién rallado o la combinación de canela y cacao, o puedes omitirlos y optar por la mezcla de remolacha y lombarda sola. Las remolachas y la lombarda son excelentes para las mitocondrias y para la destoxificación. El jengibre, la canela y el cacao son especias muy potentes que refuerzan todavía más las mitocondrias y la destoxificación; por eso empecé a añadirlas a más platos.

¼ de tazón (60 ml) de remolacha cruda
¼ de tazón (60 ml) de col lombarda picada
1 cucharada sopera de aceite de linaza o de cáñamo
1 cucharada sopera de aceite de oliva
1 cucharadita de canela en polvo (opcional)
¼ de cucharadita de cacao no edulcorado (opcional) o 1 cucharadita de jengibre fresco rallado (en lugar de la combinación de cacao y canela)

❖ Combina todos los ingredientes. Ponlos en un procesador de alimentos y procésalos a impulsos intermitentes hasta que alcancen la consistencia que desees.

Mezcla de remolacha y arándanos rojos
PARA 1 RACIÓN

¼ *de tazón (60 ml) de remolacha cruda*
¼ *de tazón (60 ml) de arándanos rojos enteros*
1 ½ *cucharadas soperas de jengibre fresco, en rodajas o rallado*

❖ Combina todos los ingredientes. Ponlos en un procesador de alimentos y procésalos a impulsos intermitentes hasta que alcancen la consistencia deseada.

BEBIDAS

Té de caldo de huesos

Me gusta combinar el caldo de huesos con leche de coco para hacerme una bebida caliente por las mañanas, sobre todo en invierno. La base es un tazón (240 ml) de caldo de huesos caliente y ⅓ de bote de leche de coco con toda su grasa. A esta mezcla le añado también especias (como la cúrcuma) y algunas hortalizas (como zanahorias o ajo). La Vitamix puede con todo, de modo que añado las hortalizas, crudas o cocidas, y pongo toda la mezcla a alta potencia hasta que está bien batida. Si queda demasiado espesa, añado más caldo hasta que tiene la textura que deseo. Experimenta tú también con especias y con hortalizas de temporada.

Té de cúrcuma
PARA 1 RACIÓN

1 tazón (240 ml) de caldo de huesos (ver receta en pág. 510)
⅓ de bote (o más) de leche de coco con toda su grasa
½ cucharada sopera de cúrcuma molida
1 diente de ajo, pelado y machacado

❖ Pon el caldo de huesos a punto de hervor a fuego medio. Añade el resto de los ingredientes y procesa en una Vitamix u otra batidora de alta potencia.

Cacao de taza
PARA 1 RACIÓN

Nuestras tatarabuelas y tatarabuelos sabían hacer que los alimentos parecieran más dulces a base de especias. Las especias que tienen un poco de picante, como la canela, el clavo, la hierbabuena y el jengibre, ayudan a reducir la sensación de amargor de los alimentos y mejoran su dulzura respectiva. Yo me preparo cacao de taza solo con cacao ecológico en polvo, canela y leche de coco. El cacao no contiene azúcar, pero la canela le quita muy bien el amargor. Cuanto más tiempo pases sin tomar azúcar, más se adaptarán tus papilas gustativas y tu sensibilidad a los sabores. Es probable que notes que los alimentos te saben más dulces, y puede que los sabores amargos te gusten más. Si este chocolate es demasiado amargo para tu gusto, añádele un plátano muy maduro o alguno de los edulcorantes aceptados, como una cucharada de miel. Las hojas de estevia están bien, pero no estoy segura de las consecuencias del proceso industrial en la estevia procesada, y por eso no la uso.

¼ a 1 cucharadita de cacao no edulcorado
½ a 1 cucharadita de canela en polvo
½ bote de leche de coco con toda su grasa
½ tazón (120 ml) de agua
Opcional: hazte un cacao a la menta añadiendo unas gotas de aceite de menta.

❖ Combina todos los ingredientes en una batidora y bátelos hasta que estén bien finos. (El cacao no queda bien batido con solo revolverlo a mano). Caliéntalo suavemente a fuego medio en una cazuela.

ALIMENTOS FERMENTADOS

Los alimentos fermentados cuentan con una larga tradición en la mayoría de las cocinas de nuestras bisabuelas. No son difíciles de preparar y aportan mucha nutrición a tu dieta. He aquí algunas recetas sencillas que a mí me gustan mucho. Empieza despacio, pues hay que acostumbrarse poco a poco al sabor de los alimentos fermentados. Después podrás ir condimentando tus platos con más alimentos fermentados.

Té de kombucha
PARA HACER 4 LITROS

El té de kombucha se puede comprar en las tiendas, pero si quieres tenerlo lo más fresco posible y controlar los ingredientes, háztelo tú mismo. Para hacer 4 litros de té, puedes calentar el agua y ponerle bolsitas de té, o prepararlo al sol. De una manera o de otra, deberás asegurarte de que el agua no tiene cloro; de lo contrario, matarías al SCOBY o «madre» de la kombucha, que es la responsable de fermentar el té. Yo empleo siempre agua filtrada por ósmosis inversa; pero si tú no tienes un filtro de este tipo, también puedes dejar reposar el agua durante 24 horas, sin taparla, o hervirla 5 minutos, para quitarle el cloro. Los metales de las ollas y cazuelas también pueden afectar a la kombucha; deberás hacer el té en un recipiente no reactivo, como puede ser un tarro de vidrio de cuatro litros. No olvides lavar todos los recipientes con agua jabonosa caliente antes de empezar. La madre de la kombucha se puede encargar por Internet (en Kombucha Kamp, www.kombuchakamp.com, puedes encontrar madre de kombucha y accesorios), o, si tienes suerte, te la puede regalar un amigo.

Yo bebo té de kombucha con regularidad; pero se conocen un par de casos de personas que han enfermado por un exceso de ácido en la sangre que se ha atribuido a que bebían kombucha. Si tienes alguna enfermedad de riñón o de hígado, o diabetes, corres un riesgo mayor de que la kombucha te cause problemas. Empieza tomando solo ¼ de tazón (60 ml) cuando vayas empezando a constatar que no te causa problemas. Después, puedes subir sucesivamente a ½ tazón y a 1 tazón entero al día o más.

4 litros de té negro, té verde, té de rooibos o yerba mate
1 tazón (240 ml) de azúcar blanco refinado
1 madre de kombucha

❖ Añade el azúcar al té mientras este siga caliente y revuélvelo hasta que esté disuelto. Cuando el té haya alcanzado la temperatura ambiente, retira las bolsitas. Vierte el té en un tarro de 4 litros donde esté el SCOBY o madre de la kombucha. Tapa la boca del tarro con una bolsa de malla y cubre todo el tarro con una toalla para que respire la mezcla. Guarda la mezcla a temperatura ambiente, en un lugar bien ventilado, durante 7 a 10 días, aunque los tiempos de fermentación pueden variar. Puedes comprobar si la kombucha está hecha probándola o midiéndole la acidez con una tira de medir el pH; este debe estar entre el 2,6 y el 4,0. Desecha la kombucha que tenga un olor rancio o que parezca contaminada con moho o con insectos. Una tanda bien fermentada tendrá un aspecto turbio y algo espumoso, con fragmentos del SCOBY ahilados de color pardo. Vierte la kombucha en tarros de litro, ciérralos herméticamente, déjalos reposar en la encimera de la cocina un día más y guárdalos luego en la nevera. Consúmelos en un plazo de un mes. Deja de 1 a 2 tazones de té con la madre de la kombucha y guárdala en la nevera para volver a usarla más adelante. Puedes hacer una tanda nueva de kombucha cada dos fines de semana, pero la kombucha que ha fermentado demasiado tiempo se vuelve vinagre, que se puede usar como tal. Por la acidez del té, no debe prepararse ni conservarse en recipientes de cerámica con barniz al plomo, ni de vidrio al plomo, pues pueden llegar a filtrarse elementos tóxicos en el té.

Kvass de remolacha
PARA 3 RACIONES

En Europa Oriental existe una larga tradición de fermentar los alimentos, incluidos los tubérculos. El proceso de fermentación aumenta la producción de vitaminas y de enzimas y contribuye a llevar a tu intestino las bacterias adecuadas y buenas para la salud. La remolacha es, tradicionalmente, un apoyo excelente para tus enzimas destoxificadoras, y la remolacha fermentada refuerza todavía más el proceso de destoxificación. A mí me gusta alternar entre beber kombucha y kvass de remolacha, y cuando bebo este último lo diluyo con una cantidad igual de agua. Es muy importante hacer el kvass con remolachas ecológicas y con agua que no contenga cloro en absoluto. También necesitas un iniciador, que pueden ser unas remolachas fermentadas o una sola cápsula probiótica, por ejemplo una cápsula de *acidophilus* que puedes comprarte en el supermercado o en la farmacia, con los suplementos. Abre la cápsula y echa el contenido a la mezcla. Elige una que contenga el máximo número de especies distintas. (La que yo empleo contiene quince cepas distintas de bacterias buenas para la salud).

1 tazón (240 ml) de remolachas en rodajas gruesas o picadas
1 cucharada sopera de jengibre rallado
1 cucharada sopera de ralladura de piel de naranja
1 cucharada sopera de sal marina yodada
1 cápsula probiótica
2 ½ tazones (600 ml) de agua

❖ Limpia cuidadosamente con agua jabonosa caliente un tarro de vidrio de guardar conservas y su tapa. Aclaralo bien. Pon los trozos de remolacha en el tarro, espolvoreándolos regularmente con el jengibre, la ralladura de naranja y la sal. Abre la cápsula probiótica y espolvorea el contenido sobre las remolachas para introducir las bacterias beneficiosas. Termina de llenar el tarro con agua. Pon otro tarro de diámetro menor que la boca del primero sobre las remolachas para tenerlas sumergidas. A los 2 o 3 días ya habrán fermentado lo suficiente, y podrás cerrar herméticamente el tarro y guardarlo en la nevera. Extrae el líquido y bébelo. (También puedes comerte las remolachas o desecharlas, pero están buenas en smoothies y en ensaladas).

Chucrut y hortalizas fermentadas

Esta es una receta muy sencilla de fermentados, y era básica en la alimentación de los antiguos colonos de Norteamérica. Mis dos abuelas preparaban tubérculos fermentados y encurtidos con regularidad. (Todos los vegetales deben ser ecológicos).

1 col ecológica pequeña
Zanahorias, ajo y/o cebollas ecológicas al gusto
Jengibre al gusto
Guindillas picantes (chiles), picadas o enteras, al gusto
1 cucharada sopera de sal marina yodada
1 cápsula probiótica

❖ Limpia con agua jabonosa caliente un tarro de vidrio de guardar conservas y su tapa. Acláralo bien. Lava la col y las hortalizas. La mezcla deberá contener un 80 por ciento de col rallada, o más. Ralla la col y las zanahorias. Ralla el jengibre. Pon la col en el tarro, espolvoreándola con el jengibre y la sal y alternándola con las guindillas y otros tubérculos (al gusto). Aprieta bien las hortalizas dentro del tarro con una cuchara. Abre la cápsula probiótica y espolvorea la col con su contenido. Pon sobre la col otro tarro de diámetro menor al de la boca del primero para mantenerla sumergida por debajo del agua salada. Coloca el conjunto dentro de otro recipiente más grande para recoger el agua salada que rebose durante el proceso de fermentación, y guárdalo todo en un lugar oscuro y fresco. Revisa el tarro de cuando en cuando para eliminar los trozos de verdura que no estén sumergidos o el moho que pueda aparecer. Si el agua salada no cubre las verduras, añade más hasta que estén sumergidas por completo (2 cucharadas soperas de sal por cada tazón de agua filtrada. Recuerda que el agua del grifo contiene cloro y matará a las bacterias beneficiosas). Al cabo de una semana ya habrá fermentado lo suficiente y podrás cerrar herméticamente el tarro y guardarlo en la nevera. El tiempo de fermentación puede variar; puedes dejar fermentar las verduras más tiempo si quieres, hasta que alcancen el sabor y la textura que deseas.

POSTRES

Tienes derecho a algún que otro capricho. El paladar se te irá adaptando y descubrirás nuevos sabores en lo que comes. Hay postres maravillosos a base de frutas secas, bayas frescas y especias que acentúan y endulzan el plato.

Pudin de fruta
PARA 2 RACIONES

En esta receta las especias potencian la dulzura natural de la fruta. Cuando lleves dos semanas sin tomar azúcar se te pasará el ansia de comer dulces.

1 tazón (240 ml) de leche de coco con toda su grasa
1 tazón (240 ml) de cualquier baya, o de varias combinadas
    (por ejemplo, moras, arándanos, frambuesas y fresas)
1 aguacate mediano, pelado, sin hueso y picado
1 cucharadita de cardamomo molido
1 cucharadita de canela en polvo

❖ Haz hervir la leche de coco. Pon la leche de coco caliente, las bayas, el aguacate y las especias en una batidora potente y bátelo todo 3 minutos. Viértelo en un cuenco y ponlo en la nevera.

Pudin de frambuesa y semillas de lino
PARA 2 RACIONES

Si estás haciendo la dieta Wahls Paleo, deberás poner a remojar las semillas de lino de 2 a 6 horas para eliminar los fitatos y las lectinas. Así se quedarán más blandas y más fáciles de batir, y no tendrás que molerlas por separado. Si no estás haciendo la dieta Wahls Paleo ni la Wahls Paleo Plus, muele las semillas de lino en un molinillo de café inmediatamente antes de usarlas. Así no se habrán disgregado los ácidos grasos omega-3. Puedes aumentar o reducir el contenido de semillas de lino para que el pudin quede más o menos sólido, a tu gusto. Antes de servirlo, adórnalo con las bayas frescas y una cucharada de leche de coco con toda su grasa.

¼ de tazón (60 ml) de semillas de lino
1 tazón (240 ml) de leche de coco con toda su grasa
1 tazón (240 ml) de frambuesas
1 cucharadita de cardamomo molido
1 cucharadita de canela en polvo

❖ Muele las semillas de lino inmediatamente antes de usarlas (para la dieta Wahls) o ponlas en remojo de 2 a 6 horas antes de usarlas (para la dieta Wahls Paleo y la dieta Wahls Paleo Plus). Hierve la leche de coco. Pon las semillas de lino molidas o enteras remojadas, la leche de coco caliente, las frambuesas y las especias en una Vitamix u otra batidora de alta potencia y bátelo todo durante 3 minutos. Viértelo en un cuenco y ponlo en la nevera.

Dulce de azúcar Wahls
PARA 20 RACIONES

Utilizamos esta receta cuando las personas están perdiendo demasiado peso. Les permitimos que coman todo el dulce de azúcar *(fudge)* que necesitan para mantener un peso sano. Es un postre dulce y riquísimo, hecho con uvas pasas, pero puedes emplear cualquier otra fruta seca, como ciruelas pasas, dátiles o cerezas secas. El aceite de coco impide que los carbohidratos lleguen demasiado aprisa al torrente sanguíneo. Es un postre que puede facilitar la tarea de adaptarte a una nueva manera de comer. Los que están siguiendo la dieta Wahls Paleo Plus y reduciendo el consumo de carbohidratos deberán suprimir las pasas, aunque también tendrán que quitar bastante cacao para que el dulce no resulte demasiado amargo. (Empieza por ¼ de cucharadita). Si sigues perdiendo demasiado peso, tendrás que aumentar los carbohidratos aunque estés haciendo la dieta Wahls Paleo Plus. En tal caso, añade también las pasas y no te preocupes de si te encuentras en estado de cetosis o no.

1 tazón (240 ml) de aceite de coco
1 tazón (240 ml) de uvas pasas
1 tazón (240 ml) de nueces (puestas en remojo si estás haciendo la dieta Wahls Paleo)
1 aguacate mediano, pelado y sin hueso
½ tazón (120 ml) de coco seco, no edulcorado
1-2 cucharaditas de canela en polvo
1 cucharadita de cacao en polvo no edulcorado

❖ Procésalo todo a alta velocidad hasta que esté bien batido. Presiona la mezcla en un molde de horno de vidrio de 20 × 20 cm y llévalo a la nevera. Consérvalo refrigerado.

Apéndice A
LISTAS COMPLETAS DE ALIMENTOS DEL PROTOCOLO WAHLS

El primer paso que proponemos a los participantes en nuestros estudios es que recorran su casa y el entorno donde comen y retiren todos los alimentos prohibidos. Puedes donarlos a un banco de alimentos, dárselos a un vecino o ponerlos donde te parezca más aportuno. Dar este paso aumenta espectacularmente las probabilidades de éxito. Para ayudarte con ello, voy a empezar por darte la lista de alimentos prohibidos en la dieta Wahls, y te diré a continuación qué es lo que debes suprimir para la dieta Wahls Paleo y la dieta Wahls Paleo Plus. Después te presentaré una tabla resumen de los tres planes, seguida de la lista de alimentos que sí puedes comer, divididos por clases.

ALIMENTOS PROHIBIDOS

Todos los alimentos que contienen gluten

1. Trigo, centeno, malta, casi toda la avena comercial (salvo si lleva expresamente la etiqueta de «sin gluten», y todos los productos elaborados a partir de estos:

- Pan; casi todos los artículos de panadería y bollería, como los muffins y magdalenas, cookies, galletas, bollos y cruasanes; casi toda la pasta; las tortitas de harina de maíz y todo cereal de desayuno que contenga trigo u otros cereales con gluten.
- Muchos alimentos envasados contienen trigo u otros cereales con gluten; por tanto, ¡consulta el envase! Entre los alimentos que no es evidente que estén hechos con trigo pero sí contienen gluten se cuentan la salsa de soja (la tamari se puede tomar), el seitán y muchas marcas de «carne» vegetariana, hamburguesas, salchichas y «pollo» vegetarianos. Comprueba que el alimento no contenga ninguno de los ingredientes siguientes: harina bromada, harina durum, harina enriquecida, harina, farina, harina graham, harina blanca, harina fosfatada, harina leudante, semolina, teff, escanda, farro, kamut y espelta.

2. Cebada
   - La cebada, incluida la cebada perlada con la que se hacen sopas.
   - La cerveza, a menos que lleve la indicación de «sin gluten».
   - La sidra y otras bebidas fermentadas (Nota: el alcohol destilado que no procede de cereales, como el vodka o la ginebra, está libre de gluten, y algunas sidras fermentadas tampoco tienen gluten, pero consulta el envase. El vino también suele estar libre de gluten).
   - Los derivados de la malta (jarabe de malta, extracto de malta, aromatizante de malta, bebidas malteadas y leche malteada).

Todos los productos lácteos

- Toda la leche de vaca, oveja y cabra.
- Todos los derivados de estas leches, como el queso, el yogur, la nata y los helados.
- Todos los productos que contienen proteínas de leche, como los de bollería y pastelería, y los aperitivos que contienen queso.
- Muchos alimentos envasados contienen leche o sus componentes, como la caseína y el suero; consulta el envase.

Otros alimentos que se deben evitar

- Los huevos de gallina y de pato, los huevos omega-3 y todos los alimentos que contengan huevo.
- Los productos de soja no ecológica.
- Las carnes procesadas, como las salchichas, la mortadela y el salami, que contengan gluten o nitratos.
- Todos los aceites que no figuren en la lista de aceites permitidos que aparece en las páginas siguientes. No tomes aceite de maíz, soja, colza ni semilla de uva. Tampoco tomes ninguna grasa trans, aceites hidrogenados o semihidrogenados, ni margarina de ninguna clase.
- Todos los alimentos que estén edulcorados con azúcar, jarabe de maíz de alta fructosa u otros edulcorantes refinados, incluidos los edulcorantes artificiales. Entre estos se cuentan:

    - Los postres y aperitivos edulcorados con azúcar.
    - Los refrescos gaseosos, normales o *light*.
    - Los zumos edulcorados.

- Las bebidas para deportistas.
- Las frutas enlatadas o congeladas que llevan azúcar añadido o edulcorantes artificiales.
- Toda bebida o comida preparada con azúcar, jarabe de maíz de alta fructosa o edulcorantes artificiales.
- Todos los alimentos con glutamato monosódico.
- ¡No pases ningún alimento por el microondas!
- Con la dieta Wahls Paleo, reduce el consumo de cereales sin gluten, legumbres y patatas a solo dos raciones al día, y suprime la leche de soja por completo.
- Con la dieta Wahls Paleo Plus, suprime todos los cereales, legumbres, cacahuetes y soja.

REGLAS ALIMENTARIAS DEL PROTOCOLO WAHLS

La sección anterior trató de lo que no puedes comer; ¡ahora veremos lo que sí puedes comer! Estas son las reglas alimentarias generales de los tres planes de dieta. Después del resumen, presento una tabla en la que se comparan las tres dietas, seguida de la lista completa de alimentos por categorías. No dejes de variar los alimentos de cada grupo que consumes cada día.

Dieta Wahls

- Suprime de tu dieta todos los alimentos prohibidos, según lo indicado anteriormente.
- Come a diario 9 tazones (2160 ml) de hortalizas y fruta (3 tazones —720 ml— de verduras verdes, 3 de vegetales ricos en azufre y 3 de colores vivos).

- Puedes reducir el total de los 9 tazones si te sientes demasiado lleno o tienes molestias digestivas, pero manteniendo las proporciones; es decir, si reduces el consumo total a 6 tazones, deberás comer 2 tazones de cada clase. ¡O también puedes subir proporcionalmente hasta 12 tazones!
- Come proteínas de alta calidad, preferiblemente animales, a voluntad (de 175 a 350 g diarios, en función de tu sexo y tamaño). Las carnes sin gluten y sin nitratos son aceptables.
- Se recomienda a los vegetarianos que pongan en remojo los cereales y legumbres que consuman, y preferiblemente que los germinen. (En el capítulo 6, «La dieta Wahls Paleo», verás más información sobre la diferencia entre una cosa y otra).
- Se recomienda comer alimentos ecológicos.
- Limita el consumo de cereales sin gluten a una ración al día.
- Limita los edulcorantes a una cucharadita.
- Evita todos los edulcorantes artificiales.
- Evita los aceites vegetales con alto contenido de ácidos grasos omega-6, como los de maíz, soja, colza, semillas de uva y nuez de palma.
- Evita las grasas hidrogenadas.
- Si estás estreñido, toma semillas de lino o de chía para facilitar la evacuación diaria.
- Come hasta sentirte satisfecho.

Los grupos de alimentos que se añaden en la dieta Wahls Paleo (frutos secos y semillas puestos en remojo, alga marinas, vísceras y alimentos fermentados) también se pueden tomar en la dieta Wahls si se desea.

Dieta Wahls Paleo

- Sigue comiendo 9 tazones de vegetales y absteniéndote del gluten, de los lácteos y de los huevos, como en la Dieta Wahls.
- Aumenta el consumo de proteína de 250 a 600 g, tomando cada semana un total de 350 g de vísceras y 450 g de pescado rico en omega-3.
- Reduce el consumo de productos a base de cereales sin gluten, patatas y legumbres a solo dos raciones a la semana (tómalos puestos en remojo).
- Añade algas marinas y de agua dulce a diario.
- Añade alimentos lactofermentados a diario.
- Añade frutos secos y semillas puestos en remojo.
- Evita la leche de soja y de arroz.
- Pásate a la leche de coco y a las de frutos secos puestos en remojo.

Dieta Wahls Paleo Plus

- Sigue comiendo vegetales y fruta y absteniéndote del gluten, los lácteos y los huevos, como en la dieta Wahls. Sigue con los alimentos fermentados, las vísceras, los frutos secos y semillas puestos en remojo, la leche de coco, las leches de frutos secos puestos en remojo y las algas marinas y de agua dulce, como en la dieta Wahls Paleo.
- Puedes reducir los 9 tazones a 6; pero mantén la proporción regular entre las verduras de hoja verde, de color y con azufre. Suprime las manzanas, peras y plátanos. Puedes tomar vegetales feculentos de color, crudos, dentro del cupo de color. Limita la fruta a un tazón al día, preferible-

mente de bayas y frutas bajas en carbohidratos. Evita toda la fruta seca y enlatada y los zumos de frutas.
- Evita todas las legumbres, cereales y patatas.
- Vuelve a reducir el consumo de proteínas a entre 175 y 350 g, en función de tu sexo y tamaño.
- Aumenta el consumo de grasa a un bote (unos 400 ml) de leche de coco con toda su grasa, o a 4 o 5 cucharadas soperas de aceite de coco al día. Toma leche de coco con toda su grasa, o aceite de coco, con todas las comidas.
- Reduce el consumo de vegetales feculentos guisados y de frutas feculentas a 2 raciones por semana, y cómelas acompañadas de leche o grasa de coco y de proteínas. Si estás perdiendo demasiado peso, puedes volver a introducir gradualmente en tu dieta los vegetales feculentos guisados para determinar cuál es el nivel que te conviene.
- Elimina las legumbres, incluidos los guisantes y judías verdes.
- Elimina la salsa de soja, aunque sea sin gluten (la puedes sustituir perfectamente por aminos de coco).
- Limita el consumo de alcohol a las ocasiones especiales, por su contenido de carbohidratos.
- Si no se aprecian cetonas en tu orina, puedes tener que reducir más el consumo de frutas y vegetales feculentos, y/o aumentar el consumo de grasas.
- Nota: la transición a la dieta Wahls Paleo Plus debe hacerse a lo largo de varias semanas para evitar los problemas de náuseas, vómitos o diarrea con el paso a un metabolismo basado en la quema de grasas.

En la tabla siguiente se resumen las categorías de alimentos y el objetivo para cada grupo. Adviértase que los alimentos están divididos por colores en función de su contenido en carbohidratos, alto o bajo. Recuerda que la dieta Wahls Paleo Plus insiste en los alimentos bajos en carbohidratos y limita el consumo de hortalizas y frutas con alto contenido de carbohidratos.

Clase de alimentos	Dieta Wahls	Dieta Wahls Paleo	Dieta Wahls Paleo Plus
Frutas y hortalizas	Objetivo	Objetivo	Objetivo
Verduras verdes (6 tazones, crudas)	3 tazones al día	3 tazones al día	2-3 tazones al día
Ricas en azufre (crudas o cocinadas)	3 tazones al día	3 tazones al día	2-3 tazones al día
De color, no feculentas (crudas o cocinadas)	3 tazones al día	3 tazones al día	2-3 tazones al día
De color, feculentas (crudas o cocinadas), dentro del cupo de los tres tazones de color	Dentro del cupo de los 3 tazones de color	Dentro del cupo de los 3 tazones de color	Crudas, dentro del cupo de los 2-3 tazones de color; cocinadas, 3 raciones por semana como máximo
Manzanas, peras, plátanos	Después de los 9 tazones	Después de los 9 tazones	Evitar
Fuentes de proteínas			
Vísceras	A voluntad	350 g por semana	350 g por semana
Pescado azul silvestre	A voluntad	450 g por semana	450 g por semana
Otras carnes, aves, caza	175-350 g al día	250-600 g al día	175-350 g al día
Judías, legumbres, guisantes, lentejas, cacahuetes	A voluntad	2 raciones por semana, máximo	Evitar
Frutos secos y semillas crudos	115 g al día, máximo	Remojados, 115 g al día (máximo)	Remojados, 115 g al día (máximo)
Huevos	Evitar	Evitar	Evitar
Grasas y aceites			
De linaza, cáñamo, nuez	2 cucharadas al día (máximo)	2 cucharadas al día (máximo)	2 cucharadas al día (máximo)
De oliva	A voluntad	A voluntad	A voluntad
De coco (aceite, mantequilla de coco)	A voluntad	A voluntad	4-6 cucharadas al día o más (o 1 tazón de leche de coco con toda su grasa)
Grasa animal (mantequilla clarificada, grasa de cerdo o de beicon)	A voluntad	A voluntad	A voluntad

LISTAS COMPLETAS DE ALIMENTOS DEL PROTOCOLO WAHLS

Clase de alimentos	Dieta Wahls	Dieta Wahls Paleo	Dieta Wahls Paleo Plus
Leche y sustitutivos de la leche			
Leche de coco con toda su grasa	A voluntad	A voluntad	1¾ tazones al día (o 4-6 cucharadas de aceite de coco) o más
De arroz (preferible ecológica)	A voluntad	Evitar	Evitar
De soja (solo ecológica)	A voluntad	Evitar	Evitar
De frutos secos y semillas	A voluntad	Remojados, a voluntad	Remojados, a voluntad
Animal (de vaca, cabra, oveja)	Evitar	Evitar	Evitar
Cereales			
Sin gluten (arroz, avena, quinoa, amaranto, alforfón, maíz)	1 ración al día (máximo)	2 raciones a la semana (máximo)	Evitar
Con gluten (trigo, centeno, cebada)	Evitar	Evitar	Evitar
Otros alimentos			
Algas marinas	Permitidas, hasta 1 ración al día (ración: 70 g, frescas o reconstituidas, o 1 cucharadita en copos, o ¼ de cucharadita en polvo)	Hasta 1 ración al día	Hasta 1 ración al día
Algas de agua dulce secas (clorela, espirulina, verdiazul)	Hasta 1 cucharadita de clorela o espirulina, o ½ cucharadita de verdiazul	Hasta 1 cucharadita al día	Hasta 1 cucharadita al día
Levadura nutricional	1-2 cucharadas al día	1-2 cucharadas al día	1-2 cucharadas al día
Alimentos fermentados, no lácteos ni cereales	A voluntad	1 ración al día o más	1 ración al día o más

LISTA COMPLETA DE ALIMENTOS PARA TODOS LOS NIVELES DEL PROTOCOLO WAHLS

Verduras de hoja verde oscura (3 tazones cocinadas o 6 tazones crudas, a diario):
(* = Verduras ricas en calcio)

- Rúcula*.
- Hojas de remolacha.
- Bok choy* y otras verduras asiáticas.
- Acelgas de todos los colores.
- Achicoria.
- Cilantro.
- Hojas de berza*.
- Hojas de diente de león*.
- Endivia.
- Escarola.
- Kale* de todo tipo (pluma, dinosaurio, roja, etcétera).
- Lechuga de todos los tipos que sean de hoja verde oscura, verde viva y roja (no la iceberg).
- Berro japonés *(mizuna)*.
- Hojas de mostaza*.
- Perejil.
- Achicoria roja.
- Hojas de rábano.
- Lechuga romana.
- Espinacas*.
- Tatsoi* (col china plana, mostaza ancha).
- Hojas de nabo*.
- Berro.
- Trigo verde.

Hortalizas y frutas de color (3 tazones al día):

Aunque los calabacines y los pepinos tienen la carne blanca, los permitimos en esta categoría porque son bajos en carbohidratos y porque sus pieles, que debes comerte, son muy ricas en antioxidantes. Consume al menos tres colores distintos cada día. Nota: cuando estés haciendo la dieta Wahls Paleo Plus, cambia

LISTAS COMPLETAS DE ALIMENTOS DEL PROTOCOLO WAHLS

de colores y pásate a las frutas y hortalizas bajas en carbohidratos. Limita el consumo de hortalizas ricas en fécula a dos raciones por semana, acompañadas de proteínas y de 1 o 3 cucharadas soperas de grasas. Si no te encuentras en estado de cetosis nutricional, quizá tengas que eliminar las frutas y hortalizas más ricas en carbohidratos y/o tomar más leche de coco. Otra nota: en las listas siguientes se considera que es una opción alta en carbohidratos todo alimento que contenga 30 g de carbohidratos o más por tazón.

Verdes

CARBOHIDRATOS BAJOS/MODERADOS
- Alcachofas.
- Espárragos.
- Aguacates.
- Judías verdes (evitarlas en la dieta Wahls Paleo Plus).
- Col verde (repollo).
- Apio.
- Pepino con piel.
- Uvas verdes.
- Guisantes verdes (evitarlos en la dieta Wahls Paleo Plus).
- Melón verde.
- Kiwi verde.
- Limas.
- Quimbombó (okra).
- Aceitunas verdes.
- Pimientos verdes.
- Tirabeques (evitarlos en la dieta Wahls Paleo Plus).
- Guisantes dulces de vaina (evitarlos en la dieta Wahls Paleo Plus).
- Calabacines con piel.

CARBOHIDRATOS ALTOS

- Zumos comerciales (evitarlos en la dieta Wahls Paleo Plus).

Rojas

CARBOHIDRATOS BAJOS/MODERADOS
- Remolachas.
- Naranjas sanguinas.
- Col lombarda.
- Cerezas.
- Arándanos rojos.
- Grosellas rojas.
- Pomelos rojos.
- Uvas rojas.

- Pimientos rojos.
- Achicoria roja.
- Frambuesas rojas.
- Ruibarbo.
- Fresas.
- Tomates rojos.
- Sandía.

CARBOHIDRATOS ALTOS
- Zumos comerciales (evitarlos en la dieta Wahls Paleo Plus)
- Arándanos rojos y otras frutas secas (evitarlos en la dieta Wahls Paleo Plus)
- Granada

Azules/moradas/negras

CARBOHIDRATOS BAJOS/MODERADOS
- Bayas de aronia.
- Moras.
- Arándanos.
- Grosellas negras.
- Berenjenas.
- Bayas de saúco.

- Uvas negras.
- Uvas moradas.
- Kale morada.
- Aceitunas negras.
- Ciruelas.
- Frambuesas negras.

LISTAS COMPLETAS DE ALIMENTOS DEL PROTOCOLO WAHLS 549

CARBOHIDRATOS ALTOS
- Zumos comerciales (evitarlos en la dieta Wahls Paleo Plus).
- Dátiles (evitarlos en la dieta Wahls Paleo Plus).
- Pasas de Corinto (evitarlas en la dieta Wahls Paleo Plus).
- Higos morados (evitarlos en la dieta Wahls Paleo Plus).
- Ciruelas pasas (evitarlas en la dieta Wahls Paleo Plus).
- Uvas pasas (evitarlas en la dieta Wahls Paleo Plus).

Amarillas/anaranjadas

CARBOHIDRATOS BAJOS/MODERADOS
- Albaricoques.
- Zanahorias.
- Pomelos.
- Kiwis dorados.
- Limones.
- Mangos.
- Melón cantalupo.
- Nectarinas.
- Naranjas.
- Papayas.
- Melocotón.
- Pimientos anaranjados y amarillos.
- Piñas (ananás).
- Calabazas de invierno y de verano.
- Boniatos.
- Mandarinas.
- Tomates amarillos.
- Ñame.

CARBOHIDRATOS ALTOS
- Calabaza bellota.
- Zumos comerciales (evitarlos en la dieta Wahls Paleo Plus).
- Higos.
- Orejones de albaricoque, piñas u otras frutas secas (evitarlas en la dieta Wahls Paleo Plus).
- Boniatos guisados.

Vegetales ricos en azufre (3 tazones al día):
(* = Vegetales ricos en calcio)

- Rúcula*.
- Espárragos.
- Col china bok choy*.
- Brócoli.
- Grelos.
- Coles de Bruselas.
- Col.
- Coliflor.
- Cebollinos.
- Hojas de berza*.
- Rábanos daikon.
- Ajo de todo tipo (dos dientes = 1 ración).
- Kale*.
- Colirrábano.
- Puerros.
- Berro japonés *(mizuna)*.
- Hongos, setas, champiñones.
- Hojas de mostaza.
- Cebollas rojas, amarillas y blancas.
- Rábanos.
- Colinabos.
- Cebolletas.
- Chalotas.
- Tatsoi (col china plana o mostaza espinaca).
- Hojas de nabo*.
- Nabos.
- Berros.

Frutas feculentas que no cuentan para los 9 tazones (pulpa blanca) Consumirlas solo después de haber terminado con los 9 tazones:

- Manzanas (evitarlas en la dieta Wahls Paleo Plus).
- Plátanos (evitarlos en la dieta Wahls Paleo Plus).
- Peras (evitarlas en la dieta Wahls Paleo Plus).

Otros vegetales blancos no feculentos que se pueden consumir después de haberse tomado los 9 tazones:

- Brotes de bambú.
- Pepino sin piel.
- Jicama (nabo mexicano).
- Castañas de agua (enlatadas).
- Calabacín sin piel.

Verduras marinas o de agua dulce (se introducen con la dieta Wahls Paleo y la dieta Wahls Paleo Plus)

Algas de agua dulce (una ración = 1 cucharadita de espirulina o de clorela, o ½ cucharadita de verdiazul)

- Algas verdiazules.
- Clorela.
- Espirulina.

Algas marinas (1 ración = 70 g, frescas o reconstituidas, 1 cucharadita de copos o ¼ de cucharadita en polvo)

Rojas

- Dulse.
- Musgo de Irlanda.
- Nori.

Pardas

- Fucus (sargazo vesiculoso).
- Kelp.
- Kombu.
- Wacame.

Verdes

- Lechuga de mar (lamilla, *Ulva lactuca*).

Proteínas animales (muy recomendadas en la dieta Wahls, indispensables en la dieta Wahls Paleo y la Wahls Paleo Plus; preferiblemente ecológicas, silvestres o criadas con pastos):

- Ganado vacuno.
- Búfalo, bisonte.
- Pollo.
- Pato.
- Alce.
- Pescado de todas clases (salmón, atún, bacalao, sardinas, caballa, tilapia, lubina, arenque, etc.).
- Cordero.
- Cerdo.
- Carnes procesadas sin gluten, nitratos ni glutamato monosódico.
- Mariscos y moluscos de todo tipo (gamba, cangrejo, langosta, vieiras, etc.).
- Pavo.
- Ternera.
- Ciervo, conejo, faisán, codorniz y demás caza silvestre.

Vísceras (350 g al día; se introduce con la dieta Wahls Paleo y se continúa con la dieta Wahls Paleo Plus):

- Sesos.
- Mollejas de ave.
- Corazón.
- Riñones.
- Hígado.
- Lechecillas.
- Lengua.
- Callos.

LISTAS COMPLETAS DE ALIMENTOS DEL PROTOCOLO WAHLS 553

Pescado rico en omega-3 (450 g por semana; recomendado en la dieta Wahls, indispensable en la dieta Wahls Paleo y en la Wahls Paleo Plus)

- Anchoa.
- Almeja.
- Fletán.
- Arenque.
- Caballa.
- Mejillón.
- Ostra.
- Salmón.
- Sardina.
- Trucha.
- Atún fresco.

Sustitutivos de los lácteos (preferiblemente ecológicos)

- Leche de coco ecológica con toda su grasa, en bote.
- Leche de frutos secos ecológica y no edulcorada (como la leche de almendras, de avellanas o de cáñamo; es muy recomendable para la dieta Wahls Paleo y la Wahls Paleo Plus).
- Leche de coco no edulcorada en cartón (tetrabrik) (solo para la dieta Wahls y la dieta Wahls Paleo; no para la Wahls Paleo Plus. No debe confundirse con la leche de coco enlatada, que contiene mucha menos grasa y sustancias de relleno).
- Leche de soja ecológica (evitarla en la dieta Wahls Paleo y en la dieta Wahls Paleo Plus).
- Yogures y otros productos elaborados con leche de coco, leche de frutos secos o leche de soja ecológica (solo en la dieta Wahls); pero atendiendo a su contenido de azúcar.

Cereales sin gluten y tubérculos (para comerlos solo después de haber cubierto el cupo de los 9 tazones: 1 ración al día con la dieta Wahls; 2 raciones por semana con la dieta Wahls Paleo; evitarlos con la dieta Wahls Paleo Plus):

- Harina de almendras y de otros frutos secos.
- Amaranto.
- Arruruz.
- Arroz integral.
- Alforfón (trigo sarraceno).
- Harina de garbanzo.
- Harina de coco.
- Pulpa de coco, fresca o seca no edulcorada (en copos o en tiras).
- Maíz.
- Semillas de lino y su harina.
- Mijo.
- Harina de avena (solo marcas certificadas como sin gluten).
- Quinoa.
- Sago.
- Sorgo.
- Harina de soja.
- Tapioca.
- Patatas.
- Arroz silvestre.

Legumbres (2 raciones por semana, como máximo, con la dieta Wahls Paleo; evitarlas con la dieta Wahls Paleo Plus):

- Cualquier tipo de judía seca (negras, blancas, pintas, de lima, cacahuete, mantequilla de cacahuete, etc.).
- Lentejas.
- Judías verdes y guisantes verdes.

Frutos secos y semillas (la germinación de los frutos secos y de las semillas se introduce con la dieta Wahls Paleo y continúa con la dieta Wahls Paleo Plus)
† = buena fuente de fibra
* = rico en calcio

- Frutos secos de árbol (a menos que seas alérgico a ellos: almendras*, nueces, avellanas, anacardos, nueces de Brasil o pistachos), un máximo de 115 g al día de frutos secos y semillas.
- Semillas (de girasol, calabaza, sésamo, lino† y chía†).
- Cacahuetes (a menos que seas alérgico a ellos; evítalos en la dieta Wahls Paleo y en la Wahls Paleo Plus).
- Guisantes (verdes, secos, judía carilla; evítalos en la dieta Wahls Paleo Plus).
- Tahini (mantequilla de sésamo).
- Mantequilla de girasol.
- Mantequilla de almendras.

Aceites extraídos por prensado en frío (no calentarlos ni freír con ellos):

- Aceite de aguacate.
- Aceite de linaza.
- Aceite de cáñamo.
- Aceite de oliva virgen extra.
- Aceite de nuez.

Aceites de cocina

- Mantequilla clarificada / ghee.
- Aceite de coco virgen extra.
- Grasas animales solidificadas (de cerdo, de pollo, de pato...).
- Otros aceites y mantequillas de semillas: usar el aceite de sésamo ecológico muy de tarde en tarde. Grasas de coco (usar a voluntad en la dieta Wahls y dieta Wahls Paleo; indispensables en la dieta Wahls Paleo Plus; se emplean para aumentar la ingesta de triglicéridos de cadena media y contribuir así a alcanzar la cetosis nutricional).

Condimentos/sazonadores

- Levadura de cerveza, aunque yo prefiero la nutricional, que tiene vitamina B_{12} añadida.
- Aminos de coco (un condimento parecido a la salsa de soja).
- Hierbas aromáticas y especias sin sal ni azúcar añadidos.
- Rábano picante.
- Miso (solo las versiones de arroz integral y soja, no el de cebada ni otros tipos de miso que contienen gluten); evítalo con la dieta Wahls Paleo y la Wahls Paleo Plus.
- Mostaza.
- Levadura nutricional (Asegúrate de que sea sin gluten; si te provoca dolores de cabeza o fatiga, añádela a tu lista de productos «prohibidos»).
- Encurtidos.
- Chucrut.
- Sal marina, natural o yodada.
- Tamari (asegúrate de que sea sin gluten, y preferiblemente fermentado en vez de hidrolizado).

- Wasabi (el polvo no tiene gluten, pero la pasta puede contenerlo; consulta el envase).

Edulcorantes (máximo de 1 cucharadita al día; evítalos con la dieta Wahls Paleo Plus):

- Miel.
- Jarabe de arce auténtico y ecológico (no emplees el «jarabe para tortitas» ni ningún otro producto que contenga jarabe de maíz de alta fructosa. Es importante que el jarabe de arce sea ecológico; a los no ecológicos se les puede haber añadido formaldehído).
- Melaza* (rica en calcio).
- Sorgo.
- Hojas o extracto de estevia.
- Azúcar no refinado, jugo de caña evaporado u otras formas relativamente poco refinadas del azúcar de caña (preferiría que eligieras algún otro edulcorante, si es posible, y que evitaras el azúcar por completo. *No* consumas azúcar blanco).

Alimentos fermentados (se introducen con la dieta Wahls Paleo y con la Wahls Paleo Plus; empieza por una ración al día con la Wahls Paleo y dos al día con la Wahls Paleo Plus, aunque puedes tomar más si quieres. Puedes encontrarlos en la sección de refrigerados de los supermercados y tiendas de alimentos naturales; o, por supuesto, puedes prepararlos tú mismo siguiendo las recetas de este libro)

- ½ tazón (120 ml) de cultivos lactofermentados de leche de almendras, de soja y de coco.
- ½ tazón (120 ml) de té de kombucha.
- ½ tazón (120 ml) de kvass de remolacha.
- ¼ de tazón (60 ml) de kimchi.
- ¼ de tazón (60 ml) de col lactofermentada, chucrut, encurtidos u otras hortalizas lactofermentadas.

Bebidas

- Agua.
- Soda.
- Café.
- Té (negro o verde, blanco, rooibos rojo, oolong, matcha, de hierbas medicinales).
- Yerba mate.
- Té de kombucha.
- Zumo de frutas 100% no edulcorado (evítalo con la dieta Wahls Paleo Plus; sustitúyelo por smoothies hechos con agua y/o leche de coco).
- Zumo 100% vegetal.
- Zumo de frutas y otros vegetales 100% natural, no edulcorado (evita el zumo de frutas con la dieta Wahls Paleo Plus; sustitúyelo por smoothies hechos con agua).

- Alcohol (no más de una copa al día para las mujeres y dos para los hombres; con la dieta Wahls Paleo Plus, tomarlo solo en ocasiones especiales):

  - Cerveza sin gluten.
  - Alcohol no procedente de cereales (como el vodka de patata).

Apéndice B
TABLAS DE COMPARACIÓN DE NUTRIENTES

Las Dietas Wahls frente al consumo medio de las mujeres estadounidenses de 50 a 59 años de edad

En la tabla siguiente se presenta una comparación resumida entre el consumo dietético medio de una mujer estadounidense de mi edad y el de los menús de una semana de la dieta Wahls, la dieta Wahls Paleo y Wahls Paleo Plus. Los nutrientes marcados con ** son los treinta y un nutrientes clave según los artículos de Bourre y Bowman. El resto de micro y macronutrientes se presentan para mostrar lo saludables que son las dietas Wahls por comparación con la dieta estadounidense media.

También presento información sobre el contenido de macronutrientes, el índice glucémico y la carga glucémica para las tres semanas de menús que propusimos, con el fin de mostrar que las dietas Wahls son más densas en nutrientes que la dieta estadounidense media.

Comparación entre los nutrientes clave para el cerebro en la dieta estadounidense y las dietas Wahls, Wahls Paleo y Wahls Paleo Plus					
Nutrientes	EE.UU.*	Dieta Wahls	Dieta Wahls Paleo	Dieta Wahls Paleo Plus	Consumos dietéticos de referencia†
Macronutrientes y fibra dietética					
Energía, kcal	1759	2009	1991	2012	
Proteínas, g	70	107	158	84	46
Grasas, g	66	80	80	152	
Carbohidratos, g	219	244	178	103	130
Fibra dietética, g	17	52	40	31	21
Proteínas, % energía	16	20	32	16	
Grasas, % energía	33	34	35	65	
Carbohidratos, % energía	50	46	33	19	
Índice glucémico (≤55 es bajo; ≥70 es alto)	n/a	52	53	38	
Carga glucémica (<80 es baja; 100 es moderada)	n/a	100	74	28	
Colesterol y ácidos grasos					
Colesterol, mg**	228	165	567	351	
Ácidos grasos trans, g**	2,06‡	0,46	0,62	0,38	
Ácido palmítico 16:0, g**	11,36	9,41	10,82	16,47	
Ácido linoleico 18:2, g**	13,51	15,94	10,99	11,08	11
Ácido linolénico 18:3, g**	1,47	3,16	3,09	2,32	
Ácido araquidónico 20:4, g**	0,12	0,10	0,50	0,33	
Ácido eicosapentaenoico (EPA) 20:5, g**	0,03	0,27	0,37	0,40	
Ácido docosahexaenoico 22:6 (ADH), g**	0,07	0,44	0,59	0,46	
Vitaminas					
Retinol, μg**	420	341	1406	1388	
Vitamina B_1 (tiamina), mg**	1,4	9,3	8,7	2,7	1,1
Vitamina B_2 (riboflavina), mg**	1,9	10,4	9,7	3,8	1,1
Vitamina B_3 (niacina), mg**	21,5	72,2	84,2	38,3	14††
Vitamina B_6 (piridoxina), mg**	1,8	10,7	10,8	3,9	1,5
Vitamina B_9 (ácido fólico), μg DFE**	487	947	1137	872	400
Vitamina B_{12} (cobalamina), μg**	4,8	19,3	23,1	14,4	2,4
Vitamina C (ácido abscórbico), mg**	99	440	561	337	75
Vitamina D, μg**	4,6	12,8	8,8	10,1	15

TABLAS DE COMPARACIÓN DE NUTRIENTES 563

Nutrientes	EE.UU.*	Dieta Wahls	Dieta Wahls Paleo	Dieta Wahls Paleo Plus	Consumos dietéticos de referencia†
Vitaminas					
Vitamina E (alfa-tocoferol total), mg**	8,2	24,5	18,4	16,7	15
Vitamina K, μg**	152	1346	1384	1120	*90*
Minerales					
Calcio, mg**	890	1731	957	736	1200
Fósforo, mg**	1202	1771	1986	1438	700
Magnesio, mg**	283	635	501	448	320
Hierro, mg**	13,1	21,5	27,4	21,8	8
Zinc, mg**	9,8	16,3	31,8	18,3	8
Cobre, mg**	1,2	3,0	3,6	3,2	0,9
Selenio, μg**	95,8	118,4	209,9	129,9	55
Sodio, mg	2992	2380	3042	2539	*1300*
Potasio, mg	2592	6140	6234	4807	*4700*
Carotenoides					
Betacaroteno, μg**	3097	27 190	31 223	21 494	
Alfacaroteno, μg**	490	1510	2745	1717	
Betacriptoxantina, μg**	98	1195	493	1033	
Luteína + Zeaxantina, μg**	2428	37 460	23 273	31 327	
Licopeno, μg**	4238	10 832	2917	1362	

* Consumo medio en mujeres de 50 a 59 años de edad en Estados Unidos, 2009-2010. Los consumos medios de las mujeres premenopáusicas y de los hombres serán algo distintos:
   http://www.ars.usda.gov/SP2UserFiles/Place/12355000/pdf/0910/Table_1_NIN_ GEN_09.pdf y http://www.ars.usda.gov/SP2UserFiles/Place/12355000/pdf/0910/Table_5_EIN_GEN_09.pdf consultado el 7 de junio de 2013.
   ** Nutrientes clave para el cerebro.
   ‡ Basado en el consumo mediano (tercer quintil) de 6183 mujeres de 45 años o más, que participaron en el «Estudio de Salud de la Mujer»; *Annals of Neurology* 72 (2012): 124–134
   † Consumos diarios recomendados y consumos adecuados para mujeres de 51 a 70 años; el consumo habitual igual o superior a estos niveles tiene pocas probabilidades de ser inadecuado. Los valores de consumos adecuados están en cursiva: http://www.iom.edu/Activities/ Nutrition/SummaryDRIs/DRI-Tables.aspx
   †† equivalencia en mg de niacina.

Apéndice C
RECURSOS

RECURSOS DE WAHLS

En las páginas siguientes podrás encontrar información sobre todos los productos y servicios que se citan en este libro. Como los recursos cambian constantemente, puedes consultar en mi sitio web, www.thewahlsprotocol.com, los productos y los suplementos recomendados más actuales.

Aparatos de electroterapia para estimulación neuromuscular eléctrica (ENME)

https://www.djoglobal.com/products/empi/empi-continuum

Yo empleé al principio el 300 PV de la marca Empi, y me pasé después a un aparato más moderno llamado Continuum, que también aplica ENME para estimular los músculos, y estimulación eléctrica transcutánea para controlar el dolor. Puedes visitar su sitio web para consultar cómo adquirir un aparato de electroterapia e información para obtener la receta para el aparato. También te puedes poner en contacto con Empi y comprar el aparato sin receta. Necesitarás además que un fisioterapeuta te diseñe un programa de ejercicios y otro de electroterapia.

Bicicletas de electroterapia funcional

http://www.restorative-therapies.com

Los aparatos a pedales que se accionan con las manos (ergonómicos) o con las piernas (bicicletas) se potencian con el estímulo eléctrico de los músculos. Este es otro aparato de entrenamiento excelente, con casos contrastados de pacientes con esclerosis y lesiones medulares que han obtenido beneficios del uso de la estimulación eléctrica funcional como apoyo al uso de máquinas de ejercicio de bicicleta.

Aparatos de estimulación eléctrica funcional

EMPI DEVICES

http://www.djoglobal.com/products/empi/empi-continuum
Esta empresa distribuye diversos aparatos ortopédicos y de e-stim.

WALK AID

http://www.walkaide.com/en-US/Pages/default.aspx

BIONESS

http://www.bioness.com/Home.php

Estos aparatos aplican estimulación eléctrica funcional. El aparato se activa de manera secuencial, y ayuda a la persona a contraer los músculos de la pierna, a levantar la punta del pie y a flexionar el tobillo hacia arriba al adelantar la pierna cuando camina. La empresa Bioness tiene también aparatos destinados a mejorar la función de los músculos del muslo y de la mano.

Máquinas de vibración corporal total

http://www.slimvibes.com/compare.html
En este sitio web, el consumidor puede comparar entre sí diversos modelos y fabricantes. Tendrás que montar tú mismo el aparato cuando te lo hayan servido en casa.

http://www.powerplate.com
Power Plate es una empresa que te sirve el aparato y te lo monta a domicilio.

Piscinas de terapia Endless Pools

http://www.endlesspools.com

Suplementos de ácidos grasos omega-3

GREEN PASTURE
http://www.greenpasture.org/public/Home/index.cfm
Esta empresa elabora aceite de hígado de bacalao y aceite de hígado de raya fermentados por sistemas tradicionales. También ofrece aceite de mantequilla libre de caseína, muy rico en vitamina K_2, así como aceite de coco.

Cápsulas de vísceras

DR. RON'S ULTRA-PURE
http://www.drrons.com
Si no te acostumbras a comer vísceras, puedes plantearte

tomar cápsulas de carne de vísceras seca. Esta marca también ofrece diversas vitaminas y otros suplementos.

Productos de nutrición basados en la nutrigenómica

METAGENICS
http://www.metagenics.com
Metagenics es una empresa dedicada a la nutrición, fundada por el doctor Jeffrey Bland, bioquímico nutricional que basó su actividad en el principio de servirse de la nutrición para superar el efecto de las enzimas menos eficaces que puede tener la persona por su ADN concreto.

Algas marinas

MAINE COAST SEA VEGETABLES
http://www.seaveg.com/shop

Batidoras de altas prestaciones

VITAMIX
http://www.Vitamix.com
Estos aparatos cuestan de 180 a 550 euros en función de las opciones que elijas. Yo esperé a que dejara de funcionar mi batidora y entonces me compré la Vitamix. Cuando la tuve, me pregunté por qué había esperado tanto. Puedes ahorrar algún dinero buscando aparatos que hayan sufrido reparaciones.

HEALTH MASTER
http://www.myhealthmaster.com
La empresa Montel Williams fabrica la Health Master, otra máquina batidora de alto rendimiento; pero yo no la he usado.

Procesadoras de alimentos

Cuisinart tiene varias procesadoras de alimentos que pueden interesarte. Nosotras hemos empleado la Custom 14.

http://www.cuisinart.com/products/food_processors.html

Deshidratadoras de alimentos

En muchas tiendas físicas y virtuales de accesorios deportivos y de *camping* venden deshidratadoras. Los precios pueden oscilar desde los 80 a los 250 euros en función de las opciones que elijas.
- Las deshidratadoras Open Country y Nesco son redondas. Puedes añadirles bandejas adicionales para que la deshidratadora sea más alta.
- La Excalibur es una deshidratadora rectangular que tiene nueve bandejas.

Potenciadores de la melatonina

https://www.lowbluelights.com/index.asp?
La empresa Low Blue Lights vende productos que sirven para potenciar de manera natural la producción de melatonina.

Esto se consigue limitándo la exposición a la luz en la gama de frecuencia del azul. Entre sus productos figuran gafas y bombillas de color ámbar.

Libros

MANUALES DE ELECTROTERAPIA

- Vrbová G, Hudlicka D, Centofanti K. *Application of Muscle/ Nerve Stimulation in Health and Disease (Advances in Muscle Research)*. Nueva York: Springer, 2008.
Este es un libro de referencia sobre las investigaciones acerca del empleo de la electroterapia para la recuperación de las lesiones y del movimiento, incluido el control de los trastornos progresivos del cerebro y la médula espinal. Contiene un capítulo concebido como una serie de instrucciones que puede seguir el lector no especializado para llevar a cabo la estimulación eléctrica.

CULTIVAR TUS PROPIOS ALIMENTOS

- Bartholomew M. *El huerto en 1 m².* Barcelona: Blume, 2016.
Este libro es un recurso excelente que te enseña a cultivar una mayor proporción de tus alimentos con menos trabajo.

IMPACTO DEL MOHO CRÓNICO Y OTROS PROBLEMAS
ASOCIADOS A LAS BIOTOXINAS

- Shoemaker R. *Surviving Mold: Life in the Era of Dangerous Buildings*. Baltimore, Maryland (EE.UU.): Otter Bay Books, 2010.
La presencia de moho en los sistemas interiores de ventila-

ción, calefacción y refrigeración de un edificio puede conducir a la persona con predisposición genética a sufrir fatiga crónica y otros muchos síntomas clínicos, neurológicos y psicológicos.

Aterosclerosis (salud de los vasos sanguíneos)

- Houston M. *What Your Doctor May Not Tell You About Heart Disease*. Nueva York: Grand Central Life and Style, 2012.
La aterosclerosis (bloqueo de las arterias y de las venas) es muy común entre las personas con problemas de autoinmunidad.

Laboratorios que hacen análisis nutricionales y otras pruebas de medicina funcional

Enterolab
https://www.enterolab.com/default.aspx
Este laboratorio ofrece análisis de intolerancia a diversos alimentos, entre ellos al gluten, los lácteos y otros como la soja y las solanáceas. También ofrece análisis genéticos de los genes que elevan el riesgo de la persona de desarrollar una reacción severa de intolerancia a los alimentos. No hace falta receta médica para hacerse estos análisis. Gracias a ellos pude convencer a mi familia para que se abstuviera del gluten y de los lácteos.

Este tipo de laboratorios ofrecen una amplia variedad de evaluaciones nutricionales y de medicina funcional. En sus páginas web presentan información dirigida a los pacientes y a los médicos, y ayudan al paciente a localizar a un profesional de la medicina que le pueda supervisar una revisión de medicina funcional.

GENOVA DIAGNOSTICS Y METAMETRIX
http://www.gdx.net/ y http://www.metametrix.com
Estas dos empresas se han fusionado en una. De momento, siguen teniendo dos sitios web, pero es probable que de aquí a dos años también se hayan fusionado en uno solo. Los análisis los debe solicitar un profesional de la sanidad. Pueden ayudar al consumidor a localizar a un profesional que lo guíe.

Organizaciones

THE VITAMIN D COUNCIL
(EL CONSEJO DE LA VITAMINA D)
http://www.vitamindcouncil.org
Este sitio web proporciona información dirigida al público y a los profesionales de la sanidad sobre las carencias de vitamina D, la toxicidad, los trastornos de salud relacionados con dicha vitamina y los suplementos de esta. También puedes pedirles un kit para hacerte tú mismo en casa un análisis de tu nivel de vitamina D, sin necesidad de receta médica.

INSTITUTE FOR FUNCTIONAL MEDICINE
(INSTITUTO DE MEDICINA FUNCIONAL)
http://www.functionalmedicine.org
En su sitio web puedes encontrar más información sobre la medicina funcional, y la sección de «Buscar a un practicante de la medicina funcional» puede servirte para localizar a un profesional.

ANCESTRAL HEALTH SOCIETY
(SOCIEDAD DE LA SALUD ANCESTRAL)
http://www.ancestryfoundation.org
La Sociedad de la Salud Ancestral fomenta la colaboración interdisciplinaria entre los médicos, los demás profesionales de la sanidad y el público en general, con el fin de fomentar una perspectiva evolutiva sobre los desafíos actuales de la sanidad. Disponen de muchos materiales apasionantes para cualquier persona interesada por los conceptos de la salud ancestral y su posible aplicación actual.

LA FUNDACIÓN WAHLS
http://thewahlsfoundation.org
La Fundación Wahls (Wahls Foundation, Inc.) es un ente sin ánimo de lucro creado el 11 de mayo de 2011 con la misión de informar al público y a los profesionales de la sanidad sobre los beneficios de los planes de dieta, los ejercicios, la estimulación neuromuscular eléctrica y otras medidas saludables propias del Protocolo Wahls, y apoyar las investigaciones por medio del Fondo de Investigación Wahls (Wahls Research Fund) (www.thewahlsprotocol.com).

Poner a prueba la eficiencia del Protocolo Wahls con controles aleatorios cuesta tres millones de dólares. Los tratamientos de elección se determinan a partir de pruebas clínicas aleatorias. Si quieres pasar a formar parte del equipo y realizar una aportación desgravable al Fondo de Investigación Wahls para ayudarme a proseguir con mi programa de investigación y educación, puedes hacerlo visitando www.thewahlsprotocol.com y pulsando la opción «Donativos». La Fundación de la Universidad de Iowa (University of Iowa Foundation) ha abierto una cuenta especial para apoyar la labor innovadora que estoy realizando:

https://www.givetoIowa.org/GiveToIowa/WebObjects/Give-
ToIowa.woa/wa/goTo?area=wahls

Si prefieres hacer un donativo por medio de un cheque, puedes extenderlo a nombre de The University of Iowa Foundation, con la anotación «Dr. Terry Wahls Research Account» como «concepto». Los cheques deberán enviarse por correo a:

University of Iowa Foundation
P. O. Box 4550
Iowa City, IA 52244
USA

AGRADECIMIENTOS

He recuperado mi vida. Y he escrito este libro para que tú también puedas recuperar la tuya.

Este libro no habría sido posible sin el amor y el apoyo de mi esposa, Jackie, y de nuestros hijos, Zach y Zebby. Son mi sostén.

Otras muchas personas me han dado ánimos y apoyo esenciales a lo largo de este viaje. Ha sido una aldea global de personas con nombre y anónimas, que han hecho posible esta obra. Fueron muchos viajes paralelos: las memorias, mi recuperación, la investigación, la enseñanza, la difusión pública. Todos ellos han sido necesarios para que viera la luz este libro. Empecé a trabajar en mis memorias cuando creí que lo único que podría hacer sería dejar un legado a mis hijos, para cuando yo ya no estuviera con ellos, ni física ni cognitivamente. ¡Qué alegría y qué ventura seguir con ellos en ambos sentidos! Me prestaron un apoyo esencial el Proyecto Voces de los Pacientes (Patient Voices Project) de la Universidad de Iowa y los editores Paul Cassell y Kate Gleeson, que trabajaron en íntima colaboración conmigo durante más de un año para dar forma a mi primera crónica. Kate Gleeson me puso en contacto con mi agente literaria, Lynn Franklin, que supo ver las posibilidades de mi obra años antes que los demás. Este libro no habría llegado a fructificar sin la primera orientación y apoyo de estas personas.

Naturalmente, mi descubrimiento y la creación del Protocolo Wahls fueron fundamentales para este libro, y no se habría producido si yo no hubiera descubierto al doctor Ashton Embry. Fue la organización benéfica de este, Direct-MS, de Canadá, la que me animó a dar los primeros pasos de mi viaje de vuelta a la salud. Esto no podría haber sucedido sin la doctora Lael Stone, la médica que me aconsejó que estudiara los trabajo del doctor Ashton Embry. Por medio del doctor Embry encontré a Loren Cordain y llegué por fin hasta el movimiento Salud Ancestral (Ancestral Health). Después descubrí el papel de la estimulación neuromuscular eléctrica, por medio del trabajo del doctor Richard Shields, del Instituto de Medicina Funcional y de la comunidad de profesionales de la sanidad de dicho Instituto. Debo dar las gracias, especialmente, a los doctores Jeff Bland, David Jones, Catherine Willner, Jay Lombardi, David Perlmutter, Mark Hyman, Michael Stone, Kristi Hughes, y a su presidenta, la doctora Laurie Hoffman. Debo agradecer a mis médicos personales, los doctores Lael Stone, E. Torage Shivapour y Gwen Beck, que hayan estado dispuestos a trabajar conmigo a lo largo de los años.

Debo dar las gracias a muchas personas que me ayudaron en el desarrollo del programa de investigación, entre ellas los doctores Paul Rothman, Warren Darling, Kathryn Chaloner, Linda Snetselaar, Susan Lutgendorf, Ergun Uc, E. Torage Shivapour, Garry Buettner, Jeff Murray, Zuhair Ballas, John Cowdery, Peter Cram, Nicole Nisly y Cathy Swanson. Debo dar las gracias expresamente a Babita Bisht, mi primera ayudante de investigación, que fue fundamental para el éxito de nuestro laboratorio. También debo dar las gracias a los muchos estudiantes que me dedicaron voluntariamente su tiempo en el laboratorio.

AGRADECIMIENTOS

Gracias de corazón a Cathy Chenard, la nutricionista titulada que trabaja en mi laboratorio de investigación y cuyo apoyo ha sido trascendental para el desarrollo de nuestras dietas de estudio y de este manuscrito; y a Tom Nelson, nuestro diseñador gráfico, que creó las magníficas ilustraciones de este libro. Mi editora, Marisa Vigilante, ha prestado una ayuda preciosa desde el primer momento y ha ido mimando el libro desde su primer concepto hasta su forma actual. También debo dar las gracias a Jonathan Sabin y a Leanne Ely, cuyo asesoramiento fue clave en el desarrollo de mi negocio y en la creación de un sitio web que me permitió llevar mi mensaje a un público más amplio. Mi labor de informar al público comenzó con un correo electrónico que envié a Theresa Carbrey, encargada de educación en la cooperativa local de alimentación ecológica, en el que le proponía pronunciar una conferencia sobre cómo había mejorado mi EM con el cambio de dieta. Theresa accedió, y durante los años siguientes impartí muchos cursos en la cooperativa. En 2011, Cliff Missen me brindó la oportunidad de hacer una presentación en las charlas TEDx del mes de noviembre. Ese mismo verano, Eve Adamson me abordó cuando yo estaba en la cola para recoger mi pedido de hortalizas de mi ARC local; me propuso que escribiésemos un libro juntas y me ayudó a reescribir mi propuesta de libro. Mi charla TEDx se volvió viral, y no tardé en tener un contrato firmado para escribir *El Protocolo Wahls*. Aquello significaba, claro está, que tenía que ponerme a escribir sin dejar de trabajar a jornada completa en mi consulta y en mis investigaciones. Por fortuna para mí, Eve es una escritora inmensa y con enorme experiencia en la elaboración de libros tipo manual para el público general. Es el comienzo de una colaboración que espero que siga produciendo muchos libros más.

Con esto vuelvo a todos vosotros, al público. Recibimos a diario incontables mensajes por las redes sociales, correos electrónicos y llamadas telefónicas de personas a las que ha ayudado el Protocolo Wahls en sus vidas. Esta labor ha sido posible gracias a la aldea global, y seremos los habitantes de la aldea global los que recobraremos la salud enseñándonos unos a otros que somos nosotros los que debemos decidir lo que comemos y cómo vivimos. Con los corazones llenos de agradecimiento por haber recuperado nuestras vidas, enseñamos, y la enseñanza se difunde por el mundo.

NOTAS

Introducción
1. Cordain L. *The Paleo Diet: Lose Weight and Get Healthy by Eating the Foods You Were Designed to Eat*. Nueva York: John Wiley & Sons, 2002. Versión española: *La dieta paleolítica: la paleodieta. Pierda peso y gane salud con la dieta ancestral que la naturaleza diseñó para usted*. Barcelona: Ediciones Urano, 2011.
2. Lin Y, Desbois A, Jiang S, Hou ST. «Group B vitamins protect murine cerebellar granule cells from glutamate/NMDA toxicity», *Neuroreport* 15 (2004): 2241–2244.
3. Beal MF. «Bioenergetic approaches for neuroprotection in Parkinson's disease», *Ann Neurol* 53, Suppl 3 (2003): S39–S47; Zhang W, Narayanan M, Friedlander RM. «Additive neuroprotective effects of minocycline with creatine in a mouse model of ALS», *Ann Neurol* 53 (2003): 267–270.
4. Bisht B; Darling WG, Grossmann RE, Shivapour ET, Lutgendorf SK, Snetselaar LG, Hall MJ, Zimmerman MB, Wahls TL. «A multimodal intervention for patients with secondary progressive multiple sclerosis: feasibility and effect on fatigue», *J Altern Complement Med* 20 (2014).

Capítulo 1
1. Willett WC. «Balancing life-style and genomics research for disease prevention», *Science* 296 (2002): 695–698.
2. Alberts B, Johnson A, Lewis J, Raff M, Roberts K, Walter P. *Molecular Biology of the Cell*. 4.ª edición. Nueva York: Garland Publishing, 2002.
3. *Ibid*.
4. «Drug Influences on Nutrient Levels and Depletion», *Natural Medicines Comprehensive Database* (serie online) 2012; disponible en Therapeutic Research Faculty (recuperada el 1 de noviembre de 2012).
5. Montagna P, Sacquegna T, Martinelli P *et al*. «Mitochondrial abnormalities in migraine. Preliminary findings», *Headache* 28 (1988): 477–480; Stuart S, Griffiths LR. «A possible role for mitochondrial dysfunction in migraine», *Mol Genet Genomics* 287 (2012): 837–844; Welch KM, Ramadan NM. «Mitochondria, magnesium and migraine», *J Neurol Sci* 134 (1995): 9–14.
6. Pieczenik SR, Neustadt J. «Mitochondrial dysfunction and molecular pathways of disease», *Exp Mol Pathol* 83 (2007): 84–92.
7. Alberts, *et al*. *Molecular Biology of the Cell*.

8   Ibid.
9   Ames BN, Liu J. «Delaying the mitochondrial decay of aging with acetylcarnitine», *Ann NY Acad Sci* 1033 (2004): 108–116; Ames BN. «Prevention of mutation, cancer, and other age-associated diseases by optimizing micronutrient intake», *J Nucleic Acids* (2010): pii: 725071. doi: 10.4061/2010/725071.
10 Ames BN. «Prevention of mutation».
11 Bowman GL, Silbert LC, Howieson D, *et al.* «Nutrient biomarker patterns, cognitive function, and MRI measures of brain aging», *Neurology* 78 (2012): 241–249.
12 Ibid.
13 Bourre JM. «Effects of nutrients (in food) on the structure and function of the nervous system: update on dietary requirements for brain. Part II: Macronutrients», *J Nutr Health Aging* 10 (2006): 386–399; Bourre JM. «Effects of nutrients (in food) on the structure and function of the nervous system: update on dietary requirements for brain. Part I: Micronutrients», *J Nutr Health Aging* 10 (2006): 377–385.
14 Ames, Liu. «Delaying the mitochondrial decay».
15 Bourre. «Effects of nutrients (in food), Part II: Macronutrients», 386–399; Bourre. «Effects of nutrients (in food). Part I: Micronutrients», 377–385.
16 Mateljan G. *The World's Healthiest Foods*. Seattle, Washington (EE.UU.): World's Healthiest Foods, 2006; Higden J, Drake V. *An Evidence-Based Approach to Dietary Phytochemicals* [publicación digital], 2012.
17 Ibid. The World's Healthiest Foods, www.whfoods.com (consultado el 24 de marzo de 2013); The George Mateljan Foundation (consultado el 22 de mayo de 2013); Ground Beef Calculator, http://ndb.nal.usda.gov/ndb/beef/show (consultado el 13 de enero de 2012); Nutrient Data Laboratory United States Department of Agriculture (consultado el 5 de marzo de 2013; database interactiva online); Linus Pauling Institute Micronutrient Research for Optimum Health, Oregon State University, http://lpi.oregonstate.edu/infocenter (consultado el 22 de mayo de 2013).
18 Frankl V. *Man's Search for Meaning*. Ed. revisada y actualizada, Boston: Beacon Press, 2006. Versión española: *El hombre en busca de sentido*. Barcelona: Herder, 2004.

Capítulo 2
1   Wucherpfennig KW. «Structural basis of molecular mimicry», *J Autoimmun* 16 (2001): 293–302.
2   Ramagopalan SV, Sadovnick AD. «Epidemiology of multiple sclerosis», *NeurolClin* 29 (2011): 207–217.
3   Zamboni P, Menegatti E, Bartolomei I, *et al.* «Intracranial venous haemo dynamics in multiple sclerosis», *Curr Neurovasc Res* 4 (2007): 252–258; Zamboni P, Galeotti R, Menegatti E, *et al.* Chronic cerebrospinal venous insufficiency in patients with multiple sclerosis. *J Neurol Neurosurg Psychiatry* 80 (2009): 392–399.
4   Malagoni AM, Galeotti R, Menegatti E, *et al.* «Is chronic fatigue the symptom of venous insufficiency associated with multiple sclerosis? A longitudinal pilot study», *Int Angiol* 29 (2010): 176–182.
5   Mandato KD, Hegener PF, Siskin GP, *et al.* «Safety of endovascular treatment of chronic cerebrospinal venous insufficiency: a report of 240 patients with multiple sclerosis», *J Vasc Interv Radiol* 23 (2012): 55–59; Zamboni P, Galeotti R, Weinstock-Guttman B, Kennedy C, Salvi F, Zivadinov R. «Venous angioplasty in patients with multiple sclerosis: results of a pilot study», *Eur J Vasc Endovasc Surg* 43 (2012): 116–122.
6   Marder E, Gupta P, Greenberg BM, *et al.* «No cerebral or cervical venous insufficiency in US veterans with multiple sclerosis», *Arch Neurol* 68 (2011): 1521–1525.
7   Blasi C. «The autoimmune origin of atherosclerosis», *Atherosclerosis* 201 (2008): 17–32.
8   Virtanen JK, Rissanen TH, Voutilainen S, Tuomainen TP. «Mercury as a risk factor for cardiovascular diseases», *J Nutr Biochem* 18 (2007): 75–85.

NOTAS

9 Blasi F, Tarsia P, Arosio C, Fagetti L, Allegra L. «Epidemiology of *Chlamydia pneumoniae*», *Clin Microbiol Infect* 4 Suppl 4 (1998): S1–S6.
10 «Dyslipidemia: Nutritional and Nutraceutical Functional Medicine Approach», en *Cardiometabolic Module*, Simposio Internacional Anual de 2012, Institute for Functional Medicine, Gig Harbor, Washington (EE.UU.), 1 de junio de 2012.
11 «The New Era of Managing Cardiovascular Disease, Metabolic Dysfunctions and Obesity», *Cardiometabolic Module*, Simposio Internacional Anual de 2012, Institute for Functional Medicine, Scottsdale, Arizona (EE.UU.), 31 de mayo de 2012.
12 «Fire in the Hole: The Metabolic Connecting Points Between Major Chronic Diseases», en *Cardiometabolic Module*, Simposio Internacional Anual de 2012, Institute for Functional Medicine, Scottsdale, Arizona (EE.UU.), 30 de mayo de 2012.
13 Bland JS, Levin B, Costarella L, *et al. Clinical Nutrition: A Functional Approach*. 2.ª ed. Gig Harbor, Washington (EE.UU.): Institute for Functional Medicine, 2004.
14 «Fire in the Hole: The Metabolic Connecting Points Between Major Chronic Diseases», en *Cardiometabolic Module*, Simposio Internacional Anual de 2012, Institute for Functional Medicine, Scottsdale, Arizona (EE.UU.), 30 de mayo de 2012.
15 «Dean B. Understanding the role of inflammatory-related pathways in the pathophysiology and treatment of psychiatric disorders: evidence from human peripheral studies and CNS studies», *Int J Neuropsychopharmacol* 14 (2011): 997–1012; Suvisaari J, Loo BM, Saarni SE, *et al.* «Inflammation in psychotic disorders: a population-based study», *Psychiatry Res* 189 (2011): 305–311.
16 Kaptoge S, Di Angelantonio E, Lowe G, *et al.* «C-reactive protein concentration and risk of coronary heart disease, stroke, and mortality: an individual participant meta-analysis», *Lancet* 375 (2010): 132–140.
17 Lord RS, Bralley A. *Laboratory Evaluations for Integrative and Functional Medicine*, 2.ª ed. Atlanta, Georgia (EE.UU.): Metametrix Institute, 2008.
18 Ames, BN. «Prevention of mutation»; Ames. «Delaying the mitochondrial decay», 108–161; Ames. «Prevention of mutation»; Ames. «Optimal micronutrients delay mitochondrial decay and age-associated diseases»; *Mech Ageing Dev* 131 (2010): 473–479.
19 «Dyslipidemia: Nutritional and Nutraceutical Functional Medicine Approach», en *Cardiometabolic Module*, Simposio Internacional Anual de 2012, Institute for Functional Medicine, Gig Harbor, Washington (EE.UU.), 1 de junio de 2012; «The New Era of Managing Cardiovascular Disease, Metabolic Dysunctions and Obesity», en *Cardiometabolic Module*, Simposio Internacional Anual de 2012, Institute for Functional Medicine, Scottsdale, Arizona (EE.UU.), 31 de mayo de 2012; «Fire in the Hole: The Metabolic Connecting Points Between Major Chronic Diseases», en *Cardiometabolic Module*, Simposio Internacional Anual de 2012, Institute for Functional Medicine, Scottsdale, Arizona (EE.UU.), 30 de mayo de 2012.
20 *Ibid.*

Capítulo 3
1 Koizumi M, Ito H, Kaneko Y, Motohashi Y. «Effect of having a sense of purpose in life on the risk of death from cardiovascular diseases», *J Epidemiol* 18 (2008): 191–196.
2 Ventegodt S, Andersen NJ, Merrick J. «The life mission theory II. The structure of the life purpose and the ego», *Scientific World Journal* 3 (2003): 1277–1285.
3 Emmons R, McCullough E. *The Psychology of Gratitude*. Nueva York: Oxford University Press, 2004.

Capítulo 4
1 Adams KM, Lindell KC, Kohlmeier M, Zeisel SH. «Status of nutrition education in medical schools», *Am J Clin Nutr* 83 (2006): 941S–944S.
2 Cordain L, Eaton SB, Sebastian A, Mann N, Lindeberg S, Watkins BA, O'Keefe JH, *et al.*, eds. «Origins and evolution of the Western diet: health implications

for the 21st century», *Am J Clin Nutr* 81:2 (2005): 341–345; Cordain L, Eaton SB, Miller JB, Mann N, Hill K. «The paradoxical nature of huntergatherer diets: meat-based, yet non-atherogenic», *Eur J Clin Nutr* 56, Supl 1 (2002): S42–S52; Cordain L, Eades MR, Eades MD. «Hyperinsulinemic diseases of civilization: more than just Syndrome X», *Comp Biochem Physiol A Mol Integr Physiol* 36 (2003): 95–112; Eaton SB, Konner M, Shostak M. «Stone agers in the fast lane: chronic degenerative diseases in evolutionary perspective», *Am J Med* 84 (1988): 739–749.
3   Gurven M, Kaplan H. «Longevity Among Hunter-Gatherers: A Cross-Cultural Examination», *Population and Development Review* 33 (2007): 321–365.
4   Mummert A, Esche E, Robinson J, Armelagos GJ. «Stature and robusticity during the agricultural transition: evidence from the bioarchaeological record», *Econ Hum Biol* 9 (2011): 284-301; Sajantila A. «Major historical dietary changes are reflected in the dental microbiome of ancient skeletons», *Investig Genet* 4 (2013): 10.
5   Gurven M, Kaplan H. «Longevity Among Hunter-Gatherers», 321–365; Mummert A, Esche E, Robinson J, Armelagos GJ. «Stature and robusticity during the agricultural transition: evidence from the bioarchaeological record», *Econ Hum Biol* 9 (2011): 284-301.
6   Sajantila A. «Major historical dietary changes are reflected in the dental microbiome of ancient skeletons», *Investig Genet* 4 (2013): 10; Egger G. «Health, "illth" and economic growth: medicine, environment, and economics at the crossroads», *Am J Prev Med* 37 (2009): 78–83.
7   Obesity and Overweight (consultado el 13 de mayo de 2012), Centers for Disease Control and Prevention, http://www.cdc.gov/nchs/fastats/overwt.htm (consultado el 18 de agosto de 2013).
8   Frassetto LA, Schloetter M, Mietus-Synder M, Morris RC, Jr., Sebastian A. «Metabolic and physiologic improvements from consuming a paleolithic, huntergatherer type diet», *Eur J Clin Nutr* 63 (2009): 947–955; Osterdahl M, Kocturk T, Koochek A, Wandell PE. «Effects of a short-term intervention with a paleolithic diet in healthy volunteers», *Eur J Clin Nutr* 62 (2008): 682–685.
9   Jonsson T, Granfeldt Y, Ahren B, et al. «Beneficial effects of a Paleolithic diet on cardiovascular risk factors in type 2 diabetes: a randomized cross-over pilot study», *Cardiovasc Diabetol* 8 (2009): 35.
10 Fasano A. «Leaky gut and autoimmune diseases», *Clin Rev Allergy Immunol* 42 (2012): 71–78; Guandalini S, Newland C. «Differentiating food allergies from food intolerances», *Curr Gastroenterol Rep* 13 (2011): 426–434.
11 Sanfilippo, D. *Practical Paleo: A Customized Approach to Health and a Whole- Foods Lifestyle*. Auberry, California (EE.UU.): Victory Belt Publishing, 2012.
12 Calton, M, Calton J. *Naked Calories: The Caltons' Simple 3 Step Plan to Micronutrient Sufficiency*. Cleveland, Ohio (EE.UU.): Changing Lives Press, 2013.
13 Treem WR. «Emerging concepts in celiac disease», *Curr Opin Pediatr* 16 (2004): 552–559.
14 Fallon S, Enig MG. *Nourishing Traditions*.

Capítulo 5
1   Moriya M, Nakatsuji Y, Okuno T, Hamasaki T, Sawada M, Sakoda S. «Vitamin K2 ameliorates experimental autoimmune encephalomyelitis in Lewis rats», *J Neuroimmunol* 170 (2005): 11–20.
2   Ferland G. «Vitamin K and the nervous system: an overview of its actions», *Adv Nutr* 3 (2012): 204–12; Ferland G. «Vitamin K, an emerging nutrient in brain function», *Biofactors* 38 (2012): 151–157.
3   Watzl B. «Anti-inflammatory effects of plant-based foods and of their constituents», *Int J Vitam Nutr Res* 78 (2008): 293–298; Shukitt-Hale B, Lau FC, Joseph JA.

«Berry fruit supplementation and the aging brain», *J Agric Food Chem* 56 (2008): 636–641; Joseph J, Cole G, Head E, Ingram D. «Nutrition, brain aging, and neurodegeneration», *J Neurosci* 29 (2009): 12:795–801; Holt EM, Steffen LM, Moran A, *et al.* «Fruit and vegetable consumption and its relation to markers of inflammation and oxidative stress in adolescents», *J Am Diet Assoc* 109 (2009): 414–421.
4 Webb AJ, Patel N, Loukogeorgakis S, *et al.* «Acute blood pressure lowering, vasoprotective, and antiplatelet properties of dietary nitrate via bioconversion to nitrite», *Hypertension* 51 (2008): 784–790.
5 Frostegard J. *Arteriosler Thromb Vasc Biol.* 9 (2005): 1776–1785.
6 Guerrero-Beltran CE, Calderon-Oliver M, Pedraza-Chaverri J, Chirino YI. «Protective effect of sulforaphane against oxidative stress: recent advances», *Exp Toxicol Pathol* 64 (2012): 503–508; Morihara N, Sumioka I, Moriguchi T, Uda N, Kyo E. «Aged garlic extract enhances production of nitric oxide», *Life Sci* 71 (2002): 509–517; Noyan-Ashraf MH, Sadeghinejad Z, Juurlink BH. «Dietary approach to decrease aging-related CNS inflammation», *Nutr Neurosci* 8 (2005): 101–110; Ping Z, Liu W, Kang Z, *et al.* «Sulforaphane protects brains against hypoxic-ischemic injury through induction of Nrf2-dependent phase 2 enzymes», *Brain Res* 1343 (2010): 178–185; Thakur AK, Chatterjee SS, Kumar V. «Beneficial effects of Brassica juncea on cognitive functions in rats», *Pharm Biol* 51 (2013): 1304–1310; Holt EM, Steffen LM, Moran A, *et al.* «Fruit and vegetable consumption and its relation to markers of inflammation and oxidative stress in adolescents», *J Am Diet Assoc* 109 (2009): 414–421; Vasanthi HR, Mukherjee S, Das DK. «Potential health benefits of broccoli: a chemico-biological overview», *Mini Rev Med Chem* 9 (2009): 749–759; Wierinckx A, Breve J, Mercier D, Schultzberg M, Drukarch B, Van Dam AM. «Detoxication enzyme inducers modify cytokine production in rat mixed glial cells», *J Neuroimmunol* 166 (2005): 132–143.
7 Guerrero-Beltran CE, Calderon-Oliver M, Pedraza-Chaverri J, Chirino YI. «Protective effect of sulforaphane against oxidative stress: recent advances», *Exp Toxicol Pathol* 64 (2012): 503–508; Latte KP, Appel KE, Lampen A. «Health benefits and possible risks of broccoli: an overview», *Food Chem Toxicol* 49 (2011): 3287–3309; Vasanthi HR, Mukherjee S, Das DK. «Potential health benefits of broccoli», 749–759; Williams MJ, Sutherland WH, McCormick MP, Yeoman DJ, de Jong SA. «Aged garlic extract improves endothelial function in men with coronary artery disease», *Phytother Res* 19 (2005): 314–419.
8 Borek C. «Garlic reduces dementia and heart-disease risk», *J Nutr* 136 (2006): 810S–812S; Chauhan NB. «Multiplicity of garlic health effects and Alzheimer's disease», *J Nutr Health Aging* 9 (2005): 421–432.
9 Borek C. «Antioxidant health effects of aged garlic extract», *J Nutr* 131 (2001): 1010S–1015S; Borek C. «Garlic reduces dementia», 810S–812S; Williams MJ, Sutherland WH, McCormick MP, Yeoman DJ, de Jong SA. «Aged garlic extract improves endothelial function», 314–319.
10 Akramiene D, Kondrotas A, Didziapetriene J, Kevelaitis E. «Effects of betaglucans on the immune system», *Medicina* (Kaunas, Lituania) 43 (2007): 597–606.
11 Lull C, Wichers HJ, Savelkoul HF. «Antiinflammatory and immunomodulating properties of fungal metabolites», *Mediators Inflamm* 9 de junio de 2005(2): 63–80; Borek C. «Antioxidant health effects», 1010S–1015S; Akramiene D, Kondrotas A, Didziapetriene J, Kevelaitis E. «Effects of beta-glucans on the immune system», *Medicina* (Kaunas, Lituania) 43 (2007): 597–606.
12 Chatrou ML, Winckers K, Hackeng TM, Reutelingsperger CP, Schurgers LJ. «Vascular calcification: the price to pay for anticoagulation therapy with vitamin K-antagonists», *Blood Rev* 26 (2012): 155–166; Shea MK, Holden RM. «Vitamin K status and vascular calcification: evidence from observational and clinical studies», *Adv Nutr* 3 (2012): 158–165.

13 Huebner FR, Lieberman KW, Rubino RP, Wall JS. «Demonstration of high opioid-like activity in isolated peptides from wheat gluten hydrolysates», *Peptides* 5 (1984): 1139–1147; Teschemacher H, Koch G. «Opioids in the milk», *Endocr Regul* 25 (1991): 147–150.
14 Gearhardt AN, Davis C, Kuschner R, Brownell KD. «The addiction potential of hyperpalatable foods», *Curr Drug Abuse Rev* 4 (2011): 140–145.
15 *Textbook of Functional Medicine*. Gig Harbor, Washington (EE.UU.): Institute for Functional Medicine, 2010; Brown AC. «Gluten sensitivity: problems of an emerging condition separate from celiac disease», *Expert Rev Gastroenterol Hepatol* 6 (2012): 43–55; Cascella NG, Kryszak D, Bhatti B *et al.* «Prevalence of celiac disease and gluten sensitivity in the United States clinical antipsychotic trials of intervention effectiveness study population», *Schizophr Bull* 37 (2011): 94–100; da Silva Neves MM, González-García MB, Nouws HP, Delerue-Matos C, Santos-Silva A, Costa-García A. «Celiac disease diagnosis and gluten-free food analytical control», *Anal Bioanal Chem* 397 (2010): 1743–1753; Hadjivassiliou M, Grunewald RA, Lawden M, Davies-Jones GA, Powell T, Smith CM. «Headache and CNS white matter abnormalities associated with gluten sensitivity», *Neurology* 56 (2001): 385–388; Hadjivassiliou M, Sanders DS, Grunewald RA, Woodroofe N, Boscolo S, Aeschlimann D. «Gluten sensitivity: from gut to brain», *Lancet Neurol* 9 (2010): 318–330; Humbert P, Pelletier F, Dreno B, Puzenat E, Aubin F. «Gluten intolerance and skin diseases», *Eur J Dermatol* 16 (2006): 4–11; Jackson JR, Eaton WW, Cascella NG, Fasano A, Kelly DL. «Neurologic and psychiatric manifestations of celiac disease and gluten sensitivity», *Psychiatr Q* 83 (2012): 91–102; Valentino R, Savastano S, Maglio M, *et al.* «Markers of potential coeliac disease in patients with Hashimoto's thyroiditis», *Eur J Endocrinol* 146 (2002): 479–483; Vereckei E, Szodoray P, Poor G, Kiss E. «Genetic and immunological processes in the pathomechanism of gluten-sensitive enteropathy and associated metabolic bone disorders», *Autoimmun Rev* 10 (2011): 336–340.
16 *Textbook of Functional Medicine*. Gig Harbor, Washington (EE.UU.): Institute for Functional Medicine, 2010.

Capítulo 6
1 Miller GJ, Field RA, Riley ML. «Lipids in wild ruminant animals and steers», *J Food Qual* 9 (1986): 331–341.
2 «The New Era of Managing Cardiovascular Disease, Metabolic Dysfunctions and Obesity», en *Cardiometabolic Module*, Simposio Internacional Anual de 2012, Institute for Functional Medicine, Scottsdale, Arizona (EE.UU.), 31 de mayo de 2012.
3 Simopoulos AP. «Human requirement for N-3 polyunsaturated fatty acids», *Poult Sci* 79 (2000): 961–970.
4 Simopoulos AP. «The importance of the omega-6/omega-3 fatty acid ratio in cardiovascular disease and other chronic diseases», *Exp Biol Med (Maywood)* 233 (2008): 674–688; Simopoulos AP. «Importance of the omega-6/omega-3 balance in health and disease: evolutionary aspects of diet», *World Rev Nutr Diet* 102 (2011): 10–21.
5 Simopoulos AP. «The importance of the omega-6/omega-3 fatty acid ratio», 674–688.
6 Deal CL, Moskowitz RW. «Nutraceuticals as therapeutic agents in osteoarthritis. The role of glucosamine, chondroitin sulfate, and collagen hydrolysate», *Rheum Dis Clin North Am* 25 (1999): 379–395.
7 «Replace and Replenish: Treatment of Digestive Dysfunction. Advance Practice Module: Restoring Gastrointestinal Equilibrium: Practical Applications for Understanding, Assessing and Treating GI Dysfunction». Conferencia en el Institute for Functional Medicine, Scottsdale, Arizona (EE.UU.), 9 de diciembre de 2011.
8 Young GS, Conquer JA, Thomas R. «Effect of randomized supplementation with high dose olive, flax or fish oil on serum phospholipid fatty acid levels in adults with attention deficit hyperactivity disorder», *Reprod Nutr Dev* 45 (2005): 549–558.

9 Tripoli E, Giammanco M, Tabacchi G, Di Majo D, Giammanco S, La Guardia M. «The phenolic compounds of olive oil: structure, biological activity and beneficial effects on human health», *Nutr Res Rev* 18 (2005): 98–112.
10 Muskiet FAJ. «Fat Detection, Taste, Texture, and Post Ingestive Effects», capítulo 2, 19–79, en *Pathophysiology and Evolutionary Aspects of Dietary Fats and Long-Chain Polyunsaturated Fatty Acids Across the Life Cycle*. Boca Raton, Florida (EE.UU.): CRC Press, 2009; Kavanagh K, Jones KL, Sawyer J, *et al.* «Trans fat diet induces abdominal obesity and changes in insulin sensitivity in monkeys». *Obesity (Silver Spring)* 15 (2007): 1675–1684.
11 Bowman GL, Silbert LC, Howieson D, *et al.* «Nutrient biomarker patterns», 241–249.
12 *Ibid.*
13 Urbano G, Lopez-Jurado M, Aranda P, Vidal-Valverde C, Tenorio E, Porres J. «The role of phytic acid in legumes: antinutrient or beneficial function?», *J Physiol Biochem* 56 (2000): 283–294.
14 Cordain L, Toohey L, Smith MJ, Hickey MS. «Modulation of immune function by dietary lectins in rheumatoid arthritis», *Br J Nutr* 83 (2000): 207–217.
15 Flavin DF. «The effects of soybean trypsin inhibitors on the pancreas of animals and man: a review», *Vet Hum Toxicol* 24 (1982): 25–28.
16 Mensah P, Tomkins A. «Household-level technologies to improve the availability and preparation of adequate and safe complementary foods», *Food Nutr Bull* 24 (2003): 104–125.
17 Gasnier C, Dumont C, Benachour N, Clair E, Chagnon MC, Seralini GE. «Glyphosate-based herbicides are toxic and endocrine disruptors in human cell lines», *Toxicology* 262 (2009): 184–191; Richard S, Moslemi S, Sipahutar H, Benachour N, Seralini GE. «Differential effects of glyphosate and roundup on human placental cells and aromatase», *Environ Health Perspect* 113 (2005): 716–720.
18 Samsel A, Seneff S. Glyphosate's Suppression of Cytochrome P450 «Enzymes and Amino Acid Biosynthesis by the Gut Microbiome: Pathways to Modern Diseases», *Entropy* (2013) 15: 1416–1463.
19 McEvoy M. «Organic 101: Can GMOs Be Used in Organic Products?» (consultado el 13 de mayo de 2013), United States Department of Agriculture, http://blogs.usda.gov/2013/05/17/organic-101-can-gmos-be-used-in-organic-products (consultado el 21 de julio de 2013).
20 Cordain L, Toohey L, Smith MJ, Hickey MS. «Modulation of immune function by dietary lectins», 207–217.
21 Berk Z. «Technology of production of edible flours and protein products from soybeans», 1992. FAO, Roma (consultado el 8 de julio de 2012); http://www.fao.org/docrep/t0532e/t0532e00.htm (consultado el 15 de junio de 2013).
22 Tang G. «Bioconversion of dietary provitamin A carotenoids to vitamin A in humans», *Am J Clin Nutr* 91 (2010): 1468S–1473S.
23 Carmel R. «Nutritional vitamin-B12 deficiency. Possible contributory role of subtle vitamin-B12 malabsorption», *Ann Intern Med* 88 (1978): 647–649; Dastur DK, Santhadevi N, Quadros EV, *et al.* «Interrelationships between the B-vitamins in B12-deficiency neuromyelopathy. A possible malabsorptionmalnutrition syndrome», *Am J Clin Nutr* 28 (1975): 1255–1270.
24 Blumenschine RJ, Cavallo JA. «Scavenging and human evolution», *Sci Am* 267 (1992): 90–96.
25 Cooksley VG. *Seaweed: Nature's Secret to Balancing Your Metabolism, Fighting Disease, and Revitalizing Body & Soul*. Nueva York: Stewart, Tabori & Chang, 2007.
26 Brownstein D. *Iodine: Why You Need It, Why You Can't Live Without It*. 3.ª ed., West Bloomfield, Indiana (EE.UU.): Medical Alternative Press, 2004.
27 *Ibid.*
28 Becker G, Osterloh K, Schafer S, *et al.* «Influence of fucoidan on the intestinal absorption of iron, cobalt, manganese and zinc in rats», *Digestion* 21 (1981): 6–12;

Tanaka Y, Waldron-Edward D, Skoryna SC. «Studies on inhibition of intestinal absorption of radioactive strontium. VII. Relationship of biological activity to chemical composition of alginates obtained from North American seaweeds», *Can Med Assoc J* 99 (1968): 169–175.
29   Damonte EB, Matulewicz MC, Cerezo AS. «Sulfated seaweed polysaccharides as antiviral agents», *Curr Med Chem* 11 (2004): 2399–2419.
30   Price WA. *Nutrition and Physical Degeneration*. 8.ª ed. Lemon Grove, California (EE.UU.), Price Pottinger Nutrition, 2008; Fallon S, Enig MG. *Nourishing Traditions: The Cookbook that Challenges Politically Correct Nutrition and the Diet Dictocrats*. 2.ª ed. revisada. Washington, DC (EE.UU.): New Trends, 2007.
31   Fallon S, Enig MG. *Nourishing Traditions*.
32   *Ibid.*
33   *Ibid.*
34   Howell E. *Enzyme Nutrition*. Garden City Park, Nueva York: Avery Publishing Group, 1995.
35   Holmes E, Li JV, Marchesi JR, Nicholson JK. «Gut microbiota composition and activity in relation to host metabolic phenotype and disease risk», *Cell Metab* 16 (2012): 559–564; Moschen AR, Wieser V, Tilg H. «Dietary Factors: Major Regulators of the Gut's Microbiota», *Gut Liver* 6 (2012): 411–416.
36   Cordain L, Eaton SB, Sebastian A, Mann N, Lindeberg S, Watkins BA, O'Keefe JH, *et al.*, eds. «Origins and evolution of the Western diet: health implications for the 21st century», *Am J Clin Nutr* 81 (2005): 341–345.
37   Benito-León J, Pisa D, Alonso R, Calleja P, Díaz-Sánchez M, Carrasco L. «Association between multiple sclerosis and Candida species: evidence from a case-control study», *Eur J Clin Microbiol Infect Dis* 29 (2010): 1139–1145.
38   *Neuroprotection: A Functional Medicine Approach for Common and Uncommon Neurologic Syndromes*. Institute for Functional Medicine, San Diego, California (EE.UU.), 11–13 de febrero de 2005 (conferencia y módulo de educación continuada, con DVD).
39   *Textbook of Functional Medicine*. Gig Harbor, Washington (EE.UU.): Institute for Functional Medicine, 2010; *Clinical Nutrition: A Functional Approach*. 2.ª ed. Levin JS, Levin B, Costarella L, *et al*. Gig Harbor, Washington (EE.UU.): Institute for Functional Medicine, 2004.

Capítulo 7
1   Guelpa G. «La lutte contre l'épilepsie par la désintoxication et par la rééducation alimentaire», *Rev Ther Medico-Chirurgicale* 78 (1911): 8–13.
2   Wilder RM. «High fat diets in epilepsy», *Mayo Clin Bull* 2 (1921):308; véase Wilder RM. «High fat diets in epilepsy», *Mayo Clin Bull* 2 (1921):308.
3   Peterman MG. «The ketogenic diet in epilepsy», *JAMA* 84 (1925): 1979–1983.
4   Huttenlocher PR, Wilbourn AJ, Signore JM. «Medium-chain triglycerides as a therapy for intractable childhood epilepsy», *Neurology* 21 (1971): 1097–1103.
5   Balietti M, Casoli T, Di Stefano G, Giorgetti B, Aicardi G, Fattoretti P. «Ketogenic diets: an historical antiepileptic therapy with promising potentialities for the aging brain», *Ageing Res Rev* 9 (2010): 273–279; Maalouf M, Rho JM, Mattson MP. «The neuroprotective properties of calorie restriction, the ketogenic diet, and ketone bodies», *Brain Res Rev* 59 (2009): 293–315; Milder J, Patel M. «Modulation of oxidative stress and mitochondrial function by the ketogenic diet», *Epilepsy Res* 100 (2012): 295–303; Rho JM, Stafstrom CE. «The ketogenic diet: what has science taught us?», *Epilepsy Res* 100 (2012): 210–217; Stafstrom CE, Rho JM. «The ketogenic diet as a treatment paradigm for diverse neurological disorders», *Front Pharmacol* 3 (2012): 59; Zhao Z, Lange DJ, Voustianiouk A, *et al.* «A ketogenic diet as a potential novel therapeutic intervention in amyotrophic lateral sclerosis», *BMC Neurosci* 7 (2006): 29.

6 Seyfried T. *Cancer as a Metabolic Disease: On the Origin, Management, and Prevention of Cancer*. Nueva York: John Wiley & Sons, 2012.
7 *Neuroprotection: A Functional Medicine Approach for Common and Uncommon Neurologic Syndromes*. Institute for Functional Medicine, San Diego, California (EE.UU.), 11-13 de febrero de 2005 (conferencia y módulo de educación continuada, con DVD).
8 Fontan-Lozano A, López-Lluch G, Delgado-García JM, Navas P, Carrión AM. «Molecular bases of caloric restriction regulation of neuronal synaptic plasticity» *Mol Neurobiol* 38 (2008): 167-177.

Capítulo 8
1 Carson R. *Silent Spring*. Orlando, Florida (EE.UU.): Houghton Mifflin Harcourt, 1962. Versión española: *Primavera silenciosa*. Barcelona: Crítica, 2001.
2 Toxicity: Mechanisms of Toxic Insult and Recognizable Patterns. «Detoxification Advanced Practice Module Detox: Understanding Biotransformation and Recognizing Toxicity, Evaluation and Treatment in the Functional Medicine Model, Institute for Functional Medicine», conferencia de 2011, Phoenix, Arizona (EE.UU.), 9 de diciembre de 2011.
3 *Ibid.*
4 Choi AL, Sun G, Zhang Y, Grandjean P. «Developmental fluoride neurotoxicity: a systematic review and meta-analysis», *Environ Health Perspect* 120 (2012): 1362-1368.

Capítulo 9
1 Velikonja O, Curic K, Ozura A, Jazbec SS. «Influence of sports climbing and yoga on spasticity, cognitive function, mood and fatigue in patients with multiple sclerosis», *Clin Neurol Neurosurg* 112 (2010): 597-601.
2 Dalgas U, Stenager E, Jakobsen J, et al. «Resistance training improves muscle strength and functional capacity in multiple sclerosis», *Neurology* 73 (2009): 1478-1784; Dalgas U, Stenager E, Jakobsen J, et al. «Fatigue, mood and quality of life improve in MS patients after progressive resistance training», *Mult Scler* 16 (2010): 480-490.
3 Kileff J, Ashburn A. «A pilot study of the effect of aerobic exercise on people with moderate disability multiple sclerosis», *Clin Rehabil* 19 (2005): 165-169.
4 Carro E, Trejo JL, Busiguina S, Torres-Aleman I. «Circulating insulin-like growth factor I mediates the protective effects of physical exercise against brain insults of different etiology and anatomy», *J Neurosci* 21 (2001): 5678-5684; Carro E, Trejo JL, Núñez A, Torres-Alemán I. «Brain repair and neuroprotection by serum insulin-like growth factor I.», *Mol Neurobiol* 27 (2003): 153-162; Cotman CW, Berchtold NC, Christie LA. «Exercise builds brain health: key roles of growth factor cascades and inflammation», *Trends Neurosci* 30 (2007): 464-472; White LJ, Castellano V. «Exercise and brain health: implications for multiple sclerosis. Part II: immune factors and stress hormones», *Sports Med* 38 (2008): 179-186.
5 de la Cerda P, Cervello E, Cocca A, Viciana J. «Effect of an aerobic training program as complementary therapy in patients with moderate depression», *Percept Mot Skills* 112 (2011): 761-769.
6 White LJ, Castellano V. «Exercise and brain health», 179-186; Cotman CW, Berchtold NC, Christie LA. «Exercise builds brain health», 464-472.
7 Rojas Vega S, Knicker A, Hollmann W, Bloch W, Struder HK. «Effect of resistance exercise on serum levels of growth factors in humans», *Horm Metab Res* 42 (2010): 982-986.
8 Velikonja O, Curic K, Ozura A, Jazbec SS. «Influence of sports climbing and yoga», 597-601.

9 Gorgey AS, Mather KJ, Cupp HR, Gater DR. «Effects of resistance training on adiposity and metabolism after spinal cord injury», *Med Sci Sports Exerc* 44 (2012): 165–174.
10 Sitja-Rabert M, Rigau D, Fort Vanmeerghaeghe A, Romero-Rodriguez D, Bonastre Subirana M, Bonfill X. «Efficacy of whole body vibration exercise in older people: a systematic review», *Disabil Rehabil* 34 (2012): 883–893.
11 Arena R, Pinkstaff S, Wheeler E, Peberdy MA, Guazzi M, Myers J. «Neuromuscular electrical stimulation and inspiratory muscle training as potential adjunctive rehabilitation options for patients with heart failure», *J Cardiopulm Rehabil Prev* 30 (2010): 209–223; Quittan M, Wiesinger GF, Sturm B, et al. «Improvement of thigh muscles by neuromuscular electrical stimulation in patients with refractory heart failure: a single-blind, randomized, controlled trial», *Am J Phys Med Rehabil* 80 (2001): 206–214.
12 Sillen MJ, Speksnijder CM, Eterman RM, Janssen PP, Wagers SS, Wouters EF, Uszko-Lencer NH, Spruit MA. «Effects of neuromuscular electrical stimulation of muscles of ambulation in patients with chronic heart failure or COPD: a systematic review of the English-language literature», *Chest.*, 136 (2009): 44–61. doi: 10.1378/chest.08-2481.
13 Talbot LA, Gaines JM, Ling SM, Metter EJ. «A home-based protocol of electrical muscle stimulation for quadriceps muscle strength in older adults with osteoarthritis of the knee», *J Rheumatol* 30 (2003): 1571–1578; Palmieri-Smith RM, Thomas AC, Karvonen-Gutierrez C, Sowers M. «A clinical trial of neuromuscular electrical stimulation in improving quadriceps muscle strength and activation among women with mild and moderate osteoarthritis», *Phys Ther* 90 (2010): 1441–1452; Gaines JM, Metter EJ, Talbot LA. «The effect of neuromuscular electrical stimulation on arthritis knee pain in older adults with osteoarthritis of the knee», *Appl Nurs Res* 17 (2004): 201–206.
14 Piva SR, Goodnite EA, Azuma K, et al. «Neuromuscular electrical stimulation and volitional exercise for individuals with rheumatoid arthritis: a multiplepatient case report», *Phys Ther* 87 (2007): 1064–1077.
15 Santos M, Zahner LH, McKiernan BJ, Mahnken JD, Quaney B. «Neuromuscular electrical stimulation improves severe hand dysfunction for individuals with chronic stroke: a pilot study», *J Neurol Phys Ther* 30 (2006): 175–183; Sullivan JE, Hedman LD. «A home program of sensory and neuromuscular electrical stimulation with upper-limb task practice in a patient 5 years after a stroke», *Phys Ther* 84 (2004): 1045–1054.
16 Stackhouse SK, Binder-Macleod SA, Stackhouse CA, McCarthy JJ, Prosser LA, Lee SC. «Neuromuscular electrical stimulation versus volitional isometric strength training in children with spastic diplegic cerebral palsy: a preliminary study», *Neurorehabil Neural Repair* 21 (2007): 475–485; Carmick J. «Clinical use of neuromuscular electrical stimulation for children with cerebral palsy», 1.ª parte, 505–513; Carmick J. «Clinical use of neuromuscular electrical stimulation for children with cerebral palsy, Part II: Upper extremity», *Phys Ther* 73 (1993): 514–522; Scheker LR, Chesher SP, Ramírez S. Neuromuscular electrical stimulation, 226–232.
17 Wahls, TL, Reese D, Kaplan D, Darling WG. «Rehabilitation with neuromuscular electrical stimulation leads to functional gains in patients with secondary progressive and primary progressive multiple sclerosis: a case series report», *J Altern Complement Med* 16 (2010): 1343–1349.
18 Burridge J, Taylor P, Hagan S, Swain I. «Experience of clinical use of the Odstock dropped foot stimulator», *Artif Organs* 21 (1997): 254–260; Taylor PN, Burridge JH, Dunkerley AL, et al. «Clinical use of the Odstock dropped foot stimulator: its effect on the speed and effort of walking», *Arch Phys Med Rehabil* 80 (1999): 1577–1583.
19 Courtney AM, Castro-Borrero W, Davis SL, Frohman TC, Frohman EM. «Functional treatments in multiple sclerosis», *Curr Opin Neurol* 24 (2011): 250–254; Mc-

Clurg D, Ashe RG, Marshall K, Lowe-Strong AS. «Comparison of pelvic floor muscle training, electromyography biofeedback, and neuromuscular electrical stimulation for bladder dysfunction in people with multiple sclerosis: a randomized pilot study», *Neurourol Urodyn* 25 (2006): 337-348.
20 Szecsi J, Schlick C, Schiller M, Pollmann W, Koenig N, Straube A. «Functional electrical stimulation-assisted cycling of patients with multiple sclerosis: biomechanical and functional outcome: a pilot study», *J Rehabil Med* 41 (2009): 674-680; Ratchford JN, Shore W, Hammond ER, *et al.* «A pilot study of functional electrical stimulation cycling in progressive multiple sclerosis», *NeuroRehabilitation* 27 (2010): 121-128.

Capítulo 10
1 Smolders J. «Vitamin D and multiple sclerosis: correlation, causality, and controversy», *Autoimmune Dis* 2011 (2011): 629538; Mowry EM. «Vitamin D: evidence for its role as a prognostic factor in multiple sclerosis», *J Neurol Sci* 311 (2011): 19-22.
2 Yang CY, Leung PS, Adamopoulos IE, Gershwin ME. «The implication of vitamin D and autoimmunity: a comprehensive review», *Clin Rev Allergy Immunol* 45 (2013): 217-226; Pludowski P, Holick MF, Pilz S, *et al.* «Vitamin D effects on musculoskeletal health, immunity, autoimmunity, cardiovascular disease, cancer, fertility, pregnancy, dementia and mortality: a review of recent evidence», *Autoimmun Rev* 12 (2013): 976-989.
3 Milliken SV, Wassall H, Lewis BJ, *et al.* «Effects of ultraviolet light on human serum 25-hydroxyvitamin D and systemic immune function», *J Allergy Clin Immunol* 129 (2012): 1554-1561.
4 Faridar A, Eskandari G, Sahraian MA, Minagar A, Azimi A. «Vitamin D and multiple sclerosis: a critical review and recommendations on treatment», *Acta Neurol Belg* 112 (2012): 327-333.
5 Kumar A, Singh RB, Saxena M, *et al.* «Effect of carni Q-gel (ubiquinol and carnitine) on cytokines in patients with heart failure in the Tishcon study», *Acta Cardiol* 62 (2007): 349-354; Sacher HL, Sacher ML, Landau SW, *et al.* «The clinical and hemodynamic effects of coenzyme Q10 in congestive cardiomyopathy», *Am J Ther* 4 (1997): 66-72; Singh RB, Niaz MA, Rastogi V, Rastogi SS. «Coenzyme Q in cardiovascular disease», *J Assoc Physicians India* 46 (1998): 299- 306; Kumar A, Singh RB, Saxena M, *et al.* «Effect of carni Q-gel (ubiquinol and carnitine) on cytokines in patients with heart failure in the Tishcon study», *Acta Cardiol* 62 (2007): 349-354.
6 Muller T, Buttner T, Gholipour AF, Kuhn W. «Coenzyme Q10 supplementation provides mild symptomatic benefit in patients with Parkinson's disease», *Neurosci Lett* 341 (2003): 201-204.
7 Brewer GJ. «Copper excess, zinc deficiency, and cognition loss in Alzheimer's disease», *Biofactors* 38 (2012): 107-113; Loef M, von Stillfried, N, Walach H. «Zinc diet and Alzheimer's disease: a systematic review», *Nutr Neurosci* 15 (2012): 2-12.
8 Ziegler D, Low PA, Litchy WJ, *et al.* «Efficacy and safety of antioxidant treatment with alpha-lipoic acid over 4 years in diabetic polyneuropathy: the NATHAN 1 trial», *Diabetes Care* 34 (2011): 2054-2060.
9 Muller T, Buttner T, Gholipour AF, Kuhn W. «Coenzyme Q10 supplementation provides mild symptomatic benefit in patients with Parkinson's disease», *Neurosci Lett* 341 (2003): 201-204.
10 Liu J. «The effects and mechanisms of mitochondrial nutrient alpha-lipoic acid on improving age-associated mitochondrial and cognitive dysfunction: an overview», *Neurochem Res* 33 (2008): 194-203; Milgram NW, Araujo JA, Hagen TM, Treadwell BV, Ames BN. Acetyl-L-carnitine and alpha-lipoic acid supplementation of aged beagle dogs improves learning in two landmark discrimination tests», *FASEB J* 21 (2007): 3756-3762.

11 Kumar A, Singh RB, Saxena M, et al. «Effect of carni Q-gel (ubiquinol and carnitine) on cytokines in patients with heart failure in the Tishcon study», *Acta Cardiol* 62 (2007): 349–54; Sacher HL, Sacher ML, Landau SW, et al. «The clinical and hemodynamic effects of coenzyme Q10» 66–72; Singh RB, Niaz MA, Rastogi V, Rastogi SS. «Coenzyme Q in cardiovascular disease», 299–306.
12 Pallas M, Verdaguer E, Tajes M, Gutiérrez-Cuesta J, Camins A. «Modulation of sirtuins: new targets for antiageing», *Recent Pat CNS Drug Discov* 3 (2008): 61–69.
13 James D, Devaraj S, Bellur P, Lakkanna S, Vicini J, Boddupalli S. «Novel concepts of broccoli sulforaphanes and disease: induction of phase II antioxidant and detoxification enzymes by enhanced-glucoraphanin broccoli», *Nutr Rev* 70 (2012): 654–665; «Applying Oral Chelation. Advanced Practice Module Detox: Understanding Biotransformation and Recognizing Toxicity, Evaluation and Treatment in the Functional Medicine Model», Institute for Functional Medicine, conferencia de 2011, Phoenix, Arizona (EE.UU.), 10 de diciembre de 2011.
14 Larijani VN, Ahmadi N, Zeb I, Khan F, Flores F, Budoff M. «Beneficial effects of aged garlic extract and coenzyme Q10 on vascular elasticity and endothelial function: The FAITH randomized clinical trial», *Nutrition* 29 (2012): 71–75. Weiss N, Papatheodorou L, Morihara N, Hilge R, Ide N. «Aged garlic extract restores nitric oxide bioavailability in cultured human endothelial cells even under conditions of homocysteine elevation», *J Ethnopharmacol* 145 (2012): 162–167.
15 Anderson JG, Taylor AG. «Effects of healing touch in clinical practice: a systematic review of randomized clinical trials», *J Holist Nurs* 29 (2011): 221–228; Anderson JG, Taylor AG. «Biofield therapies and cancer pain», *Clin J Oncol Nurs* 16 (2012): 43–48.
16 Rapaport MH, Schettler P, Bresee C. «A preliminary study of the effects of repeated massage on hypothalamic-pituitary-adrenal and immune function in healthy individuals: a study of mechanisms of action and dosage», *J Altern Complement Med* 18 (2012): 789–797.
17 Hughes CM, Smyth S, Lowe-Strong AS. «Reflexology for the treatment of pain in people with multiple sclerosis: a double-blind randomised sham-controlled clinical trial», *Mult Scler* 15 (2009): 1329–1338.
18 Elster E. «Eighty-one patients with multiple sclerosis and Parkinson's disease undergo upper cervical chiropractic care to correct vertebral subluxation: a retrospective analysis», *Journal Vetebral Subluxation Research* 23 (2004): 1–9.
19 Foroughipour M, Bahrami Taghanaki HR, Saeidi M, Khazaei M, Sasannezhad P, Shoeibi A. «Amantadine and the place of acupuncture in the treatment of fatigue in patients with multiple sclerosis: an observational study», *Acupunct Med* 31 (2013): 27–30.
20 Quispe-Cabanillas JG, Damasceno A, von Glehn F, et al. «Impact of electroacupuncture on quality of life for patients with Relapsing-Remitting Multiple Sclerosis under treatment with immunomodulators: a randomized study», *BMC Complement Altern Med* 12 (2012): 209.
21 Lappin MS, Lawrie FW, Richards TL, Kramer ED. «Effects of a pulsed electromagnetic therapy on multiple sclerosis fatigue and quality of life: a double-blind, placebo controlled trial», *Altern Ther Health Med* 9 (2003): 38–48.
22 Piatkowski J, Kern S, Ziemssen T. «Effect of BEMER magnetic field therapy on the level of fatigue in patients with multiple sclerosis: a randomized, doubleblind controlled trial», *J Altern Complement Med* 15 (2009): 507–511; Ziemssen T, Piatkowski J, Haase R. «Long-term effects of Bio-Electromagnetic-Energy Regulation therapy on fatigue in patients with multiple sclerosis», *Altern Ther Health Med* 17 (2011): 22–28.
23 Mirshafiey A. «Venom therapy in multiple sclerosis», *Neuropharmacology* 53 (2007): 353–361.

24 Zamboni P, Galeotti R, Weinstock-Guttman B, Kennedy C, Salvi F, Zivadinov R. «Venous angioplasty in patients with multiple sclerosis», 116–122.

Capítulo 11
1 Sabayan B, Foroughinia F, Mowla A, Borhanihaghighi A. «Role of insulin metabolism disturbances in the development of Alzheimer's disease: mini review», *Am J Alzheimer's Dis Other Demen* 23 (2008): 192–199.
2 «The New Era of Managing Cardiovascular Disease, Metabolic Dysunctions and Obesity», en *Cardiometabolic Module*, Simposio Internacional Anual de 2012, Institute for Functional Medicine, Scottsdale, Arizona (EE.UU.), 31 de mayo de 2012; «Fire in the Hole: The Metabolic Connecting Points Between Major Chronic Diseases», en *Cardiometabolic Module*, Simposio Internacional Anual de 2012, Institute for Functional Medicine, Scottsdale, Arizona (EE.UU.), 30 de mayo de 2012.
3 Hyman M. *The Blood Sugar Solution*. Nueva York: Little Brown and Company, 2012.
4 Rapaport MH, Schettler P, Bresee C. «A preliminary study of the effects of repeated massage on hypothalamic-pituitary-adrenal and immune function in healthy individuals: a study of mechanisms of action and dosage», *J Altern Complement Med* 18 (2012): 789–797.
5 Bixler E. «Sleep and society: an epidemiological perspective», *Sleep Med* 10, Suppl 1 (2009): S3–S6.
6 Bamer AM, Johnson KL, Amtmann D, Kraft GH. «Prevalence of sleep problems in individuals with multiple sclerosis», *Mult Scler* 14 (2008): 1127–1130; Manconi M, Ferini-Strambi L, Filippi M, et al. «Multicenter case-control study on restless legs syndrome in multiple sclerosis: the REMS study», *Sleep* 31 (2008): 944–952; Moreira NC, Damasceno RS, Medeiros CA et al. «Restless leg syndrome, sleep quality and fatigue in multiple sclerosis patients», *Braz J Med Biol Res* 41 (2008): 932–937.
7 Khong TP, de Vries F, Goldenberg JS, et al. «Potential impact of benzodiazepine use on the rate of hip fractures in five large European countries and the United States», *Calcif TVOL. Int* 91 (2012): 24–31; Sylvestre MP, Abrahamowicz M, Capek R, Tamblyn R. «Assessing the cumulative effects of exposure to selected benzodiazepines on the risk of fall-related injuries in the elderly», *Int Psychogeriatr* 24 (2012): 577–588.

Capítulo 12
1 Alberts B, Johnson A, Lewis J, Raff M, Roberts K, Walter P. *Molecular Biology of the Cell*. 4.ª ed. Nueva York: Garland Publishing, 2002.
2 *Textbook of Functional Medicine*. Gig Harbor, Washington (EE.UU.): Institute for Functional Medicine, 2010.
3 Coca AF. *The Pulse Test*. 5.ª ed. Nueva York: St. Martin's Press, 1996. Versión española: *Vigile su salud a través de su pulso*. Barcelona: RBA Serres, 1994.
4 Morrison HI, Ellison LF, Taylor GW. «Periodontal disease and risk of fatal coronary heart and cerebrovascular diseases», *J Cardiovasc Risk* 6 (1999): 7–11; Seymour GJ, Ford PJ, Cullinan MP, Leishman S, Yamazaki K. «Relationship between periodontal infections and systemic disease», *Clin Microbiol Infect* 13, Suppl 4 (2007): 3–10.
5 «Chronic Infections and Neurological Disease: The Challenge of Emerging Infections in the 21st Century-Tolerance, Terrain, Susceptibility», 2011 International Annual Symposium Institute for Functional Medicine, Bellevue, Washington, April 30, 2011.
6 *Ibid.*; «The Role of Chlamydophila in Autoimmune Disease. The Challenge of Emerging Infections in the 21st Century-Tolerance, Terrain, Susceptibility», Simposio Internacional Anual de 2011, Institute for Functional Medicine, , Belle Vue, Washington (EE.UU.), 30 de abril de 2011.

ÍNDICE TEMÁTICO

Los números de página en **negrita** remiten a las tablas; los números en *cursiva* remiten a las ilustraciones.

abdominales (ejercicio), 367
Abrahams, Charlie y Jim, 291
aceite de hígado de bacalao, 252, 403-404, 408
aceites de pescado, 407,408
aceites vegetales, 218, 220, 243-246
ácido alfa-linolénico (AAL), 236, 242
ácido araquidónico (AA), 75, 308, 409
ácido docosahexaenoico (ADH), 74, 242, 256, 406
ácido fólico (vitamina B_9), 73, 410, 562
ácido gamma-aminobutírico (AGAB), 351, 411, 454, 458
ácido gamma-linolénico (AGL), 237, 308
ácido linoleico (AL), 75, 237, 308
ácido lipoico, 413, 420
ácido pantoténico (vitamina B_5), 58, 410
ácido eicosapentaenoico (AEP), 74, 407, 409, 418
ácidos grasos esenciales, 105, 236, 246, 307, 406, 409
ácidos grasos omega-3, 74, 75, 210, 215, 238, 242, 271, 307, 406, 407, 458

ácidos grasos omega-6, 237-238, 242-243, 308
acupuntura, 430-431
adenosín trifosfato (ATP), 57
aeróbico, entrenamiento, 332, 370-372, 447, 454
aglutinantes de toxinas de arcilla, 424
agricultura de responsabilidad compartida (ARC), 190, 234
Alcat, test, 483
alcohol, 315, 317, 452-453,
alergias alimentarias, 480-481, 489
alfacaroteno, 173
algas de agua dulce, 335, 414-416
algas marinas, incluir (Dieta Wahls Paleo, tercera parte), 159, 208, 229, 257-261
alimentos crudos, incluir (Dieta Wahls Paleo, cuarta parte), 160, 229, 266,
alimentos de verdad, 66, 314
Véase también dieta Wahls; dieta Wahls Paleo; dieta Wahls Paleo Plus

alimentos fermentados, incluir (dieta Wahls Paleo, cuarta parte), 160, 229, 266, 274-275, 528, 542
alimentos procesados, 68, 71, 138, 145, 158, 200, 246, 259, 274, 325
alternativa, medicina, 76, 387, 425-426
Alzheimer, enfermedad de, 28
Ames, Bruce, 67
aminoácidos, 154, 172, 235-239, 247, 311, 331
análisis anuales, 394-397
antibióticos, 63, 144, 211-216, 234, 274, 277
antinutrientes, 68, 209, 229, 247, 251, 270
antioxidantes, 60, 61, 67, 68, 73, 105, 107, 110, 149-150, 172, 174
apoptosis (muerte celular), 57, 445
arándanos rojos y remolachas, mezcla de (receta), 526
arándanos rojos, coles de Bruselas y beicon (receta), 521
argelina, pollo a la (receta), 504
arroz de coliflor (receta), 524
articulaciones, salud de las, 239, 401, 424, 513
artritis, 81, 82, 90, 180, 296, 377, 424, 466
asiática, cultura, 183, 187
aterosclerosis, 183, 245, 445
autismo, 81, 292, 419
autoinmunidad, 81-113, 196, 277, 307, 445
automasaje, 34, 450
azúcares, 61, 143, 144, 196, 200, 277, 288, 289, 465, 472
azufre, 161, 180-188, 550
azufre, vegetales ricos en, tres tazones (dieta Wahls), 550

baclofeno, 351, 384, 458
bacterias dañinas, 56, 89, 145, 258, 338, 342,

barrera hematoencefálica, 287
barros y arcillas para la destoxificación, 334
bebidas (recetas), 497, 527
benzodiazepinas, 63, 453, 457, 458
betacaroteno, 74, 173, 252
biocampo, terapias de, 428
bioquímica de las células y enfermedad, 60, 86-88, 110
boniato (receta), 525
Bowman, G. L., 561

cacao de taza (receta), 527
calabaza de invierno (receta), 525
calabaza espagueti (receta), 524
calcio, 176, 198-199, 209, 395, 405
caldo de huesos, 513
caldo de huesos (recetas), 510-513
Calton, Jayson y Mira, 147
campos electromagnéticos pulsantes, terapia por, 431
cánceres, 116, 178, 248, 398, 401, 402, 477,
Candida, 144, 276, 277, *499*
carbohidratos, 114, 139, 160-162, 230-232, 287-297, 303, 304, 309, 310-316, 396
cardiovascular, entrenamiento, 369
carga tóxica, reducción de la, 325-344
carne y verduras a la sartén, receta básica, 502
carnitina, 28, 58, 263, 420, 421
Carson, Rachel, 327
caseína, 154-155, 201-202,
cebollas, 185-186
células, funciones de las
  bioquímica de las células y la enfermedad, 86
  componentes básicos, 34, 111
  importancia de la nutrición, 12, 46, 53, 66-71, 76, 86, 97, 170, 233, 248,
  radicales libres, 59-60, 105, 109, 177, 271

ÍNDICE TEMÁTICO

Véase también mitocondrias;
Protocolo Wahls
cereales, legumbres, patatas. *Véase* dieta
Wahls; dieta Wahls Paleo; dieta
Wahls Paleo Plus
cerebro, salud del, 31, 67, 71, 175,
252, 292
cerebro permeable, 145
cetogénicas, dietas, 160-161, 286-292
cetosis, 287-298, 303, 310-317
champiñones con hígado encebollado
(receta), 506
Charcot, Jean-Martin, 99
chiles rojos con judías (receta), 516
chucrut y hortalizas fermentadas
(receta), 532
ciencia de la vida, enfermedad y tú, la,
43-80
Véase también células, funciones de
las; mitocondrias, importancia
de la nutrición
citoquinas, 301, 348, 443, 445
cobalamina (vitamina B_{12}), 69, 73, 252-
253, 410, 562
cobre, 260, 419-420
Coca, Arthur F., 482
coco, aceite y leche de, 162, 186, 197, 278,
283, 303-304, 311, 315, 316, 392
coenzimea Q10 (ubiquinona), 58, 263,
466, 503
col, 152, 184, 187, 280-281, 504, 514,
516, 522, 525, 550, 558
col lombarda salteada (receta), 522
col lombarda y remolacha, mezcla de
(receta), 525
colecalciferol (vitamina D), 70, 73, 169,
229, 285, 397-405
coles de Bruselas, beicon y arándanos
rojos (receta), 521
colesterol, 73, 245, 294, 396, 444
coliflor, arroz de (receta), 524
colonia simbiótica de bacterias y
levaduras (SCOBY), 501

595

combustible para tus células, 53-60
complementos (recetas), 520-526
consejos para viajes, 415
conteo sanguíneo completo (CSC),
394, 395
Copaxone, 22, 45, 47, 65, 95, 98, 102,
146
corazón, salud del, 43, 55, 62, 67, 110,
162, 175, 258
Cordain, Loren, 24, 25, 146, 147, 576
cortisol, 82, 437, 440, 443, 447, 470
Coumadin, 198-199, 407
creatina, 58, 263, 413, 420, 421
Cuestionario de Síntomas de Salud,
123-127
curarte a ti mismo, 37-39
cúrcuma, 319, 320,
cúrcuma y coliflor, sopa de caldo de
huesos y (receta), 512

déficit de atención con hiperactividad,
trastorno de, 243, 457
demencia, 68, 292, 337, 348, 445
depresión, 43, 44, 45, 70, 81, 84, 92,
182, 296, 431, 441, 468
destoxificación,
detectar los errores en el Protocolo
Wahls, 469-474
diabetes, 43, 44, 64, 81, 84, 97, 245, 257,
327, 336, 347, 396, 438, 444, 445,
448, 465,
diagnóstico de la esclerosis múltiple, 17,
18, 20, 21, 22
diario Wahls, 115-132, 141, 171, 230,
328, 347, 425, 447, 463, 470,
diario, llevar un, 119, 447-448
Véase también diario Wahls
dieta de eliminación modificada, 482-483
dieta estadounidense estándar, 147, 148,
157, 168, 169, 286
dieta Wahls, **135-166, 167-226, 227-282**
cereales, legumbres, patatas, 228,
230, 284, 309

densidad de nutrientes, 170, 173,
    215, 232, 415
dominio de la, 167-226
frutas y hortalizas, nueve tazones
    (primera parte), 170-189
frutos secos/semillas, 73, 74, 75, 160,
    226, 251, 267, 270, 272,
    278, 545
gluten, abstenerse del (segunda
    parte), 150, 153, 154, 200-209
grasas y aceites, 245-246, 303-316
huevos, 150-151, 217, 220, 308,
    480, 482
ideas para comer entre horas, 189
lácteos, abstenerse de (segunda
    parte), 205, 206, 207, 209, 217,
Paleolítico, nutrición del, 137-142
problemas de estómago, 114
productos locales, 194
proteínas (carne y pescado
    ecológicos, criados con pastos,
    silvestres) (tercera parte), 317,
    411, 414, 439, 445, 465, 482
vegetales de color, tres tazones, 180
vegetales ricos en azufre, tres
    tazones, 152, 295, 309, 358, 422,
    424, 519
verduras verdes, tres tazones, 180
Véase también dieta Wahls Paleo;
    dieta Wahls Paleo Plus;
    Protocolo Wahls
dieta Wahls Paleo,
    algas marinas, incluir (tercera parte),
    229, 256-265
    alimentos crudos, incluir (cuarta
    parte), 229, 266-282
    alimentos fermentados, incluir
    (cuarta parte), 229, 266-282
    cereales, legumbres, patatas, reducir
    (primera parte), 228, 230-232
    frutos secos y semillas remojadas
    y germinadas, incluir (cuarta
    parte), 229

proteínas (carne y pescado
    ecológicos, criados con pastos,
    silvestres) a diario (segunda
    parte), 232-255
vísceras, incluir (tercera parte), 256-
    265
Véase también dieta Wahls; dieta
    Wahls Paleo Plus; Protocolo
    Wahls
dieta Wahls Paleo Plus,
    ayuno nocturno (séptima parte), 312
    cereales, legumbres, patatas, suprimir
    (tercera parte), 284, 309-310
    cetosis, 293-298
    dietas cetogénicas, 287-293
    dos comidas al día (séptima parte),
    312
    frutas, una ración al día (séptima
    parte), 312
    grasas y aceites, incluir (primera
    parte), 303-308
    proteínas (carne y pescado
    ecológicos, criados con pastos,
    silvestres), reducir (quinta
    parte), 285, 311
    vegetales feculentos, dos raciones
    por semana (cuarta parte), 284,
    310-311
    vegetales, reducir a dos tazones
    (segunda parte), 283
Véase también dieta Wahls; dieta
    Wahls Paleo; Protocolo Wahls
dietas. *Véase* dieta Wahls, dieta Wahls
    Paleo; dieta Wahls Paleo Plus
dietas de eliminación, 481-483
dietas occidentales, 263
Direct-MS, 493, 576
disruptores endocrinos, 326
dulce de azúcar Wahls (receta), 535

e-stim (estimulación eléctrica
    neuromuscular), 29-30, 76, 374-385
Edison, Thomas, 18

ÍNDICE TEMÁTICO 597

edulcorantes artificiales, 217, 220, 539, 540
ejercicio y electricidad, 345-386
ejercicios de fuerza, 358-361
electroestimulación funcional (FES), 381
Embry, Ashton, 23, 576
empastes dentales, 326, 338, 340, 341, 342
encebollado, hígado, y champiñones (receta), 506
endotoxinas, 327
enfermedad. *Véase* ciencia de la vida, la enfermedad y tú, la
enfermedad de Lyme (borreliosis), 105, 259, 485
enfermedad inflamatoria intestinal, 82, 84, 195, 197, 466, 467
enfermedad vascular, teoría de la EM, 103
ensaladas de salmón o pollo (receta), 519
entorno y enfermedad, 326, 327, 336-343
envejecimiento, 50, 59, 60, 64, 67, 73, 110
envejecimiento cerebral, estudio de, Oregon, 67
enzimas digestivas, 197, 199, 266, 416, 417
epilepsia, 64, 161, 291, 292, 296, 441
equilibrio hormonal, 30, 51, 88, 486-488
equilibrio, entrenamiento del, 356-361
erector spinae núms.
  1 y 2 (ejercicios), 355
escala de nivel cerebral, 129
esclerosis lateral ameotrófica, 28, 292, 299, 495
esclerosis múltiple (EM), 99-112
  Véase también Protocolo Wahls
esclerosis múltiple progresiva primaria (EMPP), 379, 382
esclerosis múltiple progresiva relapsante (EMPR), 102

esclerosis múltiple progresiva secundaria (EMPS), 17, 99, 102, 233, 379, 463, 492
esclerosis múltiple remitente recurrente (EMRR), 17, 65, 87, 98, 99, 101, 262, 373, 463
especias, 331-332
estado de ánimo, trastornos del, 34, 37, 52, 64, 70
estatinas (fármacos), 62
estilo de vida y enfermedad, 35, 44, 50, 52, 79, 108, 141
estiramiento de glúteos (ejercicio), 353
estiramiento de isquiotibiales (ejercicio), 352
estiramiento de psoas (ejercicio), 353
estiramiento de sóleo y tendón de Aquiles (ejercicio), 352
estiramiento del cuádriceps (ejercicio), 354
estiramientos, 350-356
estofado de marisco (receta), 517
estrés postraumático, trastorno de, 34, 97, 468
expectativas de recuperación, 461-490
exposición a los tóxicos, cómo reducirla, 336-343
extensión (ejercicio), 363

factor de crecimiento nervioso, 346, 437
factor de crecimiento neurotrófico derivado del cerebro, 346
fármacos, suplementos y medicina alternativa, 387-436
fatiga, 25-27, 45, 47, 61, 108, 333, 345, 390, 464
fisioterapeutas, 376, 379
fitatos, 158, 209, 247, 270,
fitonutrientes, 105, 172, 174, 201
fitoquímicos, 172, 173, 175, 181
flexión (ejercicio), 362
flexión lateral (ejercicio), 363
flúor, 259, 342

Frankl, Viktor, 78
frutas. *Véase* dieta Wahls; dieta Wahls Paleo; dieta Wahls Paleo Plus
frutos secos / semillas. *Véase* dieta Wahls; dieta Wahls Paleo; dieta Wahls Paleo Plus

germinación, proceso, 209, 249, 270
glándulas sudoríparas y destoxificación, 329-332, 432
glucosa, 58, 73, 94, 160, 240, 290, 298, 301, 409
glucosamina/glucano, 239, 424, 513
glutamato monosódico, 74, 217, 219, 220
gluten, abstinencia del (dieta Wahls, segunda parte), 150
grasas monoinsaturadas, 306
grasas poliinsaturadas, 306
grasas saturadas, 306
grasas trans, 306
Gurven, M., 140

healing touch, 428
heces, análisis de, 484
hemoglobina A1c, 301, 396, 409, 410
hierro, 419-420
hiperreactividad del sistema inmunitario, 94, 96, 155
hipertensión arterial, 34, 44, 107, 110, 175, 465
homocisteína, 301, 395, 410, 412, 422, 424
hongos, 74, 187-188
hormonas del crecimiento, 129, 211, 213, 347, 348, 372
huevos, 150, 151, 217, 278,
Huntington, enfermedad de, 28, 299, 495
Hyman, Mark, 448, 576

ictus, 64, 110, 115, 182, 377
idiopáticos, síntomas, 82

índice glucémico, 290
ingestas diarias recomendadas, 148, 168, 295, 405
inhibidores de la tripsina, 209
inmunitario, sistema,
Véase también autoinmunidad
Instituto de Medicina Funcional (Institute for Functional Medicine), 30, 123, 238, 327, 352, 488, 489
insuficiencia venosa cerebroespinal crónica (IVCC), teoría de la, 103, 183
intestino permeable, síndrome del, 144

jarabe de maíz rico en fructosa, 61, 138, 206, 540, 557
judías y chiles rojos (receta), 516
Juegos Panamericanos en Washington, DC (1978), 17

Kaplan, H., 140
kvass de remolacha (receta), 530

L-metilfolato (ácido levomefólico), 418
lácteos, abstinencia de (dieta Wahls, segunda parte), 150
lactofermentación, 275
lectinas, 25, 158, 196, 209, 247, 249, 251, 270
legumbres. *Véase* dieta Wahls; dieta Wahls Paleo; dieta Wahls Paleo Plus
lesiones cerebrales traumáticas, 468
levadura nutricional, 253, 276, 277, 280, 281, 282, 318, 499
levantamiento de pierna sentado (ejercicio), 364
limpieza o lavado de colon y quelación, 432-433
lípidos, 301, 409, 432, 466
lipoproteína de alta densidad (HDL), 294
lipoproteína de baja densidad (LDL), 294

ÍNDICE TEMÁTICO 599

listas completas de alimentos, 537-560
lupus, 43, 81, 82, 90, 183

magnesio, 406
marisco, estofado de (receta), 517
masajes, 429, 448-450, 455
masajes, terapia por, 429
medicación. *Véase* fármacos,
 suplementos y medicina alternativa
medicina complementaria, 425-435
medicina convencional, 81-112
medicina funcional, 81-112
meditación/oración, 34, 96, 297, 447
médula espinal, salud de la, 81, 100,
 101, 430
melatonina, 455, 460
memoria, pérdida de, 59, 160, 419, 441
menaquinona-7 (vitamina K_2), 199
mercurio, 211, 258, 340-342
metales pesados, 107, 258, 260, 328,
 329, 332, 334, 414
metil B_{12}, 253, 394, 395, 412
metilsulfonilmetano (MSM), 424, 513
mezcla de remolacha y arándanos rojos
 (receta), 526
Mi Plato Sano (plan del Departamento
 de Agricultura de EE.UU.), 301
microbioma, salud del, 231, 489
micronutrientes, 69-71, 147, 148, 161,
 172, 191, 198, 201, 295
 *Véanse también los micronutrientes
 concretos*
microondas y alimentos, 218, 220, 221,
 278, 326
mielina, 69, 73, 74, 75, 100-101, 173,
 411, 462, 477
mimetismo molecular, 25, 94
mitocondrias, 28, 31, 36, 49, 55-66, 136,
 146, 288, 289, 303, 310-314, 412-413
mitocondrias, sobrecarga de las, 59, 64,
 106, 109, 110, 217, 469, 477
 Véase también células, funciones de
 las; Protocolo Wahls

moléculas de «uno mismo», 88-90
motivación, 113, 115, 118, 349, 387,
 464, 470
movilidad, mejora de la, 345-386

N-acetilcisteína (NAC), 330, 421
nabos, puré de (receta), 522
natación, 255, 268, 359, 368, 370
neblina mental, 47, 59, 81, 116, 255,
 277, 411, 486
negra, raza, 409
neurodegenerativas, enfermedades, 62,
 299, 327, 337
neuromuscular, estimulación eléctrica
 (e-stim), 29-30, 76, 374-384
neuromuscular, reeducación, 351, 361,
 369
neuropatía, 240, 296, 419, 445, 457
niacina (vitamina B_3), 73, 169, 394,
 410, 562
nutricionales, análisis, 571-572

obesidad, 43, 44, 51, 97, 107, 110, 141,
 245, 301, 336, 339, 348, 438, 448,
 452, 470
oligosacáridos, disacáridos,
 monosacáridos y polioles
 fermentables (FODMAP), 191
osteoporosis, 253, 401
ovario poliquístico, síndrome, 110, 336,
 339-340, 445
oxidación, 73, 93, 306, 330, 396

Paleolítico, nutrición del, 137-142
páncreas, 231, 416, 443, 444
parasimpático, sistema, 439, 446
Parkinson, enfermedad de, 28, 160,
 299, 337
patatas. *Véase* dieta Wahls; dieta Wahls
 Paleo; dieta Wahls Paleo Plus
pérdida de peso, 142, 301, 313, 411, 467
periodontales, infecciones
 de las encías, 105

pescado. *Véase* dieta Wahls; dieta Wahls
  Paleo; dieta Wahls Paleo Plus
pesticidas, 56, 105, 107, 210-214, 250,
  258, 327, 339
Peterman, M. G., 289
piernas inquietas, síndrome de las, 406,
  451, 457-458
pilates, 356, 360, 361, 371, 428
pimientos rojos y quinoa (receta), 523
piridoxina (vitamina B_6), 71, 73, 394,
  410, 562
pizza Wahls (receta), 508
plásticos, 260, 326, 332, 336, 339, 414
platos de sartén (recetas), 499-510
plomo, 58, 93, 105, 258, 411,
  413, 539
polimorfismos de nucleótido único (SNP,
  «snips»), 52, 404
pollo a la argelina / vegetariano a la
  argelina (receta), 504
pollo al romero (receta), 506
polución, 326
postres (recetas), 533-535
Price, Weston A., 263
probióticos, suplementos, 275
propósito superior de la vida, 115, 448,
proteína C reactiva (PCR o CRP),
  301, 409
proteínas. *Véase* dieta Wahls; dieta
  Wahls Paleo; dieta Wahls Paleo Plus
Protocolo Wahls,
  autoinmunidad, 81-113, 196, 277,
    307, 445
  casos de éxito, 47, 54, 65, 87, 95, 98,
    106, 114, 116, 146, 153, 159,
    164, 182, 233, 248, 254, 262,
    268, 296, 300, 341, 373, 411,
    441, 449, 463, 479
  importancia de la nutrición, 54
  listas de alimentos completos,
    546-559
  medicina funcional, 81-112
  Paleolítico, nutrición del, 137-142

pruebas clínicas, 298, 302, 333, 358,
  378, 381, 383, 388, 413, 427,
  450, 492, 495, 573
recetas, 497-536
recursos, 565-574
reducción de la carga tóxica,
  325-344
tablas de comparación de nutrientes,
  561-564
Terry Wahls, 65, 87, 117, 233
thewahlsprotocol.com, 379,
  565, 573
pudin (recetas), 533-534
pudin de frambuesa y semillas de lino
  (receta), 534
pudin de fruta (receta), 533
puente boca abajo (ejercicio), 365
puente boca arriba (ejercicio), 366
puré de nabos (receta), 522

quiropráctica, 430

radicales libres, 59, 60, 105, 109,
  177, 271
rawmesan (receta), 510
reactividad de las células
  inmunitarias, 94
receta básica de carne y verduras a la
  sartén, 502
recetas, 497-536
recuperación, 461-490
recursos, 565-574
reflexología, 429-430
regulación de la energía electromagnética
  (BEMER), terapia, 432
rejuvenecerte, 174
remolacha y arándanos rojos, mezcla de
  (receta), 526
remolacha, estudio sobre
  el zumo de, 178
resistencia a la insulina, 443
resonancia magnética,
  imagen por, 68, 101

ÍNDICE TEMÁTICO 601

retinol (vitamina A), 73, 252, 263
reumatoide, artritis, 43, 81, 82, 90, 183, 424, 466
riboflavina (vitamina B$_2$), 58, 73, 169, 394, 410, 562
riñones, salud de los, 402, 403, 406, 432, 433, 462,
romero, pollo al (receta), 506

salteada, col lombarda (receta), 522
salud mental, problemas de, 93, 397, 398, 438
Segunda Guerra Mundial, 237, 245, 325
selenio, 260
Shields, Richard, 372, 576
síndrome del colon irritable, 467
síntomas
  Cuestionario de Síntomas de Salud, 123-127
  diagnósticos y, 21, 83-86, 109
Sisson, Mark, 147
sistema nervioso autónomo, 439-442
sistema nervioso simpático, 439, 446, 447
smootie básico (receta), 497
smoothies, 497-499
soja, 217-221, 222, 223, 224, 225, 249-255, 279, 284, 307, 309, 317,
sol y vitamina D, 400-402
sopa de caldo de huesos y aguacate (receta), 511
sopa de caldo de huesos, coliflor y cúrcuma (receta), 512
sopa de caldo de huesos y pimientos (receta), 513
sopa de caldo de huesos y zanahoria (receta), 512
sopa de kale y salchichas / sopa vegetariana de kale (receta), 515
sopa de leche de coco y pescado (receta), 514
sopa de marisco y tomate (receta), 514
sopas (recetas), 510-516

sueño, importancia del, 451-455
sulfato de magnesio, baños con, 450, 453
Superman (ejercicio), 368
suplementos, 392-394
suprarrenales, 437-440

tablas de comparación de nutrientes, 561-564
taurina, 454, 458
taza, cacao de (receta), 527
té de caldo de huesos (receta), 526
té de cúrcuma (receta), 527
té de kombucha (receta), 528
Tecnología, Espectáculo, Diseño *(Technology, Entertainment, Design)*,
TED y TEDx, 35-36
tés, recetas de, 526-528
test genéticos, 477
tiamina (vitamina B$_1$), 58, 69, 73, 169, 394, 410, 562
tiroides, salud de la, 89, 258, 260, 440, 442, 501
transgénicos, organismos, 250
tratamientos de elección, 86, 573
triglicéridos, 291, 294, 297, 396, 409, 444
triglicéridos de cadena media, 291, 294, 297, 556

ubiquinona (coenzima Q10), 58, 263, 466, 503

vasos sanguíneos, salud de los, 67, 107-110, 145, 174, 178, 183, 185, 199, 238, 245, 305, 306, 332, 442, 465
vegetales. *Véase* dieta Wahls; dieta Wahls Paleo; dieta Wahls Paleo Plus
vegetarianos
  consejos para los, 209, 219, 221, 236, 242, 249, 276, 541
  sopa vegetariana de kale (receta), 515

vegetariano a la argelina (receta), 504
verduras verdes con beicon (receta), 520
verduras y carne a la sartén, receta básica, 502
viajes, consejos para los, siguiendo el Protocolo Wahls, 415
vibración, ejercicio de, 372-374
vista, salud de la, 252, 262, 437
vitamina A (retinol), 73, 169, 173, 229, 285, 252, 263
vitamina B_1 (tiamina), 58, 69, 73, 169, 394, 410, 562
vitamina B_{12} (cobalamina), 69, 73, 252-253, 410, 562
vitamina B_2 (riboflavina), 58, 73, 169, 394, 410, 562
vitamina B_3 (niacina), 73, 169, 394, 410, 562
vitamina B_5 (ácido pantoténico), 58, 74, 410
vitamina B_6 (piridoxina), 71, 73, 394, 410, 562
vitamina B_9 (ácido fólico), 73, 410, 562
vitamina C, 73, 169, 174, 229, 285, 562
vitamina D (colecalciferol), 70, 73, 169, 229, 285, 397-405
vitamina E, 73, 169, 229, 271, 285, 394, 408, 418, 563
vitamina K, 67, 174-175, 198-199, 403
vitaminas A, B, C y K, 173, 176
vitaminas del grupo B, **31, 52, 61, 64,** 169, 173, **187, 260, 263, 276, 341,** **410, 412, 420, 458, 498**
Véanse también vitaminas concretas del grupo B
vitaminas y nutrición, 68, 71, 105, 176, 187, 252, 256, 260, 264, 302, 392, 394
Véanse también vitaminas concretas

Wahls, Terry, 65, 87, 117, 233
Véase también Protocolo Wahls
Wilder, R. M., 289
Wolf, Robb, 147

xenobióticos, 326-327

yodo, 256-260, 501
yoga, 356, 357, 360, 428, 448

Zamboni, Paulo, 103, 107, 183
zeolita, 424
zinc, 58, 247, 250, 263, 419-420,

Otros títulos
de Gaia ediciones

Gaia ediciones

REGENERA TU SISTEMA INMUNITARIO
Programa en 4 pasos para el tratamiento natural de las enfermedades autoinmunes

Dra. Susan Blum

Este libro está dirigido tanto a las personas que padecen alguna enfermedad autoinmune como a quienes desean fortalecer su sistema inmunitario, cuidar su salud y evitar posibles trastornos.

LA COCINA AUTOINMUNE
Recetas paleo para tratar las enfermedades autoinmunes

Mickey Trescott

La cocina autoinmune explica detalladamente cómo llegar a la causa raíz de las enfermedades autoinmunes y controlarlas --e incluso revertirlas-- mediante el protocolo paleo, gracias al cual la autora consiguió recuperarse de sus dolencias. Para facilitar al lector la incorporación de este nuevo estilo de vida y nutrición, Trescott propone 112 exquisitas recetas paleo.

LA SOLUCIÓN MICROBIOMA
La sanación radical del cuerpo a través de la flora intestinal

Robynne Chutkan

La solución microbioma incluye:
Información sobre las sustancias que alteran la flora intestinal, recetas para desarrollar bacterias beneficiosas en el ecosistema intestinal, recomendaciones para el uso de antibióticos, información sobre probióticos y suplementos, pautas para la prevención de los trastornos más habituales y técnicas para restaurar el microbioma.

Gaia ediciones

PLANTAS MEDICINALES
Guía para principiantes

ROSEMARY GLADSTAR

Remedios herbales de elaboración casera. Esta guía práctica incluye fáciles recetas para la elaboración de infusiones reconstituyentes, jarabes y pastillas naturales. Gracias a este libro descubrirás que el uso doméstico de las plantas medicinales resulta efectivo, seguro y económico.

DENTOSOFÍA
Nuestros dientes, una puerta a la salud.
Del equilibrio bucal a la salud global

MICHEL MONTAUD

La Dentosofía es una nueva forma de entender el mundo de los dientes y de recuperar la salud. Este novedoso enfoque corrige eficazmente los desequilibrios bucales y activa el propio potencial regenerador del cuerpo humano, recuperando así el bienestar físico y mental global.

SALUD ÓPTIMA CON LA PALEODIETA
Claves, consejos y 100 recetas para la salud, la vitalidad y el peso ideal

CLAIRE YATES

La paleodieta te invita a escuchar a tu cuerpo y a recuperar un modo de alimentación en armonía con tu genética y con tu organismo integral, nutriéndote con ingredientes sin refinar y desarrollando un estilo de vida más pleno y equilibrado.

Para más información
sobre otros títulos de
GAIA EDICIONES

visita

www.alfaomega.es

Email: *alfaomega@alfaomega.es*
Tel.: 91 614 53 46